课读经典 ⑪

13 课导读

《红楼梦》

HONGLOU
MENG

- -

何郁 / 主编

苗怀明 / 校注

复旦大学 出版社

主　编

何　郁

编　者

张　浩　李　晓　王健男

李　蕊　郑晓清　赵雪鸽

校　注

苗怀明

要趁年轻时啃几部经典
——"课读经典"系列丛书序

戴建业

"屁股下要坐几本书"是曹慕樊师对弟子的告诫。他强调一个人要趁年轻时啃几部经典，这几部经典今后会成为其看家本领，一生都将受用无穷。

去年"世界读书日"前一天，《光明日报》刊发了拙文《阅读习惯与人生未来》。在这篇文章中，我谈到经典阅读常常是挑战性阅读。我把阅读分为消遣性阅读、鉴赏性阅读和挑战性阅读。消遣性阅读就是上网看看明星八卦、海外奇谈，好像无所不看，其实一无所看，不过是打发无聊的时光。下班之后，工作之余，看看文字优美的游记，听听悦耳动人的音乐，翻翻赏心悦目的画册，既能让身心放松，又能陶冶情操，还能获得各种知识，这就是鉴赏性阅读。挑战性阅读就是阅读经典，经典是经过时间淘汰留下来的作品，它们都是人类智慧的结晶。要想挑战自己的智力极限，要想攀登灵魂的珠穆朗玛峰，最佳选择就是挑战性阅读，去阅读那些伟大的经典，去与智者进行精神交流。

在快节奏的时代，人们不仅匆匆忙忙吃快餐食物，也同样匆匆忙忙地品尝精神快餐；不仅中小学生只读节选"名篇"，大学生也只读教材上的"名篇"。我甚至遇到一位研究杜甫接受史的博士，他竟然没有通读过任何一种杜诗注本。如果只读课本上的几首杜诗，你对杜诗可能一无所得，连浅尝辄止也谈不上。明人王世贞在《艺苑卮言》中说："十首以前，少陵较难入。

百首以后，青莲较易厌。"读李白诗百首以后"易厌"，纯属他个人的奇怪感受，但读杜甫诗歌十首以前"难入"，倒是道出了实情。读少数节选名篇"难入"，是阅读经典名著的普遍现象。如果读文学名著，只读几篇或几首名文名诗，便难以走进作家的精神世界，难以把握原著的艺术特征；如果读哲学、历史、经济等学术名著，只读几篇节选段落，那肯定不能了解原著的框架结构，不能明白作者的基本思路和逻辑论证。

读一部经典，不仅要知道经典"说了什么"，还要知道作者是"怎么说的"，有时候后者比前者更重要。只知道"说了什么"，而不知道"怎么说的"，那就像俗话说的那样："知其然而不知其所以然""只知其一而不知其二"。这种学习方式，在聚会时夸夸其谈、对别人炫耀博学尚可，但对自己的思维、想象和写作不会有什么帮助。

五六年前，就"死活读不下去的书"这一话题，一家出版社在网上做过一次问卷调查，统计的结果让所有人大吃一惊。在"死活读不下去"的经典名著中，中国四大古典小说赫然在列，其中《红楼梦》竟然高居榜首，而四部名著中数它的艺术成就最高，也数它被公众吐槽最多。这倒印证了一位西方作家的"昏话"——所谓"经典著作"就是大家都说好，但大家都不读的那些书籍。

谁都知道经典中有无数宝藏，可经典常常"大门紧闭"，大家苦于不得其门而入，不知如何在经典中探宝，如何让经典"芝麻开门"。由于时代的隔阂、情感的隔膜、知识修养的不足、审美趣味的差异，加上时间的紧迫和心境的浮躁，对如今许多中小学生来说，经典简直就是"天书"。

怎样给中小学生打开经典宝藏的大门？

复旦大学出版社的"课读经典"系列丛书，就是一把打开经典宝藏的万能钥匙。

"课读经典"系列丛书中谈到的"经典"，大都是语文教材中涉及的经典作家和经典作品：或只"课读"一部经典作品，如《课读经典1：11讲精读〈世说新语〉》；或"课读"经典作家及其代表作，如《课读经典5：5课精读契诃夫》。

顾名思义，"课读经典"系列丛书主要面向中小学生，语言像课堂口语那样亲切易懂，一翻开"课读"，就像老师亲临课堂，传授学生自学经典的门径，示范阅读经典的方法。只要让学生初尝了经典的"滋味"，他们就会终生爱上经典；一旦先生把他们"领进了门"，学生自然会"各自去修行"。教师在传授学生自学经典诀窍的同时，也激起了他们自学经典的热情。孔子早就说过："知之者不如好之者，好之者不如乐之者。"(《论语·雍也》)学生一旦真正喜欢上了经典，他们一生就离不开经典。

许多学生和家长心里会犯嘀咕：政府和教育界的"整本书阅读"计划，初衷当然非常好，但结果不一定妙。花那么多时间在整本阅读经典上，影响考试成绩怎么办？

"课读经典"系列丛书的编者，早就考虑到了这个问题。在对经典的"课读"之外，还截取了若干代表性章节与片段，模拟现行阅读考试的方式，设计了阅读思考题，让沉浸式的经典阅读与注重文本阅读的考试无缝对接。这也让学生养成开卷动笔的好习惯，读经典原著务必要做笔记，学生时代还应该做习题。做笔记和习题的目的，是加深对经典的理解和记忆。

想想看，假如具备了对经典的"穿透力"，同学们以此来应付考试简直就是"降维打击"——思维能力提高了，阅读能力提高了，写作能力提高了，考分自然也就升上去了。一个百米赛跑冠军，还担心他不会走路？

乐为序。

2021 年 5 月 1 日

目录

第1课 《红楼梦》的前世今生

——作者与版本问题

由于俗文学的身份，《红楼梦》没有止步于以手抄本的形式流行于文人雅士的上流社会，其随着活字版印技术的普及而逐渐走向民间。民间的市井阶层也参与到《红楼梦》的审美之中，这就使得小说出现了被改编的可能性。

《红楼梦》是我国古代的一部章回体长篇小说。通行本共一百二十回，一般认为前八十回是清代作家曹雪芹所著，后四十回为续书，作者为无名氏（一说为程伟元、高鹗）。《红楼梦》以贾、王、史、薛四大家族的兴衰为背景，以贾宝玉和林黛玉这两名主要人物的感情纠葛为主线，以荣、宁两府逐渐衰败为线索，描写了大观园内外一系列青年男女的爱情故事。自问世以来，《红楼梦》以其深刻的思想意蕴与精湛的艺术魅力，震动着一代代读者的心灵，产生了跨越时空的巨大影响。清人得舆曾在《京都竹枝词》中盛赞道："开谈不说《红楼梦》，读尽诗书也枉然。"

　　在中国古典文学领域，《红楼梦》是中国"四大名著"之一，被誉为中国古典长篇小说之首、章回小说的巅峰之作。鲁迅曾经站在中国文学史的视角，对《红楼梦》作出高度评价："至于说到《红楼梦》的价值，可是在中国底小说中实在是不可多得的。其要点在敢于如实描写，并无讳饰，和从前的小说叙好人完全是好，坏人完全是坏的，大不相同，所以其中所叙的人物，都是真的人物。总之自有《红楼梦》出来以后，传统的思想和写法都打破了。"[1]

　　在描绘爱情悲剧的同时，作者也间接牵涉到当时的政治、法律、宗教、女性、道德、婚姻等方面的问题。因此，我们也可以

　　1　鲁迅：《中国小说的历史的变迁》，载《鲁迅全集》第九卷，人民文学出版社，2005年，第348页。

将《红楼梦》看作是当时社会生活的一面镜子。透过它，我们可以看到十八世纪上半叶中国封建末期社会生活的真实情况。毛泽东认为，读者应该通过《红楼梦》中的艺术形象把握其反映的封建社会现象，指出"《红楼梦》不仅要当作小说看，而且要当作历史看。它写的是很细致的、很精细的社会历史"，倡议党员干部"读三遍不够，至少要读五遍以上"。可见，《红楼梦》不仅在文学艺术上有着很高的成就，对我国封建末期社会生活的研究也有着很高的价值。学界甚至还产生了一门以研究《红楼梦》为主题的学科——"红学"。诞世至今，《红楼梦》与"红学"不但没有衰微，反而日渐兴盛，这足以说明《红楼梦》所具备的多元价值。

一、《红楼梦》的作者

（一）曹雪芹及其创作经历

今天红学界的主流观点认为曹雪芹是《红楼梦》的作者。《红楼梦》甲戌本中曾有《回前诗》一首，作者以"字字看来皆是血，十年辛苦不寻常"贴切地表达了作品创作过程的艰辛。想要读懂这"皆是血"的十年文字，就必须先了解作者富有传奇色彩的家世及其坎坷悲凉的人生经历。

曹雪芹，名霑，字梦阮，号雪芹，又号芹溪、芹圃，清代文学家。由于缺乏文献记载，其生卒年存疑，今推定为1715年至1763年。

以身世论，曹雪芹出身豪门，背靠皇室，其先世原是汉人，但很早就入了满洲旗籍。曾祖曹玺，祖父曹寅，伯父曹颙、父亲曹頫三代世袭江宁织造的官职。曾祖母做过康熙皇帝的乳母,祖父曹寅做过康熙皇帝的侍读,两个女儿入选王妃。康熙皇帝六次南巡就有四次以江宁织造署为行宫。然而,雍正六年(1728)年初,曹頫以骚扰驿站、织造亏空、转移财产等罪被革职抄家。14岁的曹雪芹随着全家迁回北京。曹家自此一蹶不振,日渐衰微。

乾隆九年(1744),30岁的曹雪芹写定《红楼梦》的初稿《风月宝鉴》。三年后,曹雪芹移居北京西郊。此时的曹雪芹住草庵、赏野花,一边过着觅诗、挥毫、唱和、卖画、买醉、狂歌、忆旧、著书的隐居生活,尽情领略北京的市井文化,一边靠卖书画和福彭、敦诚、敦敏等亲友的救济为生。敦诚《赠曹芹圃》诗云:"满径蓬蒿老不华,举家食粥酒常赊。"

家族的不幸和人生的苦难固然给曹雪芹带来了莫大的苦痛,在其心灵上烙下难以磨灭的创伤,但它同时也成为这位伟大作家珍贵的创作素材,为他提供了借以反思、感悟的人生体验与思想资源。晚年时,友人敦诚《寄怀曹雪芹》还在安慰他:"劝君莫弹食客铗,劝君莫叩富儿门。残杯冷炙有德色,不如著书黄叶村。"考虑到罪臣之后的身份及其他困难,敦诚劝曹雪芹知难而退,专心著书。曹雪芹也不负所望,在隐居西山的十多年间,将旧作《风月宝鉴》"披阅十载,增删五次",最终写成巨著《红楼梦》。

纵观曹雪芹的一生,其出身豪门,背靠皇室,然而却家道中落,一度箪食瓢饮。曹雪芹恰好经历了曹家由盛而衰的过程,他由锦衣纨绔的贵公子,降为落魄的"寒士"。当他著书时,已过着"蓬牖茅椽,绳床瓦灶"和"举家食粥酒常赊"的贫困生活。周汝昌曾评价:"曹雪芹的一生,是不寻常的,坎坷困顿而又光辉灿烂。他讨人喜欢,受人爱恭倾赏,也大遭世俗的误解诽谤、排挤不容。他有老、庄的哲思,有屈原的《骚》愤,有司马迁的史才,有顾恺之的画艺和'痴绝',有李义山、杜牧之风流才调,还有李龟年、黄旛绰的音乐、剧曲的天才功力……他一身兼有贵贱、荣辱、兴衰、离合、悲欢的人生阅历,又具备满族与汉族、江南与江北各种文化特色的融会综合之奇辉异彩。"这种人生阅历与奇辉异彩,恰恰成为考证派推求作者时最有力的证据。

此外,值得注意的是,在演变过程中,文本辗转更名,该书除了常见书名《红楼梦》以外,另有《石头记》《情僧录》《风月宝鉴》《金陵十二钗》四个书名。《脂砚斋重评石头记》中写道:"是书题名极多,《红楼梦》是总其全部之名也。""红楼"泛指华美的楼房,有寺院、贵族大家、富家女子闺房几种解释,"梦"兼有美好和虚幻之意,这一书名即隐喻所叙述之事不过是富贵之家的幻梦一场。《石头记》为该书本名,"石头"既可以指向书述故事之载体——文刻于石,也可以指向内容——顽石无才补天、幻形入世的故事,除此之外,还可以暗指石头城——即南京,暗含记叙兴亡之意。《情僧录》是由《石头记》的第一个发现者——访道求仙的空空道人所起,一说这里的情僧即用情极深、难以忘情的贾宝玉。《风月宝鉴》由东鲁孔梅溪所改,是说本书的主题为爱情,内容多为风月故事。"风月宝鉴"这一器物则出自第十二回,宝鉴拥有正反两面,也含有借鉴隐喻之意。书名《金陵十二钗》出自小说第五回,其中"金陵"为故事的发生地,"钗"本指古代女子的头饰,在《红楼梦》中,太虚幻境薄命司将贾府的三类女子编成正、副、又副三册,该书名即指正册中的十二位经典女性形象。不同的书名背后暗含着对小说不同角度的解读。

(二)《红楼梦》的作者争议及相关流派

中国古代文学领域中客观存在着轻视小说的传统,"似乎在清代人眼里这种'稗官野史'无足轻重,对其作者也'不必深考'"[1]。现存的清代《红楼梦》版本没有留下作者的姓名,不过,在原文与批注的影响下,许多读者开始思考隐藏在《红楼梦》故事背后的深意,进而推求其作者。时至今日,红学界依然有学者就作者问题各抒己见。了解《红楼梦》的作者争议,不仅可以加深我们对《红楼梦》这部辉煌巨著的认识和理解,还可以为我们阅读同类古典文学作品提供借鉴。

总体而言,围绕作者问题,我们可以将《红楼梦》研究分为"索隐派"与"考证派"。所谓"索隐",即透过字面,发掘被小说表面故事所隐匿的真人真事。索隐派学者认为作者的身份举足轻重,它直接决定着"人物本事"和"故事来源"。所谓"考证",则是根据资料来考核、证明文献或历史问题。索隐派倾向于将《红楼梦》的作者推定为某个具备某种特征的历史人物,而以胡适为代表的考证派,则力图证明曹雪芹才是《红楼梦》的作者。在这里,我们简要地对两派分别加以介绍。

1. 考证派及其观点

语言是随着历史的发展而不断演进的。为了破除语言的历时阻隔,每个时代都有学者倾心注解经书,通过对经典的注释,逐渐考证名物或事件,探析语义、阐释思想。可以说,考证这一方法与整个中国传统学术体系是水乳交融、不可分割的。以胡适为代表的考证派,将《红楼梦》的作者锁定为曹雪芹,可谓红学史上非常重大的一项成果。

受杜威实验主义哲学的影响,胡适将西方科学的方法论与红学相融合,运用考证的方法整理国粹,著《红楼梦考证》。胡适指出:"我们只须根据可靠的版本与可靠的材料,考定这书的

1 于兰琪:《〈红楼梦〉作者考辨》,《廊坊师范学院学报(社会科学版)》2011年第6期。

著者究竟是谁，著者的事迹家世，著书的时代，这书曾有何种不同的本子，这些本子的来历如何。这些问题乃是《红楼梦》考证的正当范围。"[1]

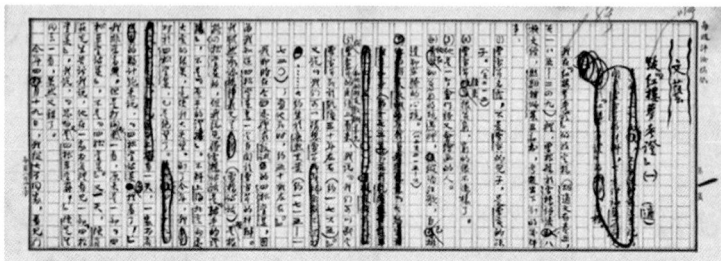

图1　《红楼梦考证》手稿（胡适）

胡适所说的"材料"，既包括有关曹家的材料，如袁枚的《随园诗话》、俞樾的《小浮梅闲话》等书，还包括小说内的诸多剧情，如第一回的"作者自云"、石头与空空道人的对话，第二回的"冷子兴演说荣国府"，第十六回中赵嬷嬷与凤姐等人的回忆和对"接驾"的谈论等。通过对这些材料的考证，胡适提出了"曹雪芹自传说"，指出前八十回著者为曹雪芹而后四十回续作者为高鹗。曹雪芹为康熙名臣曹寅之孙，曹家三代中曾有四人在江宁织造任职，曹寅曾在康熙南巡时四次负责接驾事务。一度荣耀显盛的曹家，却在雍正初年遭到抄家法办。曹雪芹的外祖李家也有着与曹家类似的命运，同样经历了由家族盛极到获罪发配的过程。曹雪芹曾在李家留下了美好的回忆，其结局却是盛世如烟。因此，胡适认为，《红楼梦》这部小说本身即是一部隐去真事的自叙，其中的甄、贾两宝玉即是作者自己的化身，

---

[1]　胡适：《〈红楼梦〉考证》（改定稿），载胡适著《红楼梦考证》，北京出版集团公司、北京出版社，2016年，第15页。

甄、贾两府有曾经的曹家的影子。

《红楼梦考证》问世后,学界基本接受了曹雪芹是《红楼梦》的作者这一观点。后继学者大多以胡适的观点为基础,继续以考证的眼光研读《红楼梦》,其代表人物有俞平伯、文怀沙、周汝昌等人。胡适所提出的观点不仅是《红楼梦》作者研究的一大收获,而且对作品的社会背景、思想主题、创作过程等问题的研究都产生了极其重要的影响。

20世纪50年代,瑞典学者高本汉曾运用当时最为先进的语言学和统计学的方法,选择了38个字,对《红楼梦》的前八十回和程甲本的后四十回进行了词频统计。在计算机信息技术得以高速发展的当下,越来越多的国内外学者采用各种更为先进、精密的数理统计方法,对《红楼梦》的作者问题展开论证。通过语料测查,如今学界的主流观点认为前八十回和后四十回在内部有着较高的相似度,而在语言风格上则有着较大的差异。这也从侧面证明了胡适考证思路的精微之处。

2. 索隐派及其学说

在考证派出现之前,侧重考据的索隐派产生着更大的影响。"索隐"一词出自《易·系辞上》:"探赜索隐,钩深致远,以定天下之吉凶,成天下之亹亹者,莫大乎蓍龟。"孔颖达注释道:"索谓求索,隐谓隐藏。"索隐派认为《红楼梦》作者的身份举足轻重,它直接决定着"人物本事"和"故事来源"。在研究过程中,索隐派侧重于运用繁琐的现实考据,从小说的情节和人物中推求出"所隐之事,所隐之人",将《红楼梦》视为"遗民著书"或"知情人著书"的隐书,其作者当是某个具备某种特征的历史人物。

如《红楼梦》开卷即引作者自云:"曾历过一番梦幻之后,故将真事隐去,而借'通灵'之说,撰此《石头记》一书也。故曰'甄士隐'云云。"作者"隐去"的"真事"究竟是什么？"甄士隐"与"贾雨村"具有哪些象征意义？此外，自认为背弃宗族天恩、辜负父兄之德的作者，其言语之间所蕴含的忏悔之意是不是隐约指向清朝的某个豪门望族？据此，晚清时期的索隐派联系现实，辗转推求，形成了诸多说法，如"明珠家事说""清世祖与董鄂妃故事说""康熙朝政治状态说""和珅家说""傅恒家说"等。在这里，我们简要介绍被胡适称为"清末民初三大索隐派"的观点，即"明珠家事说""清世祖与董鄂妃故事说"与"康熙朝政治状态说"。

"明珠家事说"认为《红楼梦》的"本事"是指康熙时期一度权倾朝野、家资累万的重臣纳兰明珠。其子纳兰性德聪颖博学，是清朝有名的抒情词人。康熙二十七年（1688），纳兰明珠以结党营私、排斥异己的罪名遭到弹劾革职，其家产被没收，自此再未受到重用。据研究，该观点得以流传的原因有二：其一是《红楼梦》里贾府的遭遇与大学士明珠一家的荣枯不无相似之处，都经历了由盛而衰的过程；其二是纳兰公子的性格才情，使人联想到贾宝玉的性格特征。[1]"清世祖与董鄂妃故事说"则认为小说"改作在乾嘉之盛时"，所隐藏的"本事""多顺、康之逸事"，为清世祖与秦淮名妓董小宛的恋爱故事，作者"听其淹没，则忍俊不禁，振笔直书，则立言未敢。于是托之演义，杂以闲情，假宝黛以况其人，因荣宁以书其事"[2]。然而，这两种观点均有穿凿附会之嫌，后因缺乏科学性而日渐衰微。

蔡元培是索隐派红学的集大成者，他将《红楼梦》视为"清

1　刘梦溪：《索隐派红学的产生与复活》（上），《红楼梦学刊》1988年第1期。

2　曹雪芹、高鹗著，王梦阮、沈瓶庵索隐，印加、华云、宋祥瑞、郭力点校：《红楼梦索隐》，北京大学出版社，1989年，第1页。

康熙朝政治小说"，提出"康熙朝政治状态说"，认为"作者持民族主义甚挚。书中本事在吊明之亡，揭清之失，而尤于汉族名士仕清者，寓痛惜之意。当时既虑触文网，又欲别开生面，特于本事以上，加以数层障幕，使读者有'横看成岭侧成之峰'之状况"[1]。与传统索隐派学者相比，蔡元培在理解上更为深刻，其使用的方法也更加科学，因此其观点更具有启发性，在红学史上产生了不可低估的意义。

时至今日，依然不乏学者继承索隐派的理念，将《红楼梦》的作者推定为曹雪芹之外的其他人，如洪昇、吴梅村、冒辟疆、顾景星、袁枚、曹寅、曹頫、曹颙等。作者之争，无疑为《红楼梦》这部"奇"书增添了更多奇特的色彩。

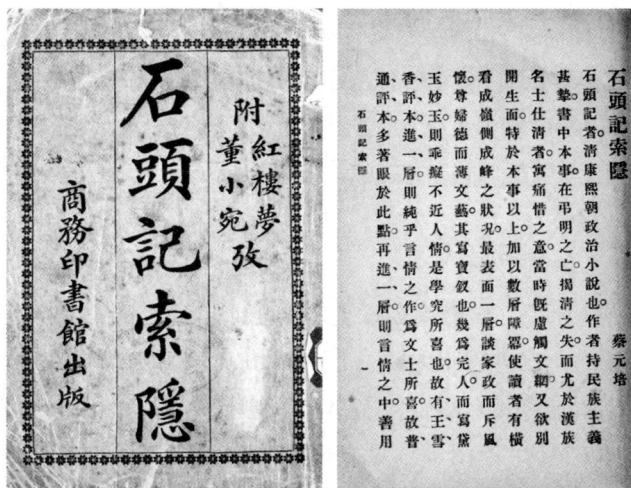

图2　《石头记索隐》(蔡元培)

1　蔡元培:《石头记索隐》，载《蔡元培全集》第三卷，浙江教育出版社，1997年，第123页。

二、《红楼梦》的版本问题及选择建议

自诞生以来,《红楼梦》的版本流传就呈现出纷繁复杂的特征。该书采用了明清以来非常流行的章回体。由于俗文学的身份,《红楼梦》没有止步于以手抄本的形式流行于文人雅士的上流社会,其随着活字版印技术的普及而逐渐走向民间。民间的市井阶层也参与到《红楼梦》的审美之中,这就使得小说出现了被改编的可能性。此外,受制于较长的创作时间,《红楼梦》的诸多抄本在流传过程中不可避免地出现了被篡改的情况。《红楼梦》的版本纷乱庞杂,有十三种以上。不同版本各有特征,流行程度也存在差别。

整体而言,目前学界多将《红楼梦》的版本分作两个系统:其一是八十回抄本系统,该版本大多带有脂砚斋等人的批语,因此又被称为"脂本系统";其二是一百二十回刊刻本系统,最早由程伟元、高鹗整理刊印,又被称为"程本系统"或"刻本系统"。

(一)脂本系统

据统计,红学界迄今发现的属于脂本系统的《红楼梦》版本主要有十二种:即甲戌本、己卯本、庚辰本、列藏本(又称"俄藏本")、戚序本(又称"有正本")、王府本(又称"蒙府本")、戚宁本(又称"南图本")、靖藏本、甲辰本(又称"梦序本")、梦稿本(又称"杨藏本")、己酉本(又称"舒序本")、郑藏本。

1. 甲戌本

名《脂砚斋重评石头记》。第一回有"至脂砚斋甲戌抄阅再评,仍用石头记"字样,因此得名"甲戌本",明确年代。"甲戌"应为乾隆十九年(1754),但现所传甲戌本的抄成年代较晚。

此本书首有凡例五条,正文残存十六回(第一至八回、第十三至十六回、第二十五至二十八回)。此本保存的脂批较多,对研究《红楼梦》具有重要意义。该版本标志着脂砚斋由主要写作者开始兼任评点者,并写作凡例、楔子等介绍此书缘起。

2. 己卯本

名《脂砚斋重评石头记》。书中题有"己卯冬月定本",因此得名"己卯本"。"己卯"应为乾隆二十四年(1759)。此本残存四十回(第一至二十回、第三十一至四十回、第六十一至七十回)。己卯本第三十四回末有"《红楼梦》三十四回终"的字样,这是脂本系统第一次出现"红楼梦",这对于研究《红楼梦》的成书过程极为重要。

图3 己卯本(中国国家博物馆藏)

13

3. 庚辰本

名《脂砚斋重评石头记》。第五至八册封面书名下注"庚辰秋月定本",因此得名"庚辰本"。"庚辰"即乾隆二十五年(1760)。现存七十八回,即前八十回(缺第六十四回、第六十七回)。书中有脂砚斋双行评注、行间旁批、眉批,以及前后总评。在现存的抄本中,此本正文保存得较为完好,所用底本年代较早,保留脂砚斋批语最多,对研究《红楼梦》具有重要价值。

4. 列藏本(又称"俄藏本")

该本由原苏联东方学研究所列宁格勒分所收藏(今俄罗斯科学院东方学研究所圣彼得堡分所),故名"列藏本",又称"俄藏本"。此本回首题"石头记",无题签。第十回回首,第六十三回、第六十四回、第七十二回末尾题作"红楼梦"。此本现存七十八回,即前八十回(缺第五回、第六回)。

5. 戚序本(又称"有正本")

名《国初抄本原本红楼梦》,因其卷首有戚蓼生序,故名"戚序本",为民国初年上海有正书局照相石印本,又称"有正本"。此本存八十回正文,在文字上接近脂本原文,是八十回抄本系统中最完整的本子。

6. 王府本(又称"蒙府本")

该本第七十一回末背面书"柒爷王爷"字样,据考证出自清代蒙古王府,故名"王府本",又称"蒙府本"。此本中缝印有"石头记"字样,工楷精抄,前八十回正文大体与戚序本相同,其中第五十七至六十二回以及后四十回正文据程甲本补配。前八十回的批语大部分与戚序本相同,另有六百多条侧批,这些侧批为其他脂评本所无,这对于研究《红楼梦》具有重要价值。

7. 戚宁本(又称"南图本")

该本为南京图书馆所藏抄本《戚蓼生序本石头记》,简称

"戚宁本"，又称"南图本"。每页中缝印有"石头记"字样，封面无书名，存前八十回。

8. 靖藏本

该本已佚，最初由扬州靖氏所藏，是乾隆时期的抄本。

9. 甲辰本（又称"梦序本"）

该本题名《红楼梦》，卷首由梦觉主人序，因序的末尾署有"甲辰岁菊月中浣梦觉主人识"，故名"甲辰本"，又称"梦序本"。"甲辰"应为乾隆四十九年（1784）。此本存八十回，正文绝大部分内容有修改，有学者认为它是从脂本到程本的过渡本。

10. 梦稿本（又称"杨藏本"）

该本为清杨继振旧藏本，卷首题有"兰墅太史手定红楼梦稿百廿卷，内阙四十一至五十十卷，据摆字本抄足，继振记"，故名"梦稿本"，又称"杨藏本"。

11. 己酉本（又称"舒序本"）

该本题名《红楼梦》，卷首有舒元炜于乾隆五十四年（1789）己酉所作之序，故名"己酉本"，又称"舒序本"。存第一至四十回，正文被大量篡改，批语被全部删除。

12. 郑藏本

该本为郑振铎旧藏本，仅残存第二十三回、第二十四回。回首抄有"石头记"，书口题有"红楼梦"。此本无批语，有独特的研究价值。

（二）刻本系统

现存刻本系统一般分为程甲本和程乙本两种。

1. 程甲本

名《新镌全部绣像红楼梦》，卷首有程伟元、高鹗所作之序。作者处虽空缺，但序言涉及曹雪芹。为程伟元、高鹗于乾隆五十六年（1791）辛亥交北京萃文书屋活字刊印本。该本为后来各种一百二十回版本的第一母本，也是《红楼梦》第一个刻印本，结束了人工传抄。值得注意的是，该本的前八十回基本还是依据脂本文字。程甲本主要继承甲戌本、甲辰本、梦稿本，它的刊印是由稿本、抄本到刻印发行本的重要里程碑。

2. 程乙本

名《新镌全部绣像红楼梦》，是程甲本的修订本，为程伟元、高鹗于乾隆五十七年（1792）壬子交萃文书屋活字刊印本，有二人署名的"引言"。此本为后来各种一百二十回版本的第二母本。与程甲本相比，版式、插画基本一致，文字上有两万字左右的不同。

3. 其他

青石山庄影印本、东观阁本、抱青阁本、本衙藏板本、藤花榭本、凝翠草堂本等，基本都是在程甲本和程乙本的基础上修订，或者混合两者而成的不同书局的印刷版本。

（三）市面现存版本简述

我们阅读《红楼梦》，不可不重视版本问题。如前文所言，《红楼梦》的版本情况复杂。红学界一般认为早期抄本，即脂砚斋评本的文字更好，早期脂本较少地受到后人的删改，更接近曹雪芹原著的面貌。程甲本和程乙本虽然各有自己的特色，但在文字上整体逊色于早期抄本。以程乙本为例，其语言风格看起来更通俗化了，但却缺少了曹雪芹原著的典雅凝重，与原著面貌离得较远。

市面现存的各版《红楼梦》，主要依托的是脂本系统和程本系统两个系统。其中，值得关注的版本有两种，其一是人民文学出版社在1982年出版的，由中国艺术研究院《红楼梦》研究所校勘整理注释的本子,通称"新校本"。该版本以《脂砚斋重评石头记》为底本,由红学大家冯其庸先生为首,聚集了来自全国的几十位著名的专家学者,历经七年时间,参校了11个早期抄本,一字一句校勘而来。参加注释的专家学者包括著名的红学家、民俗学家、服饰专家、中医药专家等,注释内容适中,繁简得宜,通俗易懂,严谨准确。其二是商务印书馆于2013年出版的《新批校注红楼梦》,该版本采用程乙本为正文底本,由长期从事《红楼梦》研究和教学的两代学者披阅十余载,参校程甲本及其他多个版本的脂评本而成。该版本的点评着眼于全书的总体构思、艺术特色、人物形象、前后回关系,批语贴近文本、细致凝练,有助于引导读者回味前文,把握全书布局。

本书涵盖的主题较多,编者在编写过程中研读、参考了众多《红楼梦》研究文献,详见注释,特此感谢。为贴合中学生学习需求,在编写"学习小任务"模块时,也参考了近年来有关《红楼梦》的考试题目。本书"原文细读与鉴赏"部分参照使用的是南京大学文学院教授苗怀明及其学生点校、注释本,其采用的底本是程乙本(仓石本),另以程甲本等版本为校本,纠正了一些疏误。对原文尽可能保持原貌,对一些异体字、明显的错字则径改。注释与校勘也参照了人民文学出版社、中华书局、商务印书馆等相关整理本。

原文细读与鉴赏

一、《红楼梦》的作者

第一回

甄士隐梦幻识通灵　贾雨村风尘怀闺秀

〔1〕

曹雪芹晚年贫病交加。在艰难的日子里，他为什么还要力疾著成一部大书，他著书的目的是什么？

但书中所记何事何人？ 自己又云："今风尘¹碌碌，一事无成，忽念及当日所有之女子，一一细考较去，觉其行止见识皆出我之上。我堂堂须眉²，诚不若彼裙钗³，我实愧则有余，悔又无益，大无可如何之日也。当此日，欲将已往所赖天恩祖德，锦衣纨绔⁴之时，饫甘餍肥⁵之日，背父兄教育之恩，负师友规训⁶之德，以致今日一技无成、半生潦倒之罪，编述一集，以

1　风尘：漂泊在外，备受艰辛。
2　须眉：胡须、眉毛，这里泛指男子。
3　裙钗：泛指女子。
4　锦衣纨（wán）绔：指服装的华美。
5　饫（yù）甘餍（yàn）肥：吃着甜美的食物。
6　规训：规劝教导。

告天下。知我之负罪固多，然闺阁¹中历历有人，万不可因我之不肖²，自护己短，一并使其泯灭也。

〔2〕

一日，正当嗟悼之际，俄见一僧一道远远而来，生得骨格不凡，丰神迥异，来到这青埂峰下，席地坐谈。

〔3〕

竟不如我这半世亲见亲闻的几个女子，虽不敢说强似前代书中所有之人，但观其事迹原委，亦可消愁破闷；至于几首歪诗，也可以喷饭供酒。其间离合悲欢，兴衰际遇，俱是按迹循踪，不敢稍加穿凿，至失其真。只愿世人当那醉余睡醒之时，或避事消愁之际，把此一玩，不但是洗旧翻新，却也省了些寿命筋力。不更去谋虚逐妄了。我师意为如何？"

〔4〕

从此空空道人因空见色，由色生情，传情入色，自色悟空³，遂改名情僧，改《石头记》为《情僧录》。东鲁孔梅溪题曰《风月宝鉴》⁴。后

小说中穿插出现的神秘二人组。蒙府本批有"非幻像也，作者自己形容"一语，你怎么看？

结合作者的生平，你在小说中是否可以找出"按迹循踪"的例子？

---

1 闺阁：女子的卧室，这里代指女子。
2 不肖：不能继承父祖事业的子孙。肖，像。
3 "因空见色"四句："空""色""情"皆为佛教名词。"空"指事物虚幻不实，"色"指有形之物，"情"指人的各种欲望。这四句话的意思是世间万物都是虚幻的，不过是一种假象。
4 风月宝鉴：风月，指男女之情。鉴，镜子，后引以为警诫或教训。

19

因曹雪芹于悼红轩中，披阅十载，增删五次，纂成目录，分出章回，又题曰《金陵十二钗》[1]，并题一绝。即此便是《石头记》的缘起。诗云：

满纸荒唐言，一把辛酸泪。

都云作者痴，谁解其中味？

○ 学习小任务：

结合上文，参考甲戌本批语，你能发现哪些信息？（答案略）

第三回
托内兄如海荐西宾　接外孙贾母惜孤女

看其外貌，最是极好，却难知其底细，后人有《西江月》二词，批得极确，词曰：

无故寻愁觅恨，有时似傻如狂；纵然生得好皮囊[2]，腹内原来草莽[3]。　潦倒不通庶务，愚顽怕读文章[4]。行为偏僻性乖张，那管世人诽谤！

又曰：

甲戌本批云："能解者方有辛酸之泪，哭成此书。壬午除夕，书未成，芹为泪尽而逝。余尝哭芹，泪亦待尽。每意觅青埂峰、再问石兄，奈不遇癞头和尚何！怅怅！今而后惟愿造化主再出一芹一脂，是书何幸，余二人亦大快遂心于九泉矣。甲午八月泪笔。"

---

1 金陵十二钗：金陵，古邑名，南京的别称。钗，本为妇女头饰，后称女子为"裙钗"或"金钗"。
2 皮囊：指人的躯壳。
3 草莽：丛生的杂草，比喻不学无术。
4 文章：指四书五经、时文八股之类。

富贵不知乐业[1]，贫穷难耐凄凉；可怜辜负好时光，于国于家无望。　天下无能第一，古今不肖无双；寄言纨绔与膏粱：莫效此儿形状！

自嘲自忏，外贬内褒。

第八回
贾宝玉奇缘识金锁　薛宝钗巧合认通灵

于是转弯向北奔梨香院来。可巧管库房的总领吴新登和仓上的头目名叫戴良的，同着几个管事的头目，共七个人，从账房里出来，一见宝玉，赶忙都一齐垂手站立。独有一个买办，名唤钱华，因他多日未见宝玉，忙上来打千儿[2]请宝玉的安，宝玉含笑伸手叫他起来。众人都笑说："前儿在一处看见二爷写的斗方儿[3]，越发好了，多早晚赏我们几张贴贴。"宝玉笑道："在哪里看见了？"众人道："好几处都有，都称赞得了不得，还和我们寻呢！"宝玉笑道："不值什么，你们说给我的小幺儿[4]们就是了。"

甲戌本批云："余亦受过此骗，今阅至此，赧然一笑。此时有三十年前向余作此语之人在侧，观其形已皓首驼腰矣，乃使彼亦细听此数语，彼则潸然泪下，余亦为之败兴。"
一面说，一面前走，众人待他过去，方都各自散了。

1　乐业：指满意，安于富贵的意思。

2　打千儿：旧时满族男子的请安动作，一般左膝前屈，右腿后弯，上身微俯，右手下垂，行半跪礼。

3　斗方儿：门屏槅扇上所贴的方幅纸块，上面写着吉利话。通常也指方幅诗笺、画册。

4　小幺儿：小厮，年纪较小的仆人。

第十二回
王熙凤毒设相思局　贾天祥正照风月鉴

　　说毕,从搭裢[1]中取出个正面反面皆可照人的镜子来,背上錾着"风月宝鉴"四字,——递与贾瑞道:"这物出自太虚幻境空灵殿上,警幻仙子所制,专治邪思妄动之症,有济世保生之功。所以带它到世上来,单与那些聪明俊秀、风雅王孙等照看。千万不可照正面,只照背面,要紧,要紧!三日后我来收取,管叫你病好。"说毕,徉长而去[2]。众人苦留不住。

　　贾瑞接了镜子,想道:"这道士倒有意思,我何不照一照试试?"想毕,拿起那宝鉴来,向反面一照。只见一个骷髅儿立在里面。贾瑞忙掩了,骂那道士:"混账,如何吓我?我倒再照照正面是什么。"

　　想着,便将正面一照,只见凤姐站在里面点手儿[3]叫他。

　　○ 学习小任务:

　　透过"风月宝鉴"这一器物,你能看到哪些象征意义?

　　1　搭裢:同"褡裢",一种长方形口袋。
　　2　徉长而去:大模大样地离开,即"扬长而去"。徉长,自由自在地往来。
　　3　点手儿:招手。

参考答案："风月宝鉴"是一面"专治邪思妄动之症,有济世保生之功"的宝镜。《红楼梦》的另一个名字就是《风月宝鉴》,因而可以把这面镜子看作小说内容的象征。"风月宝鉴"可以照见人的"邪思妄念",是治病救人的"仙物"。镜子的正面是一派花柳繁华地、温柔富贵乡、儿女情意绵的盛景,象征了贾府盛极之时无比荣耀、显赫的风光场面;镜子的背面则是白骨粼粼、血泪斑斑的悲惨境况,预示着贾府被抄家而败落之后人亡家散的凄凉场面。可见作为一本书,"风月宝鉴"一定程度上照见了真实的历史。

第二十二回
听曲文宝玉悟禅机　制灯谜贾政悲谶语

吃了饭,点戏时,贾母一面先叫宝钗点,宝钗推让一遍,无法,只得点了一折《西游记》。贾母自是欢喜。然后便命凤姐点,凤姐虽有王夫人在前,但因贾母之命,不敢违拗;且知贾母喜热闹,更喜谑笑科诨[1],便先点了一出,却是《刘二当衣》[2]。

庚辰本眉批云:"凤姐点戏,脂砚执笔事,今知者寥寥矣,不怨夫?前批'知者寥寥',今丁亥夏只剩朽物一枚,宁不悲乎!"

---

[1] 谑(xuè)笑科诨(hùn):穿插在戏曲表演中令人发笑的滑稽表演。谑笑,开玩笑。科诨,插科打诨,"科"指表演时的动作,"诨"指逗笑的台词。
[2] 《刘二当衣》:弋阳腔剧目,为明传奇《裴度还带》中的一出,演财主刘二用计扣下其姐夫裴度当物以抵押前账事,剧情滑稽热闹。

胡适认为,《红楼梦》是曹雪芹的自传,自此"自传说"就引起了广泛的讨论。俞平伯、周汝昌表示拥护,而巴金则持质疑态度。巴金在一封写给周汝昌的信里写道:"它不是曹雪芹的自传,但是这部小说里有作者自传的成分。"结合下面的材料,谈谈你的看法。(答案略)

材料一:

我也曾金马玉堂,我也曾瓦灶绳床。

你笑我名门落魄,一腔惆怅,

怎知我看透了天上人间,世态炎凉。

褴衫藏傲骨,愤事写群芳,字字皆血泪,十年不寻常。

身前身后漫评量,君试看真真切切虚虚幻幻,

啼啼笑笑的千古文章,千古文章。

——言兴朋(京剧《曹雪芹》主题歌)

材料二:

作者持民族主义甚挚。书中本事在吊明之亡,揭清之失,而尤于汉族名士仕清者,寓痛惜之意。当时既虑触文网,又欲别开生面,特于本事以上,加以数层障幕,使读者有"横看成岭侧成峰"之状况。

——蔡元培(《石头记索隐》)

二、《红楼梦》的版本

材料一：

雨村笑道："果然奇异！只怕这人来历不小。"子兴冷笑道："万人皆如此说，因而乃祖母便先爱如珍宝。……"（甲戌本，第二回）

雨村笑道："果然奇异！只怕这人的来历不小！"子兴冷笑道："万人都这样说，因而他祖母爱如珍宝。……"（程乙本，第二回）

材料二：

贾政便使人上来对王夫人说："姨太太已有了春秋，外甥年轻不知世路，在外住着恐有人生事……"（甲戌本，第四回）

贾政便使人进来对王夫人说："姨太太已有了年纪，外甥年轻，不知庶务，在外住着，恐又要生事……"（程乙本，第四回）

材料三：

孩子们道："哪个周大娘？我们这里周大娘有三个呢，还有两个周奶奶，不知是哪一行当的？"（甲戌本，第六回）

那孩子翻眼瞅着道："哪个周大娘？我们

这里周大娘有几个呢，不知哪一个行当儿上的？"（程乙本，第六回）

○ 学习小任务：

《红楼梦》的历代版本纷繁复杂。其中，甲戌本、程乙本之间的异文更是层出不穷。阅读材料，你认为程乙本在改字时体现了哪些倾向？

参考答案：找出具体的改字，从语言习惯与艺术特征两方面进行对比鉴赏，言之成理即可。

第2课 《红楼梦》的主要情节

——脉络与布局问题

图4　通灵宝石、绛珠仙草（载《红楼梦图咏》，［清］改琦绘）

《红楼梦》整体框架是悲剧性的，即描述了"无才补天"的石头从下凡到复归的经历，中间历尽了种种悲欢离合与世态炎凉。小说的具体情节则由宝黛爱情悲剧和贾府由盛转衰两条基本线索扭结而成。这两条线索是全书悲剧主题的两大核心脉络，彼此经纬交织，与神话背景一道在广阔的生活场景上绘制了一幅鲜丽而悲怆的人生画面。

一、情节概述

　　马瑞芳教授将《红楼梦》前八十回的情节概述如下：

　　《红楼梦》前八十回可分为四部分：前十八回介绍宝、黛、钗、凤姐、秦可卿；十九至四十一回写贾宝玉的叛逆思想和正统思想的冲突，宝黛爱情试探，兼写宝钗、湘云、袭人、妙玉、刘姥姥；四十二至七十二回宝黛心灵默契，黛钗猜忌消除，转写鸳鸯、香菱、晴雯、探春、尤氏姐妹；后十回写凤姐失宠，贾府衰败，查抄大观园、晴雯冤死，薛蟠错娶河东狮，迎春误嫁中山狼。[1]

　　后四十回为程、高续写，情节发展依然以前八十回中的人

1　马瑞芳：《〈红楼梦〉的情节线索和叙事手法》，《文史哲》2003年第1期。

物为核心,具体地描写了在贾府败亡背景之下大观园"诸芳流散"的悲剧命运,贾宝玉在经历了黛玉去世、误娶宝钗之后,看破红尘,悬崖撒手。

《红楼梦》的篇幅如此巨大,涉及范围如此广泛,如何才能抽丝剥茧,发现其中的脉络? 天才作家曹雪芹在小说情节的各处都巧妙地设计了暗示和伏笔,如:第一回中的"好了歌"及其注解,奠定了整部小说的悲剧基调,并从宏观的角度预测了人物的命运结局;第四回中的"护官符"暗示了四大家族"一损皆损,一荣皆荣"的关系;第五回太虚幻境中的判词、曲,预示了大观园中大部分女性的命运结局等。

这些关于小说主线的提示嵌合在情节之中,既推动了小说的发展,也构成了小说主旨反复咏叹的效果。可以说,整部《红楼梦》就是在曹雪芹这个天才指挥家的运筹之下演奏的一支封建社会众生的命运交响曲,前后映衬,重章叠唱。

二、线索梳理

要想读懂《红楼梦》的情节,就必须弄清小说的两大线索,并在此基础上梳理整部小说看似庞杂、实则互有联结的人物关系。

(一)宝黛爱情悲剧线索

王国维曾说:"《红楼梦》一书,彻头彻尾的悲剧也。"[1] 可见曹雪芹是有意以悲剧为全书创作主题的,书中所有的爱情、婚姻皆以悲剧告终,或有爱情没婚姻,或有婚姻没爱情。

---

1 王国维:《〈红楼梦〉评论》,浙江古籍出版社,2012年,第13页。

全书第一回讲"木石前盟"，绛珠仙草是林黛玉的前世，神瑛侍者是贾宝玉的前世，绛珠仙草下凡，为的是将一生的眼泪还给神瑛侍者，以报答灌溉之恩。"还泪"这一情节便极具悲剧意识，宝黛爱情注定是泪尽魂归、阴阳永隔的悲剧结局。因此，宝黛的美好爱情以悲剧告终乃作者有意为之。

《红楼梦》中宝玉与黛玉的爱情悲剧具有超越世俗功利的精神品性。宝玉与黛玉一见如故，均视对方为知己，因为两人一样厌恶仕途经济，期望能在为爱而爱的纯情交往中获得人生的意义和价值。宝玉与黛玉的爱情是对封建正统婚恋道德观念的超越和叛逆，它带有浓郁的个性化色彩。

宝玉与黛玉经历了从情窦初开的试探到心意相通的热恋，最终阴阳永隔。围绕宝玉、黛玉的爱情悲剧，小说还写了宝玉、宝钗的婚姻悲剧，以及秦钟与智能儿，贾蔷与龄官，贾云与小红，司棋与潘又安，柳湘莲与尤三姐等人的爱情悲剧，这就使宝玉、黛玉的自由恋爱有了一个群星拱月、彼此映照的背景。

（二）封建家族兴衰线索

有人将《红楼梦》誉为"中国封建社会的百科全书"，小说以贾、史、王、薛四大家族的兴衰为背景，以贾家荣、宁两府的逐渐衰败为线索，广泛地反映了当时的社会现象与矛盾，对封建末期的社会进行了剖析和批判，真实而艺术地反映了我国封建社会逐步走向衰亡的历史趋势。

贾府由盛而衰的线索，虽不及宝黛爱情悲剧的线索清晰鲜明，却客观存在，也是宝黛爱情悲剧线索的背景。这条线索以大事件、大场面为关节，呈现着贾府盛极伏衰、由盛转衰的渐变过程，贯穿着"毁"与"补"的矛盾。主要事件有秦可卿之死、贾元春省亲、查抄大观园、贾府过年、中秋夜宴等。第二回中作者借"冷子兴演说荣国府",概括了贾府的"末世"特征:"如今外面的架子虽没很倒,内囊却也尽上来了。"这些大事件都是贾府渐衰的阶段性标志。

从文学审美的角度看,贾府的存在,导致大观园中一众女子的青春、爱情和生命的美被毁灭的悲剧现实,它的衰落显现出作者对于生命之美的深沉赞美。封建社会中充斥着腐朽对于纯真的迫害,作者借小说中人物之口,表达了自己沉痛的惋惜之情。

从社会历史发展的角度看,贾府的兴盛与衰落,均源自封建社会的阶级斗争和政治斗争,所谓"成也萧何,败也萧何"。在封建社会中,不仅充斥着阶级压迫和剥削,统治阶级内部之间的相互勾结、倾轧和政治斗争也十分激烈,身处政治旋涡之中的贾府又岂能独善其身? 可以说,贾府的衰落和覆灭是必然的。

三、人物体系

"因人写事"是曹雪芹组织情节、布局章法的主要原则,这是一种"以人为本"的艺术构思逻辑。所以我们在探讨《红楼梦》的结构布局时,不应只关注其叙事线索和情节架构,而应将目光转向书中人物,关注其身份地位、性格、遭遇,以及人物相互之间的联系。小说的情节是人物性格、命运的外在展现,而人物的性格又是推动小说情节发展的内在动力。

《红楼梦》中的重要人物有几十乃至上百人,他们彼此穿插呼应、联系映衬,形成了全书庞大的人物群体,全景式地反映了当时的社会风貌和生活状态。大体上说,《红楼梦》的人物体系有两大核心——贾宝玉和王熙凤。

（一）以贾宝玉为核心的人物体系

《红楼梦》开篇第一回的楔子里，就讲了一块补天的顽石因无才补天而"幻形入世"的故事。这块石头物形幻化为"通灵宝玉"，而人格幻化为贾宝玉，全书借"通灵宝玉之说"撰写了贾宝玉在红尘中所经历的悲欢离合、世态炎凉。

以贾宝玉为中心的、与之联系紧密的人物主要有以下几类（见表2-1）：

表2-1　以贾宝玉为核心的人物体系

人物关系	代　表　人　物
血缘亲情	贾母、贾政、王夫人、贾元春、贾迎春、贾探春
婚姻爱情	林黛玉、薛宝钗
精神契合	史湘云、妙玉
亲密主仆	袭人、晴雯、麝月、四儿、秋纹、碧痕、金钏儿、焙茗（茗烟）
往来挚友	北静王、秦钟、琪官（蒋玉菡）、柳湘莲
衬托对照	贾环、薛蟠、甄宝玉、贾雨村、张道士

《红楼梦》中的贾宝玉是一个具有特殊秉性的人物，他对传统的、正统的思想不满，具有明显的反叛精神。贾宝玉的这种反叛精神并非自觉，因为没有新的、进步思想支持他的反叛，他不满家庭对人性的扼杀，但又和这个家庭有千丝万缕的联系。贾宝玉的很多言行在当时是不合时宜的，且缺少明确的目的性，因而整个人物呈现出一种"正邪两赋"的双重性格——既"聪明灵秀"，又"生性乖张"。

全书围绕着贾宝玉的成长过程主要安排了以下故事：

① 青埂峰顽石入凡尘：第一回，神话背景；

② 宝黛初会荣国府：第三回，人物登场；

③ 贾宝玉梦游太虚幻境：第五回，主要人物介绍，隐喻人物命运；

④ 宴宁府宝玉会秦钟：第七回，人物性格、才情的初步展现；

⑤ 袭人趁机箴宝玉：第十九回、第二十一回，宝玉叛逆性格的初步展现；

⑥ 宝玉入住大观园：第二十三回，为宝黛爱情的发展提供了一个更自由的天地；

⑦ 宝玉被父亲笞挞：第三十三回，父子矛盾的总爆发；

⑧ 宝玉送旧帕给黛玉：第三十四回，宝黛定情；

⑨ 王夫人抄检大观园：第七十四回，母子矛盾爆发；

⑩ 娶钗死黛铸悲剧：第八十九至九十八回，宝玉娶宝钗，黛玉魂归离恨天；

⑪ 锦衣卫查抄宁国府：第一〇五回，贾府破败；

⑫ 宝钗讽谏贾宝玉：第一一八回，经过感情、生活的磨难，宝玉已心灰意懒；

⑬ 宝玉悬崖撒手：第一一九回，宝玉重新回到青埂峰。

（二）以王熙凤为核心的人物体系

王熙凤是《红楼梦》中的又一关键人物，她在通篇小说中起着重要作用，她是贾府的"晴雨表"，也是《红楼梦》中各种关系的聚焦点。王熙凤精明过人，她的杀伐决断连那些"束冠顶带"的男子也"万不及一"；她和贾母、王夫人组成贾府的权力中枢，她的特殊身份和地位与贾府的命运息息相关。

以王熙凤为中心的、与之联系紧密的人物主要有以下几类（见表2-2）：

表2-2 以王熙凤为核心的人物体系

身 份	代 表 人 物	
贾府主子	荣府：贾母、贾赦夫妇、王夫人、薛姨妈、贾琏、李纨、赵姨娘、贾迎春、贾探春、贾惜春、薛宝钗、林黛玉	
	宁府：贾珍、贾蓉、秦可卿、尤氏姊妹	
贾府仆人	丫鬟：平儿、小红、善姐、丰儿	
	管家：赖大、林之孝、周瑞、吴新登	
	婆子：周瑞家的、王善保家的	
	媳妇：来旺儿媳妇、来升媳妇	
	仆从：来旺儿、隆儿、兴儿	
社会人物	远房亲戚：贾瑞、贾芸、刘姥姥	
	地痞无赖：倪二	
	道士：张道士	
	尼姑：静虚（又作净虚）、智能儿	
	道婆：马道婆	

全书围绕着王熙凤主要安排了以下的故事：

① 首次亮相：第三回，先声夺人，与众不同；

② 协理宁国府：第十三回，英气百丈，威重令行；

③ 寿辰风波：第四十四回，与贾琏夫妻关系紧张的信号；

④ 逼死尤二姐：第六十七至六十九回，夫妻关系的转折点，也是贾府家道衰败的转折点；

⑤ 抄检大观园：第七十四回，两面受气，已露出"江郎才尽"之兆；

⑥ 异兆发悲音：第七十一至七十二回、第一〇六回、第一一〇至一一四回，英气全无，遭贾琏冷落，结局悲惨。

（三）其他衍生人物

《红楼梦》中也有不少人物是由中心人物进一步衍生而来的，人物之间穿插牵合、交往频繁，人物关系或近或远，人物身份或主或宾，共同展示出现实生活中的众生相。如由贾宝玉人物体系中衍生出贾府和大观园中各房的丫鬟；由袭人衍生出其母、其兄及其妹；由薛蟠衍生出夏金桂、宝蟾等人；由秦钟衍生出金荣、金寡妇、智能儿和贾璜夫妇等人。再如，由王熙凤人物体系中的尤氏姊妹衍生出张华、柳湘莲等人；由贾珍、贾蓉衍生出贾蔷、焦大、乌进孝、戴太监等人；由贾琏衍生出多姑娘、鲍二家的等人；由邢夫人衍生出王善保家的、司棋、潘又安、邢岫烟等人。[1]

1　宋子俊：《人物、情节、结构——〈红楼梦〉艺术构思探析之一》，《甘肃高师学报》2002年第7卷第6期。

原文细读与鉴赏

一、宝黛爱情悲剧线索

第三回

托内兄如海荐西宾　接外孙贾母惜孤女

〔1〕

茶未吃了，只见一个穿红绫袄青绸掐牙背心的一个丫鬟走来笑道："太太说：请林姑娘到那边坐罢。"老嬷嬷听了，于是又引黛玉出来，到了东廊三间小正房内：<u>正面炕上横设一张炕桌，上面堆着书籍茶具，靠东壁面西设着半旧的青缎靠背引枕</u>；王夫人却坐在西边下首，亦是半旧青缎靠背坐褥；见黛玉来了，便往东让。黛玉心中料定这是贾政之位，因见挨炕一溜三张椅子上也搭着半旧的弹花椅袱，黛玉便向椅上坐了。王夫人再三让她上炕，她方挨王夫人坐下。

王夫人因说："你舅舅今日斋戒去了，再见罢。只是有句话嘱咐你：你三个姐妹倒都极好，以后一处念书认字，学针线，或偶一玩笑，

贾府乃贵族之家，所用之物却为"半旧"，有人认为不合理，你觉得呢？

"孽根祸胎""混世魔王"的评语将宝玉贬到了尘埃里，王夫人此语是疼爱宝玉还是骂宝玉呢？

却都有个尽让的。——我就只一件不放心：我有一个孽根祸胎，是家里的'混世魔王'，今日因往庙里还愿去，尚未回来，晚上你看见就知道了。你以后总不用理会他，你这些姐姐妹妹都不敢沾惹他的。"

黛玉素闻母亲说过，有个内侄乃衔玉而生，顽劣异常，不喜读书，最喜在内帏[1]厮混；外祖母又溺爱，无人敢管。今见王夫人所说，便知是这位表兄，一面陪笑[2]道："舅母所说，可是衔玉而生的？在家时记得母亲常说，这位哥哥比我大一岁，小名就叫宝玉，性虽憨顽，说待姊妹们却是极好的。况我来了，自然和姊妹们一处，弟兄们是另院别房，岂有沾惹之理？"王夫人笑道："你不知道原故：他和别人不同，自幼因老太太疼爱，原系和姐妹们一处娇养惯了的。若姐妹们不理他，他倒还安静些；若一日姐妹们和他多说了一句话，他心上一喜，便生出许多事来。所以嘱咐你别理会他，他嘴里一时甜言蜜语，一时有天没日，疯疯傻傻，只休信他。"

〔2〕

宝玉看罢，笑道："这个妹妹我曾见过的。"贾母笑道："又胡说了，你何曾见过？"宝玉笑道："虽没见过，却看着面善，心里倒像是远别重逢的一般。"贾母笑道："好，好！这么更相

未见其人，先闻其事。

天生多情，但是这情却非男女之情。

和黛玉心有灵犀，正是前世因缘。

至情至性之语，在世人眼中却是"疯疯傻傻"之语。

---

1 内帏：即内室，好的居处。帏，幕帐。
2 陪笑：同"赔笑"。

和睦了。"

宝玉便走向黛玉身边坐下，又细细打量一番，因问："妹妹可曾读书？"黛玉道："不曾读书，只上了一年学，些须认得几个字。"宝玉又道："妹妹尊名？"黛玉便说了名，宝玉又道："表字？"黛玉道："无字。"宝玉笑道："我送妹妹一字：莫若'颦颦'二字极妙。"探春便道："何处出典？"宝玉道：《古今人物通考》[1]上说：'西方有石名黛，可代画眉之墨。'况这妹妹眉尖若蹙，取这个字岂不美？"探春笑道："只怕又是杜撰！"宝玉笑道："除了《四书》，杜撰的也太多呢。"

因又问黛玉："可有玉没有？"众人都不解，黛玉便忖度着："因他有玉，所以才问我的。"便答道："我没有玉。你那玉也是件稀罕物儿，岂能人人皆有？"

宝玉听了，登时发作起狂病来，摘下那玉，就狠命摔去，骂道："什么罕物！人的高下不识，还说灵不灵呢！我也不要这劳什子。"吓得地下众人一拥争去拾玉。贾母急得搂了宝玉道："孽障！你生气要打骂人容易，何苦摔那命根子！"宝玉满面泪痕哭道："家里姐姐妹妹都没有，单我有，我说没趣儿；如今来了这个神仙似的妹妹也没有，可知这不是个好东西。"贾母忙哄他道："你这妹妹原有玉来着，因你姑妈

---

1 《古今人物通考》：宝玉杜撰的书名。

表字"颦颦"是对黛玉的直接赞美，可见宝玉不避亲疏的真情流露。

宝玉为什么摔玉？

去世时,舍不得你妹妹,无法可处,遂将她的玉带了去:一则全殉葬之礼,尽你妹妹的孝心;二则你姑妈的阴灵儿也可权作见了你妹妹了。因此她说没有,也是不便自己夸张的意思啊。你还不好生带上,仔细你娘知道!"

第八回
贾宝玉奇缘识金锁　薛宝钗巧合认通灵

〔1〕

宝钗因笑说道:"成日家说你的这块玉,究竟未曾细细地赏鉴过,我今儿倒要瞧瞧。"说着便挪近前来。宝玉亦凑过去,便从项上摘下来,递在宝钗手内。宝钗托在掌上,只见大如雀卵,灿若明霞,莹润如酥,五色花纹缠护。

不凡之物,必有不凡之相。

看官们须知道,这就是大荒山中青埂峰下的那块顽石幻相。后人有诗嘲云:

女娲炼石已荒唐,又向荒唐演大荒[1]。
失去本来真面目,幻来新就臭皮囊[2]。
好知运败金无彩,堪叹时乖[3]玉不光。
白骨如山忘姓氏,无非公子与红妆。

〔2〕

宝钗看毕,又从新翻过正面来细看,口里

1　演大荒:演说大荒山石头的故事。演,敷演,演说。
2　臭皮囊:佛教徒对人的躯体的称呼。这里指贾宝玉。
3　时乖:时运不济。乖,违背,背离。

念道："莫失莫忘，仙寿恒昌。"念了两遍，乃回头向莺儿笑道："你不去倒茶，也在这里发呆作什么？"莺儿也嘻嘻地笑道："我听这两句话，倒像和姑娘项圈上的两句话是一对儿。"

宝玉听了，忙笑道："原来姐姐那项圈上也有字？我也赏鉴赏鉴。"宝钗道："你别听她的话，没有什么字。"宝玉央及道："好姐姐，你怎么瞧我的呢！"宝钗被他缠不过，因说道："也是个人给了两句吉利话儿，錾上了，所以天天带着；不然沉甸甸的，有什么趣儿？"

一面说，一面解了排扣，从里面大红袄儿上将那珠宝晶莹、黄金灿烂的璎珞摘出来。宝玉托着锁看时，果然一面有四个字，两面八个字，共成两句吉谶[1]。……

宝玉看了，也念了两遍，又念自己的两遍，因笑问："姐姐，这八个字倒和我的是一对儿。"莺儿笑道："是个癞头和尚送的，他说必须錾在金器上——"宝钗不等她说完，便嗔着不去倒茶，一面又问宝玉从哪里来。

宝玉此时与宝钗挨肩坐着，只闻一阵阵的香气，不知何味，遂问："姐姐熏的是什么香？我竟没闻过这味儿。"宝钗道："我最怕熏香。好好儿的衣裳，为什么熏它？"宝玉道："那么着这是什么香呢？"宝钗想了想，说："是了！是我早起吃了冷香丸的香气。"宝玉笑道："什么'冷香

> "金玉"之说正式登场。

> 宝玉说者无心，世人听者有意。

> "金玉"对"木石"，"冷香"伏"暖香"。

1　吉谶（chèn）：预示吉利的话。谶，旧时认为将来会应验的预言、预兆。

丸'，这么好闻？好姐姐，给我一丸尝尝呢。"宝钗笑道："又混闹了。一个药也是混吃的？"

此时宝黛心意尚未相通，多含酸试探之语。

一语未了，忽听外面人说："林姑娘来了。"话犹未完，黛玉已摇摇摆摆地进来，一见宝玉，便笑道："哎哟！我来得不巧了。"宝玉等忙起身让坐。宝钗笑道："这是怎么说？"黛玉道："早知他来，我就不来了。"宝钗道："这是什么意思？"黛玉道："什么意思呢：来呢一齐来，不来一个也不来；今儿他来，明儿我来，间错开了来，岂不天天有人来呢？也不至太冷落，也不至太热闹。——姐姐有什么不解的呢？"

〔3〕

这里宝玉又说："不必烫暖了，我只爱喝冷的。"薛妈妈道："这可使不得：吃了冷酒，写字手打颤儿。"宝钗笑道："宝兄弟，亏你每日家杂学旁收的，难道就不知道酒性最热，要热吃下去，发散得就快；要冷吃下去，便凝结在内。拿五脏去暖它，岂不受害？从此还不改了呢。快别吃那冷的了。"宝玉听这话有理，便放下冷的，令人烫来方饮。

这也是黛玉的含酸试探之语，你能读出哪些言外之意？

黛玉嗑着瓜子儿，只管抿着嘴儿笑。可巧黛玉的丫头雪雁走来给黛玉送小手炉儿，黛玉因含笑问她说："谁叫你送来的？难为她费心，哪里就冷死我了呢。"雪雁道："紫鹃姐姐怕姑娘冷，叫我送来的。"黛玉接了，抱在怀中，笑道："也亏了你倒听她的话！我平日和你说的，全当耳旁风；怎么她说了你就依，比圣旨还快呢！"

〔4〕

黛玉因问宝玉道:"你走不走?"宝玉乜斜[1]倦眼道:"你要走我和你同走。"黛玉听说,遂起身道:"咱们来了这一日,也该回去了。"说着,二人便告辞。

小丫头忙捧过斗笠来,宝玉把头略低一低,叫她戴上,那丫头便将这大红猩毡斗笠一抖,才往宝玉头上一合,宝玉便说:"罢了,罢了!好蠢东西!你也轻些儿;难道没见别人戴过?等我自己戴罢。"黛玉站在炕沿上道:"过来!我给你戴罢。"

宝玉忙近前来。黛玉用手轻轻笼住束发冠儿,将笠沿掖在抹额之上,把那一颗核桃大的绛绒簪缨扶起,颤巍巍露于笠外。整理已毕,端详了一会,说道:"好了,披上斗篷罢。"宝玉听了,方接了斗篷披上。薛姨妈忙道:"跟你们的妈妈都还没来呢,且略等等儿。"宝玉道:"我们倒等着他们!有丫头们跟着就是了。"薛姨妈不放心,吩咐两个女人送了他兄妹们去。

宝玉和黛玉的亲密无间,多在一些细节之处体现出来。

第十九回
情切切良宵花解语　意绵绵静日玉生香

〔1〕

彼时黛玉自在床上歇午,丫鬟们皆出去

1　乜斜(miē xie):眼睛眯成一条缝,斜着眼看人。

43

自便，满屋内静悄悄的。宝玉揭起绣线软帘，进入里间，只见黛玉睡在那里，忙上来推她道："好妹妹，才吃了饭，又睡觉。"将黛玉唤醒。黛玉见是宝玉，因说道："你且出去逛逛，我前儿闹了一夜，今儿还没歇过来，浑身酸疼。"宝玉道："酸疼事小，睡出来的病大，我替你解闷儿，混过困去就好了。"黛玉只合着眼，说道："我不困，只略歇歇儿，你且别处去闹会子再来。"宝玉推她道："我往哪里去呢，见了别人就怪腻的。"

黛玉听了，"嗤"地一笑道："你既要在这里，那边去老老实实地坐着，咱们说话儿。"宝玉道："我也歪着。"黛玉道："你就歪着。"宝玉道："没有枕头，咱们在一个枕头上罢。"黛玉道："放屁！外头不是枕头？拿一个来枕着。"

宝玉出至外间，看了一看，回来笑道："那个我不要，也不知是哪个腌臜老婆子的。"黛玉听了，睁开眼，起身笑道："真真你就是我命中的'魔星'[1]，——请枕这一个！"说着，将自己枕的推给宝玉，又起身将自己的再拿了一个来枕上，二人对着脸儿躺下。

黛玉一回眼，看见宝玉左边腮上有纽扣大小的一块血迹，便欠身凑近前来，以手抚之细看道："这又是谁的指甲划破了？"宝玉倒身，一面躲，一面笑道："不是划的，只怕是才刚替他们淘澄胭脂膏子溅上了一点儿。"说着，便找绢

"混世魔王"在林妹妹这里就变成了养生大师。

相看两不厌，只有林妹妹。

满心无私才能有此亲密之举。

两个"自己的"，大有深意，你读懂了吗？

---

1 魔星：此处意指缠人的"冤家"。

44

子要擦。黛玉便用自己的绢子替他擦了，咂着嘴儿说道："你又干这些事了。——干也罢了，必定还要带出幌子来。就是舅舅看不见，别人看见了，又当作奇怪事新鲜话儿去学舌讨好儿，吹到舅舅耳朵里，大家又该不得心净了。"

宝玉总没听见这些话，只闻见一股幽香，却是从黛玉袖中发出，闻之令人醉魂酥骨。宝玉一把便将黛玉的衣袖拉住，要瞧瞧笼着何物。黛玉笑道："这时候谁带什么香呢？"宝玉笑道："那么着，这香是哪里来的？"黛玉道："连我也不知道，想必是柜子里头的香气熏染的，也未可知。"宝玉摇头道："未必。这香的气味奇怪，不是那些香饼子、香球子、香袋儿的香。"黛玉冷笑道："难道我也有什么'罗汉''真人'给我些奇香不成？就是得了奇香，也没有亲哥哥亲兄弟弄了花儿、朵儿、霜儿、雪儿替我炮制。我有的是那些俗香罢了。"

宝玉笑道："凡我说一句，你就拉上这些。不给你个利害[1]也不知道，从今儿可不饶你了。"说着翻身起来，将两只手呵了两口，便伸向黛玉胳肢窝内两胁下乱挠。黛玉素性触痒不禁，见宝玉两手伸来乱挠，便笑得喘不过气来。口里说："宝玉，你再闹，我就恼了。"宝玉方住了手，笑问道："你还说这些不说了？"黛玉笑道："再不敢了。"一面理鬓笑道："我有奇香，你有'暖香'没有？"

黛玉之劝和袭人之劝全然不同，因为黛玉是宝玉的知己，她的规劝并不会压抑宝玉的本性，而是替他避祸。

依然是含酸试探之语，可见"金玉"之说是黛玉心上的一根刺。

---

1 利害：即厉害。

"冷香"引出"暖香","木石"对应"金玉"。

宝玉见问,一时解不来,因问:"什么'暖香'?"黛玉点头笑叹道:"蠢才,蠢才!你有玉,人家就有金来配你;人家有'冷香',你就没有'暖香'去配她?"宝玉方听出来,因笑道:"方才告饶,如今更说狠了。"说着,又要伸手。黛玉忙笑道:"好哥哥,我可不敢了。"宝玉笑道:"饶你不难,只把袖子我闻一闻。"说着,便拉了袖子笼在面上,闻个不住。黛玉夺了手道:"这可该去了。"宝玉笑道:"要去不能。咱们斯斯文文地躺着说话儿。"说着,复又躺下,黛玉也躺下,用绢子盖上脸。

〔2〕

思考一下,作者这时安排宝钗出场,有何用意?

一语未了,只见宝钗走来,笑问:"谁说故典呢? 我也听听。"黛玉忙让坐,笑道:"你瞧瞧,还有谁? 他饶骂了,还说是故典。"宝钗笑道:"哦,是宝兄弟哟,怪不得他。他肚子里的故典本来多么。——就只是可惜一件,该用故典的时候儿他就偏忘了。有今儿记得的,前儿夜里的芭蕉诗就该记得呀,眼面前儿的倒想不起来。别人冷得了不得,他只是出汗。这会子偏又有了记性了。"黛玉听了笑道:"阿弥陀佛,到底是我的好姐姐。——你一般也遇见对子¹了。可知一还一报,不爽不错的。"

---

1 对子:这里指"对手"。

第二十回

王熙凤正言弹妒意　林黛玉俏语谑娇音

〔1〕

　　且说宝玉正和宝钗玩笑,忽见人说:"史大姑娘来了。"宝玉听了,连忙就走,宝钗笑道:"等着,咱们两个一齐儿走,瞧瞧他去。"说着,下了炕,和宝玉来至贾母这边。只见史湘云大说大笑地,见了他两个,忙站起来问好。正值黛玉在旁,因问宝玉:"打哪里来?"宝玉便说:"打宝姐姐那里来。"黛玉冷笑道:"我说呢,亏了绊住,不然,早就飞了来了。"宝玉道:"只许和你玩,替你解闷儿;不过偶然到她那里,就说这些闲话。"黛玉道:"好没意思的话,去不去关我什么事? 又没叫你替我解闷儿。——还许你从此不理我呢!"说着,便赌气回房去了。

假如宝玉不是从宝钗处来,黛玉还会生气吗?

〔2〕

　　没两盏茶时,宝玉仍来了。黛玉见了,越发抽抽搭搭地哭个不住。宝玉见了这样,知难挽回,打叠起百样的款语温言来劝慰。不料自己没张口,只听黛玉先说道:"你又来作什么? 死活凭我去罢了! 横竖如今有人和你玩;比我又念,又会作,又会写,又会说会笑,——又怕你生气,拉了你去哄着你。你又来作什么呢?"

　　宝玉听了,忙上前悄悄地说道:"你这么个

黛玉流泪,总由宝玉而起,因为绛珠仙草要以眼泪报答神瑛侍者。

青梅竹马的情谊,宝玉心里比谁都明白。

明白的人，难道连'亲不隔疏，后不僭先'[1]也不知道？我虽糊涂，却明白这两句话。头一件，咱们是姑舅姐妹，宝姐姐是两姨姐妹，论亲戚也比你远。第二件，你先来，咱们两个一桌吃，一床睡，从小儿一处长大的，她是才来的，岂有个为她远你的呢？"黛玉啐道："我难道叫你远她？我成了什么人了呢？——我为的是我的心。"宝玉道："我也为的是我的心。你难道就知道你的心，不知道我的心不成？"黛玉听了，低头不语，半日说道："你只怨人行动嗔怪你，你再不知道你怄得人难受。就拿今日天气比，分明冷些，怎么你倒脱了青肷披风[2]呢？"宝玉笑道："何尝没穿？见你一恼，我一暴躁，就脱了。"黛玉叹道："回来伤了风，又该讹着吵吃的了。"

误会片刻即告消除，宝黛再次真情流露，彼此关心。

第二十三回

西厢记妙词通戏语　牡丹亭艳曲警芳心

[1]

那日正当三月中浣[3]，早饭后，宝玉携了一

1　亲不隔疏，后不僭（jiàn）先：意思是亲密的人不会被疏远的人所离间，先到的人不会被后来的人所超越。僭，超越本分。

2　青肷（qiǎn）披风：指青狐皮腋部、小毛部分所做的披风。

3　中浣（huàn）：指每个月的中旬。浣，洗涤。唐代规定官吏每十日可休假一天，用来沐浴、洗涤。故将一个月分为上浣、中浣、下浣三个时间段，相当于现在的上旬、中旬、下旬。

套《会真记》¹，走到沁芳闸桥那边桃花底下一块石上坐着，展开《会真记》，从头细看。正看到"落红成阵"，只见一阵风过，树上桃花吹下一大斗来，落得满身满书满地皆是花片。宝玉要抖将下来，恐怕脚步践踏了，只得兜了那花瓣儿，来至池边，抖在池内。那花瓣儿浮在水面，飘飘荡荡，竟流出沁芳闸去了。

宝玉珍视一切美的事物，不问回报，不计较得失，脂砚斋谓之"情不情"，即"凡世间之无知无识，彼俱有一痴情去体贴"。

回来只见地下还有许多花瓣，宝玉正踟蹰间，只听背后有人说道："你在这里做什么？"宝玉一回头，却是林黛玉来了：肩上担着花锄，花锄上挂着纱囊，手内拿着花帚。宝玉笑道："好，好，来把这个花扫起来，撂在那水里去罢。我才撂了好些在那里了。"黛玉道："撂在水里不好，你看这里的水干净，只一流出去，有人家的地方什么没有？仍旧把花糟蹋了。那畸角儿上我有一个花冢，如今把它扫了，装在这绢袋里，埋在那里，日久随土化了，岂不干净。"

同样是惜花，黛玉和宝玉心意相通，黛玉甚至比宝玉更进一步。

宝玉听了，喜不自禁，笑道："待我放下书，帮你来收拾。"黛玉道："什么书？"宝玉见问，慌得藏之不迭，便说道："不过是《中庸》《大学》。"黛玉道："你又在我跟前弄鬼。趁早儿给我瞧瞧，好多着呢！"宝玉道："妹妹，若论你，我是不怕的。你看了，好歹别告诉别人。真正这是好文章。你若看了，连饭也不想吃呢。"一

知己之语。

---

1 《会真记》：指唐代元稹所作传奇小说，又名《莺莺传》，元代王实甫改编为杂剧《西厢记》。

49

面说，一面递了过去。

黛玉把花具放下，接书来瞧，从头看去，越看越爱，不顿饭时，将十六出俱已看完。但觉词句警人，余香满口。虽看完了，却只管出神，心内还默默记诵。宝玉笑道："妹妹，你说好不好？"黛玉笑道："果然有趣。"宝玉笑道："我就是个'多愁多病的身'[1]，你就是那'倾国倾城的貌'[2]。"

林黛玉听了，不觉带腮连耳通红，登时竖起两道似蹙非蹙的眉，瞪了两只似睁非睁的眼，桃腮带怒，薄面含嗔，指着宝玉道："你这该死的，胡说！好好的，把这些淫词艳曲弄了来，说这些混账话来欺负我。我告诉舅舅、舅母去。"说到"欺负"二字，就把眼圈儿红了，转身就走。

宝玉着了忙，向前拦住道："好妹妹，千万饶我这一遭，原是我说错了！若有心欺负你，明儿我掉在池子里，叫个癞头鼋吃了去，变个大忘八，等你明儿做了'一品夫人'病老归西的时候，我往你坟上替你驮一辈子碑去。"说得林黛玉"扑嗤"地一声笑了，一面揉着眼，一面笑道："一般唬得这么个样儿，还只管胡说。呸！原来也是个'银样蜡枪头'[3]！"

封建社会纵然有礼制压力，但是黛玉的委屈更多地源于宝玉的态度。

1　多愁多病的身：语出《西厢记》，指张生。

2　倾国倾城的貌：语出《西厢记》，指崔莺莺。汉代李延年曾作歌曰："北方有佳人，绝世而独立。一顾倾人城，再顾倾人国。"后常用"倾国倾城"来形容女子的美貌。

3　银样蜡（là）枪头：语出《西厢记》，有中看不中用之意。"蜡"有些版本中作"镴"，一种铅锡合金，呈银白色，质地较软。

宝玉听了，笑道：“你说说，你这个呢？我也告诉去。”林黛玉笑道：“你说你会'过目成诵'，难道我就不能'一目十行'么。”宝玉一面收书，一面笑道：“正经快把花儿埋了罢，别提那个了。”二人便收拾落花。

〔2〕

黛玉听了这两句，不觉心动神摇。又听道"你在幽闺自怜……"等句，越发如醉如痴，站立不住，便一蹲身坐在一块山子石上，细嚼"如花美眷，似水流年"八个字的滋味。忽又想起前日见古人诗中，有"水流花谢两无情"[1]之句；再词中又有"流水落花春去也，天上人间"[2]之句；又兼方才所见《西厢记》中"花落水流红，闲愁万种"之句：都一时想起来，凑聚在一处。仔细忖度，不觉心痛神驰，眼中落泪。

得到宝玉的回应之后，黛玉才重展笑颜。

黛玉为何落泪？

第三十二回

诉肺腑心迷活宝玉　含耻辱情烈死金钏

〔1〕

原来黛玉知道史湘云在这里，宝玉一定又赶来说麒麟的原故，因心下忖度着，近日宝玉弄来的外传野史，多半才子佳人，都因小巧玩

"金玉"的阴影无处不在，使得黛玉精神上缺乏安全感，只能通过试探和防备来确定宝玉的心意。

1　"水流"句：语出唐代崔涂《春夕》："水流花谢两无情，送尽东风过楚城。"

2　"流水"二句：语出五代李煜《浪淘沙令·帘外雨潺潺》。

物上撮合，或有鸳鸯，或有凤凰，或玉环金佩，或鲛帕鸾绦：皆由小物而遂终身之愿。今忽见宝玉也有麒麟，便恐借此生隙，同湘云也做出那些风流佳事来，因而悄悄走来，见机行事，以察二人之意。不想刚走进来，正听见湘云说"经济"一事，宝玉又说："林妹妹不说这些混账话，要说这话，我也和她生分了。"

黛玉听了这话，不觉又喜又惊，又悲又叹。所喜者：果然自己眼力不错，素日认他是个知己，果然是个知己；所惊者：他在人前一片私心称扬于我，其亲热厚密，竟不避嫌疑；所叹者：你既为我的知己，自然我亦可为你的知己，既你我为知己，又何必有"金玉"之论呢？既有"金玉"之论，也该你我有之，又何必来一宝钗呢？所悲者：父母早逝，虽有铭心刻骨之言，无人为我主张；况近日每觉神思恍惚，病已渐成，医者更云："气弱血亏，恐致劳怯之症。"我虽为你的知己，但恐不能久待；你纵为我的知己，奈我薄命何。想到此间，不禁泪又下来。待要进去相见，自觉无味，便一面拭泪，一面抽身回去了。

这里宝玉忙忙地穿了衣裳出来，忽见黛玉在前面慢慢地走着，似乎有拭泪之状，便忙赶着上来笑道："妹妹往哪里去？怎么又哭了？又是谁得罪了你了？"黛玉回头见是宝玉，便勉强笑道："好好的，我何曾哭来。"宝玉笑道："你瞧瞧，眼睛上的泪珠儿没干，还撒谎呢。"

宝玉的话语，黛玉的"知己论"，正体现了"木石前盟"的心意相通。"金玉"之论，使黛玉在爱情中始终有深深的危机感，这恰恰是"金玉良缘"对"木石前盟"的挑战，也是两者之间冲突的体现。

千言万语，反而无从说起。

一面说，一面禁不住抬起手来，替她拭泪。黛玉忙向后退了几步，说道："你又要死了，又这么动手动脚的。"宝玉笑道："说话忘了情，不觉地动了手，也就顾不得死活。"黛玉道："死了倒不值什么，只是丢下了什么'金'，又是什么'麒麟'，可怎么好呢。"

又是下意识的试探，是黛玉总缺乏安全感的表现。

一句话，又把宝玉说急了，赶上来问道："你还说这些话，到底是咒我还是气我呢？"黛玉见问，方想起前日的事来，遂自悔这话又说造次了，忙笑道："你别着急，我原说错了，这有什么要紧，筋都叠暴起来，急得一脸汗。"一面说，一面也近前伸手替他拭面上的汗。

宝玉瞅了半天，方说道："你放心。"黛玉听了，怔了半天，说道："我有什么不放心的？我不明白你这个话。你倒说说，怎么放心不放心？"宝玉叹了一口气，问道："你果然不明白这话？难道我素日在你身上的心都用错了？连你的意思若体贴不着，就难怪你天天为我生气了。"黛玉道："我真不明白放心不放心的话。"宝玉点头叹道："好妹妹，你别哄我；你真不明白这话，不但我素日白用了心，且连你素日待我的心也辜负了。你皆因都是不放心的原故，才弄了一身的病了。但凡宽慰些，这病也不得一日重似一日了。"

"你放心"三个字，千斤重。

黛玉听了这话，如轰雷掣电，细细思之，竟比自己肺腑中掏出来的还觉恳切，竟有万句言语，满心要说，只是半个字也不能吐出，

心意相通，反而相对无言。

只管怔怔地瞅着他。此时宝玉心中也有万句言词，不知一时从哪一句说起，却也怔怔地瞅着黛玉。

两个人怔了半天，黛玉只"咳"了一声，眼中泪直流下来，回身便走。宝玉忙上前拉住道："好妹妹，且略站住，我说一句话再走。"黛玉一面拭泪，一面将手推开，说道："有什么可说的？你的话我都知道了。"口里说着，却头也不回，竟去了。

宝玉望着只管发起呆来。原来方才出来忙了，不曾带得扇子，袭人怕他热，忙拿了扇子，赶来送给他，猛抬头看见黛玉和他站着，一时黛玉走了，他还站着不动，因而赶上来说道："你也不带了扇子去，亏了我看见，赶着送来。"

宝玉正出了神，见袭人和他说话，并未看出是谁，只管呆着脸说道："好妹妹，我的这个心，从来不敢说，今日胆大说出来，就是死了也是甘心的。我为你也弄了一身的病，又不敢告诉人，只好挨着。等你的病好了，只怕我的病才得好呢，睡里梦里也忘不了你。"

〔2〕

谁知宝钗恰从那边走来，笑道："大毒日头地下，出什么神呢？"袭人见问，忙笑说道："我才见两个雀儿打架，倒很有个玩意儿，就看住了。"宝钗道："宝兄弟才穿了衣服，忙忙地哪里去了？我要叫住问他呢，只是他慌慌张张地走过去，竟像没理会我的，所以没问。"袭人道:"老爷叫他出去的。"

（本回相关内容请查阅第3课"原文细读与鉴赏"，第112—114页）

第三十四回
情中情因情感妹妹　错里错以错劝哥哥

〔1〕

　　这里宝玉昏昏沉沉，只见蒋玉菡走进来了，诉说忠顺府拿他之事；一时又见金钏儿进来，哭说为他投井之情。宝玉半梦半醒，刚要诉说前情，忽又觉有人推他，恍恍惚惚，听得悲切之声。

　　宝玉从梦中惊醒，睁眼一看，不是别人，却是黛玉。犹恐是梦，忙又将身子欠起来，向脸上细细一认，只见她两个眼睛肿得桃儿一般，满面泪光，不是黛玉，却是哪个？宝玉还欲看时，怎奈下半截疼痛难禁，支持不住，便"嗳哟"一声，仍旧倒下；叹了口气，说道："你又做什么来了？太阳才落，那地上还是怪热的，倘或又受了暑，怎么好呢？我虽然挨了打，却也不很觉疼痛。这个样儿是装出来哄他们，好在外头布散给老爷听。其实是假的，你别信真了。"

　　此时黛玉虽不是嚎啕大哭，然越是这等无声之泣，气噎喉堵，更觉利害。听了宝玉这些话，心中提起万句言词，要说时却不能说得半

明明是自己受罪，宝玉反而安慰黛玉，可以和第三十回"椿龄画蔷痴及局外"的情节相对照。

55

宝玉到底会不会改呢?

句。半天,方抽抽噎噎地道:"你可都改了罢。"宝玉听说,便长叹一声道:"你放心。别说这样话。我便为这些人死了,也是情愿的。"

[2]

袭人去了,宝玉便命晴雯来,吩咐道:"你到林姑娘那里,看她做什么呢。她要问我,只说我好了。"晴雯道:"白眉赤眼[1]儿的,做什么去呢? 到底说句话儿,也像件事啊。"宝玉道:"没有什么可说的么。"晴雯道:"或是送件东西,或是取件东西;不然,我去了,怎么搭讪呢?"

宝玉为什么送给黛玉旧绢子?其中的含义你明白吗?

宝玉想了一想,便伸手拿了两条旧绢子,撂与晴雯,笑道:"也罢,就说我叫你送这个给她去了。"晴雯道:"这又奇了,她要这半新不旧的两条绢子? 她又要恼了,说你打趣她。"宝玉笑道:"你放心,她自然知道。"

晴雯听了,只得拿了绢子,往潇湘馆来。只见春纤正在栏杆上晾手巾,见她进来,忙摇手儿说:"睡下了。"

晴雯走来,满屋漆黑,并未点灯,黛玉已睡在床上,问:"是谁?"晴雯答道:"晴雯。"黛玉道:"做什么?"晴雯道:"二爷叫给姑娘送绢子来了。"

黛玉听了,心中发闷,暗想:"做什么送绢子来给我?"因问:"这绢子是谁送他的,必定是好的,叫他留着送别人罢,我这会子不用这

---

1 白眉赤眼:平白无故,无缘无故,没有理由。

个。"晴雯笑道："不是新的，就是家常旧的。"

黛玉听了，越发闷住了。细心揣度，一时方大悟过来，连忙说："放下，去罢。"晴雯只得放下，抽身回去。一路盘算，不解何意。

黛玉明白旧绢的深意。

这黛玉体贴出绢子的意思来，不觉神痴心醉，想到："宝玉能领会我这一番苦意，又令我可喜。我这番苦意，不知将来可能如意不能，又令我可悲。要不是这个意思，忽然好好地送两块帕子来，竟又令我可笑了。再想到私相传递，又觉可惧。他既如此，我却每每烦恼伤心，反觉可愧……"

此处的可喜、可悲、可笑、可惧，应与前文的又惊、又喜、又悲、又叹对照。

第五十七回
慧紫鹃情辞试莽玉　慈姨妈爱语慰痴颦

〔1〕

这日宝玉因见湘云渐愈，然后去看黛玉。正值黛玉才歇午觉，宝玉不敢惊动，因紫鹃正在回廊上手里做针线，便上来问她："昨日夜里咳嗽得可好些？"紫鹃道："好些了。"宝玉笑道："阿弥陀佛，宁可好了罢。"紫鹃笑道："你也念起佛来，真是新闻。"宝玉笑道："所谓'病急乱投医'了。"

一面说，一面见她穿着弹墨绫薄棉袄，外面只穿着青缎夹背心，宝玉便伸手向她身上抹了一抹，说道："穿这样单薄，还在风口里坐着，时气又不好，你再病了，越发难了。"紫鹃便说道："从此咱们只可说话，别动手动脚的，一年大，二年小[1]的，叫人看着不尊重。打紧的那起混账行子们背地里说你，你总不留心，还自管和小时一般行为，如何使得？姑娘常常吩咐我们，不叫和你说笑。你近来瞧她，远着你还恐远不及呢。"说着，便起身携了针线，进别的房里去了。

紫鹃一试。

宝玉见了这般景况，心中像浇了一盆冷水一般，只瞅着竹子发了一回呆，因祝妈正在那里刨土种竹，扫竹叶子，顿觉一时魂魄失守，随便坐在一块山石上出神，不觉滴下泪来。直呆了一顿饭的工夫，千思万想，总不知如何是可。

偶值雪雁从王夫人屋里取了人参来，从此经过，忽扭头看见桃花树下石上一人，手托着腮颊，正出神呢，不是别人，却是宝玉。雪雁疑惑道："怪冷的，他一个人在这里做什么？春天凡有残疾的人肯犯病，敢是他也犯了呆病了？"

宝玉的痴情在别人眼中是"残疾"，他的真情流露是"犯病"，可叹！

一边想，一边就走过来，蹲着笑道："你在这里做什么呢？"宝玉忽见了雪雁，便说道："你又做什么来找我？你难道不是女儿？她既防嫌，不许你们理我，你又来寻我，倘被人看见，岂不又生口舌？你快家去罢。"

雪雁听了，只当是他又受了黛玉的委屈，只得回至屋里。黛玉未醒，将人参交给紫鹃。

---

1 一年大，二年小：指一年年长大了反而变得幼稚。

58

〔2〕

紫鹃道:"原来是你说了,这又多谢你费心。我们正疑惑,老太太怎么忽然想起来叫人每一日送一两燕窝来呢? 这就是了。"宝玉笑道:"这要天天吃惯了,吃上三二年就好了。"紫鹃道:"在这里吃惯了,明年家去,哪里有这闲钱吃这个?" 紫鹃二试。

宝玉听了,吃了一惊,忙问:"谁家去?"紫鹃道:"妹妹回苏州去。"宝玉笑道:"你又说白话。苏州虽是原籍,因没了姑母,无人照看,才接了来;明年回去找谁? 可见撒谎了。"

紫鹃冷笑道:"你太看小了人。你们贾家独是大族,人口多的。除了你家,别人只得一父一母,房族中真个再无人了不成? 我们姑娘来时,原是老太太心疼她年小,虽有叔伯,不如亲父母,故此接来住几年。大了该出阁时,自然要送还林家的,终不成林家女儿在你贾家一世不成? 林家虽贫到没饭吃,也是世代书香人家,断不肯将他家的人丢给亲戚,落得耻笑。所以早则明年春,迟则秋天,这里纵不送去,林家亦必有人来接的了。前日夜里姑娘和我说了,叫我告诉你,将从前小时玩的东西,有她送你的,叫你都打点出来还她,她也将你送她的打点在那里呢。" 紫鹃三试。

宝玉听了,便如头顶上响了一个焦雷一般。紫鹃看他怎么回答,等了半天,见他只不作声。才要再问,只见晴雯找来,说:"老太太叫你呢，谁知在这里。"紫鹃笑道："他这里问姑娘的病症，我告诉了他半天，他只不信，你倒拉他去罢。"说着，自己便走回房去了。

晴雯见他呆呆的，一头热汗，满脸紫胀，忙拉他的手一直到怡红院中。袭人见了这般，慌起来了，只说时气所感，热身被风扑了。无奈宝玉发热事犹小可，更觉两个眼珠儿直直地起来；口角边津液流出，皆不知觉；给他个枕头，他便睡下；扶他起来，他便坐着；倒了茶来，他便吃茶。

〔3〕

黛玉忽见袭人满面急怒，又有泪痕，举止大变，更不免也着了忙，因问："怎么了？"袭人定了一回，哭道："不知紫鹃姑奶奶说了些什么话，那个呆子眼也直了，手脚也冷了，话也不说了，李妈妈掐着也不疼了，已死了大半个了！连妈妈都说不中用了，那里放声大哭，只怕这会子都死了！"

黛玉听此言，李妈妈乃久经老妪，说不中用，可知必不中用，"哇"的一声，将所服之药，一口呕出，抖肠搜肺、炙胃扇肝的，哑声大嗽了几阵。一时面红发乱，目肿筋浮，喘得抬不起头来。

〔4〕

谁知宝玉见了紫鹃，方"嗳呀"了一声，哭出来了。众人一见，都放下心来。贾母便拉住紫鹃，只当她得罪了宝玉，所以拉紫鹃命她赔

紫鹃的玩笑话，为什么使得宝玉如此失魂落魄？

黛玉和宝玉休戚与共。

罪。谁知宝玉一把拉住紫鹃，死也不放，说："要去连我带了去!"

众人不解，细问起来，方知紫鹃说要回苏州去，一句玩话引出来的。贾母流泪道："我当有什么要紧大事，原来是这句玩话。"又向紫鹃道："你这孩子，素日是个伶俐聪敏的，你又知道他有个呆根子，平白地哄他做什么?"薛姨妈劝道："宝玉本来心实，可巧林姑娘又是从小儿来的，他姊妹两个一处长得这么大，比别的姊妹更不同。这会子热剌剌地说一个去，别说他是个实心的傻孩子，便是冷心肠的大人，也要伤心。这并不是什么大病，老太太和姨太太只管万安，吃一两剂药就好了。"

正说着，人回："林之孝家的、赖大家的，都来瞧哥儿来了。"贾母道："难为他们想着，叫他们来瞧瞧。"宝玉听了一个"林"字，便满床闹起来，说："了不得了，林家的人接她们来了，快打出去罢。"贾母听了，也忙说："打出去罢。"

又忙安慰说："那不是林家的人，林家的人都死绝了，再没人来接她，你只管放心罢。"宝玉道："凭他是谁，除了林妹妹，都不许姓林了。"贾母道："没姓林的来，凡姓林的都打出去了。"一面吩咐众人："以后别叫林之孝家的进园来，你们也别说'林'字儿，孩子们，你们听了我这句话罢!"众人忙答应，又不敢笑。

一时宝玉又一眼看见了十锦槅子上陈设的一只金西洋自行船，便指着乱说："那不是接

除了"心实"，还有"情真"。

她们来的船来了？湾在那里呢。"贾母忙命拿下来。袭人忙拿下来。宝玉伸手要,袭人递过去,宝玉便掖在被中,笑道:"这可去不成了!"一面说,一面死拉着紫鹃不放。

爱屋及乌,不放紫鹃便是不放黛玉。

〔5〕

无人时,紫鹃在侧,宝玉又拉她的手,问道:"你为什么唬我?"紫鹃道:"不过是哄你玩罢咧,你就认起真来。"宝玉道:"你说得有情有理,如何是玩话呢?"紫鹃笑道:"那些话,都是我编的。林家真没了人了,纵有,也是极远的族中,也都不在苏州住,各省流寓不定。纵有人来接,老太太也必不叫她去。"宝玉道:"便老太太放去,我也不依。"紫鹃笑道:"果真的不依? 只怕是嘴里的话。你如今也大了,连亲也定下了,过二三年再娶了亲,你眼睛里还有谁了。"

这才是紫鹃试探宝玉的真正原因。

宝玉听了,又惊问:"谁定了亲? 定了谁?"紫鹃笑道:"年里我就听见老太太说要定了琴姑娘呢,不然,那么疼她?"宝玉笑道:"人人只说我傻,你比我更傻。不过是句玩话,她已经许给梅翰林家了。果然定下了她,我还是这个形景了? 先是我发誓赌咒,砸这劳什子,你都没劝过吗? 我病得刚刚的这几日才好了,你又来怄我!"

一面说,一面咬牙切齿地,又说道:"我只愿这会子立刻我死了,把心进出来,你们瞧见了。然后连皮带骨,一概都化成一股灰,再化

62

成一股烟，一阵大风，吹得四面八方，都登时散了，这才好！"

一面说，一面又滚下泪来。紫鹃忙上来握他的嘴，替他擦眼泪，又忙笑解释道："你不用着急。这原是我心里着急，才来试你。"

宝玉听了，更又诧异，问道："你又着什么急？"紫鹃笑道："你知道，我并不是林家的人，我也和袭人、鸳鸯是一伙的。偏把我给了林姑娘使，偏偏她又和我极好，比她苏州带来的还好十倍，一时一刻，我们两个离不开。我如今心里却愁她倘或要去了，我必要跟了她去的。我是合家在这里，我若不去，辜负了我们素日的情长；若去，又弃了本家。所以我疑惑，故说出这谎话来问你，谁知你就傻闹起来！"宝玉笑道："原来是你愁这个，所以你是傻子。从此后再别愁了，我告诉你一句打迭儿[1]的话：活着，咱们一处活着；不活着，咱们一处化灰，化烟。如何？"

死生契阔之语，字字千金。

〔6〕

夜间人静后，紫鹃已宽衣卧下之时，悄向黛玉笑道："宝玉的心倒实，听见咱们去，就这么病起来。"黛玉不答。

紫鹃停了半晌，自言自语地说道："一动不如一静，我们这里就算好人家，别的都容易，最难得的是从小儿一处长大，脾气情性都彼此知

宝玉和黛玉有青梅竹马的感情基础。

---

1 打迭(dǔn)儿：一总，全部。

63

道的了。"黛玉啐道:"你这几天还不乏,趁这会子不歇一歇,还嚼什么蛆?"

紫鹃笑道:"倒不是白嚼蛆[1],我倒是一片真心为姑娘。替你愁了这几年了,又没个父母兄弟,谁是知疼着热的? 趁早儿,老太太还明白硬朗的时节,作定了大事要紧。俗语说:'老健春寒秋后热。'倘或老太太一时有个好歹,那时虽也完事,只怕耽误了时光,还不得称心如意呢。公子王孙虽多,哪一个不是三房五妾,今儿朝东,明儿朝西? 娶一个天仙来,也不过三夜五夜,也就撂在脖子后头了。甚至于怜新弃旧,反目成仇的,多着呢。娘家有人有势的,还好;要像姑娘这样的,有老太太一日,好些,一日没了老太太,也只是凭人去欺负罢了。所以说,拿主意要紧。姑娘是个明白人,没听见俗语说的'万两黄金容易得,知心一个也难求'!"

黛玉听了,便说道:"这丫头今日可疯了,怎么去了几日,忽然变了一个人? 我明日必回老太太,退回你去,我不敢要你了。"紫鹃笑道:"我说的是好话,不过叫你心里留神,并没叫你去为非作歹。何苦回老太太,叫我吃了亏,又有什么好处!"说着,竟自己睡了。

黛玉听了这话,口内虽如此说,心内未尝不伤感。待她睡了,便直哭了一夜,至天明,方打了一个盹儿。

知心的"木石前盟"如何能够敌得过世俗的"金玉良缘"?

---

1 嚼蛆(qū):胡言乱语。

第九十七回

林黛玉焚稿断痴情　薛宝钗出闺成大礼

〔1〕

　　原来黛玉因今日听得宝玉、宝钗的事情，这本是她数年的心病，一时急怒，所以迷惑了本性。及至回来吐了这一口血，心中却渐渐地明白过来，把头里的事一字也不记得。这会子见紫鹃哭了，方模糊想起傻大姐的话来。此时反不伤心，唯求速死，以完此债。

〔2〕

　　贾母又问了紫鹃一回，到底不知是哪个说的。贾母心里只是纳闷，因说："孩子们从小儿在一处儿玩，好些是有的。如今大了，懂得人事，就该要分别些，才是做女孩儿的本分，我才心里疼她。若是她心里有别的想头，成了什么人了呢，我可是白疼了她了。你们说了，我倒有些不放心。"

　　因回到房中，又叫袭人来问，袭人仍将前日回王夫人的话并方才黛玉的光景述了一遍。贾母道："我方才看她却还不至糊涂，这个理我就不明白了，咱们这种人家，别的事自然没有的，这心病也是断断有不得的！林丫头若不是这个病呢，我凭着花多少钱都使得；就是这个病，不但治不好，我也没心肠了！"

"木石"终究不敌"金玉"，黛玉在世间已无牵挂。

后四十回中，贾母一改往日的慈祥，对黛玉冷酷起来，这是什么原因？

65

〔3〕

　　且说次日凤姐吃了早饭过来,便要试试宝玉,走进屋里说道:"宝兄弟大喜,老爷已择了吉日,要给你娶亲了,你喜欢不喜欢?"宝玉听了,只管瞅着凤姐笑,微微地点点头儿。凤姐笑道:"给你娶林妹妹过来,好不好?"宝玉却大笑起来。

　　凤姐看着,也断不透他是明白,是糊涂,因又问道:"老爷说,你好了就给你娶林妹妹呢。若还是这么傻,就不给你娶了。"宝玉忽然正色道:"我不傻,你才傻呢!"说着,便站起来说:"我去瞧瞧林妹妹,叫她放心。"凤姐忙扶住了,说:"林妹妹早知道了,她如今要做新媳妇了,自然害羞,不肯见你的。"宝玉道:"娶过来,她到底是见我不见?"

　　凤姐又好笑,又着忙,心里想:"袭人的话不差,提到林妹妹,虽说仍旧说些疯话,却觉得明白些。若真明白了,将来不是林姑娘,打破了这个灯虎儿[1],那饥荒才难打[2]呢!"便忍笑说道:"你好好儿的便见你,若是疯疯癫癫的,她就不见了。"宝玉说道:"我有一个心,前儿已交给林妹妹了。她要过来,横竖给我带来,还放在我肚子里头。"

〔4〕

　　且说黛玉虽然服药,这病日重一日。紫鹃

黛玉是宝玉最后的理智和清明。

傻话? 疯话?

1　灯虎儿:灯谜。
2　饥荒才难打:事情才难办的意思。

66

等在旁苦劝，说道："事情到了这个份儿，不得不说了。姑娘的心事，我们也都知道。至于意外之事，是再没有的。姑娘不信，只拿宝玉的身子说起，这样大病，怎么做得亲呢？姑娘别听瞎话，自己安心保重才好。"

黛玉微笑一笑，也不答言，又咳嗽数声，吐出好些血来。紫鹃等看去，只有一息奄奄，明知劝不过来，唯有守着流泪。天天三四趟去告诉贾母，鸳鸯测度贾母近日比前疼黛玉的心差了些，所以不常去回。况贾母这几日的心都在宝钗、宝玉身上，不见黛玉的信儿，也不大提起，只请太医调治罢了。

〔5〕

紫鹃用绢子给她拭了嘴，黛玉便拿那绢子指着箱子，又喘成一处，说不上来，闭了眼。紫鹃道："姑娘歪歪儿罢。"黛玉又摇摇头儿。紫鹃料是要绢子，便叫雪雁开箱，拿出一块白绫绢子来。黛玉瞧了，撂在一边，使劲说道："有字的。"紫鹃这才明白过来，要那块题诗的旧帕，只得叫雪雁拿出来，递给黛玉。紫鹃劝道："姑娘歇歇儿罢，何苦又劳神？等好了再瞧罢。"

只见黛玉接到手里，也不瞧，扎挣着伸出那只手来，狠命地撕那绢子。却是只有打颤的份儿，哪里撕得动。紫鹃早已知她是恨宝玉，却也不敢说破，只说："姑娘，何苦自己又生气！"黛玉微微地点头，便掖在袖里，说叫点灯。

雪雁答应，连忙点上灯来。黛玉瞧瞧，又

黛玉说自己是"草木之人"，她的兴衰全凭贾母垂怜，既失去了外祖母的护佑，爱情和生命也就走到了尽头。只是鸳鸯也如此势利，实在让人难以接受。

这是什么绢，你还记得吗？

闭上眼坐着，喘了一会子，又道："笼上火盆。"紫鹃打量她冷，因说道："姑娘躺下，多盖一件罢，那炭气只怕耽不住。"黛玉又摇头儿。雪雁只得笼上，搁在地下火盆架上。黛玉点头，意思叫挪到炕上来。

雪雁只得端上来，出去拿那张火盆炕桌。那黛玉却又把身子欠起，紫鹃只得两只手来扶着她。焚绢，斩断旧情。黛玉这才将方才的绢子拿在手中，瞅着那火，点点头儿，往上一撂。紫鹃唬了一跳，欲要抢时，两只手却不敢动。雪雁又出去拿火盆桌子，此时那绢子已经烧着了。紫鹃劝道："姑娘，这是怎么说呢！"

焚稿，斩断痴情。黛玉只作不闻，回手又把那诗稿拿起来，瞧了瞧，又撂下了。紫鹃怕她也要烧，连忙将身倚住黛玉，腾出手来拿时，黛玉又早拾起，撂在火上。此时紫鹃却够不着，干急。雪雁正拿进桌子来，看见黛玉一撂，不知何物，赶忙抢时，那纸沾火就着，如何能够少待，早已烘烘地着了。雪雁也顾不得烧手，从火里抓起来，撂在地下乱踩，却已烧得所余无几了。

第九十八回

苦绛珠魂归离恨天　病神瑛泪洒相思地

刚擦着，猛听黛玉直声叫道："宝玉！宝玉！你好……"说到"好"字，便浑身冷汗，不作声了。紫鹃等急忙扶住，那汗愈出，身子便

黛玉最后想对宝玉说什么？

渐渐地冷了。探春、李纨叫人乱着拢头穿衣，只见黛玉两眼一翻，呜呼！

香魂一缕随风散，愁绪三更入梦遥。

当时黛玉气绝，正是宝玉娶宝钗的这个时辰。紫鹃等都大哭起来。李纨、探春想她素日的可疼，今日更加可怜，便也伤心痛哭。因潇湘馆离新房子甚远，所以那边并没听见。一时，大家痛哭了一阵，因听得远远一阵音乐之声，侧耳一听，却又没有了。

○ 学习小任务：

请结合以上情节，梳理宝玉和黛玉的爱情历程。（答案略）

二、封建家族兴衰线索

第二回
贾夫人仙逝扬州城　冷子兴演说荣国府

雨村问是谁家，子兴笑道："荣国贾府中，可也不玷辱老先生的门楣了！"雨村道："原来是他家。若论起来，寒族人丁却自不少，东汉贾复[1]以来，支派繁盛，各省皆有，谁能逐细考查；若论荣国一支，却是同谱，但他那等荣耀，

1　贾复：东汉时南阳冠军（今河南邓县）人，曾任执金吾、左将军，封胶东侯。

我们不便去认他，故越发生疏了。"子兴叹道："老先生休这样说。如今的这荣宁两府也都萧索了，不比先时的光景。"雨村道："当日宁荣两宅，人口也极多，如何便萧索了呢？"子兴道："正是，说来也话长。"雨村道："去岁我到金陵时，因欲游览六朝遗迹，那日进了石头城[1]，从他宅门前经过。街东是宁国府，街西是荣国府，二宅相连，竟将大半条街占了。大门外虽冷落无人，隔着围墙一望，里面厅殿楼阁，也还都峥嵘轩峻；就是后边一带花园里，树木山石，也都还有葱蔚洇润之气，哪里像个衰败之家？"子兴笑道："亏你是进士出身，——原来不通！古人有言：'百足之虫，死而不僵。'[2]如今虽说不似先年那样兴盛，较之平常仕宦人家，到底气象不同。如今人口日多，事务日盛，主仆上下，都是安富尊荣，运筹谋划的竟无一个。那日用排场，又不能将就省俭，如今外面的架子虽没很倒，内囊却也尽上来了。——这也是小事。更有一件大事：谁知这样钟鸣鼎食的人家儿，如今养的儿孙，竟一代不如一代了！"雨村听说，也道："这样诗礼之家，岂有不善教育之理？别门不知，只说这宁荣两宅，是最教子有方的，

世家大族的门第气象多通过建筑表现出来。

贾府衰败的迹象：经济上——收入有限，生活奢侈。人口繁多，费用巨大。家族内——子孙不肖，荒淫腐败。人事不和，明争暗斗。

1　石头城：故址在今江苏南京，由三国时孙权所建，后用以代指金陵或南京。

2　"百足之虫"二句：语出三国魏曹同《六代论》，比喻大家族和官僚们财产厚、依傍多，即便一时衰败，也不致完全破产。

何至如此？"

第十三回

秦可卿死封龙禁尉　王熙凤协理宁国府

话说凤姐儿自贾琏送黛玉往扬州去后，心中实在无趣，每到晚间，不过同平儿说笑一回就胡乱睡了。这日夜间和平儿灯下拥炉，早命浓熏绣被，二人睡下，屈指计算行程该到何处，不知不觉已交三鼓。平儿已睡熟了。

凤姐方觉睡眼微蒙，恍惚只见秦氏从外走进来，含笑说道："婶娘好睡！我今日回去，你也不送我一程。因娘儿们素日相好，我舍不得婶娘，故来别你一别。还有一件心愿未了，非告诉婶娘，别人未必中用。"

凤姐听了，恍惚问道："有何心愿？只管托我就是了。"秦氏道："婶娘，你是个脂粉队里的英雄，连那些束带顶冠的男子也不能过你，你如何连两句俗语也不晓得？常言：'月满则亏，水满则溢。'又道是：'登高必跌重。'如今我们家赫赫扬扬，已将百载，一日倘或'乐极生悲'，若应了那句'树倒猢狲散'的俗语，岂不虚称了一世诗书旧族了？"

凤姐听了此话，心胸不快，十分敬畏，忙问道："这话虑得极是，但有何法可以永葆无虞？"秦氏冷笑道："婶娘好痴也，否极泰来，荣辱自古周而复始，岂人力所能常保的，但如今能于

有始必有终，有盛必有衰，这个客观规律任何人都无法抗拒。

71

荣时筹划下将来衰时的世业,亦可以常远保全了。即如今日诸事俱妥,只有两件未妥,若把此事如此一行,则后日可保无患了。"

凤姐便问道:"什么事?"秦氏道:"目今祖茔虽四时祭祀,只是无一定的钱粮;第二,家塾虽立,无一定的供给。依我想来,如今盛时固不缺祭祀供给,但将来败落之时,此二项有何出处?莫若依我定见,赶今日富贵,将祖茔附近多置田庄、房舍、地亩,以备祭祀、供给之费皆出自此处;将家塾亦设于此。合同族中长幼,大家定了则例,日后按房掌管这一年的地亩钱粮、祭祀供给之事。如此周流,又无争竞,也没有典卖诸弊。便是有罪,己物可以入官,这祭祀产业,连官也不入的。便败落下来,子孙回家读书务农,也有个退步,祭祀又可永继。若目今以为荣华不绝,不思后日,终非长策。<u>眼见不日又有一件非常的喜事,真是烈火烹油、鲜花着锦之盛。</u>要知道也不过是瞬息的繁华,一时的欢乐,万不可忘了那'盛筵必散'的俗语。若不早为后虑,只恐后悔无益了!"凤姐忙问:"有何喜事?"秦氏道:"天机不可泄漏。只是我与婶娘好了一场,临别赠你两句话,须要记着!"因念道:

　　<u>三春去后诸芳尽,各自须寻各自门。</u>

结合后文情节,谈谈秦可卿所暗示的"盛事"是什么。

贾家终有破家灭族的一天,而与他们有关联的史、王、薛三族也一样,得势时他们互相"扶持遮饰",势败时也要一齐完蛋。

第十八回
皇恩重元妃省父母　天伦乐宝玉呈才藻

那时贾蔷带领一班女戏子在楼下，正等得不耐烦，只见一个太监飞跑下来，说："做完了诗了，快拿戏单来！"贾蔷忙将戏目呈上，——并十二个人的花名册子。少时，点了四出戏：第一出《豪宴》[1]，第二出《乞巧》[2]，第三出《仙缘》[3]，第四出《离魂》[4]。贾蔷忙张罗扮演起来，<u>一个个歌有裂石之音，舞有天魔之态，虽是妆演的形容，却做尽悲欢的情状。</u>

第三十三回
手足眈眈小动唇舌　不肖种种大承笞挞

[1]

原来宝玉会过雨村回来，听见金钏儿含羞自尽，心中早已五内摧伤，进来又被王夫人数说教训了一番，也无可回说。看见宝钗进来，

脂砚斋评语：《一捧雪》中伏贾家之败，《长生殿》中伏元妃之死，《邯郸梦》中伏甄宝玉送玉，《牡丹亭》中伏黛玉之死。所点之戏剧伏四事，乃通部书之大过节、大关键。

　　1　《豪宴》：明末清初李玉所作传奇《一捧雪》中的一出，全剧演述明代莫怀古携带家传玉杯"一捧雪"被奸人陷害，家破人亡的故事。
　　2　《乞巧》：清初洪昇所作传奇《长生殿》中的一出，演唐玄宗与杨贵妃的爱情悲剧。
　　3　《仙缘》：明代汤显祖所作传奇《邯郸梦》中的《合仙》一出，全剧演述吕洞宾下凡点化卢生出家修仙的故事。
　　4　《离魂》：汤显祖所作传奇《牡丹亭》中的一出，写杜丽娘离魂复生的故事。

方得便走出，茫然不知何往，背着手，低着头，一面感叹，一面慢慢地信步走至厅上。

刚转过屏门，不想对面来了一人，正往里走，可巧撞了个满怀。只听那人喝一声："站住！"宝玉唬了一跳，抬头看时，不是别人，却是他父亲。早不觉倒抽了一口凉气，只得垂手一旁站着。

贾政道："好端端的，你垂头丧气地嗐什么？方才雨村来了，要见你，那半天才出来。既出来了，全无一点慷慨挥洒的谈吐，仍是委委琐琐的。我看你脸上一团私欲愁闷气色！这会子又唉声叹气，你哪些还不足、还不自在？无故这样，是什么原故？"宝玉素日虽然口角伶俐，此时一心却为金钏儿感伤，恨不得也身亡命殒，如今见他父亲说这些话，究竟不曾听明白了，只是怔怔地站着。

> 宝玉的心思完全不在"仕途经济"事务上。

贾政见他惶悚[1]，应对不似往日，原本无气的，这一来，倒生了三分气。方欲说话，忽有门上人来回："忠顺亲王府里有人来，要见老爷。"贾政听了，心下疑惑，暗暗思忖道："素日并不与忠顺府来往，为什么今日打发人来？……"

一面想，一面命："快请厅上坐。"急忙进内更衣。出来接见时，却是忠顺府长府官，一面彼此见了礼，归坐献茶。未及叙谈，那长府官先就说道："下官此来，并非擅造潭府[2]；皆因

1　惶悚：既惊慌又恐惧。

2　擅造潭府：擅自造访您的府第。造，拜访，过访。潭府，对他人住宅的尊称。

奉命而来,有一件事相求。看王爷面上,敢烦老先生做主。不但王爷支情[1],且连下官辈亦感谢不尽。"

贾政听了这话,摸不着头脑,忙陪笑起身问道:"大人既奉王命而来,不知有何见谕?望大人宣明,学生好遵谕承办。"那长府官冷笑道:"也不必承办,只用老先生一句话就完了。我们府里有一个做小旦的琪官,一向好好在府,如今竟三五日不见回去,各处去找,又摸不着他的道路,因此各处察访;这一城内,十停人倒有八停人都说:他近日和衔玉的那位令郎相与甚厚。下官辈听了,尊府不比别家,可以擅来索取,因此启明王爷。王爷亦说:'若是别的戏子呢,一百个也罢了;只是这琪官,随机应答,谨慎老成,甚合我老人家的心境,断断少不得此人。'故此求老先生转致令郎,请将琪官放回:一则可慰王爷谆谆奉恳之意,二则下官辈也可免操劳求觅之苦。"说毕,忙打一躬。

贾政听了这话,又惊又气,即命唤宝玉出来。宝玉也不知是何原故,忙忙赶来,贾政便问:"该死的奴才!你在家不读书也罢了,怎么又做出这些无法无天的事来。那琪官现是忠顺王爷驾前承奉的人,你是何等草莽,无故引逗他出来,如今祸及于我!"

朝廷的员外郎在权贵的家奴面前只得毕恭毕敬,封建社会的森严等级可见一斑。

宝玉毫无政治心胸,卷入纷争而不自知,却吓坏了政老爹。

---

1 支情:领情。

75

〔2〕

话未说完，把个贾政气得面如金纸，大叫："拿宝玉来！"一面说，一面便往书房去，喝命："今日再有人来劝我，我把这冠带家私¹，一应就交与他和宝玉过去，我免不得做个罪人，把这几根烦恼鬓毛剃去，寻个干净去处自了，也免得上辱先人、下生逆子之罪。"

〔3〕

宝玉急得手脚正没抓寻处，只见贾政的小厮走来，逼着他出去了。贾政一见，眼都红了，也不暇问他在外流荡优伶，表赠私物，在家荒疏学业，逼淫母婢，只喝命："堵起嘴来，着实打死！"

〔4〕

贾政正要在打，一见王夫人进来，更加火上浇油，那板子越下去得又狠又快。按宝玉的两个小厮，忙松手走开，宝玉早已动弹不得了。

贾政还欲打时，早被王夫人抱住板子。贾政道："罢了，罢了！今日必定要气死我才罢！"王夫人哭道："宝玉虽然该打，老爷也要保重。且炎暑天气，老太太身上又不大好，打死宝玉事小，倘或老太太一时不自在了，岂不事大？"贾政冷笑道："倒休提这话，我养了这不肖的孽障，我已不孝；平昔教训他一番，又有众人

贾政为贾府后继无人而悲叹。

桩桩件件，真真假假，都是纨绔子弟的弊病。

1　冠带家私：官职、家产。冠带，官帽和束带，是官服的代称，后用来代指官职、官爵。家私，产业、财产。

护持；不如趁今日结果了他的狗命，以绝将来之患！"

说着，便要绳来勒死。王夫人连忙抱住哭道："老爷虽然应当管教儿子，也要看夫妻分上。我如今已五十岁的人，只有这个孽障，必定苦苦地以他为法，我也不敢深劝。今日越发要弄死他，岂不是有意绝我呢？既要勒死他，索性先勒死我，再勒死他。我们娘儿们不如一同死了，在阴司里也得个倚靠。"说毕，抱住宝玉，放声大哭起来。

贾政听了此话，不觉长叹一声，向椅上坐了，泪如雨下。王夫人抱着宝玉，只见他面白气弱，底下穿着一条绿纱小衣，一片皆是血迹。禁不住解下汗巾去，由腿看至臀胫，或青或紫，或整或破，竟无一点好处，不觉失声大哭起"苦命的儿"来。因哭出"苦命儿"来，又想起贾珠来，便叫着贾珠哭道："若有你活着，便死一百个，我也不管了。"

贾政一哭。

此时里面的人闻得王夫人出来，李纨、凤姐及迎、探姊妹两个也都出来了。王夫人哭着贾珠的名字，别人还可，唯有李纨禁不住也抽抽搭搭地哭起来了。贾政听了，那泪更似走珠一般滚了下来。正没开交处，忽听丫鬟来说："老太太来了——"一言未了，只听窗外颤巍巍的声气说道："先打死我，再打死他，就干净了！"

贾政二哭。

贾政见母亲来了，又急又痛，连忙迎出来。

77

只见贾母扶着丫头，摇头喘气地走来。贾政上前躬身陪笑说道："大暑热的天，老太太有什么吩咐，何必自己走来，只叫儿子进去吩咐便了。"贾母听了，便止步喘息，一面厉声道："你原来和我说话，我倒有话吩咐，只是我一生没养个好儿子，却叫我和谁说去！"

贾政三哭。

贾政听这话不像，忙跪下含泪说道："儿子管他，也为的是光宗耀祖。老太太这话，儿子如何当得起？"贾母听说，便啐了一口，说道："我说了一句话，你就禁不起，你那样下死手的板子，难道宝玉儿就禁得起了？你说教训儿子是光宗耀祖，当日你父亲怎么教训你来着！"

○ 学习小任务：

在宝玉挨打的过程中，贾政三次落泪，请分析这三次流泪的含义。

参考答案：第一次流泪确如王夫人所说，她已经五十岁了，只有宝玉这个嫡子，对于贾政来说也是如此，有后继无人的悲哀和无奈。

第二次流泪是痛心已失去了最喜欢和欣赏的贾珠，宝玉又这么让人失望。

第三次流泪是因为贾政的做法得不到贾母、王夫人的支持和理解，满心委屈。

总之，这三次流泪写出了贾政非常复杂的心理，有爱，有痛，有无奈，有委屈，可谓五味杂陈。

第二十九回

享福人福深还祷福　多情女情重愈斟情

〔1〕

单表到了初一这一日，荣国府门前车辆纷纷，人马簇簇，那底下凡执事人等，闻得是贵妃做好事，贾母亲去拈香，正是初一日，乃月之首日。况是端阳佳节，因此凡动用的什物一色都是齐全的，不同往日。

少时，贾母等出来。贾母坐一乘八人大轿，李氏、凤姐、薛姨妈每人一乘四人轿，宝钗、黛玉二人共坐一辆翠盖珠缨八宝车，迎春、探春、惜春三人共坐一辆朱轮华盖车。然后贾母的丫头鸳鸯、鹦鹉、琥珀、珍珠，林黛玉的丫头紫鹃、雪雁、春纤，宝钗的丫头莺儿、文杏，迎春的丫头司棋、绣橘，探春的丫头侍书、翠墨，惜春的丫头入画、彩屏，薛姨妈的丫头同喜、同贵，外带香菱，香菱的丫头臻儿，李氏的丫头素云、碧月，凤姐儿的丫头平儿、丰儿、小红，并王夫人的两个丫头金钏、彩云，也跟了凤姐儿来。奶子抱着大姐儿，另在一车上。还有两个丫头，一共又连上各房的老嬷嬷奶娘，并跟出门的家人媳妇子，<u>黑压压地站了一街的车</u>。

贾母等已经坐轿去了多远，这门前尚未坐完，这个说"我不同你在一处"，那个说"你压了我们奶奶的包袱"，那边车上又说"招了我

单是家眷下人已经站了满街，可见贾府人口众多。

的花儿"，这边又说"碰了我的扇子"，咭咭呱呱，说笑不绝。周瑞家的走来过去地，说道："姑娘们，这是街上，看人笑话。"说了两遍，方见好了，前头的全副执事摆开，早已到了清虚观门口。

〔2〕

这里贾母与众人上了楼，在正面楼上归坐。凤姐等上了东楼。众丫头等在西楼轮流伺候。贾珍一时上来回道："神前拈了戏，头一本《白蛇记》。"贾母问："《白蛇记》是什么故事？"贾珍道："汉高祖斩蛇方起首的故事。第二本是《满床笏》[1]。"贾母道："这倒是第二本也还罢了。神佛要这样，也只得罢了。"又问："第三本？"贾珍道："第三本是《南柯梦》[2]。"贾母听了，便不言语。贾珍退了下来，至外边，预备着申表、焚钱粮、开戏，不在话下。

《红楼梦》中多用戏剧、诗歌做谶语，这三折戏预示了贾家怎样的命运，你能说一说吗？

第七十三回

痴丫头误拾绣春囊　懦小姐不问累金凤

贾母听了，忙说："你既知道，为何不早回我们来？"探春道："我因想着太太事多，且连日

1　《满床笏》：清代范希哲所著传奇，演述唐代郭子仪六十岁大寿时，七子八婿前来祝寿的故事。

2　《南柯梦》：又名《南柯记》，明代汤显祖所著传奇。演述淳于棼梦至大槐安国，一时显赫，后终于失宠被逐的故事。

80

不自在,所以没回,只告诉大嫂子和管事的人们,戒饬过几次,近日好些。"贾母忙道:"你姑娘家,如何知道这里头的利害?你自为赌钱常事,不过怕起争端。殊不知夜间既要钱,就保不住不吃酒,既吃酒,就未免门户任意开锁,或买东西;其中夜静人稀,趁便藏贼引盗,何等事做不出来?况且园内你姊妹们起居所伴者,皆系丫头媳妇们,贤愚混杂。贼盗事小,倘有别事,略沾带些,关系非小,这事岂可轻恕?"

探春听说,便默然归坐。凤姐虽未大愈,精神未尝稍减,今见贾母如此说,便忙道:"偏生我又病了。"遂回头命人速传林之孝家的等总理家事的四个媳妇到来,当着贾母申饬了一顿。

第七十四回

惑奸谗抄检大观园　避嫌隙杜绝宁国府

〔1〕

王夫人叹道:"你说的何尝不是,但从公细想,你这几个姊妹,每人只有两三个丫头像人,余者竟是小鬼儿似的。如今再去了,不但我心里不忍,只怕老太太未必就依。虽然艰难,也还穷不至此。我虽没受过大荣华,比你们是强些,如今宁可省我些,别委屈了他们。你如今且叫人传周瑞家的等人进来,就吩咐他们快快暗访这事要紧!"凤姐即唤平儿进来,吩咐出去。

用贾母之眼,借大观园之小乱,反映贾府之大乱。

从王夫人口中说出贾府入不敷出的现实。

81

〔2〕

王善保家的借机公报私仇。

王善保家的道："太太且请息怒。这些事小，只交与奴才。<u>如今要查这个是极容易的，等到晚上园门关了的时节，内外不通风，我们竟给她们个冷不防，带着人到各处丫头们房里搜寻。</u>想来谁有这个，断不单有这个，自然还有别的。那时翻出别的来，自然这个也是她的了。"王夫人道："这话倒是。若不如此，断乎不能明白。"因问凤姐："如何？"凤姐只得答应说："太太说是，就行罢了。"王夫人道："这主意很是，不然一年也查不出来。"

于是大家商议已定，至晚饭后，待贾母安寝了，宝钗等入园时，王家的便请了凤姐一并进园，喝命将角门皆上锁，便从上夜的婆子处来抄检起。不过抄检些多余攒下蜡烛灯油等物。王善保家的道："这也是赃，不许动的，等明日回过太太再动。"

〔3〕

平儿、丰儿等先忙着替侍书等关的关，收的收。探春道："我的东西倒许你们搜阅，要想搜我的丫头，这可不能！我原比众人歹毒，凡丫头所有的东西，我都知道，都在我这里间收着。一针一线，她们也没得收藏。要搜，所以只来搜我。你们不依，只管去回太太，只说我违背了太太，该怎么处治，我去自领。<u>你们别忙，自然你们抄的日子有呢，你们今日早起不是议论甄家，自己盼着好好的抄家，果然今日</u>

抄检大观园是抄检贾府的预演，也是贾府败落的预兆。

82

真抄了。咱们也渐渐地来了，可知这样大族人家，若从外头杀来，一时是杀不死的。这可是古人说的，'百足之虫，死而不僵'，必须先从家里自杀自灭起来，才能一败涂地呢。"说着，不觉流下泪来。

第七十五回
开夜宴异兆发悲音　赏中秋新词得佳谶

〔1〕

说话之间，媳妇们抬过饭桌。王夫人、尤氏等忙上来放箸捧饭。贾母见自己几色菜已摆完，另有两大捧盒内，盛了几色菜，便是各房孝敬的旧规矩。贾母说："我吩咐过几次，蠲了罢，都不听，也只罢了。"王夫人笑道："不过都是家常东西。今日我吃斋，没有别的。那些面筋豆腐，老太太又不甚爱吃，只拣了一样椒油莼齑酱来。"贾母笑道："我倒也想这个吃。"

鸳鸯听说，便将碟子挪在跟前。宝琴一一地让了，方归坐。贾母便命探春来同吃。探春也都让过了，便和宝琴对面坐下。侍书忙去取了碗箸。鸳鸯又指那几样菜道："这两样看不出是什么东西来，是大老爷孝敬的。这一碗是鸡髓笋，是外头老爷送上来的。"

一面说，一面就将这碗笋送至桌上。贾母略尝了两点，便命："将那几样着人都送回去，就说我吃了，以后不必天天送。我想吃什么，

"旧规矩"沿用至今，除了浪费，已经没有实际的意义。

83

自然着人来要。"媳妇们答应着，仍送过去，不在话下。

〔2〕

贾母见尤氏吃的仍是白米饭，因问说："怎么不盛我的饭？"丫头们回道："老太太的饭完了。今日添了一位姑娘，所以短了些。"鸳鸯道："如今都是'可着头做帽子'了，要一点儿富余也不能的。"王夫人忙回道："这一二年旱涝不定，田上的米都不能按数交的。这几样细米更艰难，所以都是可着吃的做。"贾母笑道："正是'巧媳妇做不出没米儿粥来。'"众人都笑起来。

鸳鸯一面回头向门外伺候媳妇们道："既这样，你们就去把三姑娘的饭拿来添上，也是一样。"尤氏笑道："我这个就够了，也不用去取。"鸳鸯道："你够了，我不会吃的？"媳妇们听说，方忙着取去了。

〔3〕

原来贾珍近因居丧，不得游玩，无聊之极，便生了个破闷的法子，日间以习射为由，请了几位世家弟兄及诸富贵亲友来较射。因说："白白的只管乱射终是无益，不但不能长进，且坏了式样。必须立了罚约，赌个利物，大家才有勉力之心。"因此，天香楼下箭道内立了鹄子[1]，皆约定每日早饭后时射鹄子。

既不能开源，也不能节流，入不敷出，衰败是必然的。

---

1 鹄(gǔ)子：即鹄的，箭靶的中心。

84

贾珍不好出名，便命贾蓉做局家。这些都是少年，正是斗鸡走狗、问柳评花的一干游侠纨绔。因此大家议定，每日轮流作晚饭之主。天天宰猪割羊，屠鹅杀鸭，好似"临潼斗宝"[1]的一般，都要卖弄自己家里的好厨役，好烹调。

不到半月工夫，贾政等听见这般，不知就里，反说："这才是正理。文既误了，武也当习，况在武荫之属。"遂也命宝玉、贾环、贾琮、贾兰等四人，于饭后过来，跟着贾珍习射一回，方许回去。

贾珍志不在此，再过几日，便渐次以歇肩养力为由，晚间或抹骨牌，赌个酒东儿，至后渐次至钱。如今三四个月的光景，竟一日一日赌胜于射了，公然斗叶掷骰，放头开局，大赌起来。家下人借此各有些利益，巴不得如此，所以竟成了局势。外人皆不知一字。

贾府已是末世，但是当家子侄全无规划，一味享乐纵欲，偌大家族再无回天之力。

〔4〕

将一更时分，真是风清月朗，银河微隐。贾珍因命佩凤等四个人也都入席，下面一溜坐下，猜枚撙拳。饮了一回，贾珍有了几分酒，高兴起来，便命取了一支紫竹箫来，命佩凤吹箫，文花唱曲。喉清韵雅，真令人魄散魂消。唱罢，复又行令。

那天将有三更时分，贾珍酒已八分。大家

谁在叹息？

---

1 临潼斗宝：春秋时，秦穆公想吞并诸侯，约定在临潼会合，借比赛宝物定输赢。楚国伍子胥在会上举鼎示威，制服秦穆公。这里借来比喻夸耀豪奢、争强赌胜。

正添衣喝茶、换盏更酌之际，忽听那边墙下有人长叹之声。大家明明听见，都毛发悚然。贾珍忙厉声叱问："谁在那边？"连问几声，无人答应。尤氏道："必是墙外边家里人，也未可知。"贾珍道："胡说！这墙四面皆无下人的房子，况且那边又紧靠着祠堂，焉得有人？"

有悬疑、恐怖小说的气氛。

一语未了，只听得一阵风声，竟过墙去了。恍惚闻得祠堂内槅扇开阖之声，只觉得风气森森，比先更觉凄惨起来。看那月色时，也淡淡的，不似先前明朗。

众人都觉毛发倒竖。贾珍酒已吓醒了一半，只比别人掌[1]得住些，心里也十分警畏，便大没兴头，勉强又坐了一会，也就归房安歇去了。

次日一早起来，乃是十五日，带领众子侄开祠行朔望之礼[2]。细察祠内，都仍是照旧好好的，并无怪异之迹。贾珍自为醉后自怪，也不提此事。礼毕，仍旧闭上门，看着锁禁起来。

〔5〕

从下逶迤不过百余步到了主山峰脊上，便是这座敞厅。因在山之高脊，故名曰凸碧山庄。厅前平台上列下桌椅，又用一架大围屏隔做两间，凡桌椅形式皆是圆的，特取团圆之意。

此处与第五十三、五十四回元宵家宴对照，衰败之像毕现。

上面居中，贾母坐下，左边贾赦、贾珍、贾琏、贾蓉，右边贾政、宝玉、贾环、贾兰。团团围坐，只

1　掌：支撑。
2　朔（shuò）望之礼：旧时祭祀常于每月初一、十五进行，故称"朔望之礼"。

86

坐了半桌,下面还半桌余空。

　　贾母笑道:"常日倒还不觉人少,今日看来,究竟咱们的人也甚少,算不得什么。想当年过的日子,今夜男女三四十个,何等热闹!今日又这样太少?如今叫女孩儿们来坐那边罢。"于是令人向围屏后邢夫人等席上,将迎春、探春、惜春三个叫过来。贾琏、宝玉等一齐出坐,先尽他姊妹坐了,然后在下依次坐定。

　　○ 学习小任务:

　　贾府的兴盛与衰落,均源自封建社会的阶级斗争和政治斗争,所谓"成也萧何,败也萧何"。在封建社会中,充斥着阶级压迫和剥削,同时,统治阶级内部之间相互勾结和倾轧,政治斗争也十分激烈,身处政治旋涡之中的贾府又岂能独善其身?

　　请根据你的阅读,梳理贾府盛衰的脉络,并分析其中的原因。(答案略)

第3课 《红楼梦》的前五回

——神话背景精读

图 5　警幻仙子（载《红楼梦图咏》，［清］改琦绘）

《红楼梦》是一部伟大的现实主义小说,同时又包裹着浓厚的神话色彩,是一部具有神话思维的辉煌巨著。《红楼梦》的神话架构为其现实描写建立了背景基础,精读《红楼梦》神话中潜含的意义,可以帮助我们更加完整地了解曹雪芹的创作意旨及《红楼梦》博大精深的内涵。

　　《红楼梦》的神话主要集中在前五回,包括三部分内容:一是"补天顽石"神话,讲述的是女娲补天所剩顽石"无才补天,幻形入世,被那茫茫大士、渺渺真人携入红尘、引登彼岸"的故事。二是"木石前盟"神话,讲述的是绛珠仙草因受了神瑛侍者的灌溉之恩而下凡还泪的故事。三是"太虚幻境"神话,讲述的是因这一石一木的下凡,"勾出多少风流冤家都要下凡,造历幻缘"的"千红一窟(哭)""万艳同杯(悲)"的故事。作者在第八回中又描写了"金玉良缘"这样一个带有神话性质的故事,这可以看作是前五回神话背景的延伸,"木石前盟"与"金玉良缘"的神话又构成了宝黛钗爱情婚姻故事的结构框架。《红楼梦》中两个深刻的主题(爱情主题和人生悲剧主题)大部分都是由这两个对立矛盾的神话象征性地表现出来的。因此,精读《红楼梦》的神话背景,还应当把"金玉良缘"的神话与前五回的三个主体神话相结合。

一、神话概览

（一）"补天顽石"神话

小说开篇第一回由女娲炼石补天的神话，引出顽石神话："却说那女娲氏炼石补天之时，于大荒山无稽崖炼成高十二丈、见方二十四丈大的顽石三万六千五百零一块。那娲皇只用了三万六千五百块，单单剩下一块未用，弃在青埂峰下。"这块无材补天的顽石"自经煅炼之后，灵性已通，自去自来，可大可小。因见众石俱得补天，独自己无才不得入选，遂自怨自愧，日夜悲哀"。当听到一僧一道谈论红尘中荣华富贵后，"不觉打动凡心，也想要到人间去享一享这荣华富贵"，竟口吐人言，渴盼能够"在那富贵场中、温柔乡里受享几年……那僧便念咒书符，大展幻术，将一块大石登时变成一块鲜明莹洁的美玉，且又缩成扇坠大小的可佩可拿"[1]。僧道给这块"美玉""镌上几个字"后，携带其入了凡尘。不知过了几世几劫，空空道人访道求仙，于青埂峰下发现了一块大石，正是被那僧道幻为美玉携入凡尘又复归此处的顽石。空空道人便将大石上所记述的凡尘故事《石头记》检阅抄录，后改名《情僧录》，东鲁孔梅溪题曰《风月宝鉴》，后曹雪芹于悼红轩中，披阅增删，纂成目录，分出章回，又题曰《金陵十二钗》。

这块顽石幻化为美玉，下凡成为贾宝玉出生时口衔的"通灵宝玉"，是贾宝玉的"命根子"。这个顽石神话道明了《红楼梦》故事的缘起，《红楼梦》的故事就是围绕着这块"宝玉"展开的。

1　［清］曹雪芹著，［清］无名氏续：《红楼梦》，人民文学出版社，2022年，第3页。此处乙本缺失，参考程甲本。

（二）"木石前盟"神话

"木石前盟"神话接续顽石神话而来，正出自《石头记》上的记载，借甄士隐于梦中听那一僧一道谈论之情节而托出：那块顽石因当年娲皇补天未用，"自己却也落得逍遥自在，各处去游玩。一日来到警幻仙子处，那仙子知他有些来历，因留他在赤霞宫中，名他为赤霞宫神瑛侍者"。神瑛侍者常在西方灵河岸上行走，"看见那灵河岸上三生石畔有棵绛珠仙草，十分娇娜可爱，遂日以甘露灌溉，这绛珠草始得久延岁月。后来既受天地精华，复得甘露滋养，遂脱了草木之胎，幻化人形，仅仅修成女体，终日游于离恨天外，饥餐秘情果，渴饮灌愁水。只因尚未酬报灌溉之德，故甚至五内郁结着一段缠绵不尽之意。常说：'自己受了他雨露之惠，我并无此水可还。他若下世为人，我也同去走一遭，但把我一生所有的眼泪还他，也还得过了。'因此一事，就勾出多少风流冤家都要下凡，造历幻缘，那绛珠仙草也在其中。今日这石正该下世，我来特地将他仍带到警幻仙子案前，给他挂了号，同这些情鬼下凡，一了此案"。

神瑛侍者就是"石"，下凡而为贾宝玉。绛珠仙草就是"木"，下凡而为林黛玉。二人在神仙界的这段"灌溉——还泪报恩"的神话故事就是现实中宝黛"木石前盟"爱情的前世缘起。

（三）"太虚幻境"神话

"太虚幻境"是天上的神界仙府，是书中虚构的一个女儿幻境，司主是警幻仙子，位于离恨天上、灌愁海中的放春山遣香洞，以梦境的形式在书中展现。首次出现在第一回甄士隐的梦境中，甄士隐听那一僧一道的"木石前盟"故事后，又有缘得见"通灵宝玉"，待要细看"后面还有几行小字"时，那僧便说"已到幻境",乃是"太虚幻境"。甄士隐也想跟着过去,方举步时忽然梦醒。第五回将太虚幻境的神话描述得更为细致:宁国府梅花盛开,尤氏请贾母等到会芳园赏梅,宝玉随同,一时倦怠便在秦可卿卧室内午休小憩,睡梦中游历太虚幻境。宝玉看到了大石牌坊的两边写着"假作真时真亦假,无为有处有还无"的对联,之后又来到"孽海情天"的"薄命司",在那里看到了载有黛玉、宝钗、晴雯、香菱等众多红楼女儿命运判词的"金陵十二钗正册""金陵十二钗副册""金陵十二钗又副册"。随后又去品茶"千红一窟",饮酒"万艳同杯",听了怀金悼玉的《红楼梦》曲。警幻仙子又将其妹——乳名兼美字可卿者许配于宝玉。最后宝玉与可卿来到了木居士掌舵、灰侍者撑篙的万丈迷津,宝玉在向迷津堕落时惊醒。

"太虚幻境"是红楼女儿一生故事的起点和归宿。所有下凡的人物都需要到"太虚幻境"找警幻仙子"挂号",下凡游历完结还需找她"销号"。贾宝玉神游"太虚幻境"这个神话故事情节是全书的纲领。

(四)"金玉良缘"神话

"金玉良缘"中的"金"指宝钗从小佩戴的金锁,"玉"指贾宝玉和他的通灵宝玉。《红楼梦》第八回,贾宝玉看望宝钗时,把通灵宝玉给宝钗看了,当宝钗念了两遍通灵宝玉上"莫失莫忘,仙寿恒昌"的话后,丫头莺儿嘻嘻地笑道:"我听这两句话,倒像和姑娘项圈上的两句话是一对儿。"宝玉听了,缠着要看宝钗项圈上的金锁,宝玉看了,也念了两遍金锁上的话"不离不弃,芳龄永继",又念自己的两遍,因笑问:"姐姐这八个字倒和我的是一对儿。"莺儿笑道:"是个癞头和尚送的,他说必须錾在金器上……"

宝钗出自"珍珠如土金如铁"的皇商大家族薛家,薛家积累几世后堪称巨富之家。宝钗自胎里带了一股热毒,后来遇到一个癞头和尚传授海上仙方"冷香丸",还赠予了一句"不离不弃,芳龄永继"的谶语,并叮嘱一定要打造在金器上,时时佩戴,方得缓解。这句谶语与通灵宝玉上的"莫失莫忘,仙寿恒昌"恰配成一对,加上癞头和尚嘱咐"这金锁要拣有玉的才可配",因此有了"金玉良缘"的说法。"金玉良缘"也是封建家长制婚姻的范式。

二、神话的隐喻作用

《红楼梦》前五回的神话叙事在整部作品中所占篇幅不多,却有着非常重要的隐喻作用。以"补天顽石""木石前盟""太虚幻境"和"金玉良缘"为核心的神话故事组成了一个渺茫空幻的世界,与大观园内至清至情的世界、大观园外浊臭邪淫的世界,共同建构起《红楼梦》的"空""情""色"三个世界,而神话故事组成的"空"的世界既是"情""色"世界的缘起,又是"情""色"世界的归止。

前五回的神话故事建立起全书的深层意义结构,这个深层意义结构与贾府由盛及衰、宝黛钗爱情婚姻悲剧、红楼众女子的人生悲剧组成的故事结构多元对应又相互交合。前五回的神话故事,既是整部小说的开端发源,又构成了整部作品具有隐喻意义的结构体系。

(一)"顽石补天"神话隐喻大厦将倾不可挽救的封建末世

1."补天"暗示封建末世大厦将倾

曹雪芹铸就鸿篇巨制《红楼梦》,以"女娲补天"神话开篇，借"补天"背景暗示封建末世的现状和大厦将倾的必然趋势。女娲为何要补天？《淮南子·览冥训》记载："往古之时，四极废，九州裂，天不兼覆，地不周载。火爁焱而不灭，水浩洋而不息。猛兽食颛民，鸷鸟攫老弱。于是女娲炼五色石以补苍天，断鳌足以立四极，杀黑龙以济冀州，积芦灰以止淫水。苍天补，四极正，淫水涸，冀州平，狡虫死，颛民生。"[1]《史记·补三皇本纪》也有记载，水神共工与火神祝融交战，共工被打败后怒触不周山，导致天塌地陷，天河之水注入人间。女娲不忍生灵受灾，于是炼出五色石补好天空，折神鳌之足撑四极，平洪水杀猛兽，万灵始得以安居。可见，女娲补天是在天裂水滥，世界将入末世之时的救世行为。

曹雪芹以这个救世神话暗示了小说的现实背景，他所生活的正是一个即将"忽喇喇似大厦倾"的封建末世，对应到小说中就是表面富丽堂皇、气象峥嵘，"内囊却也尽上来了""百足之虫，死而不僵"，濒临衰败的贾府。贾府中"主仆上下，都是安富尊荣，运筹谋划的竟无一个"，经济上入不敷出，最甚者"如今养的儿孙，竟一代不如一代了"，贾府的衰败是必然趋势。随着贾府的衰败，利益荣辱共存亡的其他大家族势必"忽喇喇"跟着衰败。曹雪芹因其"生于繁华，终于沦落"的独特经历，以敏锐的眼光，看到了"金玉其外，败絮其中"的封建末世的腐朽、败坏、糜烂，以"补天救世"神话预示了封建末世不可避免的没落和衰亡。贾王史薛四大家族正是封建末世统治阶级的缩影，贾府及四大家族的衰败就是封建末世的衰败。

2."弃石"隐喻封建末世的不可挽救

苍天将裂，大厦欲颓，那么谁又能挽救末世，扶大厦之将倾

1　陈广忠译注：《淮南子》（上），中华书局，2012年，第323页。

呢？曹雪芹把贾宝玉设立为"救世"人选，又用贾宝玉的叛逆来隐喻救世无望。

女娲补天弃而不用的顽石，获得神瑛侍者的身份，下凡即化身为衔玉而生的贾宝玉。宝玉是荣国府的嫡派子孙，生长于"昌明隆盛之邦、诗礼簪缨之族，花柳繁华地、温柔富贵乡"。在子孙"一代不如一代""竟无可以继业"的境况下，"聪明灵慧"的宝玉成为贾府振兴的希望，整个家族对他寄予厚望。他本应为了家族利益，学优而仕，光宗耀祖，做一个忠臣孝子，中流砥柱般地撑起即将倒塌的家族大厦。然而贾宝玉的行为举止与观念却时时处处与封建家长的愿望背道而驰。父亲贾政热切企盼他"留意于孔孟之间，委身于经济之道"，多与有名望的官员交往，为日后做官为宦打好基础。而贾宝玉对此却毫无兴趣，他行为做事都以自己纯真诚挚的感情为主，他看到了封建礼教的伪善，看清了"峨冠博带"之流"国贼禄蠹"的真实面目。故而他"懒与士大夫诸男人接谈""最厌峨冠礼服贺吊往还等事"，把劝他留意"仕途经济"的话斥为"混账话"，对说这种话的人总是丝毫不留情面地回击。他渴望情投意合的自由恋爱，追求且尊重人性的自由。贾宝玉的思想行为，是对封建世俗思想和旧秩序的亵渎与叛逆。他对封建官僚的腐朽社会深恶痛绝，最后选择出家。第一回"顽石补天"神话的结局是"顽石"下凡经历一番人事后又回到青埂峰下，贾宝玉像顽石复归青埂峰下一般最终遁入空门。曹雪芹借贾宝玉道出了他内心的痛楚：这封建末世无药可救。

除宝玉外，曹雪芹还在红楼女儿探春身上隐喻了封建末世的不可挽救，探春理家后大力改革兴利除弊，代表了作者试图挽救败亡之势的"补天"尝试，但这种尝试很快就以失败告终。随着大观园群芳流散，贾府抄没，宝玉出家，只留下一片真干净的茫茫大地,封建末世苍天已裂,无人能补。

（二）"木石前盟"神话隐喻宝黛爱情"至真至圣"的本质意义

"木石前盟"神话是宝黛爱情的原型和起源,隐喻着宝黛爱情"至真至圣"的本质意义。

"十分娇娜可爱"形容的是绛珠仙草的美态,神瑛侍者因为爱慕欣赏这份美态,"遂日以甘露灌溉",神瑛侍者对绛珠仙草生发的是基于对美的欣赏而产生的怜爱之情,他以甘露灌溉的行为就是怜爱之情的表达和象征,这种怜爱是慷慨的、无功利的、不求回报的。而绛珠仙草得了甘露滋养,"始得久延岁月""受天地精华",最后脱了草木之胎,幻化人形,修成女体。绛珠仙草脱胎而为女体的根源是受了神瑛侍者爱的甘露灌溉,她是为爱而生的。绛珠仙草要酬报神瑛侍者的灌溉恩德,于是跟随其下凡,并用一生的眼泪来偿还恩德。"还泪"是绛珠仙草基于神瑛侍者给她的爱的酬报行为,这是绛珠仙草自发的行为,是基于爱而产生的爱的行为。

现实世界中,贾宝玉对林黛玉的爱,就是基于黛玉的美而产生的爱,他对黛玉一见钟情,如同神瑛侍者见到绛珠仙草的"娇娜可爱"而产生的灌溉之爱,宝玉对黛玉的爱是最原始、最纯真、最天性的不求回报的无私而神圣的爱。而黛玉就是那为爱而幻化人形的绛珠仙草,因为爱而生,她的人生意义就是酬报宝玉如同神瑛侍者给予绛珠仙草的至真至情的爱,黛玉的爱是源于爱的爱,她的爱是可以牺牲自我生命的至高无上的爱。当现实给予这份神圣之爱以打击、毁灭时,她本能地产生了非常严重的危机感,于是用耍小性子、爱哭闹、猜疑,甚至尖酸刻薄来抵抗。在爱情世界里,黛玉越是"小心眼",就越说明她对宝玉的爱是神圣而不可侵犯的。曹雪芹在《红楼梦》中创造了"木石前盟"神话，投射到凡间而产生了宝黛爱情，爱情的起点是奉献而非索取，木与石之间生发的爱，是出于自然、出于人的本性的，爱情具有至真至圣的本质意义。

（三）"太虚幻境"神话隐喻"悲凉之雾，遍被华林"的女性悲剧主题

"太虚幻境"以梦境的形式出现在全书第五回。存于"薄命司"的"金陵十二钗正册""金陵十二钗副册""金陵十二钗又副册"中每个人的判词都隐喻着她们一生的命运。作者将人物的姓名、身世、性格、结局巧妙地融为一体，简洁地体现在了判词之中，判词暗示了大观园中众多女性人物的命运走向。"红楼梦"十二词曲又进一步对人物命运进行了更为详细的解读与感叹，是整部作品的点睛之笔。曹雪芹创设的"太虚幻境"神话，除了暗示书中主要人物的命运之外，还隐喻着"千红一窟（哭）""万艳同杯（悲）""悲凉之雾，遍被华林"的女性悲剧主题。

宝黛钗的爱情婚姻悲剧是全书女性悲剧主题的核心。丫鬟中有"四烈婢"，金钏儿受辱投井，晴雯抱屈夭风流，司棋追求自由爱情撞墙而死，鸳鸯断发反抗婚姻逼迫；其他人，如香菱惨遭虐待，芳官为尼，龄官病逝，都没有好下场。贾府的小姐们同样命运悲惨：元妃薨逝，迎春遭家暴而死，探春远嫁，惜春出家。再看凤姐惨死、李纨守寡、湘云为船妓、尤二姐吞金自杀、尤三姐拔剑自刎。妩媚多姿、充满诗情画意的一众红楼女性，最后都香消玉殒，落得个悲剧结局。这正是曹雪芹要表达的悲剧主题，这些女性的爱情婚姻、性格命运、人生道路等各种悲剧，隐喻了作者对生于封建末世的才情高洁却无法把握自己命运的

女性的深切同情，作者用"太虚幻境"神话中的判词安排女性悲剧人生的同时，也表达了对造成这种悲剧的封建势力的质疑和批判。

（四）"金玉良缘"神话隐喻封建世俗势力对自由爱情的无情毁灭

紧承"木石前盟"神话，曹雪芹又创造了"金玉良缘"神话。"金玉良缘"神话隐喻了宝黛爱情及玉钗婚姻的矛盾冲突。金锁配宝玉，这是极具世俗功利眼光的配对。"都道是金玉良缘"，"都道"说明是封建社会势力强行把玉和锁配在一起，"金玉良缘"是封建社会规定的婚姻范式，象征着封建社会势力对婚姻的压迫，婚姻成为扩展家族利益的手段，不会考虑个人意愿，婚姻的决定权在封建家长手中。

在第三十四回宝黛手帕定情、心意相通之后，作者笔锋一转，开始重点写贾府的日用排场和内外矛盾，这主要是为了表现贾府的经济入不敷出，衰颓之势日趋加深。这时候贾府的首要任务是挽救败亡，而挽救这大厦将倾的封建豪门贵族，急需权势和金钱的联姻。元春封妃，在权势上给贾府以"烈火烹油、鲜花着锦"的盛态，但也让贾府卷入了更严重的权力漩涡，而且省亲事件在经济上给贾府造成更大的内耗和亏空。因此贾府需要"有百万之富"的薛家的金钱财力支持，而日渐萧条的、有命案在身（薛蟠）的薛家需要贾府的权势捍卫，贾薛两家的联姻是封建末世豪门大族相依为命的必然结果，因此宝玉和宝钗的"金玉良缘"就必须成为现实。这样看来，"木石前盟"神话代表着爱情的至真至圣，是自由的、不带任何功利色彩的两情相悦，而极具功利目的的"金玉良缘"神话则隐喻封建世俗势力对自由纯真爱情的无情毁灭。"木石前盟"神话越极力地表现人们对美好自由爱情的向往和追求,"金玉良缘"神话就越充分地展现封建世俗势力对美好自由爱情的毁灭造成的悲剧。

三、神话的审美意蕴:曹雪芹在母神 救世文学主题下的女娲情结

《红楼梦》前五回的三个神话建构了全书的神话背景体系("金玉良缘"神话是依托"木石前盟"神话而创设的,权且算在前五回建构的神话体系中),为全书主要人物的命运走向设立了起源和归宿,也为全书的故事情节安排了主要框架,是全书非常重要的内容。这个有着纲领作用的神话背景体系以"女娲补天"神话为发端,有什么用意呢? 细究则发现,作者在母神救世文学主题下寄托了他的女娲情结,开篇的"女娲补天"神话是作者女性主题思想的发源。

中国古老的母系氏族社会历史,产生了先民们的母神崇拜心理,衍生到中国古代文学中就产生了以"女娲补天"神话为代表的母神崇拜文学主题,在这个主题下,母神的生命、繁殖力与牺牲精神被充分强调。经过发展和嬗变,中国古代文学中的母神主题又衍生出女性主题,在近现代文学乃至当代文学中,女性主题一直是极为重要的文学母题。曹雪芹创作《红楼梦》也体现了他的女性主题创作倾向。在开篇的作者自序中,曹雪芹就交代了他的创作动机:"今风尘碌碌,一事无成,忽念及当日所有之女子,一一细考较去,觉其行止见识皆出我之上,我堂堂须眉,诚不若彼裙钗,我实愧则有余,悔又无益,大无可如何之日也……知我之负罪固多,然闺阁中历历有人,万不可因我之不肖,自护己短,一并使其泯灭也。"为闺阁女子立传可以看作曹雪芹女娲情结的反映。

我们从《红楼梦》里这些杰出的女性形象身上可以感受到母神女娲救世的崇高精神。《红楼梦》中，那些身处封建末世的女性挽救封建末世衰颓之势和改变污浊腐朽的封建世界的尝试和努力，可以看作曹雪芹女娲情结的具体表现。意识到贾府危机或者试图努力改变贾府现状的女性主要有秦可卿、王熙凤、探春。秦可卿死前给凤姐托梦说"月满则亏，水满则溢""登高必跌重""如今我们家赫赫扬扬，已将百载，一日倘或乐极悲生""树倒猢狲散"，她提醒凤姐要"于荣时筹划下将来衰时的世业，亦可以常远保全了"，可见她强烈的危机意识，但她并没有实行具体的补救措施。作者安排秦可卿早夭，喻示她空有意识而无实际行动的挽救，是无所作为的。再看"脂粉队里的英雄"王熙凤，她是掌握贾府经济人事大权的管家，有着出色的理家才能，她曾对平儿说："家里出去的多，进来的少。凡有大小事儿，仍是照着老祖宗手里的规矩，却一年进的产业，又不及先时……若不趁早儿料理省俭之计，再几年就都赔尽了！"可见她对贾府的亏空和没落心知肚明。可惜的是，意识到这个严重危机的凤姐，是贪婪、狠毒、自私的，她勉强维持贾府现状的同时弄权谋私、中饱私囊，她恰恰也是造成贾府亏空败落的蠹虫。秦可卿和王熙凤都具有忧患意识，但终究囿于自身的性格缺陷，没有采取有效的挽救措施，无法承担"补天"的重任。

最后再说探春，这是全书中唯一被作者塑造成女娲式的人物，有胆识有魄力。探春的高光时刻主要体现在其理家时大刀阔斧地改革与兴利除弊的行动上。一是取消了"爷们"在学堂里的一年公费，她认为"爷们的使用，都是各屋里月钱之内"，学里每人多这八两是重复支出，可以取消。探春发现了重复支出的弊端，有"节流"的前瞻性。二是对园子实行承包责任制，实质上是"开源"，把园子承包给众婆子，好处就如李纨所说"省钱事小，园子有人打扫，专司其职，又许她去卖钱，使之以权，动之以利，再无不尽职的了"。探春看到了中国几千年封建土地隶属关系的弊端，将园子承包，就建立了全新的能调动人的积极性的雇佣关系。由此，探春兴利除弊的改革也收到了一定成效。然而，探春的改革势必与现实世界中的封建秩序和规则相冲突，当她与病入膏肓的贾府不可避免的衰败运势相抗衡时，就显得不堪一击。曹雪芹的艺术匠心也恰恰在此得以体现，他把探春塑造成女娲式的人物，赋予了探春"补天救世"的才能，这表明曹雪芹也渴望有人能挽救这衰败的封建末世。但他又把这样精明果敢的救世者放在根本不可能实现理想的封建末世的社会背景中，再次写出了腐朽的封建末世必然衰亡的历史命运，苍天已裂，无人堪补。

至此，曹雪芹的女娲情结得以充分表达，曹雪芹以"女娲补天"神话为发端，创造性地构建了全书的神话背景体系，既有对补天神话的继承，又有对补天神话的承续和超越。

原文细读与鉴赏

一、如神话般的"梦幻"主旨

第一回

甄士隐梦幻识通灵　贾雨村风尘怀闺秀

〔1〕

"梦幻""通灵"指向神话背景；"甄士隐"谐音"真事隐"，亦指向神话梦幻。

作者自云：曾历过一番梦幻之后，故将真事隐去，而借"通灵"说此《石头记》一书也，故曰"甄士隐"云云。

〔2〕

"闺阁昭传"可见女性主题。

"所以蓬牖茅椽，绳床瓦灶，并不足妨我襟怀；况那晨风夕月，阶柳庭花，更觉得润人笔墨。我虽不学无文，又何妨用假语村言敷演出来，亦可使闺阁昭传，复可破一时之闷，醒同人之目，不亦宜乎？"故曰"贾雨村"云云。更于篇中间用"梦""幻"等字，却是此书本旨，兼寓提醒阅者之意。

104

二、"补天顽石"神话：
《石头记》的来龙去脉

第一回
甄士隐梦幻识通灵　贾雨村风尘怀闺秀

看官，你道此书从何而起？说来虽近荒唐，细玩颇有趣味。

却说那女娲氏炼石补天之时，于大荒山无稽崖炼成高十二丈、见方二十四丈大的顽石三万六千五百零一块。那娲皇只用了三万六千五百块，单单剩下一块未用，弃在青埂峰下。

谁知此石自经煅炼之后，灵性已通，自去自来，可大可小。因见众石俱得补天，独自己无才不得入选，遂自怨自愧，日夜悲哀。

一日，正当嗟悼之际，俄见一僧一道远远而来，生得骨格不凡，丰神迥异，来到这青埂峰下，席地坐谈。见着这块鲜莹明洁的石头，且又缩成扇坠一般，甚属可爱。那僧托于掌上，笑道："形体倒也是个灵物了，只是没有实在的好处。须得再镌上几个字。使人人见了便知你是件奇物，然后携你到那昌明隆盛之邦、诗礼簪缨之族[1]，花柳繁华地、温柔富贵乡那里去走一遭。"石头听了大喜，因问："不知可镌何字？携到何方？望乞明示。"那僧笑道："你且

1　诗礼簪（zān）缨之族：世代读书为官的人家。

曹雪芹由"女娲补天"神话引出了顽石，又由顽石引出"木石前盟""金玉良缘""太虚幻境"神话。由顽石引出贾宝玉，再引出林黛玉、薛宝钗，乃至整部《红楼梦》。可见"女娲补天"神话是全书神话体系乃至整个《红楼梦》故事的发端。

第一回出现的"一僧一道"神秘莫测，你还能在《红楼梦》的其他情节中找到他们吗？

莫问,日后自然明白。"说毕,便袖了,同那道人飘然而去,竟不知投向何方。

又不知过了几世几劫,因有个空空道人访道求仙,从这大荒山无稽崖青埂峰下经过。忽见一块大石,上面字迹分明,编述历历。空空道人乃从头一看,原来是无才补天、幻形入世,被那茫茫大士、渺渺真人携入红尘、引登彼岸的一块顽石:上面叙着堕落之乡、投胎之处,以及家庭琐事、闺阁闲情、诗词谜语,倒还全备。只是朝代年纪,失落无考。后面又有一偈云:

> 无才可去补苍天,枉入红尘若许年。
> 此系身前身后事,倩[1]谁记去作奇传?

空空道人看了一回,晓得这石头有些来历,遂向石头说道:"石兄,你这一段故事,据你自己说来,有些趣味,故镌写在此,意欲闻世传奇。据我看来:第一件,无朝代年纪可考;第二件,并无大贤大忠、理朝廷、治风俗的善政,其中只不过几个异样女子,或情或痴,或小才微善。我纵然抄去,也算不得一种奇书。"

石头果然答道:"我师何必太痴!我想历来野史的朝代,无非假借汉、唐的名色;莫如我这石头所记,不借此套,只按自己的事体情理,反倒新鲜别致。况且那野史中,或讪谤君相,或贬人妻女,奸淫凶恶,不可胜数;更有一种风

此处数语概述了"顽石——宝玉——顽石"的全部过程,即《石头记》全部故事的内容梗概。

曹雪芹以十年辛勤的劳动,对生活素材进行了严格的挑选,把自己观察、体验到的丰富的社会生活作了高度的加工、提炼,才能创作出像《红楼梦》这样典型、这样集中、这样完美反映社会生活的作品。它像生活本身那样丰富、复杂而且浑然天成,表现其创作方法上的高度成就。

---

1 倩(qìng):请。

月笔墨,其淫秽污臭,最易坏人子弟。至于才子佳人等书,则又开口'文君',满篇'子建',千部一腔,千人一面。且终不能不涉淫滥。在作者,不过要写出自己的两首情诗艳赋来,故假捏出男女二人名姓,又必旁添一小人拨乱其间,如戏中的小丑一般。更可厌者,'之乎者也',非理即文,大不近情,自相矛盾。竟不如我这半世亲见亲闻的几个女子,虽不敢说强似前代书中所有之人,但观其事迹原委,亦可消愁破闷;至于几首歪诗,也可以喷饭供酒。"

○ 学习小任务:

1. 请阅读《红楼梦》原著第一回有关"顽石补天"神话的内容,用自己的话简要概述"顽石"变成"宝玉"而后下凡经历人事的来龙去脉。

2. 填空:《红楼梦》原名《————》,后空空道人改为《————》,东鲁孔梅溪题曰《————》,曹雪芹在悼红轩批阅十载,增删五次,将它题为《————》。

3.《石头记》《情僧录》《风月宝鉴》《金陵十二钗》《红楼梦》五个书名中,你认为哪一个最能体现该书浓厚的神话色彩? 请结合原文内容和自己的阅读思考,比较分析。

参考答案:

1. 女娲炼石补天剩下一块未用的巨大顽石,弃在青埂峰下。一僧一道把这顽石幻形为扇坠大小、便于携带的宝玉,镌上"通灵宝玉"几个字，并携带下凡经历一番人事。过了几世几劫，空空道人在青埂峰下看见了这块顽石，且顽石上详细记载了它幻形为宝玉下凡经历的事情，于是将石头上的故事抄录下来，命名为《石头记》。

2. 石头记；情僧录；风月宝鉴；金陵十二钗。

3. 言之成理即可。

三、"木石前盟"神话：宝黛爱情的前世今生

（一）"木石前盟"前世缘定

第一回

甄士隐梦幻识通灵　贾雨村风尘怀闺秀

一日，炎夏永昼，士隐于书房闲坐，手倦抛书，伏几盹睡，不觉朦胧中走至一处，不辨是何地方。忽见那厢来了一僧一道，且行且谈。只听道人问道："你携了此物，意欲何往？"那僧笑道："你放心，如今现有一段风流公案，正该了结，这一干风流冤家尚未投胎入世。趁此机会，就将此物夹带于中，使他去经历经历。"那道人道："原来近日风流冤家又将造劫历世，但不知起于何处，落于何方？"那僧道："此事说来好笑。只因当年这个石头，娲皇未用，自己却也落得逍遥自在，各处去游玩。一日来到警幻仙子处，那仙子知他有些来历，因留他在

这"一段风流公案"包含哪些人物故事呢？

"警幻"有何含义？

赤霞宫中，名他为赤霞宫神瑛侍者。他却常在西方灵河岸上行走，看见那灵河岸上三生石[1]畔有棵绛珠仙草，十分娇娜可爱，遂日以甘露灌溉，这绛珠草始得久延岁月。后来既受天地精华，复得甘露滋养，遂脱了草木之胎，幻化人形，仅仅修成女体，终日游于离恨天外，饥餐秘情果，渴饮灌愁水。只因尚未酬报灌溉之德，故其至五内郁结着一段缠绵不尽之意。常说：'自己受了他雨露之惠，我并无此水可还。他若下世为人，我也同去走一遭，但把我一生所有的眼泪还他，也还得过了。'因此一事。就勾出多少风流冤家都要下凡，造历幻缘，那绛珠仙草也在其中。今日这石正该下世，我来特地将他仍带到警幻仙子案前，给他挂了号，同这些情鬼下凡，一了此案。"那道人道："果是好笑，从来不闻有'还泪'之说。趁此你我何不也下世度脱几个，岂不是一场功德？"那僧道："正合吾意。你且同我到警幻仙子宫中，将这蠢物交割清楚，待这一干风流孽鬼下世，你我再去。如今有一半落尘，然犹未全集。"道人道："既如此，便随你去来。"

却说甄士隐俱听得明白，遂不禁上前施礼，笑问道："二位仙师请了。"那僧道也忙答礼

木石之情，皆是自发而生，没有功利，只讲付出和奉献，宝黛爱情正是因为这份纯真圣洁而越显伟大。

---

1 三生石：据《甘泽谣·圆观》记载，唐代僧人圆观与李源交好，圆观逝去托生，约李源十二年后在杭州相见。李源前往，见一牧童，唱着"三生石上旧精魂"而来。后常用三生石比喻交往深厚，或姻缘前定。

相问。士隐因说道："适闻仙师所谈因果，实人世罕闻者，但弟子愚拙，不能洞悉明白。若蒙大开痴顽，备细一闻，弟子洗耳谛听。稍能警省，亦可免沉沦之苦了。"二仙笑道："此乃玄机，不可预泄。到那时只不要忘了我二人，便可跳出火坑矣。"士隐听了，不便再问，因笑道："玄机固不可泄露，但适云'蠢物'不知为何，或可得见否？"那僧说："若问此物，倒有一面之缘。"

说着取出递与士隐。士隐接了看时，原来是块鲜明美玉，上面字迹分明，镌着"通灵宝玉"四字，后面还有几行小字。正欲细看时，那僧便说"已到幻境"。就强从手中夺了去，和那道人竟过了一座大石牌坊，上面大书四字，乃是"太虚幻境"。两边又有一副对联道：

"太虚幻境"四字体现了怎样的神话色彩？

假作真时真亦假，无为有处有还无。

士隐意欲也跟着过去。方举步时，忽听一声霹雳，若山崩地陷，士隐大叫一声，定睛看时，只见烈日炎炎，芭蕉冉冉，梦中之事便忘了一半。又见奶母抱了英莲走来。

（二）宝黛初会一见如故

第三回
托内兄如海荐西宾　接外孙贾母惜孤女

〔1〕
黛玉一见便吃一大惊，心中想道："好生奇

110

怪,倒像在那里见过的,何等眼熟!……"只
见这宝玉向贾母请了安,贾母便命:"去见你娘
来。"即转身去了。

〔2〕

宝玉看罢,笑道:"这个妹妹我曾见过的。"
贾母笑道:"又胡说了,你何曾见过?"宝玉笑
道:"虽没见过,却看着面善,心里倒像是远别
重逢的一般。"贾母笑道:"好,好! 这么更相和
睦了。"

（本回相关内容请查阅第4课"原文细读
与鉴赏",第142—144页）

（三）"金玉良缘"初显"硬配"

第八回

贾宝玉奇缘识金锁　薛宝钗巧合认通灵

（本回相关内容请查阅第2课"原文细读
与鉴赏",第40—43页）

第三十六回

绣鸳鸯梦兆绛芸轩　识分定情悟梨香院

这里宝钗只刚做了两三个花瓣,忽见宝玉
在梦中喊骂,说:"和尚道士的话如何信得? 什
么'金玉姻缘'? 我偏说是'木石姻缘'!"

宝黛初见,都
觉得彼此曾见
过。这一见如
故的感觉,正是
"木石前盟"神
话在现实世界
的投射,因为有
"木石前盟"神
话的创设,宝黛
的一见如故显
得格外美好而
浪漫。

宝玉梦中的呐
喊,是对"木石
前盟"的坚守,
也是对"金玉
良缘"的反抗。

（四）诉肺腑宝黛心意相通

第三十二回
诉肺腑心迷活宝玉　含耻辱情烈死金钏

〔1〕

湘云劝宝玉留意仕途经济，正触犯了宝玉的忌讳，所以毫不留情面地怼了湘云。

袭人夸赞宝钗、贬低黛玉，可知旁人更认可宝钗和宝玉的"金玉良缘"，而黛玉和宝玉"木石前盟"的自由爱情要成为婚姻现实，难矣！

湘云、宝钗都赞成男子留心仕途经济，世人眼中的黛玉多心、爱哭，宝钗有涵养、心地宽大，然而宝玉却深敬黛玉，因为只有黛玉才懂宝玉。

宝玉道："罢，罢，我也不过俗中又俗的一个俗人罢了，并不愿和这些人来往。"湘云笑道："还是这个性儿，改不了。如今大了，你就不愿意去考举人进士的，也该常会会这些为官作宦的，谈讲谈讲那些仕途经济，也好将来应酬事务，日后也有个正经朋友。让你成年家只在我们队里，搅得出些什么来？"

宝玉听了，大觉逆耳，便道："姑娘请别的屋里坐坐罢，我这里仔细腌臜了你这样知经济的人。"袭人连忙解说道："姑娘快别说他。上回也是宝姑娘说过一回，他也不管人脸上过不去，'咳'了一声，拿起脚来就走了。宝姑娘的话也没说完，见他走了，登时羞得脸通红：说不是，不说又不是。幸而是宝姑娘，那要是林姑娘，不知又闹得怎么样、哭得怎么样呢。提起这些话来，宝姑娘叫人敬重，自己过了一会子去了，我倒过不去，只当她恼了，谁知过后还是照旧一样，真真是有涵养、心地宽大的。谁知这一位反倒和她生分了。那林姑娘见他赌气不理，他后来不知赔多少不是呢。"宝玉道："林姑娘从来说过这些混账话吗？要是她也说过

112

这些混账话,我早和她生分了。"袭人和湘云都点头笑道:"这原是混账话么。"

[2]

宝玉瞅了半天,方说道:"你放心。"黛玉听了,怔了半天,说道:"我有什么不放心的?我不明白你这个话。你倒说说,怎么放心不放心?"宝玉叹了一口气,问道:"你果然不明白这话?难道我素日在你身上的心都用错了?连你的意思若体贴不着,就难怪你天天为我生气了。"黛玉道:"我真不明白放心不放心的话。"宝玉点头叹道:"好妹妹,你别哄我。你真不明白这话,不但我素日白用了心,且连你素日待我的心也都辜负了。你皆因都是不放心的原故,才弄了一身的病了。但凡宽慰些,这病也不得一日重似一日了。"

黛玉听了这话,如轰雷掣电,细细思之,竟比自己肺腑中掏出来的还觉恳切,竟有万句言语,满心要说,只是半个字也不能吐出,只管怔怔地瞅着他。此时宝玉心中也有万句言词,不知一时从哪一句说起,却也怔怔地瞅着黛玉。

两个人怔了半天,黛玉只"咳"了一声,眼中泪直流下来,回身便走。宝玉忙上前拉住道:"好妹妹,且略站住,我说一句话再走。"黛玉一面拭泪,一面将手推开,说道:"有什么可说的?你的话我都知道了。"口里说着,却头也不回,竟去了。

113

"宝玉诉肺腑"是宝黛爱情从朦胧、猜疑到心意相通的升华。这一番情话发自肺腑,感人至深,可见"木石前盟"爱情的纯真圣洁。

宝玉正出了神,见袭人和他说话,并未看出是谁,只管呆着脸说道:"好妹妹,我的这个心,从来不敢说,今日胆大说出来,就是死了也是甘心的。我为你也弄了一身的病,又不敢告诉人,只好挨着。等你的病好了,只怕我的病才得好呢,睡里梦里也忘不了你。"

(本回相关内容请查阅第2课"原文细读与鉴赏",第51—55页)

○ 学习小任务:

1. 填空:"木石前盟"神话中的"木"指西方灵河岸上三生石畔的_____,"石"指警幻仙子赤霞宫的_____。甄士隐的女儿英莲,就是后来被"呆霸王"_____买去的_____。"金玉良缘"神话中的"金"指_____,她身上佩戴的金锁有八个字"_____","玉"指_____,他身上佩戴的通灵宝玉有八个字"_____"。

2. 用自己的话简要概述"木石前盟"神话的内容。

3. 请结合相关内容,简要分析《红楼梦》开篇"顽石补天"和"木石前盟"两个神话的作用。

参考答案:

1. 绛珠仙草;神瑛侍者;薛蟠;香菱;薛宝钗;不离不弃,芳龄永继;贾宝玉;莫失莫忘,仙寿恒昌。

2. 木石前盟，"木"指绛珠仙草，下凡为林黛玉；"石"指神瑛侍者，下凡为贾宝玉；"顽石"下凡为贾宝玉出生时口里衔的通灵宝玉。神瑛侍者以甘露之水灌溉绛珠仙草，使其得以幻化人形，修成女体。绛珠仙草为报灌溉之德，情愿随神瑛侍者下凡历劫，将自己一世的眼泪还给他。

3. ① "无材补天"的顽石，暗示宝玉是个不符合封建社会要求的"蠢物"，其"顽劣"乃本性，难以为世俗改变。② "木石前盟"交代这块顽石与绛珠仙草的关系，为宝黛初会埋下伏笔。"还泪"之说，也与正文部分黛玉的多泪、悲剧结局相照应。③ 为贾宝玉和林黛玉的恋爱故事染上了一层浪漫主义色彩。

（五）"金玉良缘"礼成，"木石前盟"终究成空

第九十六回
瞒消息凤姐设奇谋　泄机关颦儿迷本性

〔1〕

贾母想了一想："……我们两家愿意，孩子们又有'金玉'的道理，婚是不用合的了，即挑了好日子，按着咱们家分儿过了礼。……再者，姨太太曾说：'宝丫头的金锁也有个和尚说过，只等有玉的便是婚姻。'焉知宝丫头过来，不因金锁倒招出他那块玉来，也定不得。从此一天好似一天，岂不是大家的造化？"

贾母是封建家长的代表，她掌着儿女婚姻大权，"金玉良缘"自然是她心中最理想的一对。

115

〔2〕

（袭人）今日听了这些话，心里方才水落归槽，倒也喜欢。心里想道："果然上头的眼力不错，这才配的是，我也造化。若她来了，我可以卸了好些担子。但是这一位的心里只有一个林姑娘，幸亏他没有听见，若知道了，又不知要闹到什么份儿了。"

袭人想到这里，转喜为悲，心想："这件事怎么好？老太太、太太哪里知道他们心里的事？一时高兴，说给他知道，原想要他病好。若是他还像头里的心，初见林姑娘，便要摔玉砸玉，况且那年夏天在园里，把我当作林姑娘，说了好些私心话。后来因为紫鹃说了句玩话儿，便哭得死去活来。若是如今和他说要娶宝姑娘，竟把林姑娘撂开，除非是他人事不知还可，倘或明白些，只怕不但不能冲喜，竟是催命了！我再不把话说明，那不是一害三个人了么？"

第九十八回

苦绛珠魂归离恨天　病神瑛泪洒相思地

宝钗听了这话，便又说道："实告诉你说罢，那两日你不知人事的时候，林妹妹已经亡故了。"宝玉忽然坐起，大声诧异道："果真死了吗？"宝钗道："果真死了，岂有红口白舌[1]，咒人

1　红口白舌：说不吉利的话。

死的呢,老太太、太太知道你姐妹和睦,你听见她死了,自然你也要死,所以不肯告诉你。"

宝玉听了,不禁放声大哭,倒在床上,忽然眼前漆黑,辨不出方向。心中正自恍惚,只见眼前好像有人走来。宝玉茫然问道:"借问此是何处?"那人道:"此阴司泉路,你寿未终,何故至此?"宝玉道:"适闻有一故人已死,遂寻访至此,不觉迷途。"那人道:"故人是谁?"宝玉道:"姑苏林黛玉。"那人冷笑道:"林黛玉生不同人,死不同鬼,无魂无魄,何处寻访?凡人魂魄,聚而成形,散而为气,生前聚之,死则散焉。常人尚无可寻访,何况林黛玉呢?汝快回去罢。"

宝玉听了,呆了半晌,道:"既云死者散也,又如何有这个阴司呢?"那人冷笑道:"那阴司,说有便有,说无就无。皆为世俗溺于生死之说,设言以警世,便道上天深怒愚人。或不守分安常;或生禄未终,自行夭折;或嗜淫欲,尚气逞凶,无故自殒者,特设此地狱,囚其魂魄,受无边的苦,以偿生前之罪。汝寻黛玉,是无故自陷也。且黛玉已归太虚幻境,汝若有心寻访,潜心修养,自然有时相见;如不安生,即以自行夭折之罪,囚禁阴司,除父母之外,图一见黛玉,终不能矣。"

林黛玉无魂无魄,意即绛珠仙草幻形下世。

林黛玉去世,绛珠仙草在凡间的"还泪"行为结束,回到太虚幻境,"木石前盟"的甘露灌溉之德得以酬报。

○ 学习小任务:
"苦绛珠魂归离恨天"指＿＿＿＿＿＿＿(事件)。

117

绛珠，指＿＿＿＿＿＿＿（人物）。离恨天，指＿＿＿＿＿＿＿（神话世界）。"病神瑛泪洒相思地"，"病神瑛"指＿＿＿＿＿＿＿（人物）。

参考答案：林黛玉病逝；林黛玉；太虚幻境；贾宝玉。

四、贾宝玉梦游太虚幻境

第五回

贾宝玉神游太虚境　警幻仙曲演红楼梦

〔1〕

一时宝玉倦怠，欲睡中觉。贾母命人好生哄着，歇息一回再来。贾蓉媳妇秦氏便忙笑道："我们这里有给宝二叔收拾下的屋子，老祖宗放心，只管交给我就是了。"因向宝玉的奶娘丫鬟等道："嬷嬷、姐姐们，请宝二叔跟我这里来。"

〔2〕

当下秦氏引一簇人来至上房内间，宝玉抬头看见是一幅画挂在上面，人物固好，其故事乃是《燃藜图》¹也，心中便有些不快。又有一副对联，写的是：

《燃藜图》乃神仙劝人勤学苦读的画面，贾宝玉看见这画面心中有些不快。那对联正是教人追求仕途经济的，宝玉对此厌恶至极。

1　《燃藜图》：据《刘向别传》记载，汉代刘向在夜里独坐诵书，来了一个神人，手持青藜杖，吹杖头出火照明，教给他许多古书。《燃藜图》是以这个勤学故事为题材的画作。

世事洞明皆学问,人情练达即文章。

及看了这两句,纵然室宇精美,铺陈华丽,亦断断不肯在这里了,忙说:"快出去,快出去!"秦氏听了笑道:"这里还不好,往哪里去呢? 要不就往我屋里去罢。"宝玉点头微笑。

……说着大家来至秦氏卧房。……那宝玉才合上眼,便恍恍惚惚地睡去,犹似秦氏在前,悠悠荡荡,跟着秦氏到了一处。但见朱栏玉砌,绿树清溪,真是人迹不逢,飞尘罕到。

〔3〕

宝玉见是一个仙姑,喜得忙来作揖,笑问道:"神仙姐姐,不知从哪里来,如今要往哪里去? 我也不知这里是何处,望乞携带携带。"那仙姑道:"吾居离恨天之上,灌愁海之中,乃放春山遣香洞太虚幻境警幻仙姑是也。司人间之风情月债,掌尘世之女怨男痴。因近来风流冤孽,缠绵于此,是以前来访察机会,布散相思。今日与尔相逢,亦非偶然。此离吾境不远,别无他物,仅有自采仙茗一盏,亲酿美酒几瓮,素练魔舞歌姬数人,新填《红楼梦》仙曲十二支。可试随我一游否?"

〔4〕

当下随了仙姑进入二层门内,只见两边配殿,皆有匾额对联,一时看不尽许多,唯见几处写着的是"痴情司""结怨司""朝啼司""暮哭司""春感司""秋悲司"。看了,因向仙姑道:

"今日与尔相逢,亦非偶然",说明警幻仙姑带领贾宝玉梦游太虚幻境是有意安排的。

119

暗示众女子的
命运早已注定。

"敢烦仙姑引我到那各司中游玩游玩,不知可使得么?"仙姑道:"此中各司存的是普天下所有的女子过去未来的簿册,尔乃凡眼尘躯,未便先知的。"宝玉听了,哪里肯舍,又再四地恳求。那誓幻便说:"也罢,就在此司内略随喜随喜罢。"

宝玉喜不自胜,抬头看这司的匾上,乃是"薄命司"三字,两边写着对联道:

春恨秋悲皆自惹,花容月貌为谁妍。

宝玉看了,便知感叹。进入门中,只见有十数个大橱,皆用封条封着,看那封条上,皆有各省字样。宝玉一心只拣自己家乡的封条看,只见那边橱上封条大书"金陵十二钗正册",宝玉因问:"何为'金陵十二钗正册'?"警幻道:"即尔省中十二冠首女子之册,故为正册。"宝玉道:"常听人说,金陵极大,怎么只十二个女子? 如今单我们家里上上下下就有几百个女孩儿。"警幻微笑道:"一省女子固多,不过择其紧要者录之,两边二橱则又次之。——余者庸常之辈便无册可录了。"

通过"太虚幻
境"神话来交代
"金陵十二钗正
册""金陵十二
钗副册""金陵
十二钗又副册"
中人物的人生命
运,有何深意?

宝玉再看下首一橱,上写着"金陵十二钗副册",又一橱上写着"金陵十二钗又副册"。宝玉便伸手先将"又副册"橱门开了,拿出一本册来,揭开看时,只见这首页上画的,既非人物,亦非山水,不过是水墨濴染,满纸乌云浊雾而已。

〔5〕

又听警幻笑道:"你们快出来迎接贵客!"一言未了,只见房中走出几个仙子来:荷袂蹁跹,羽衣飘舞,娇若春花,媚如秋月。见了宝玉,都怨谤警幻道:"我们不知系何'贵客',忙地接出来! 姐姐曾说今日今时必有绛珠妹子的生魂前来游玩,故我等久待,何故反引这浊物来污染清净女儿之境?"

"绛珠妹子的生魂"即林黛玉。

宝玉听如此说,便吓得欲退不能,果觉自形污秽不堪。警幻忙携住宝玉的手向众仙姬笑道:"你等不知原委:今日原欲往荣府去接绛珠,适从宁府经过,偶遇宁荣二公之灵,嘱吾云:'吾家自国朝定鼎[1]以来,功名奕世,富贵流传,已历百年,奈运终数尽,不可挽回。我等之子孙虽多,竟无可以继业者。唯嫡孙宝玉一人,禀性乖张,用情怪谲,虽聪明灵慧,略可望成,无奈吾家运数合终,恐无人规引入正。幸仙姑偶来,望先以情欲声色等事警其痴顽,或能使他跳出迷人圈子,入于正路,便是吾兄弟之幸了。'如此嘱吾,故发慈心,引彼至此。先以他家上中下三等女子的终身册籍,令其熟玩,尚未觉悟,故引了再到此处,遍历那饮馔声色之幻,或冀将来一悟,未可知也。"

警幻仙姑以"情欲声色警其痴顽",希望让他"入于正路",意在警示贾府衰败的原因就是子孙贪于情欲声色。

说毕,携了宝玉入室。但闻一缕幽香,不知所闻何物。宝玉不禁相问,警幻冷笑道:"此

---

1 定鼎:传说夏禹曾聚九州之金,铸九鼎以作为传国之器。后世因称新朝定都建国为定鼎。

香乃尘世所无,尔如何能知!此系诸名山胜境初生异卉之精,合各种宝林珠树之油所制,名为'群芳髓'。"宝玉听了,自是羡慕。

于是大家入座,小鬟捧上茶来,宝玉觉得香清味美,迥非常品,因又问何名。警幻道:"此茶出在放春山遣香洞,又以仙花灵叶上所带的宿露烹了,名曰'千红一窟'。"宝玉听了,点头称赏。因看房内瑶琴、宝鼎、古画、新诗,无所不有,更喜窗下亦有唾绒,奁间时渍粉污。

〔6〕

宝玉因此酒香冽异常,又不禁相问。警幻道:"此酒乃以百花之蕊,万木之汁,加以麟髓、凤乳酿成,因名为'万艳同杯'。"宝玉称赏不迭。

饮酒间,又有十二个舞女上来,请问演何调曲,警幻道:"就将新制《红楼梦》十二支演上来。"

〔7〕

歌毕,还又歌副歌。警幻见宝玉甚无趣味,因叹:"痴儿竟尚未悟!"那宝玉忙止歌姬不必再唱,自觉朦胧恍惚,告醉求卧。

警幻便命撤去残席,送宝玉至一香闺绣阁中。

〔8〕

因二人携手出去游玩之时,忽然至一个所在,但见荆榛遍地,狼虎同行,迎面一道黑溪阻路,并无桥梁可通。

"千红一窟"谐音"千红一哭",暗示红楼女子的悲惨命运。

"万艳同杯"谐音"万艳同悲",意味着所有红楼女儿到最后都会落入悲惨结局。

正在犹豫之间，忽见警幻从后追来，说道："快休前进，作速回头要紧！"宝玉忙止步问道："此系何处？"警幻道："此乃迷津，深有万丈，遥亘千里。中无舟楫可通，只有一个木筏，乃木居士掌舵，灰侍者撑篙，不受金银之谢，但遇有缘者渡之。尔今偶游至此，设如坠落其中，便深负我从前谆谆警戒之语了。"

话犹未了，只听迷津内响如雷声，有许多夜叉、海鬼将宝玉拖将下去。吓得宝玉汗下如雨，一面失声喊叫："可卿救我！"吓得袭人辈众丫鬟忙上来搂住，叫："宝玉不怕，我们在这里呢。"

宝玉梦游太虚幻境，警幻仙姑多次警示其领悟"情欲声色"皆是"梦幻"，但宝玉并未领悟，最后堕入迷津，暗示贾宝玉无法完成拯救贾府衰亡的任务。

○ 学习小任务：

1. 用自己的话概括"贾宝玉梦游太虚幻境"的主要内容，并简要分析"太虚幻境"神话的主要作用。

2. 很多《红楼梦》研究者认为《红楼梦》是一部伟大的现实主义小说，而有的研究者认为《红楼梦》是一部伟大的浪漫主义小说，还有研究者认为《红楼梦》继承并发展了中国文学浪漫主义与现实主义相结合的民族传统，是中国现实主义与浪漫主义文学高度发展的典型代表。请结合《红楼梦》的神话背景与现实故事，谈谈你的看法。

参考答案：

1.（1）主要内容：《红楼梦》第五回中贾

宝玉在侄媳妇秦可卿华丽的卧室睡觉，梦到自己来到太虚幻境。由警幻仙子引领，他看到"金陵十二钗正册""金陵十二钗副册""金陵十二钗又副册"的内容，听了《红楼梦》十二曲，最后堕入迷津方梦醒。

（2）"太虚幻境"神话的主要作用：贾宝玉梦境遇仙子是南北志怪、隋唐传奇中才子奇境遇仙子的经典桥段，在审美上增添了梦幻旖旎之美，在哲理上标志着情悟，在文法上有伏笔暗示的作用。通过宝玉梦游太虚幻境，暗示了人物命运。

2. 言之成理即可。

第4课　理想主义的穷途末路

——贾宝玉形象鉴赏

图6　贾宝玉(载《红楼梦图咏》,［清］改琦绘)

作为一部内涵深厚的宏伟巨制，《红楼梦》汇集了人生百态、社会万象，展现出一个多层次的悲剧世界。对于人物这一小说核心要素，曹雪芹更是格外重视，他以富贵公子贾宝玉为主视角，不仅刻画了一大批举止见识出于须眉之上的闺阁佳人，还描写了当时社会中不同阶层、不同性格、不同背景的各类人物。据徐恭时统计，《红楼梦》中共写了945人，其中有姓名的有732人。对于数量庞大的人物群体，无论是闺中小姐，还是奴婢丫鬟，抑或是其他男性人物形象，曹雪芹均能运用巧妙的写作手法，将人物形象刻画得生动鲜活，使其同中有异，呈现出千般姿态。鲁迅曾盛赞《红楼梦》称其中所叙的人物，都是真的人物。可以说，栩栩如生的各类人物形象，无疑是《红楼梦》经久不衰的艺术魅力之一。对书中主要人物进行专题鉴赏，不仅能让我们获得对人物的准确感知，还能够帮助我们汲取红楼知识，从而能够以整体的、发展的眼光来理解红楼人物，更好地领略这部作品的伟大之处。

对于贯穿全书始终的男主人公贾宝玉，曹雪芹在其身上着力最多，寄托也最深。作者把自己对社会和人生的思考、怨恨和企盼都熔铸到了贾宝玉的形象里——可以说，贾宝玉的形象，正反映了作者的人生理想。因此，分析贾宝玉这一人物的形象，理解其思想性格、种种行为和典型意义，势必能够成为打开《红楼梦》的一把钥匙。

一、贾宝玉的基本情况

（一）宝玉的前世：通灵宝玉的神话色彩

清人李渔有云："开手笔机飞舞，墨势淋漓，有自由自得之妙，则把握在手，破竹之势已成，不忧此后不成完璧。"[1] 自古以来，作品开头的特殊功用便为历代作家所重视。值得注意的是，与小说中的其他多数人不同，按照故事背景设定，贾宝玉除了是世家公子，还有神话背景。因此，我们有必要从神话的角度对其进行考察。

在第一回中，曹雪芹即以雄奇的想象力，先是将贾宝玉与女娲补天的神话传说纵向联系在一起。其他石头都被选去补天，造福世间，唯独剩下一块堕落在大荒山无稽崖青埂峰下。这块顽石"自经煅炼"，灵性已通，遂自怨自叹，悲啼惭愧。正好此时茫茫大士、渺渺真人来到峰下。经顽石的苦苦哀求，仙僧施展幻术，将它缩成一块扇坠大小、鲜明莹洁的美玉，送至警幻仙子处。其后，作者便借甄士隐与僧、道的对话，引出了第二处神话，在前世的维度将贾宝玉与林黛玉横向联系在一起。按照常理，炼石补天已属荒唐，以泪偿情更是罕闻。因此，曹雪芹在故事的开篇、中间和结尾处，多次使用"荒唐"一语。"女娲炼石补的天是现实世界的折光，象征着腐朽不合理的封建制度，堕落情恨的顽石则蕴含着贾宝玉的叛逆个性。"[2]

曹雪芹为什么要从来源的角度反复强调贾宝玉的神话渊源呢？作者的用意在于将贾宝玉的叛逆性格的形成与神话的

1　李渔：《闲情偶寄》，江苏凤凰文艺出版社，2019年，第62页。

2　张炳生：《层次分明　形象凸现——试论〈红楼梦〉前五回对贾宝玉形象的塑造》，《高校教育管理》1984年第3期。

象征意义相关联。补天遗石和绛珠仙草的原型是石头草木，石头草木也知情，何况人呢？小说借此抒发了作者对天理的不满和批判，隐喻着他对现实黑暗的愤懑和控诉。贾宝玉的神话出身，是曹雪芹最奇妙的艺术想象和伟大虚构，是构成《红楼梦》深邃主题的重要方面。

此外，神话也可以帮助我们理解贾宝玉对于爱情的执着和其命运的悲剧性。贾宝玉与林黛玉的前世均是太虚幻境中的神仙，因为当年神瑛侍者对绛珠仙草有灌溉之恩，所以埋下了一份情谊。两位神仙双双来到人间历劫，泪尽之时，也就是两人分离之日，这是天命所归，注定今生无果。相比之下，贾宝玉与薛宝钗的情缘则落于实处，他们之间没有神话背景，虽然有"金玉良缘"之说，那也是封建礼制下的掩人耳目，不外乎为联姻寻找一份华丽的说辞，为人为的事件找一个天然的因由而已。所以，与"木石"不同，"金玉"能存于今生。

（二）宝玉的出场：放荡不羁的公子哥

在第三回中，贾宝玉在王夫人的口述中登场。在这里，作者采用了欲扬先抑、寓褒于贬的手法，先是通过王夫人对林黛玉的交底，对宝玉的性情作了一番渲染，说宝玉是"孽根祸胎""混世魔王""嘴里一时甜言蜜语，一时有天没日，疯疯傻傻"，叫黛玉不要亲近和理睬他。随后由林黛玉的视角，引出其母亲对贾宝玉的评价，她的表兄衔玉而生，异常顽劣，不爱读书，最喜欢在内帷厮混，只因外祖母的溺爱，至今无人能管。至此，作者借封建家长之口，将宝玉说得一无是处，可谓一抑再抑，足见其放荡不羁，与世俗格格不入。但是，在黛玉的眼里，宝玉出生即带有神秘色彩，不喜欢读带有封建色彩的书籍，是个"惫懒人物"和"懵懂顽童"，同时也有着男女平等的思想。

作者从侧面展现了黛玉对宝玉观念上的认同,这为后来两人的爱情走向和发展作了铺垫,使读者初次感受到宝玉不追求世俗功名的叛逆性格。

随后,伴着一阵脚步声,贾宝玉正式出场,宝黛初逢。在宝黛初见的情节中,曹雪芹借黛玉的视角,将一名穿着华丽、外表俊俏、彬彬有礼,虽怒时而若笑、既瞋视而有情的年轻公子哥形象展现给读者,与前文所述宝玉形成强烈的反差,令人印象深刻。宝玉正式见到黛玉时那句"这个妹妹我是见过的",这种似曾相识之感与黛玉的内心不谋而合,两人心有灵犀,一见如故。

此处,作者所作《西江月》二词非常值得玩味:

无故寻愁觅恨,有时似傻如狂;纵然生得好皮囊,腹内原来草莽。　潦倒不通庶务,愚顽怕读文章;行为偏僻性乖张,那管世人诽谤!

富贵不知乐业,贫穷难耐凄凉;可怜辜负好时光,于国于家无望。　天下无能第一,古今不肖无双;寄言纨绔与膏粱:莫效此儿形状!

按照传统的思想,贾宝玉无疑为"行为偏僻性乖张"之人,不为世人所理解。脂评云:"当设想其像,合宝玉之来历同看,方不被作者愚弄。"可知二词当是正话反说,看似嘲讽,实则赞颂,表达了曹雪芹对宝玉所拥有的超时代思想的肯定。然而,这两首词不仅点明宝玉不满现实、独立不羁、追求自由、藐视功名利禄的反封建思想与叛逆性格,也预示着宝玉和黛玉在未来所要承受的阻力,以及最终天人永隔的悲剧结局。因此,我们可以认为这两首词从世俗的角度概括了宝玉的性格思想以及一生的命运。

（三）宝玉的处境：被困笼中的富贵闲人

贾宝玉生长在一个即将没落的封建贵族大家庭里，这个环境具有丰富的典型特征和意义。在贵族家庭，男子一出生就要面对被规划好的人生之路——修身、齐家、治国、平天下。作为荣国府继承人的贾宝玉，理应埋头苦读圣贤书，考取功名，治家经国。

贾宝玉自登场后，便是荣国府中的宠儿。以天赋论，贾宝玉衔玉而生，天赋异禀，其名"宝玉"即象征着聪俊灵秀的天赋；以身份论，贾宝玉是荣国府家主贾政的嫡次子，其兄长贾珠早逝，因此贾宝玉是家族唯一"略可望成"的继业者；以地位论，宝玉长相不凡，聪明俊秀，正如贾母所说："我养了这些儿子孙子，也没一个像他爷爷的，就只这玉儿还像他爷爷。"当年做过荣国公替身的张道士也说："我看见哥儿的这个形容身段，言谈举动，怎么就和当日国公爷一个稿子。"可见其备受追捧。诸多因素使得宝玉承载着贵族家庭所寄予的殷切希望。

然而，贾宝玉在这个贵族家庭中却不那么自由。其父贾政是封建社会和封建道德的忠实维护者，他千方百计地想把儿子培养成维护封建制度的忠臣孝子，光宗耀祖。然而，宝玉的性格却具有强烈的叛逆性，使他无意于立身扬名，与父亲之间水火不容。他不爱读的书，父亲偏要他读；他不爱做八股文，父亲偏要他做；他不爱和道貌岸然者应酬，父亲偏偏逼他出去会面；他认为茫茫尘世，只有女孩子们的世界是一片净土，父亲却总要把他拉出这片净土，更有甚者，他的其他家人甚至要来污秽甚至摧残这一片净土。可以说，"宝玉挨打"这一冲突便是宝玉与父亲立场差异的集中体现。表面上看，贾宝玉挨打固然离不开待客不周、贾环诬告等因素，然而就根本论，父子之间的矛盾在于世俗价值观念层面的对立。宝玉不愿意走仕途经济的老路，而贾政则望子成龙，希望宝玉能够重整家业，二人的期望背道而驰。

因此，贾宝玉一方面是荣国府中的骄子，其地位和天赋使他在封建贵族家长心目中如一块"宝玉"。另一方面，宝玉也因叛逆的内心而与周围格格不入，成为了被困笼中的富贵闲人，正似幻化通灵宝玉的无用顽石。就这样，宝玉始终处在一种纠缠难解的矛盾痛苦中，正对应了作者的那句"假作真时真亦假，无为有处有还无"。

（四）宝玉的结局：理想主义者的穷途末路

与封建家族的传统理念相比，贾宝玉的个人信念无疑是具有先进性的，其对世俗和爱情的思虑均带有浓郁的理想主义色彩。然而，面对强大的封建势力，宝玉所赞赏的女性们无一获得圆满的人生归宿，其中身份地位较为低下的年轻女性更是难逃悲惨的结局。面对贾府中所发生的种种惨剧，宝玉虽然悲苦愁叹，但却无从改变，无论是身边的姐妹还是婢女，甚至连挚爱的黛玉都无力相救。最终，晴雯早夭，黛玉泪尽，迎春被摧残至死，探春远嫁海外，惜春遁入空门，正是"千红一窟（哭）""万艳同杯（悲）"。原先富贵显赫的荣国府，此时也随着整个社会经济的衰落，陷入了艰难的困境。这使得宝玉不得不回到他曾经深恶痛绝的"仕途经济"之路，走进考场，"诳"取举人之名。可以说，作为封建时代的贵族男性青年，宝玉已然在情感和事业上都失去了主动权，在与家长权利的撞击中，无奈与妥协，都成为这位理想主义者走向末路的先兆。

在面对人生中有价值的至宝被毁灭，察觉到现实社会的残酷无情后，贾宝玉用出家来向家族和时代抗议。然而，正所谓

"云空未必空"，出家诚然悲壮，但却并不能阻止悲剧的发生，更不能弥补感情上的损失。以今天的视角看，遁入空门无疑是一种逃避现实的消极反抗，然而，如果回归到宝玉所处的佛教盛行的时代，礼佛终老恰恰是封建贵族公子哥反抗礼教的典型行为。看破红尘，向毁灭有价之物的俗世诀别，不仅是对黑暗封建贵族家庭和腐朽的封建科举制度的反抗，也是对封建包办婚姻制度的反抗。这条路的选择不仅是贾宝玉性格发展的必然结果，也是其所处的时代的必然产物。

二、贾宝玉的世俗追求与爱情观念

（一）宝玉的世俗追求：求"新"的理想主义者

王昆仑指出："贾宝玉是贾府从富贵煊赫的高峰顶上下降到没落的深渊途中的产儿。他既不克勤克俭，遵循那平庸可怜的仕宦传统；也不酒色昏迷，混入那荒淫得可耻的纨绔之群；他表现出一种逸出常轨超脱现实的畸形姿态。"[1] 这启示我们读《红楼梦》要立足于人物生活的现实环境，把握其思想、性格的发展变化。

1. 平等对待女性

在贾府生活期间，贾宝玉的求"新"最集中的体现是他拥有超时代的男女平等思想。贾宝玉不像封建社会的其他男子一样，只是把女性当作玩物。他尊重女性，有平等观念，且反对时人对女性所施加的歧视和压迫。与林黛玉、薛宝钗、贾探春等姐妹的交往，与贾府中充满智慧的丫鬟们的相处，使他充分认识到，女性不但可以和男性一样有智慧、学问，甚至可以比男

1　王昆仑:《〈红楼梦〉人物论》，北京出版社，2011年，第260页。

性更突出、更优越。他将自己与那些姑娘作了对比,愈发觉得自己远不如她们,因而更增加了对她们的敬意。对于那些地位低下的丫鬟们,宝玉也保持尊重、体贴的态度。可以说,宝玉平日乐于在大观园中日夜和姊妹们吟咏、游玩,是其男女平等观念的一种展现。

贾宝玉的言行观念无疑向封建社会男尊女卑的传统念发出了挑战。他对女性不吝惜赞美、同情和爱怜。他欣赏林黛玉,赞美她的理想和人格,也赞美薛宝钗、史湘云、贾探春等人的聪明和能干。他关怀和同情晴雯、袭人、平儿、香菱等人的遭遇,也喜爱她们活泼自由的性格。他对遭受欺凌的女儿也十分体贴,在第四十四回中,宝玉出于对平儿的不幸的同情,不仅"劳形",为其理妆,而且"劳心",叹其身世。在第四十一回中,我们可以看到,除同情少女外,宝玉面对贫困的刘姥姥也表现出了难能可贵的同情心。这些都可谓典型描写。综合而言,宝玉对女性的关心,本质上是纯真无私的,反映了他超前的男女平等理想。

2. 追求个性解放

贾宝玉的求"新"还体现在他从未放弃对个性解放的追求上。贾宝玉成长在一个逐渐走向腐朽的没落封建家族里。可贵的是,宝玉对于封建制度的弊病和不合理性有着一定的认识,所以他不愿意安心走封建社会给他安排的那条平坦的晋升道路。无论周围压力多么大,宝玉始终希望按照自己的理想和志向生活下去,体现出其追求个性自由的理想主义。宝玉对个性自由的要求,是以所谓"任性恣情"的形式表现出来的,具体而言,便是面对封建社会的科举制度与道德规范而采取的种种反抗行为。例如,贾宝玉唾弃那些利欲熏心的"须眉浊物",他骂那些"读书上进的人"是"国贼禄蠹"。在第三十六回中,宝玉"懒与士大夫诸男人接谈,又最厌峨冠礼服贺吊往还等事"。他敬爱林黛玉,也因为黛玉从不曾劝他学习为官作宦那一套,理解他的观念,黛玉不受封建礼法拘束的性格使得宝玉赞赏。

此外,贾宝玉不但自己努力挣脱封建礼法的桎梏,而且还用自己的具体行动影响别人。如经典情节"晴雯撕扇",宝玉说:"这些东西,原不过是借人所用,你爱这样,我爱那样,各有性情。……只别在气头儿上拿它出气,这就是爱物了。"这体现出宝玉对人自然情感的尊重,不强加自己的意志于他人,追求个性自由。张玉琴的研究谈到,封建主义对每一个人的个性、志趣、爱好都有所限制,有所扼杀。因此,对封建主义的反抗也就必然和个性自由的要求有着一定的联系。宝玉反对封建主义的种种束缚,然而他偏偏是一个被关在贵族家庭大门里面的公子哥,从而也就受到了更多封建主义的束缚。束缚得越厉害,他对自由自在的生活的向往也就越厉害。生活在贾府里,作为一个少爷,可以享受荣华富贵,这本来是封建社会大部分人求之不得的"宏福",贾宝玉却与此相反,有时觉得自己像是一个监牢里的囚徒。在第五回中,我们可以发现,宝玉希望离开这个"拘束严密"的家庭。他对现实中的"管束"感到不满,但又无可奈何,于是在幻梦的仙境里得到了暂时的解脱。类似的心态也可见于第十五回,宝玉在外游玩时的心情完全和小鸟出笼一样。由此可见,贾宝玉身上存在着要求尊重个性、追求个性自由发展的思想。尽管这种追求思想解放的行为注定要以失败告终,但在当时的社会中是难能可贵的。[1]

---

1 张玉琴:《论〈红楼梦〉中贾宝玉的形象》,《文学教育》2006年第6期。

（二）宝玉的爱情观念：由"多情"到"痴情"

"木石"的爱情之线，是一条贯穿《红楼梦》全文的重要线索。作者对于小说核心人物的情感成长经历进行了细致的刻画，从懵懂顽童一直写到青春少年。在续书中，贾宝玉步入婚姻后的情感状态也得到了相应的描写。随着年龄的增长、阅历的丰富，贾宝玉的爱情观念也相应地发生变化。因此，我们也可以通过作者对贾宝玉由"多情"到"痴情"的爱情经历的叙述，探究其典型性格。

小说的开头，贾宝玉是以一个懵懂的顽童身份出场的。直到第三十四回，曹雪芹以袭人之口点明了宝玉长大的讯息："如今二爷也大了，里头姑娘们也大了……"这暗示着宝玉已经从幼稚顽童长成了青年公子。据此反推，可以得出从第三回到第三十回，讲述的都是贾宝玉儿童时期的生活。在该时期，宝玉仍处于生理和心智尚未成熟的阶段，故而对男女关系充满好奇，对爱情还处于摸索阶段。在第十九回中，宝玉曾对袭人说"只求你们看守着我"。在第二十回中，面对黛玉的眼泪，宝玉的言论亦可体现其早期的恋爱观。

贾宝玉虽秉性洁净，但此时的他却和大多数同龄人一样，有着青春期特有的困惑。儿童时期的宝玉，就喜欢亲近女儿家，只要品性相投，他并不在意对方是小姐还是丫鬟。介于尊重钦慕与狎昵越轨之间的种种行为，真实地表现了他对女性的冲动和好奇。

在第三十回至第三十四回中，作者频繁提及"一天大似一天""越大越成孩子了""你也大了""你如今大了"等，表明大观园里的公子与小姐、丫鬟都开始步入青春期。

起初，贾宝玉在孩提之间，视众姊妹兄弟并无亲疏之别。

由于与黛玉一起长大,自幼"日则同行同坐,夜则同息同止",所以较别个姊妹熟惯些,常不免"求全之毁,不虞之隙",三天两头的吵吵闹闹是他们的日常。随着心理和生理的成熟,贾宝玉的爱情观也有所改变,他"与黛玉的关系由猜疑争吵走向默契相知,最终确定了对黛玉独一无二的情。宝黛爱情毫无疑问具有近代性质,剔除了一切外在的物质条件,包括容貌、才情、财富,乃至隐指爱情的小巧玩物,而只剩下两颗心灵的默契"[1]。在这一阶段,贾宝玉更注重的是心与心的贴近,两心相知是爱情产生、发展的基础,他对黛玉产生了爱情。在宝黛二人的交往过程中,作者多次提到"心"的重要性,具体描写可参见第二十回和第二十九回。在二人激烈的冲突中,作者反复提及"心":"真心""只由我的心""两个人原是一个心""求近之心"。可见,"心"是宝玉衡量爱情最重要的因素。这样的两心相知来自两人朝夕与共的生活,他们在生活中培养起共同的兴趣爱好和思想认识。"木石"之间的真挚爱情,恰恰建立在此前作者花大量笔墨所描写的温馨的日常琐事上。

林黛玉的性格固然有娇嗔尖刻的一面,但她身上那宁毁不折的人格、不与世俗同流合污的清高的特质,都是贾宝玉爱慕她的重要原因。可叹的是,诸多在我们今天看来美好的品质,却也决定了她不可能当宝玉妻子的命运。在封建大家族中,贵族子弟的情感追求终究难以与父母之命抗衡。宝玉一心追求真挚的非功利之情,这却与封建家族的利益存在着根本冲突。终于,面对宝玉的多情与试探,黛玉在宿命的笼罩中心力交瘁,香消玉殒。以自由思想为内核的"木石"爱情,最终在日益严酷的封建压迫下走向了阴阳永隔。宝玉最终看破红尘,抛下一

1　丁佐湘、江欢:《从爱情视角看贾宝玉的成长》,《黑河学院学报》2020年第2期。

切,回归渺茫的虚无之中。

贾宝玉的形象"是中国传统文化的集大成者和毁灭前驱者。他集合了所有富贵之人痴绝之人的种种邪谬不近人情,集合了文人公子身上的温柔尔雅,集合了老庄的奇恣狂放,但是当这种种要素整合到他一个人身上,却发生了意想不到的化学反应,意外地对中国传统士人形象进行了一次解构,在承认前人的基础上颠覆了传统,使得贾宝玉这个形象成为文学史上的经典"[1]。

一方面,贾宝玉是封建礼教的反抗者;另一方面,他又依存于封建大家族予以他的物质基础之上,未实现真正的反叛。他步步发展自己的叛逆思想,关怀被压迫者并且支持他们;他坚持着与林黛玉的爱情,迫切地要求婚姻自主。其实这一切,都是凭借封建势力给予他的特权而产生的,他不可能完全否定封建主义。他所深恶痛绝的,正是他所仰赖的;他所反对的,正是他所依靠的。他无法与封建主义统治彻底决裂,又不可能放弃自己的民主主义思想要求。因而他的出路在现实中是不存在的,最后只能到虚无缥缈的超现实世界中去。社会诚然不能倒退,历史也不可能重演,个人终究无法突破自己的局限性。因此,贾宝玉这种纯朴的理想主义是必然不可能实现的,其注定成为《红楼梦》中的一个典型的悲剧形象。

---

1 秦培栋、翟佳羽:《他不是一个人——对〈红楼梦〉中贾宝玉形象的解读》,《神剑》2009年第1期。

原文细读与鉴赏

一、宝玉的前世：
通灵宝玉的神话色彩

第一回

甄士隐梦幻识通灵　贾雨村风尘怀闺秀

〔1〕

却说那女娲氏炼石补天之时，于大荒山无稽崖炼成高十二丈、见方二十四丈大的顽石三万六千五百零一块。那娲皇只用了三万六千五百块，单单剩下一块未用，弃在青埂峰下。

石头草木尚且知情，更何况人乎？可见作者对天理的不满和批判，以及对现实黑暗的愤懑和控诉。

谁知此石自经锻炼之后，灵性已通，自去自来，可大可小。因见众石俱得补天，独自己无才不得入选，遂自怨自愧，日夜悲哀。

〔2〕

那僧道："此事说来好笑。只因当年这个石头，娲皇未用，自己却也落得逍遥自在，各处去游玩。一日来到警幻仙子处，那仙子知他有

借甄士隐与僧、道的对话，在前世的维度将贾宝玉与林黛玉横向联系在一起。

些来历，因留他在赤霞宫中，名他为赤霞宫神瑛侍者。他却常在西方灵河岸上行走，看见那灵河岸上三生石畔有棵绛珠仙草，十分娇娜可爱，遂日以甘露灌溉，这绛珠草始得久延岁月。后来既受天地精华，复得甘露滋养，遂脱了草木之胎，幻化人形，仅仅修成女体，终日游于离恨天外，饥餐秘情果，渴饮灌愁水。只因尚未酬报灌溉之德，故甚至五内郁结着一段缠绵不尽之意。常说：'自己受了他雨露之惠，我并无此水可还。他若下世为人，我也同去走一遭，但把我一生所有的眼泪还他，也还得过了。'因此一事，就勾出多少风流冤家都要下凡，造历幻缘，那绛珠仙草也在其中。今日这石正该下世，我来特地将他仍带到警幻仙子案前，给他挂了号，同这些情鬼下凡，一了此案。"

二、宝玉的出场：放荡不羁的公子哥

第二回

贾夫人仙逝扬州城　冷子兴演说荣国府

〔1〕

子兴见他说得这样重大，忙请教其故。雨村道："天地生人，除大仁大恶，余者皆无大异；若大仁者则应运而生，大恶者则应劫而生，运

生世治，劫生世危。尧、舜、禹、汤、文、武、周、
召、孔、孟、董、韩、周、程、朱、张，皆应运而生
者；蚩尤、共工、桀、纣、始皇、王莽、曹操、桓温、
安禄山、秦桧等，皆应劫而生者：大仁者修治天
下，大恶者扰乱天下。清明灵秀，天地之正气，
仁者之所秉也；残忍乖僻，天地之邪气，恶者之
所秉也。今当祚永运隆[1]之日，太平无为之世，
清明灵秀之气所秉者，上自朝廷，下至草野，比
比皆是。所余之秀气，漫无所归，遂为甘露，为
和风，洽然溉及四海；彼残忍乖邪之气，不能荡
溢于光天化日之下，遂凝结充塞于深沟大壑之
中，偶因风荡，或被云摧，略有摇动感发之意，
一丝半缕，误而逸出者，值灵秀之气适过，正不
容邪，邪复妒正，两不相下，如风水雷电，地中
既遇，既不能消，又不能让，必致搏击掀发；既
然发泄，那邪气亦必赋之于人，假使或男或女，
偶秉此气而生者，上则不能为仁人为君子，下
亦不能为大凶大恶：置之千万人之中，其聪俊
灵秀之气，则在千万人之上；其乖僻邪谬不近
人情之态，又在千万人之下；若生于公侯富贵
之家，则为情痴情种；若生于诗书清贫之族，
则为逸士高人；纵然生于薄祚寒门，甚至为奇
优，为名娼，亦断不至为走卒健仆，甘遭庸夫驱
制，——如前之许由、陶潜、阮籍、嵇康、刘伶、

周汝昌概括为
"薄利名，鄙流
俗，重性情，爱
艺术，不务正
业，落拓不羁，
敢触名教，佯狂
避世"。

1　祚（zuò）永运隆：国运兴隆，皇位传世久远。运，
这里指国运。祚，皇位、国统。

王谢二族、顾虎头、陈后主、唐明皇、宋徽宗、刘庭芝、温飞卿、米南宫、石曼卿、柳耆卿、秦少游，近日倪云林、唐伯虎、祝枝山，再如李龟年、黄旛绰、敬新磨、卓文君、红拂、薛涛、崔莺、朝云之流：此皆易地则同之人也。"

〔2〕

雨村听了笑道："可知我言不谬了，你我方才所说的这几个人，只怕都是那正邪两赋而来，一路之人，未可知也。"子兴道："'正'也罢，'邪'也罢！只顾算别人家的账，你也吃一杯酒才好。"雨村道："只顾说话，就多吃了几杯。"子兴笑道："说着别人家的闲话，正好下酒，即多吃几杯何妨！"雨村向窗外看道："天也晚了，仔细关了城，我们慢慢进城再谈，未为不可。"

第三回
托内兄如海荐西宾　接外孙贾母惜孤女

〔1〕

王夫人因说："你舅舅今日斋戒去了，再见罢。只是有句话嘱咐你：你三个姐妹倒都极好，以后一处念书认字，学针线，或偶一玩笑，却都有个尽让的。——我就只一件不放心：我有一个孽根祸胎，是家里的'混世魔王'，今日因往庙里还愿去，尚未回来，晚上你看见就知道了。你以后总不用理会他，你这些姐姐妹妹

宝玉之叛逆、不追求功名利禄的性格初见端倪。

142

都不敢沾惹他的。"

黛玉素闻母亲说过，有个内侄乃衔玉而生，顽劣异常，不喜读书，最喜在内帏厮混；外祖母又溺爱，无人敢管。今见王夫人所说，便知是这位表兄，一面陪笑道："舅母所说，可是衔玉而生的？在家时记得母亲常说，这位哥哥比我大一岁，小名就叫宝玉，性虽憨顽，说待姊妹们却是极好的。况我来了，自然和姊妹们一处，弟兄们是另院别房，岂有沾惹之理？"王夫人笑道："你不知道原故：他和别人不同，自幼因老太太疼爱，原系和姐妹们一处娇养惯了的。若姐妹们不理他，他倒还安静些；若一日姐妹们和他多说了一句话，他心上一喜，便生出许多事来。所以嘱咐你别理会他，他嘴里一时甜言蜜语，一时有天没日，疯疯傻傻，只休信他。"

〔2〕

一语未了，只听外面一阵脚步响，丫鬟进来报道："宝玉来了！"黛玉心想："这个宝玉不知是怎样个惫懒[1]人呢！"及至进来一看，却是位青年公子：头上戴着束发嵌宝紫金冠，齐眉勒着二龙戏珠金抹额，一件二色金百蝶穿花大红箭袖，束着五彩丝攒花结长穗宫绦，外罩石青起花八团倭缎排穗褂，登着青缎粉底小朝靴；面若中秋之月，色如春晓之花，鬓若刀裁，眉如墨画，鼻如悬胆，睛若秋波，虽怒时而似

穿着华丽、外表俊俏、彬彬有礼，虽怒时而似笑，既瞋视而有情。

---

1 惫懒：顽憨无赖的样子。

143

笑,即瞋视而有情;项上金螭璎珞,又有一根五色丝绦,系着一块美玉。

○ 学习小任务:

1. 阅读材料,结合原著,思考曹雪芹为什么要铺叙贾宝玉这些不同寻常的地方?

材料:至于说到《红楼梦》的价值,可是在中国底小说中实在是不可多得的。其要点在敢于如实描写,并无讳饰,和从前的小说叙好人完全是好,坏人完全是坏的,大不相同,所以其中所叙的人物,都是真的人物。

——鲁迅(《中国小说史略·中国小说的历史的变迁》)

2. "香草美人"是中国先秦文人创造的一种美好意象。屈原在《离骚》中曾运用"扈江离与辟芷兮,纫秋兰以为佩""制芰荷以为衣兮,集芙蓉以为裳""高余冠之岌岌兮,长余佩之陆离"等诗句描写自己的外貌。在《红楼梦》中,你是否看到了类似的象征手法?结合原著,谈谈你的看法。

参考答案:1. 曹雪芹在塑造贾宝玉的形象时运用了欲扬先抑、明贬实褒的手法,表面上是嘲讽、批判,实际上是歌颂、赞扬宝玉的叛逆性格。

2. 如林黛玉的《葬花吟》,借葬花之名感叹自己的命运,表达内心的痛苦心情。

三、宝玉的地位：
被困笼中的富贵闲人

第七回

送宫花贾琏戏熙凤　宴宁府宝玉会秦钟

　　宝玉、秦钟二人随便起坐说话儿，那宝玉自一见秦钟，心中便如有所失，痴了半日，自己心中又起了个呆想，乃自思道："天下竟有这等的人物！如今看了，我竟成了泥猪癞狗了！可恨我为什么生在这侯门公府之家？要也生在寒儒薄宦的家里，早得和他交接，也不枉生了一世。我虽比他尊贵，但绫锦纱罗，也不过裹了我这枯株朽木；羊羔美酒，也不过填了我这粪窟泥沟：'富贵'二字，真真把人荼毒了。"

"富贵"竟成阻碍，足见其"痴"。

第三十三回

手足眈眈小动唇舌　不肖种种大承笞挞

　　贾政听了这话，又惊又气，即命唤宝玉出来。宝玉也不知是何原故，忙忙赶来，贾政便问："该死的奴才！你在家不读书也罢了，怎么又做出这些无法无天的事来。那琪官现是忠顺王爷驾前承奉的人，你是何等草莽，无故引逗他出来，如今祸及于我！"

种种矛盾，集中爆发。

结合前文，你认为宝玉挨打有哪些原因？

参考答案：一是宝玉会见官僚贾雨村时无精打采，令贾政不悦。二是宝玉与蒋玉菡的交往犯了政治大忌，可能会引发贾家的不测之祸。三是贾环搬弄是非，贾政误以为宝玉逼死了金钏儿。

四、宝玉的世俗追求： 求"新"的理想主义者

第五回
贾宝玉神游太虚境　警幻仙曲演红楼梦

那宝玉才合上眼，便恍恍惚惚地睡去，犹似秦氏在前，悠悠荡荡，跟着秦氏到了一处。但见朱栏玉砌，绿树清溪，真是人迹不逢，飞尘罕到。

宝玉在梦中欢喜，想道："这个地方儿有趣，我若能在这里过一生，强如天天被父母师傅管束呢！"

对现实中的"管束"感到不满，但又无可奈何，于是，在幻梦的仙境里，才得到了暂时的解脱。

第十五回
王凤姐弄权铁槛寺　秦鲸卿得趣馒头庵

那时邢、王二夫人知凤姐必不能回家，便要带了宝玉同进城去。那宝玉乍到郊外，哪里肯回去？只要跟着凤姐住着，王夫人只得交与凤姐而去。

恰如小鸟出笼之貌。

第二十一回

贤袭人娇嗔箴宝玉　俏平儿软语救贾琏

宝玉出至外间。黛玉起来，叫醒湘云，二人都穿了衣裳。宝玉复又进来，坐在镜台旁边。只见紫鹃、翠缕进来伏侍[1]梳洗。湘云洗了脸，翠缕便拿残水要泼，宝玉道："站着，我就势儿洗了就完了，省得又过去费事。"

说着，便走过来，弯腰洗了两把。紫鹃递过香皂去，宝玉道："这盆里就不少，不用搓了。"再洗了两把，便要手巾。翠缕道："还是这个毛病儿。多早晚才改呢？"

《礼记·曲礼上》云："男女不杂坐，不同椸枷，不同巾栉，不亲授。"今人看似稀松平常，但在当时已有"非礼"之嫌。

第三十二回

诉肺腑心迷活宝玉　含耻辱情烈死金钏

宝玉道："罢，罢，我也不过俗中又俗的一个俗人罢了，并不愿和这些人来往。"湘云笑道："还是这个性儿，改不了。如今大了，你就不愿意去考举人进士的，也该常会会这些为官作宦的，谈讲谈讲那些仕途经济，也好将来应酬事务，日后也有个正经朋友。让你成年家只在我们队里，搅得出些什么来？"

对读书上进、为官作宦的世俗男子的强烈的憎恶和轻蔑。

1　伏侍：同"服侍"。

第四十一回
贾宝玉品茶栊翠庵　刘姥姥醉卧怡红院

面对二进荣国府的刘姥姥,凤姐、鸳鸯等人做了哪些事?林黛玉说了什么?妙玉希望如何处理刘姥姥所使用的成窑五彩小盖盅?相比之下,你从宝玉的行为中看到些什么?

黛玉知她天性怪僻,不好多话,亦不好多坐,吃过茶,便约着宝钗走来。宝玉和妙玉陪笑说道:"那茶杯虽然腌臜了,白撩[1]了岂不可惜?依我说,不如就给了那贫婆子罢,她卖了也可以度日。你道使得么?"

妙玉听了,想了一想,点头说道:"这也罢了。幸而那杯子是我没吃过的;若是我吃过的,我就砸碎了也不能给她。你要给她,我也不管,你只交给她,快拿了去罢。"宝玉道:"自然如此。你哪里和她说话去?越发连你都腌臜了。只交与我就是了。"

妙玉便命人拿来,递给宝玉。宝玉接了,又道:"等我们出去了,我叫几个小么儿来河里打几桶水来洗地如何?"妙玉笑道:"这更好了。只是你嘱咐他们,抬了水,只搁在山门外头墙根下,别进门来。"宝玉道:"这是自然的。"

说着,便袖着那杯,递给贾母屋里的小丫头子拿着,说:"明日刘姥姥家去,给她带去罢。"

---

1 撩:丢,扔。

第四十四回

变生不测凤姐泼醋　喜出望外平儿理妆

宝玉因自来从未在平儿前尽过心，且平儿又是个极聪明、极清俊的上等女孩儿，比不得那起俗拙蠢物，深为恨怨。今日是金钏儿生日，故一日不乐。不想落后[1]闹出这件事来，竟得在平儿前稍尽片心，也算今生意中不想之乐，因歪在床上，心内怡然自得。

忽又思及："贾琏唯知以淫乐悦己，并不知作养脂粉。"又思："平儿并无父母兄弟姊妹，独自一人，供应贾琏夫妇二人，贾琏之俗，凤姐之威，她竟能周全妥帖，今儿还遭荼毒，也就薄命得很了。"

<u>想到此间，便又伤感起来。</u>

第七十一回

嫌隙人有心生嫌隙　鸳鸯女无意遇鸳鸯

探春笑道："糊涂人多，哪里较量得许多？我说倒不如小户人家，虽然寒素些，倒是天天娘儿们欢天喜地，大家快乐。我们这样人家，人都看着我们不知千金万金、何等快乐，殊不知这里说不出来的烦难，更利害。"

宝玉对少女的爱，本质上是纯真无私的。这正反映着他的人本主义和男女平等的理想，然而，这种理想主义也恰恰是其悲剧的根源之一。

1　落后：而后。

从侧面体现宝玉不愿意读书、做官，讨厌应酬、礼节，憎恶虚伪的人情世故。

宝玉道："谁都像三妹妹好多心多事？我常劝你总别听那些俗语、想那些俗事，只管安富尊荣才是，比不得我们，没这清福，应该混闹的。"

五、宝玉的爱情观念：
由"多情"到"痴情"

第十九回
情切切良宵花解语　意绵绵静日玉生香

宝玉之情并不停留于身体层面，该处体现了他对清净洁白的人生境界的向往，对青春、对美、对诗意的礼赞，对封建正统思想束缚的挣脱与抵制。

宝玉忙笑道："……只求你们看守着我，等我有一日化成了飞灰，——飞灰还不好，灰还有形有迹，还有知识的。——等我化成一股轻烟，风一吹就散了的时候儿，你们也管不得我，我也顾不得你们了，凭你们爱哪里去哪里去就完了。"

第三十六回
绣鸳鸯梦兆绛芸轩　识分定情悟梨香院

宝玉道："……比如我此时若果有造化，该死于此时的，如今趁你们在，我就死了，再能够你们哭我的眼泪，流成大河，把我的尸首漂起来，送到那鸦雀不到的幽僻之处，随风化了，自此再不要托生为人，就是我死的得时了。"

○ 学习小任务：

鲁迅曾说："悲凉之雾，遍被华林，然呼吸

而领会之者，独宝玉而已。"试思考，为什么宝玉尤其体贴女儿？

参考答案：

宝玉的痴情，更多的体现在情感的忘我付出和审美的满足上，他尤其对孤苦无依、薄命的女儿满怀同情。他忧女儿之所忧，急女儿之所急，先女儿之忧而忧，后女儿之乐而乐，恨不能替她们担负一切痛苦。他的痴情，是忘我的、利他的，完全不同于贾琏之流的淫乐悦己。

第二十八回
蒋玉菡情赠茜香罗[1]　薛宝钗羞笼红麝串

话说林黛玉只因昨夜晴雯不开门一事，错疑在宝玉身上。次日又可巧遇见饯花之期，正在一腔无明，未曾发泄，又勾起伤春愁思，因把些残花落瓣去掩埋，由不得感花伤己，哭了几声，便随口念了几句。

不想宝玉在山坡上听见，先不过点头感叹；次又听到"侬今葬花人笑痴，他年葬侬知是谁？……一朝春尽红颜老，花落人亡两不知"等句，不觉恸[2]倒山坡上，怀里兜的落花撒了一地。试想林黛玉的花颜月貌，将来亦到无可寻觅之时，宁不心碎肠断，既黛玉终归无可寻觅之时，推之于他人，如宝钗、香菱、袭人

妙绝！宝玉的同理心已充分体现。

――――――――――
1　茜(qiàn)香罗：茜香国生产的一种汗巾子。
2　恸(tòng)：痛哭。

等，亦可以到无可寻觅之时矣。宝钗等终归无可寻觅之时，则自己又安在呢？且自身尚不知何在何往，将来斯处、斯园、斯花、斯柳，又不知当属谁姓矣？因此一而二，二而三，反复推求了去，真不知此时此际，如何解释这段悲伤。正是：

花影不离身左右，鸟声只在耳东西。

以黛玉之灵心慧性，焉能不懂得宝玉恸哭背后的真正含义？所谓"痴病"，恰恰是二人共通的文人情怀。

那黛玉正自伤感，忽听山坡上也有悲声，心下想道："人人都笑我有痴病，难道还有一个痴子不成？"抬头一看，见是宝玉，黛玉便道："啐，我当是谁，原来是这个狠心短命的——"刚说到"短命"二字，又把口掩住，长叹一声，自己抽身便走了。

第二十回
王熙凤正言弹妒意　林黛玉俏语谑娇音

此时的宝玉，情感由此前的泛情转为专情。比起世俗功利，宝黛二人更看重"心"。

黛玉啐道："我难道叫你远她？我成了什么人了呢？——我为的是我的心。"宝玉道："我也为的是我的心。你难道就知道你的心，不知道我的心不成？"

第二十九回
享福人福深还祷福　多情女情重愈斟情

那林黛玉偏生也是个有些痴病的，也每用

152

假情试探。因你也将真心真意瞒了起来，只用假意。我也将真心真意瞒了起来，只用假意。如此"两假相逢，终有一真"。其间琐琐碎碎，难保不有口角之争。

即如此刻，宝玉的心内想的是："别人不知我的心，还可恕；难道你就不想我的心里眼里只有你？你不能为我解烦恼，反来以这话奚落堵噎我，可见我心里一时一刻自有你，你心里竟没我了。"宝玉是这个意思，只口里说不出来。

那林黛玉心里想着："你心里自然有我，虽有'金玉相对'之说，你岂是重这邪说不重我的？我便时常提这'金玉'，你只管了然无闻的，方见得是待我重，无毫发私心了。怎么我只一提'金玉'的事，你就着急？可知你心里时时有'金玉'。见我一提，你又怕我多心，故意着急，安心哄我。"看来两个人原本是一个心，却多生了枝叶，反弄成两个心了。

那宝玉心中又想着："我不管怎么样都好，只要你随意，我便立刻因你死了，也情愿；你知也罢，不知也罢，只由我的心，那才是你和我近，不和我远。"林黛玉心里又想着："你只管你。你好，我自好。你何必为我把自己失了，殊不知你失我也失，可见你不叫我近你，竟叫我远你了。"

如此看来，却都是求近之心，反弄成疏远之意。

153

○ 学习小任务:

宝玉曾说:"我不过是赞她好,正配生在这深堂大院里,没的我们这种浊物倒生在这里。"(第十九回)在原文中,宝玉不止一次贬称自己为"浊物",可见他已自觉到身上的"浊"气。然而,清代学者涂瀛却说:"宝玉,圣之情者也。"认为宝玉之情到达了"圣"的境界。对此,有同学质疑:"宝玉是个处处留情的人,他所留的情都是至纯至善的吗?"

请你结合自己的阅读体验,谈谈你的看法。要求:观点鲜明,结合原文。(答案略)

第5课　审美主义的成长之路

——林黛玉形象鉴赏

图7　林黛玉(载《红楼梦图咏》,[清]改琦绘)

她是西方灵河岸的绛珠仙草,是贾府千金与探花才子的掌上明珠。她是荣国府的至亲,是大观园的才女。她父母双亡,外祖母的庇佑是她的依靠;她敏感脆弱,贾宝玉的爱情是她的寄托——她就是林黛玉。

林黛玉是一个典型的古典美人,具有诗人气质,世人多认为她敏感多愁,爱使"小性儿",但实际上,尽管"孤高自许,目无下尘",林黛玉却并未完全脱离现实,在追求爱情的道路上,她逐渐成长、成熟,并显露出性格中和善而温暖的一面。可以说,通过林黛玉,我们看到了一个富有高远理想、高洁情趣的才女的成长历程。

一、先天的敏感自尊

林黛玉一出场就十分地与众不同,主要体现在她的外貌、修养以及敏感自尊的性格上。

首先是清丽不凡的气质,这使得林黛玉身上有一种超凡脱俗的美。

第三回中,作者借贾府众人之眼之口表现了林黛玉的外貌和气质:"两弯似蹙非蹙笼烟眉,一双似喜非喜含情目,态生两靥之愁,娇袭一身之病。泪光点点,娇喘微微。闲静似娇花照水,行动如弱柳扶风。心较比干多一窍,病如西子胜三分。"短短的一段文字当中,既有外貌的描写,又有神态的描绘,寥寥数笔,将一个灵动不凡的贵族少女勾勒了出来,烘托出林黛玉"病西施"式的美。

林黛玉总是心事重重,细腻善感,这是因为她前世原是三生石畔的绛珠仙草,为"还泪"而下世为人,所以她的眉目之间凝聚了灵河之畔的清风细雨,离恨天外的灵晖秀气。黛玉天生有一种诗人的气质,柔情似水,忧郁细腻。她的眉眼姿态呈现出一股娇柔病态的美感,引人怜爱。她如同秀丽柔弱的花儿,又如纤弱优美的柳条,清朗典雅而又楚楚动人。她像比干一样聪慧多才,又如西施一般美丽动人。难怪王熙凤第一次看见黛玉便夸道:"天下真有这样标致人儿!我今日才算看见了!"曹雪芹用独特的视角,强调了林黛玉的别样之美。

其次是书香门第的出身,这使得林黛玉举手投足都是大家闺秀的风度。

初到荣国府时,林黛玉谨记着母亲的遗言"外祖母家与别人家不同",留神地观看着一切,彬彬有礼地应接着一切,她"步步留心,时时在意,不要多说一句话,不可多行一步路,恐被人耻笑了去"。待人接物方面,她也谨遵礼数,不自卑也不僭越,面对贾母的询问,邢、王二夫人的礼让,应对得体,落落大方,体现了极高的个人修养。

林黛玉并非不懂人情世故之人,在小说的一些细节描写中,我们也能够看到她对待丫鬟和下人们友善的一面。例如小丫头佳蕙给黛玉送茶叶,正碰上黛玉给丫头们分钱,黛玉顺手便抓了两把贾母刚给的零用钱赏给佳蕙。雨夜里,宝钗打发两个婆子送燕窝给黛玉,她当下赏给婆子几百钱打酒吃。这些都体现了黛玉在为人处世方面的修养和智慧。

再次是幼年失怙的身世,这使得林黛玉具有强烈的自尊心。

在贾府,林黛玉寄人篱下,举止行事不得不谨小慎微。在这样的境遇里,她敏感多疑,常常因身世而暗自神伤。同时,她又唯恐别人对自己怀着轻蔑和歧视,所以时常用尖酸、刻薄的语言回击别人有意无意的伤害。

于是我们看到,林黛玉虽寄居贾府,却仍然按照自己的个性好恶来待人接物,爱恼就恼,想哭就哭,丝毫不掩饰自己的真实情感。第七回中,薛姨妈让周瑞家的送来宫花,黛玉因自己是最后一个收到花的,便直截了当地表达自己不满的情绪。在宝钗的生日宴上,湘云拿黛玉比戏子,黛玉为此大为不满,不禁怒形于色。从心理学角度来说,黛玉的多疑和敏感,并不是她自己找来的毫无根据的痛苦,她的"小性儿"并非本性,而是对于现实带给她的种种伤害的应激反应和自我保护,是自尊心强烈的体现。

二、执着的爱情理想

爱情是林黛玉一生中最大的悲剧,她因情而生,又为情而死。林黛玉不仅貌美有才,还有自己的精神追求和独立人格,贾宝玉从林黛玉的身上,发现了他一生寻求的理想,而林黛玉也从贾宝玉身上找到了灵魂的寄托。

爱情负载了林黛玉关于人生的全部理想,她对贾宝玉的期望,不仅是男才女貌的如意郎君,而且是在茫茫尘世中可以"偕隐"的"知心"人。在大观园中,独有黛玉从不对宝玉说"仕途经济"之类的"混账话",她同宝玉一样鄙弃仕途经济,不会规劝他去立身扬名。贾宝玉喜欢弄胭脂"吃口红",她也从不责备,只是提醒他不要被贾政知道了。由此可见,她的爱情理想是欣赏理解。

然而林黛玉和贾宝玉的爱情之路却障碍重重,首先带来冲击的便是"金玉良缘"。

贾宝玉和薛宝钗各有宝玉和金锁,象征着"金玉姻缘",这在孤独无依的林黛玉心里成了不可解的疑虑,但这一腔心事又是不能让任何人知道的,她只能与宝玉不断争吵怄气以确定宝玉的心意,以锋利的言辞穿过宝玉去刺激情敌。黛玉就如惊弓之鸟,随时处于一种担惊受怕的状态,常常以尖酸的言语态度试探宝玉:见宝玉听了宝钗的话不吃冷酒,她含酸讽刺;当宝玉起誓明志时,她又冷言冷语。黛玉对爱情有很高的要求,她需要爱人比其他人更重视、尊重自己,她要求爱情的忠贞。因此,在《红楼梦》中,黛玉的泪水终日不尽,她和宝玉的对话总含着试探。

始终无法直言内心情感而造成许多误解也是林黛玉和贾宝玉之间的障碍之一。尽管有着青梅竹马的感情基础,但是黛玉依然忧心忡忡,怕宝玉不知自己的心,怕宝玉别有所爱,怕两人没有结果,她担心、疑惧、悲观,甚至于绝望。她忠于爱情,但面对"金玉良缘"的时代婚姻价值取向,又身不由己。当得知宝玉娶亲的消息时,一直泪水不尽的她却没有再哭,而是笑着去和宝玉告别。在宝玉娶亲之夜,她焚了诗稿,断了痴情,魂归离恨天。她以她对人生至情至真的演绎,表现了一种执着的追求精神。

封建礼教是横亘在林黛玉和贾宝玉爱情之路上的最大障碍。在传统的封建宗法制度面前,个人的力量何其渺小,因此,林黛玉与贾宝玉的爱情注定了只能是如"水中月""镜中花"一般的悲剧。林黛玉的爱情理想是与贾宝玉从心灵到体感、从喜怒哀乐到冷暖动静无不直接相通相感。这种挑战旧时代的习俗,寻求心灵的真正感通,追求爱情自由与忠贞的行为,既是惊世骇俗的,也是不能为时代所接受的。

三、高洁的人格品质

大观园中，具有文采者不在少数，林黛玉的才气能胜众人，不只因为她满腹诗情，还在于她的诗学观念出众。她所作诗文如行云流水，见解独到，蕴含人性的美好，饱含着对世间万物的包容情怀。

林黛玉在大观园中的住处是潇湘馆，"凤尾森森，龙吟细细"，一片翠竹环绕。翠竹是潇湘馆的主题景物，它象征的是一种不屈不挠的可贵品质，高洁中带着儒雅，含蓄里透着活力，暗寓黛玉高贵而自然脱俗、婀娜而风姿绰约的个性魅力。这带有深意的意象给潇湘馆蒙上了幽静、清凉、淡雅、高洁的氛围，而且还带有缕缕的刚强和淡淡的萧索的况味，竹是林黛玉性格的物化。

林黛玉是大观园中最具诗人气质的少女，外貌清丽脱俗，酷爱诗书。她来贾府前受教于业师贾雨村，小小年纪就饱读诗书。刘姥姥来到潇湘馆，见"窗下案上设着笔砚，又见书架上放着满满的书"，以为走进了少爷的书房。敏锐的情感、奇异的文思和从小形成的阅读习惯，使林黛玉成为《红楼梦》里最纯粹的诗人。如果说家庭环境为林黛玉提供了良好的文化条件，那么聪慧的天赋则激发了她过人的文学造诣。

林黛玉通过文学阅读和创作来实现自我价值和生命意义，无论是元妃省亲时命人作诗，还是诗社的写诗比赛，抑或是教一心求学的香菱作诗之道，才华横溢的黛玉都是众姊妹中当仁不让的佼佼者。

除了在贾宝玉面前的真情流露之外，随着时间的推移，林黛玉在与其他人交往的过程中也渐渐地表现出温暖包容的一面,这便是她成长与成熟的表现。

林黛玉虽然才高,却不自视甚高。听闻香菱想学诗,她爽快应允,并倾囊相授,毫不做作。她并没有因为身份和学识而轻视香菱,不仅耐心指导,还热情鼓励。

紫鹃是林黛玉的贴身丫鬟,虽然与黛玉身份悬殊,却是黛玉最为贴心知己的人,二人互不避嫌,日常相处推心置腹,超越了主仆之情。正是这样的姐妹情谊,才让紫鹃急黛玉之所急、想黛玉之所想,不但尽心尽力料理好黛玉的饮食起居,而且在黛玉的爱情大事上,用自己的智慧和单薄的力量力图挽狂澜于既倒。

此外,虽然容易与人生隙,但林黛玉并不与人结嫌,而很快就能与人消除隔阂。当她感受到爱护和体贴时,内心会生出衷心的感激,她能够感受到别人对她的真心,会为此感动,也会为此卸下心防,此后的行为亦会为此有所改变,这体现了林黛玉性格中率真自然的一面。本来她一向是对薛宝钗怀有戒心的,然而在宝钗劝谏她不可读杂书"移了性情"后,她并没有反驳,心里很是服气。在宝钗探望她并送来燕窝之后,黛玉更是大为感动,并在宝钗面前把心都掏了出来,承认自己"最是个多心的人","往日竟是我错了,实在误到如今"。

四、林黛玉与中国传统文化意蕴

中国古代文人大致可分为两类:一类把儒家思想奉为圭臬,主张"入世";一类受道家思想影响,主张"出世"。历史上的文化名士大多属于后者,他们有济世救民的抱负,当残酷的现实剥夺了他们的用武之地时,他们只得转而追求自身道德品格的修养,形成一种孤傲、清高的品格,从陶渊明、李白、苏轼到曹雪芹,都传承了这一文化品格。而曹雪芹更是将这一品格赋予了林黛玉。

林黛玉是"世外仙姝"，她居住在"千百竿翠竹遮映"的潇湘馆，她的菊花诗争冠夺魁，她的花名签是高洁的芙蓉。林黛玉在贾府众人眼中是"孤高自许，目无下尘"的，这正是她对媚俗人群、污浊世界的无奈反抗。曲折的人生经历使得林黛玉深感命运的不由自主，有着流水落花般的无奈感和幻灭感，但心性高洁的黛玉是绝不容许外在的"污水"来玷污的，所以她有了"质本洁来还洁去"的向往，有了宁愿"一抔净土掩风流"也绝不随水漂走的坚毅。

忧郁感伤并不是林黛玉的专利，纵观中国文学史，文人的愁苦忧伤伴随着漫长的历史岁月，在文学创作实践中表现得浓郁而成熟。晚清刘鹗曾以"哭"来描述中国文学艺术的历史："《离骚》为屈大夫之哭泣，《庄子》为蒙叟之哭泣，《史记》为太史公之哭泣，《草堂诗集》为杜工部之哭泣，李后主以词哭，八大山人以画哭，王实甫寄哭泣于《西厢》，曹雪芹哭泣于《红楼梦》。"[1] "满纸自怜题素怨，片言谁解诉秋心"不仅是黛玉之哭，更是曹雪芹之哭，是中国文人传统精神的写照。

爱情是林黛玉生命中不可回避的主题，她从绛珠仙草转世为人，来到尘世就是为了爱和感受爱，她是以爱为生命真谛的。林黛玉这一形象无疑是封建传统文化中的一个异端。在封建传统观念中，人性处于被压抑的状态，男女之间只有夫妇关系而无爱情可言，但曹雪芹却用浓重的笔墨刻画出一个为爱而活的女性形象，并且传达出男女双方平等地忠于爱情的观念。这既是对传统文化的背离与超越，同时也是中国文人对于爱情的全新探索。

---

1 [清]刘鹗：《老残游记·序》，人民文学出版社，2000年，第1页。

163

原文细读与鉴赏

一、先天的敏感自尊

第二回
贾夫人仙逝扬州城　冷子兴演说荣国府

〔1〕

那日，偶又游至维扬¹地方，闻得今岁盐政点的是林如海。这林如海姓林名海，表字如海，乃是前科的探花，今已升兰台寺大夫，本贯姑苏人氏，今钦点为巡盐御史，到任未久。原来这林如海之祖也曾袭过列侯的，今到如海，业经五世。起初，只袭三世，因当今隆恩盛德，额外加恩，至如海之父，又袭了一代；到了如海，便从科第出身。虽系世禄之家，却是书香之族。只可惜这林家支庶不盛，人丁有限，虽有几门，却与如海俱是堂族，没甚亲支嫡派的。今如海年已五十，只有一个三岁之子，又于去岁亡了。虽有几房姬妾，奈命中无子，亦无可

点出黛玉的出身：钟鸣鼎食，书香门第，林家既有财富地位又有文化底蕴。

———————
1　维扬：今江苏扬州的古称、别称。

如何之事。只嫡妻贾氏生得一女，乳名黛玉，年方五岁。夫妻爱之如掌上明珠，见她生得聪明俊秀，也欲使她识几个字，不过假充养子，聊解膝下荒凉之叹。

且说贾雨村在旅店偶感风寒，愈后又因盘费不继，正欲得一个居停之所，以为息肩之地，偶遇两个旧友，认得新盐政，知他正要请一西席教训女儿，遂将雨村荐进衙门去。这女学生年纪幼小，身体又弱，工课[1]不限多寡，其余不过两个伴读丫鬟，故雨村十分省力，正好养病。

堪堪又是一载有余。不料女学生之母贾氏夫人一病而亡，女学生奉侍汤药，守丧尽礼，过于哀痛，素本怯弱，因此旧病复发，有好些时不曾上学。

〔2〕

雨村拍手笑道："是极！我这女学生名叫黛玉，她读书凡'敏'字，她皆念作'密'字，写字遇着'敏'字亦减一二笔，我心中每每疑惑，今听你说，是为此无疑矣。怪道我这女学生言语举止另是一样，不与凡女子相同，度其母不凡，故生此女。今知为荣府之外孙，又不足罕矣。——可惜上月其母竟亡故了！"子兴叹道："老姊妹三个，这是极小的，又没了！长一辈的姊妹一个也没了！只看这小一辈的将来的东床何如呢？"

黛玉此时只是一个五岁的幼女，先天的优势已经开始显露。"聪明俊秀"有作"聪明清秀"，周汝昌曰："清字要紧，故非俊字所能代也。"

用简练的语言交代了黛玉的身世、性格和体弱之症。

借贾雨村之口，称赞林黛玉的不凡品质。

---

1 工课：同"功课"。

165

第三回

托内兄如海荐西宾　接外孙贾母惜孤女

［1］

那女学生原不忍离亲而去，无奈她外祖母必欲其往，且兼如海说："汝父年已半百，再无续室之意，且汝多病，年又极小，上无亲母教养，下无姊妹扶持：今去依傍外祖母及舅氏姊妹，正好减我内顾之忧，如何不去？"

黛玉听了，方洒泪拜别，随了奶娘及荣府中几个老妇登舟而去。雨村另有船只，带了两个小童，依附黛玉而行。

［2］

且说黛玉，自那日弃舟登岸时，便有荣府打发轿子并拉行李车辆伺候。这黛玉尝听得母亲说，她外祖母家与别人家不同，她近日所见的这几个三等的仆妇，吃穿用度，已是不凡，何况今至其家，都要步步留心，时时在意，不要多说一句话，不可多行一步路，恐被人耻笑了去。

［3］

黛玉方进房，只见两个人扶着一位鬓发如银的老母迎上来，黛玉知是外祖母了，正欲下拜，早被外祖母抱住，搂入怀中，"心肝儿肉"叫着大哭起来；当下侍立之人，无不下泪；黛玉也哭个不休。

众人慢慢解劝，那黛玉方拜见了外祖

母。贾母方一一指与黛玉道："这是你大舅母。——这是二舅母。——这是你先前珠大哥的媳妇珠大嫂子。"黛玉一一拜见。贾母又叫："请姑娘们。今日远客来了，可以不必上学去。"众人答应了一声，便去了两个。

[4]

众人见黛玉年纪虽小，其举止言谈不俗，身体面貌虽弱不胜衣，却有一段风流态度，便知她有不足之症，因问："常服何药？为何不治好了？"黛玉道："我自来如此，从会吃饭时便吃药，到如今了，经过多少名医，总未见效。那一年我才三岁，记得来了一个癞头和尚，说要化我去出家。我父母自是不从。他又说：'既舍不得她，但只怕她的病一生也不能好的！——若要好时，除非从此以后总不许见哭声，除父母之外，凡有外亲，一概不见，方可平安了此一生。'这和尚疯疯癫癫说了这些不经之谈，也没人理他。如今还是吃人参养荣丸。"贾母道："这正好，我这里正配丸药呢，叫他们多配一料就是了。"

[5]

邢夫人挽着黛玉的手进入院中，黛玉度其处必是荣府中之花园隔断过来的。进入三层仪门，果见正房、厢房、游廊悉皆小巧别致，不似那边的轩峻壮丽；且院中随处之树木山石皆好。及进入正室，早有许多艳妆丽服之姬妾丫鬟迎着。

这些人都是谁，你辨认得出来吗？

作者对黛玉的外貌气质都是侧面描写，然而却十分传神。

这两条建议黛玉能做到吗？

脂砚斋评：人生自当自养荣卫。《红楼梦》中还有很多其他丹药，请在后面的阅读中注意。

脂砚斋谓此句体现了黛玉的"心机眼力"，此处的"心机"不是贬义词，而表现了黛玉的敏感和聪慧。

作者在这一回中对于贾赦的性情多用侧面描写，因而不安排他与黛玉见面，但是语言中也体现了甥舅情谊，并不冰冷生分。

黛玉婉言拒绝了邢夫人留饭，大方又得体。

邢夫人让黛玉坐了，一面令人到外书房中请贾赦。一时回来说："老爷说了：'连日身上不好，见了姑娘彼此伤心，暂且不忍相见。劝姑娘不必伤怀想家，跟着老太太和舅母，是和家里一样的。姐妹们虽拙，大家一处作伴，也可以解些烦闷。或有委屈之处，只管说，别外道¹才是。'"

黛玉忙站起身来一一答应了。再坐一刻，便告辞，邢夫人苦留吃过饭去，黛玉笑回道："舅母爱惜赐饭，原不应辞，只是还要过去拜见二舅舅，恐去迟了不恭，异日再领：望舅母容谅。"邢夫人道："这也罢了。"遂命两个嬷嬷用方才坐来的车送过去。

于是黛玉告辞。邢夫人送至仪门前，又嘱咐了众人几句，眼看着车去了方回来。

〔6〕

黛玉为什么对于座位如此慎重？

老嬷嬷让黛玉上炕坐，炕沿上却也有两个锦褥对设，黛玉度其位次，便不上炕，只就东边椅上坐了。本房的丫鬟忙捧上茶来，黛玉一面吃了，打量这些丫鬟们妆饰衣裙、举止行动，果与别家不同。

茶未吃了，只见一个穿红绫袄青绸掐牙背心的一个丫鬟走来笑道："太太说：请林姑娘到那边坐罢。"老嬷嬷听了，于是又引黛玉出来，到了东廊三间小正房内：正面炕上横设一张炕

1　外道：见外，客气、生疏的态度。

桌，上面堆着书籍茶具，靠东壁面西设着半旧的青缎靠背引枕；王夫人却坐在西边下首，亦是半旧青缎靠背坐褥；见黛玉来了，便往东让。黛玉心中料定这是贾政之位，因见挨炕一溜三张椅子上也搭着半旧的弹花椅袱，黛玉便向椅上坐了。王夫人再三让她上炕，她方挨王夫人坐下。

黛玉细心观察，马上就发现了座次的奥妙，应对聪明又得体。

〔7〕

王夫人遂携黛玉穿过一个东西穿堂，便是贾母的后院了，于是进入后房门，——已有许多人在此伺候，见王夫人来，方安设桌椅。贾珠之妻李氏捧杯，熙凤安箸，王夫人进羹。贾母正面榻上独坐，两旁四张空椅，熙凤忙拉黛玉在左边第一张椅子上坐下，黛玉十分推让，贾母笑道："你舅母和嫂子们是不在这里吃饭的。你是客，原该这么坐。"

封建社会中，座次与阶级、地位、身份密切相关。

黛玉方告了坐，就坐了。贾母命王夫人也坐了。迎春姊妹三个告了坐方上来，迎春坐右手第一，探春左第二，惜春右第二。旁边丫鬟执着拂尘、漱盂、巾帕，李纨凤姐立于案边布让；外间伺候的媳妇丫鬟虽多，却连一声咳嗽不闻。

饭毕，各各有丫鬟用小茶盘捧上茶来。当日林家教女以惜福养身，每饭后必过片时方吃茶，不伤脾胃；今黛玉见了这里许多规矩，不似家中，也只得随和些，接了茶。又有人捧过漱盂来，黛玉也漱了口，又盥手毕。然后又捧上茶来，——这方是吃的茶。

周汝昌评点："此一小段文字不多，却有一波三折之妙。"说一说这"一波三折"是如何体现的？

贾母便说:"你们去罢,让我们自在说说话儿。"王夫人遂起身,又说了两句闲话儿,方引李凤二人去了。贾母因问黛玉念何书,黛玉道:"刚念了《四书》。"黛玉又问姊妹们读何书,贾母道:"读什么书,不过认几个字罢了!"

第七回

送宫花贾琏戏熙凤　宴宁府宝玉会秦钟

谁知此时黛玉不在自己房里,却在宝玉房中,大家解九连环作戏。周瑞家的进来,笑道:"林姑娘,姨太太叫我送花儿来了。"宝玉听说,便说:"什么花儿? 拿来我瞧瞧。"一面便伸手接过匣子来看时,原来是两枝宫制堆纱新巧的假花,黛玉只就宝玉手中看了一看,便问道:"还是单送我一个人的,还是别的姑娘们都有呢?"周瑞家的道:"各位都有了,这两枝是姑娘的。"黛玉冷笑道:"我就知道么! 别人不挑剩下的也不给我呀。"

第二十二回

听曲文宝玉悟禅机　制灯谜贾政悲谶语

宝玉没趣,只得又来找黛玉。谁知才进门,便被黛玉推出来了,将门关上。宝玉又不解何故,在窗外只是低声叫:"好妹妹!"黛玉总不理他。宝玉闷闷地垂头不语。紫鹃早知端

170

的,当此时,再不能劝。

那宝玉只呆呆地站着。黛玉只当他回去了,却开了门,只见宝玉还站在那里。黛玉不好再闭门,宝玉因跟进来,问道:"凡事都有个原故,说出来人也不委屈。好好的就恼,到底为什么起?"黛玉冷笑道:"问的我倒好! 我也不知为什么。我原是给你们取笑的,——拿着我比戏子,给众人取笑。"宝玉道:"我并没有比你,也并没有笑你,为什么恼我呢?"黛玉道:"你还要比? 你还要笑? 你不比不笑,比人家比了笑了的还利害呢!"宝玉听说,无可分辩。

黛玉用激烈的方式反抗现实对她的伤害,是强烈的自尊心的体现。

第二十六回

蜂腰桥设言传心事　潇湘馆春困发幽情

〔1〕

说着,便顺脚一径来至一个院门前,凤尾森森,龙吟细细[1]:却是潇湘馆。宝玉信步走入,只见湘帘垂地,悄无人声。走至窗前,觉得一缕幽香,从碧纱窗中暗暗透出,宝玉便将脸贴在纱窗上往里看时,耳内忽听得细细地长叹了一声,道:"每日家情思睡昏昏。"[2]宝玉

1　凤尾森森,龙吟细细:古人用"凤尾"形容竹叶,用"龙吟"形容竹管,这里用"凤尾""龙吟"来描绘竹林。
2　"每日"句:语出《西厢记》第二本第一折,为剧中女主人公崔莺莺的唱词。描写莺莺思念张生的烦闷心绪。

听了，不觉心内痒将起来。再看时，只见黛玉在床上伸懒腰。宝玉在窗外笑道："为什么'每日家情思睡昏昏'的？"一面说，一面掀帘子进来了。

黛玉自觉忘情，不觉红了脸，拿袖子遮了脸，翻身向里装睡着了。宝玉才走上来，要扳她的身子，只见黛玉的奶娘并两个婆子却跟进来了，说："妹妹睡觉呢，等醒来再请罢。"刚说着，黛玉便翻身坐起来，笑道："谁睡觉呢？"那两三个婆子见黛玉起来，便笑道："我们只当姑娘睡着了。"说着，便叫紫鹃，说："姑娘醒了，进来伺候。"一面说，一面都去了。

黛玉坐在床上，一面抬手整理鬓发，一面

笑向宝玉道："人家睡觉，你进来做什么？"宝玉见她星眼微饧[1]，香腮带赤，不觉神魂早荡，一歪身坐在椅子上，笑道："你才说什么？"黛玉道："我没说什么。"宝玉笑道："给你个榧子[2]吃呢！我都听见了。"

二人正说话，只见紫鹃进来，宝玉笑道："紫鹃，把你们的好茶倒碗我吃。"紫鹃道："哪里有好的呢？要好的只好等袭人来。"黛玉道："别理他。你先给我舀水去罢。"紫鹃道："他是客，自然先倒了茶来，再舀水去。"说着，倒茶去了。宝玉笑道："好丫头！'若共你多情

1　饧(xíng)：眼睛半闭半睁。

2　榧(fěi)子：俗称"打响指"，以拇指和中指相捻发出声响。

小姐同鸳帐,怎舍得叫你叠被铺床?'"[1]林黛玉登时撅下脸来说道:"二哥哥,你说什么?"宝玉笑道:"我何尝说什么?"黛玉便哭道:"如今新兴的,外头听了村话来,也说给我听;看了混账书,也拿我取笑儿。我成了替爷们解闷儿的。"一面哭,一面下床来,往外就走。宝玉不知要怎样,心下慌了,忙赶上来说:"好妹妹,我一时该死,你别告诉去。我再敢说这样话,嘴上就长个疔,烂了舌头。"

黛玉绝对不允许别人伤及自己的人格尊严,哪怕是最亲近的宝玉也不行。

[2]

却说那黛玉听见贾政叫了宝玉去了一日不回来,心中也替他忧虑。至晚饭后,闻得宝玉来了,心里要找他问问是怎么样了,一步步行来,见宝钗进宝玉的园内去了,自己也随后走了来。刚到了沁芳桥,只见各色水禽尽都在池中浴水,也认不出名色来,但见一个个文彩闪灼,好看异常,因而站住,看了一回。再往怡红院来,门已关了,黛玉即便叩门。

如果不是因为赏景,黛玉就不会吃"闭门羹",也不会有后来的故事,《红楼梦》的叙事节奏设计颇为巧妙。

谁知晴雯和碧痕二人正拌了嘴,没好气,忽见宝钗来了,那晴雯正把气移在宝钗身上,偷着在院内抱怨说:"有事没事,跑了来坐着,叫我们三更半夜的不得睡觉。"忽听又有人叫门,晴雯越发动了气,也并不问是谁,便说道:"都睡下了,明儿再来罢!"

---

1 "若共"句:语出《西厢记》第一本第二折,为剧中男主人公张生的唱词。原剧"多情小姐"指"莺莺","叠被铺床"者指红娘。

脂砚斋云:"袭为钗影,晴有林风。"此处偏偏安排晴雯将黛玉拒之门外,有什么效果?

坎坷的人生加剧了黛玉的自卑和敏感。

林黛玉对爱情有很高的要求,她需要爱人比其他人更重视、尊重自己,她要求爱情的忠贞。

《红楼梦》版沉鱼落雁、闭月羞花。

林黛玉素知丫头们的情性,她们彼此玩耍惯了,恐怕院内的丫头没听见是她的声音,只当别的丫头们了,所以不开门,因而又高声说道:"是我,还不开门么?"晴雯偏生还没听见,便使性子说道:"凭你是谁,二爷吩咐的,一概不许放人进来呢。"

林黛玉听了,不觉气怔在门外。待要高声问她,逗起气来,自己又回思一番:"虽说是舅母家如同自己家一样,到底是客边[1]。如今父母双亡,无依无靠,现在他家依栖,若是认真恼气,也觉没趣。"一面想,一面又滚下泪珠来了。真是回去不是,站着不是。

正没主意,只听里面一阵笑语之声,细听一听,竟是宝玉、宝钗二人。林黛玉心中越发动了气,左思右想,忽然想起早起的事来:"必竟是宝玉恼我告他的原故,但只我何尝告你去了,你也不打听打听,就恼我到这步田地。你今儿不叫我进来,难道明儿就不见面了?"

越想越伤感起来,便也不顾苍苔露冷,花径风寒,独立墙角边花阴之下,悲悲切切,呜咽起来。

原来这林黛玉秉绝代姿容,具稀世俊美,不期这一哭,那些附近柳枝花朵上宿鸟栖鸦,一闻此声,俱"忒楞楞"飞起远避,不忍再听。

---

1 客边:以客人身份寄居在别人家里。

第二十七回
滴翠亭杨妃戏彩蝶　埋香冢飞燕泣残红

话说林黛玉正自悲泣，忽听院门响处，只见宝钗出来了，宝玉、袭人一群人都送了出来。待要上去问着宝玉，又恐当着众人问，羞了宝玉不便，因而闪过一旁，让宝钗去了，宝玉等进去关了门，方转过来，尚望着门洒了几点泪。自觉无味，转身回来，无精打彩地卸了残妆。

紫鹃、雪雁素日知道林黛玉的情性，无事闷坐，不是愁眉，便是长叹，且好端端的，不知为了什么，常常的便自泪不干的。先时还有人解劝，或怕她思父母，想家乡，受委曲[1]，用话来宽慰。谁知后来一年一月的，竟常常如此，把这个样儿看惯了，也都不理论了。所以也没人去理，由她闷坐，只管睡觉去了。

那林黛玉倚着床栏杆，两手抱着膝，眼睛含着泪，好似木雕泥塑的一般，直坐到二更多天，方才睡了。一宿无话。

> 寄人篱下、父母双亡、远离家乡，每一件都有着常人难以想象的痛苦，但是黛玉的精神苦闷很少有人能够真正理解。

> 我见犹怜。

○ 学习小任务：

请根据《红楼梦》相关内容，为林黛玉整理一份人物档案。（答案略）

1　委曲：同"委屈"。

175

姓名		别号	
籍贯		住址	
外貌			
判词			
性格			
代表作品			
其他信息			

二、执着的爱情理想

第三回

托内兄如海荐西宾　接外孙贾母惜孤女

〔1〕

众人背后评论宝玉，未免有贬损之语，因此虽未见宝玉，黛玉心中已经有一个先入为主的印象，但在语言表达上还是非常得体。

黛玉素闻母亲说过，有个内侄乃衔玉而生，顽劣异常，不喜读书，最喜在内帏厮混；外祖母又溺爱，无人敢管。今见王夫人所说，便知是这位表兄，一面陪笑道："舅母所说，可是衔玉而生的？在家时记得母亲常说，这位哥哥比我大一岁，小名就叫宝玉，性虽憨顽，说待姊妹们却是极好的。况我来了，自然和姊妹们一处，弟兄们是另院别房，岂有沾惹之理？"

〔2〕

先入为主的刻板印象。

一语未了，只听外面一阵脚步响，丫鬟进来报道："宝玉来了。"黛玉心想："这个宝玉不知是怎样个惫懒人呢!"

〔3〕

黛玉一见便吃一大惊,心中想道:"好生奇
怪,倒像在那里见过的,何等眼熟!……"只
见这宝玉向贾母请了安,贾母便命:"去见你娘
来。"即转身去了。

> 黛玉为什么会有
> 这样的想法?

〔4〕

却说贾母见他进来,笑道:"外客没见就脱
了衣裳了! 还不去见你妹妹呢。"宝玉早已看
见了一个袅袅婷婷的女儿,便料定是林姑妈之
女,忙来见礼;归了坐细看时,真是与众各别。
只见:

两弯似蹙非蹙笼烟眉,一双似喜非喜含
情目。态生两靥之愁,娇袭一身之病。泪光点
点,娇喘微微。闲静似娇花照水,行动如弱柳
扶风。心较比干多一窍,病如西子胜三分。

宝玉看罢,笑道:"这个妹妹我曾见过的。"
贾母笑道:"又胡说了,你何曾见过?"宝玉笑
道:"虽没见过,却看着面善,心里倒像是远别
重逢的一般。"贾母笑道:"好,好! 这么更相和
睦了。"

> 宝玉什么时候见
> 过黛玉?

宝玉便走向黛玉身边坐下,又细细打量一
番,因问:"妹妹可曾读书?"黛玉道:"不曾读
书,只上了一年学,些须认得几个字。"宝玉又
道:"妹妹尊名?"黛玉便说了名,宝玉又道:"表
字?"黛玉道:"无字。"宝玉笑道:"我送妹妹一
字:莫若'颦颦'二字极妙。"探春便道:"何处

> 不仅妙,而且美。

177

出典?"宝玉道:"《古今人物通考》上说:'西方有石名黛,可代画眉之墨。'况这妹妹眉尖若蹙,取这个字岂不美?"探春笑道:"只怕又是杜撰!"宝玉笑道:"除了《四书》,杜撰的也太多呢。"

因又问黛玉:"可有玉没有?"众人都不解,黛玉便忖度着:"因他有玉,所以才问我的。"便答道:"我没有玉。你那玉也是件稀罕物儿,岂能人人皆有?"

(本回相关内容请查阅第4课"原文细读与鉴赏",第142—144页)

第八回

贾宝玉奇缘识金锁　薛宝钗巧合认通灵

[1]

一语未了,忽听外面人说:"林姑娘来了。"话犹未完,黛玉已摇摇摆摆地进来,一见宝玉,便笑道:"哎哟! 我来得不巧了。"宝玉等忙起身让坐。宝钗笑道:"这是怎么说?"黛玉道:"早知他来,我就不来了。"宝钗道:"这是什么意思?"黛玉道:"什么意思呢: 来呢一齐来,不来一个也不来;今儿他来,明儿我来,间错开了来,岂不天天有人来呢? 也不至太冷落,也不至太热闹。——姐姐有什么不解的呢?"

黛玉初来乍到,每一句话都要仔细斟酌,无形中掩盖了自己的真心与真情,这才造成了和宝玉的第一次冲突。

程甲本《红楼梦》中此回回目是"比通灵金莺微露意 探宝钗黛玉半含酸",找一找以下选段中黛玉的哪些话是"含酸"之语。

178

这里宝玉又说:"不必烫暖了,我只爱喝冷的。"薛姨妈道:"这可使不得:吃了冷酒,写字手打颤儿。"宝钗笑道:"宝兄弟,亏你每日家杂学旁收的,难道就不知道酒性最热,要热吃下去,发散得就快;要冷吃下去,便凝结在内。拿五脏去暖它,岂不受害?从此还不改了呢。快别吃那冷的了。"宝玉听这话有理,便放下冷的,令人烫来方饮。

黛玉嗑着瓜子儿,只管抿着嘴儿笑。可巧黛玉的丫头雪雁走来给黛玉送小手炉儿,黛玉因含笑问她说:"谁叫你送来的?难为她费心,哪里就冷死我了呢。"雪雁道:"紫鹃姐姐怕姑娘冷,叫我送来的。"黛玉接了,抱在怀中,笑道:"也亏了你倒听她的话!我平日和你说的,全当耳旁风;怎么她说了你就依,比圣旨还快呢!"

第二十二回
听曲文宝玉悟禅机　制灯谜贾政悲谶语

那宝玉只呆呆地站着。黛玉只当他回去了,却开了门,只见宝玉还站在那里。黛玉不好再闭门,宝玉因跟进来,问道:"凡事都有个原故,说出来人也不委屈。好好的就恼,到底为什么起?"黛玉冷笑道:"问的我倒好!我也不知为什么。我原是给你们取笑的,——拿

宝玉明明没有
直接伤害黛玉，
却被黛玉指责，
为什么？

着我比戏子，给众人取笑。"宝玉道："我并没
有比你，也并没有笑你，为什么恼我呢？"黛玉
道："你还要比？你还要笑？你不比不笑，比
人家比了笑了的还利害呢！"宝玉听说，无可
分辩。

黛玉又道："这一节还可恕。再者你为什
么又和云儿使眼色儿？这安的是什么心？莫
不是她和我玩，她就自轻自贱了？她是公侯的
小姐，我原是贫民家的丫头。她和我玩，设如
我回了口，那不是她自惹轻贱？——你是这
个主意不是？你却也是好心，只是那一个不
领你的情，一般也恼了。你又拿我作情，倒说
我'小性儿、行动肯恼人'。你又怕她得罪了
我，——我恼她与你何干，她得罪了我又与你
何干？"

宝玉听了，方知才与湘云私谈，她也听见
了。细想自己原为怕她二人生隙，故在中间调
停，不料自己反落了两处的贬谤，正合着前日
所看《南华经》内"巧者劳而智者忧，无能者无
所求，蔬食而遨游，泛若不系之舟"，又曰"山
木自寇，源泉自盗"等句，因此越想越无趣。再
细想来："如今不过这几个人，尚不能应酬妥
协，将来犹欲何为？……"想到其间，也不分
辩，自己转身回房。林黛玉见他去了，便知回
思无趣，赌气去了，一言也不曾发，不禁自己越
添了气，便说："这一去，一辈子也别来了，——
也别说话！"

彼此心意无法
相通，只能做赌
气之语。

第二十五回
魇魔法叔嫂逢五鬼　通灵玉蒙蔽遇双真

〔1〕

　　林黛玉见宝玉出了一天的门，便闷闷的，晚间打发人来问了两三遍，知道烫了，便亲自赶过来，只瞧见宝玉自己拿镜子照呢，左边脸上满满地敷了一脸药。林黛玉只当十分烫得利害，忙近前瞧瞧，宝玉却把脸遮了，摇手叫她出去，知她素性好洁，故不要她瞧。黛玉也就罢了，但问他："疼得怎样？"宝玉道："也不很疼。养一两日就好了。"林黛玉坐了一会回去了。

知黛玉者,宝玉也。

〔2〕

　　却说林黛玉因宝玉烫了脸不大出门，倒时常在一处说闲话儿。这日饭后，看了两篇书，又同紫鹃等作了一会针线，总闷闷不舒，一同信步出来看庭前才进出的新笋。不觉出了院门，来到园中，四望无人，唯见花光鸟语，信步便往怡红院来。只见几个丫头舀水，都在回廊上看画眉洗澡呢。听见房内笑声，原来是李宫裁、凤姐、宝钗都在这里。一见她进来，都笑道："这不又来了两个？"

　　黛玉笑道："今儿齐全，谁下帖子请的？"凤姐道："我前日打发人送了两瓶茶叶与姑娘，可还好么？"黛玉道："我正忘了，多谢想着。"

委婉写出宝黛朝夕相处的日常。

181

宝玉道:"我尝了不好,不知别人尝了怎么样。"宝钗道:"味倒好,只是没甚颜色。"凤姐道:"那是暹罗[1]国贡的。我尝了也不觉甚好,还不如我们常吃的呢。"黛玉道:"我吃着好,不知你们的脾胃是怎样的。"宝玉道:"你说好,把我的都拿了去吃罢。"凤姐道:"我那里还多着呢。"黛玉道:"我叫丫头取去。"凤姐道:"不用,我打发人送来。我明日还有一事求你,一同叫人送来。"

林黛玉听了,笑道:"你们听听:这是吃了她家一点子茶叶,就使唤起人来了。"凤姐笑道:"你既吃了我们家的茶[2],怎么还不给我们家做媳妇儿?"众人都大笑不止。黛玉红了脸,回过头去,一声儿不言语。宝钗笑道:"我们二嫂子的诙谐是好的。"黛玉道:"什么诙谐,不过是贫嘴贱舌的讨人厌罢了。"说着,又啐了一口。凤姐儿道:"你给我家做了媳妇,少些什么?"指着宝玉道:"你瞧瞧人物儿配不上?门第儿配不上?根基家私配不上?哪一点儿玷辱了你?"黛玉起身便走。

宝钗叫道:"颦儿急了,还不回来呢!走了倒没意思。"说着,站起来拉住。才至房门,只见赵姨娘和周姨娘两个人都来瞧宝玉。宝玉与众人都起身让坐,独凤姐不理。

宝钗正欲说话,只见王夫人房里的丫头来

作者借王熙凤之口点明宝玉和黛玉的关系,也侧面透露出此时贾府对于二人亲厚关系的认可。

1　暹(xiān)罗:泰国的古称。

2　吃了我们家的茶:旧时认为茶树种下后不可移植,故以吃茶代指女子受聘。

182

说:"舅太太来了,请奶奶姑娘们过去呢。"李宫裁连忙同着凤姐儿走了。赵、周两人也辞了出去。宝玉道:"我不能出去,你们好歹别叫舅母进来。"又说:"林妹妹,你略站一站,与你说句话。"凤姐听了,回头向林黛玉道:"有人叫你说话呢。"便把林黛玉往后一推,和李纨一同去了。

这里宝玉拉了黛玉的手,只是笑,又不说话。黛玉不觉又红了脸,挣着要走。宝玉道:"嗳哟,好头疼!"黛玉道:"该,阿弥陀佛!"宝玉大叫一声,将身一跳,离地有三四尺高,口内乱嚷,尽是胡话。黛玉并众丫鬟都唬慌了,忙报知王夫人与贾母。此时王子腾的夫人也在这里,都一齐来看。

顺水推舟。

第二十八回
蒋玉菡情赠茜香罗　薛宝钗羞笼红麝串

〔1〕

那黛玉正自伤感,忽听山坡上也有悲声,心下想道:"人人都笑我有痴病,难道还有一个痴子不成?"抬头一看,见是宝玉,黛玉便道:"啐,我当是谁,原来是这个狠心短命的——"刚说到"短命"二字,又把口掩住,长叹一声,自己抽身便走了。

黛玉为什么不把话说完?

这里宝玉悲恸了一回,见黛玉去了,便知黛玉看见他,躲开了。自己也觉无味,抖抖土起来，下山寻归旧路，往怡红院来。可巧看见黛玉在前头走，连忙赶上去，说道："你且站着。我知你不理我；我只说一句话，从今以后，撂开手。"黛玉回头见是宝玉，待要不理他，听他说"只说一句话"，便道："请说来。"宝玉笑道："两句话，说了你听不听？"黛玉听说，回头就走。宝玉在身后面叹道："既有今日，何必当初？"

"比别人好"一句道出宝玉和黛玉非同寻常的情愫。

黛玉听见这话，由不得站住，回头道："当初怎么样？今日怎么样？"宝玉道："嗳，当初姑娘来了，那不是我陪着玩笑？凭我心爱的，姑娘要，就拿去；我爱吃的，听见姑娘也爱吃，连忙收拾得干干净净收着，等了姑娘到来。一桌子吃饭，一床儿上睡觉。丫头们想不到的，我怕姑娘生气，我替丫头们想到。我心里想着：姊妹们从小儿长大，亲也罢、热也罢，和气到了儿，才见得比别人好。如今谁承望姑娘人大心大，不把我放在眼睛里，倒把外四路儿的什么'宝姐姐''凤姐姐'的放在心坎儿上，倒把我三日不理、四日不见的。我又没个亲兄弟、亲妹妹，——虽然有两个，你难道不知道是我隔母的？我也和你是独出，只怕同我的心一样，——谁知我是白操了这一番心，有冤无处诉！"说着，不觉滴下泪来。

二人感情的基础不止在于朝夕相处，更在于心意相通。

黛玉这时候为什么不说话，她在想什么？

那时黛玉耳内听了这话，眼内见了这形景，心内不觉灰了大半，也不觉滴下泪来，低头不语。宝玉见这般形象，遂又说道："我也知道，我如今不好了；但只任凭着我怎么不好，万不敢在妹妹跟前有错处。便有一二分错处，你或教导我，戒我下次，或骂我几句，打我几下，我都不灰心。谁知你总不理我，叫我摸不着头脑，少魂失魄，不知怎么样才是。就便死了，也是个'屈死鬼'。任凭高僧高道忏悔，也不能超脱，还得你申明了原故，我才得托生呢！"

黛玉听了这话，不觉将昨晚的事都忘在九霄云外了，便说道："你既这么说，为什么我去了，你不叫丫头开门呢！"宝玉咤异[1]道："这话从哪里说起？我要是这样，立刻就死了！"黛玉啐道："大清早起'死'呀'活'的，也不忌讳！你说有呢就有，没有就没有，起什么誓呢！"宝玉道："实在没有见你去，就是宝姐姐坐了一坐，就出来了。"

林黛玉想了一想，笑道："是了，必是你丫头们懒待动，丧声歪气的，也是有的。"宝玉道："想必是这个原故。等我回去问了是谁，教训教训她们就好了。"黛玉道："你的那些姑娘们，也该教训教训。只是论理我不该说。——今儿得罪了我的事小，倘或明儿'宝姑娘'来，什么'贝姑娘'来，也得罪了，事情岂不大了。"说着，抿着嘴笑。宝玉听了，又是咬牙，又是笑。

〔2〕

正说着，见贾母房里的丫头找宝玉、林

打消了顾虑之后，一贯含蓄的黛玉反而变得心直口快起来，可见她在宝玉面前才表现出自己的真性情。

没有了心理负担的黛玉，哪儿还有"小性儿"？

终究难免含酸试探。

1　咤异：同"诧异"。惊异，奇怪。

黛玉又生气了吗?

黛玉去吃饭。林黛玉也不叫宝玉,便起身拉了那丫头走。那丫头说:"等着宝二爷一块儿走。"林黛玉道:"他不吃饭,不同咱们走,我先走了。"说着,便出去了。宝玉道:"我今儿还跟着太太吃罢。"王夫人道:"罢,罢!我今儿吃斋,你正经吃你的去罢。"宝玉道:"我也跟着吃斋。"说着,便叫那丫头:"去罢。"自己跑到桌子上坐了。王夫人向宝钗等笑道:"你们只管吃你们的,由他去罢。"宝钗因笑道:"你正经去罢。吃不吃,陪着林妹妹走一趟,她心里打紧的不自在呢。"宝玉道:"理她呢,过一会子就好了。"

宝玉居然能够不理黛玉?

一时吃过饭,宝玉一则怕贾母记挂着,二则也记挂着林黛玉,忙忙地要茶漱口。探春、惜春都笑道:"二哥哥,你成日家忙些什么? 吃饭吃茶也是这么忙碌碌的。"宝钗笑道:"你叫他快吃了瞧黛玉妹妹去罢。叫他在这里胡闹些什么?"

只有宝钗看出了宝玉的言不由衷。

〔3〕

宝玉进来,只见地下一个丫头吹熨斗,炕上两个丫头打粉线,黛玉弯着腰拿剪子裁什么呢。宝玉走进来,笑道:"哦,这是做什么呢? 才吃了饭,这么控着头,一会子又头疼了。"黛玉并不理,只管裁她的。有一个丫头说道:"那块绸子角儿还不好呢,再熨它一熨。"黛玉便把剪子一撂,说道:"理它呢,过一会子就好了。"

宝玉也说过同样的话。

宝玉听了，自是纳闷。只见宝钗、探春等也来了，和贾母说了一回话，宝钗也进来问："林妹妹做什么呢？"因见林黛玉裁剪，笑道："越发能干了，连裁剪都会了。"黛玉笑道："这也不过是撒谎哄人罢了。"宝钗笑道："我告诉你个笑话儿，才刚为那个药，我说了个不知道，宝兄弟心里不受用了。"黛玉道："理他呢，过会子就好了。"

宝玉向宝钗道："老太太要抹骨牌，正没人，你抹骨牌去罢。"宝钗听说，便笑道："我是为抹骨牌才来么？"说着便走了。林黛玉道："你倒是去罢，这里有老虎，看吃了你！"说着又裁。宝玉见她不理，只得还陪笑说道："你也去逛逛，再裁不迟。"黛玉总不理。宝玉便问丫头们："这是谁叫她裁的？"黛玉见问丫头们，便说道："凭他谁叫我裁，也不管二爷的事！"宝玉方欲说话，只见有人进来回说"外头有人请"。宝玉听了，忙撤身出来。黛玉向外头说道："阿弥陀佛！赶你回来，我死了也罢了！"

〔4〕

宝玉见了，喜不自胜，问："别人的也都是这个吗？"袭人道："老太太多着一个香玉如意，一个玛瑙枕。老爷、太太、姨太太的，只多着一个香玉如意。你和宝姑娘的一样。林姑娘和二姑娘、三姑娘、四姑娘只单有扇子同数珠儿，别的都没有。大奶奶、二奶奶她两个是每人两匹纱，两匹罗，两个香袋儿，两个锭子药。"

与前文宝玉所说的话一模一样，是巧合吗？

脂砚斋评曰："何苦来，余不忍听。"周汝昌评此句为"谶语"。一句无心之语，已经预示了宝玉、黛玉的悲剧爱情。

187

元春的赏赐有什么深意？

宝玉听了，笑道："这是怎么个原故？怎么林姑娘的倒不同我的一样，倒是宝姐姐的同我一样？别是传错了罢？"

袭人道："昨儿拿出来，都是一份一份的写着签子，怎么会错了呢！你的是在老太太屋里，我去拿了来了。老太太说了：明儿叫你一个五更天进去谢恩呢。"宝玉道："自然要走一趟。"说着，便叫了紫鹃来："拿了这个到你们姑娘那里去，就说是昨儿我得的，爱什么留下什么。"紫鹃答应了，拿了去。不一时回来，说："姑娘说了，昨儿也得了，二爷留着罢。"

宝玉听说，便命人收了。刚洗了脸出来要往贾母那里请安去，只见林黛玉顶头来了，宝玉赶上去笑道："我的东西叫你拣，你怎么不拣？"林黛玉昨日所恼宝玉的心事，早又丢开，只顾今日的事了，因说道："我没这么大福禁受，比不得宝姑娘，什么'金'什么'玉'的，我们不过是个草木之人罢了。"

"金玉良缘"始终是黛玉心头的一根刺，与"木石前盟"形成了对立的矛盾。

宝玉听她提出"金玉"二字来，不觉心动疑猜，便说道："除了别人说什么'金'什么'玉'，我心里要有这个想头，天诛地灭，万世不得人身！"林黛玉听他这话，便知他心里动了疑，忙又笑道："好没意思，白白地起什么誓？谁管你什么'金'什么'玉'的呢。"宝玉道："我心里的事也难对你说，日后自然明白。除了老太太、老爷、太太这三个人，第四个就是妹妹了。有第五个人，我也起个誓。"林黛玉道：

黛玉似乎一直在拷问宝玉的真心，仿佛只有他断了和其他女孩子的关系才能安心。

"你也不用起誓,我很知道,你心里有'妹妹',但只是见了'姐姐',就把'妹妹'忘了。"宝玉道:"那是你多心,我再不是这么样的。"林黛玉道:"昨儿宝丫头她不替你圆谎,为什么问着我呢?那要是我,你又不知怎么样了!"

○ 学习小任务:

请结合你对《红楼梦》的理解,多角度分析造成宝黛爱情悲剧的原因。

参考答案:原因一,曹雪芹的悲剧创作意识。

作者有意以悲剧为全书的创作主题,全书所有的爱情婚姻皆以悲剧告终,不只是宝玉和黛玉,宝钗、熙凤、迎春、探春、司棋、尤二姐、尤三姐等,或有爱情没婚姻,或有婚姻没爱情。因此,宝黛的美好爱情以悲剧告终是作者有意为之。

原因二,宝黛的自由恋爱触碰了封建社会的雷区。

他们身处封建社会,婚姻是父母之命、媒妁之言。作为家长的贾母、贾政、王夫人等,必定要包办宝玉的婚事,宝黛的自由恋爱必定以悲剧告终。

原因三,宝黛性格局限所致。

宝黛二人心意相通,两情相悦,且爱得高尚纯洁。宝玉性格中虽有反叛精神,但软弱多情,终究敌不过封建家族势力,他没有坚定地向贾母、王夫人争取婚姻自由。黛玉以爱情至上，但母丧父亡，小小年纪便寄人篱下的她，性格忧郁、敏感，且受封建礼教束缚，终究还是无法为自己争取满意的婚姻。宝黛爱情终究无法走入婚姻殿堂。

原因四，封建家长的阻碍。

宝玉的家长是王夫人，她不赞成宝玉娶黛玉。王夫人要的宝二奶奶是能帮助自己掌管贾府的得力助手，黛玉体弱多病、性格孤高，不是佳选。宝钗丰腴健康、品性豁达，且于探春理家之时显露出不凡的管家才能，又是王夫人的姨侄女，宝玉娶宝钗能巩固王家的地位和势力，自然是宝二奶奶的最佳人选。且黛玉是孤儿，没有娘家势力，宝钗有母有兄，薛家势力尚雄厚。黛玉清高，与王夫人也不怎么亲近，而宝钗一番劝慰释怀了王夫人逼死金钏儿的恼疚，深得王夫人喜爱。所以，从家长的角度来说，宝黛的爱情无法以婚姻为结果。

三、高洁的人格品质

第十七回

大观园试才题对额　荣国府归省庆元宵

潇湘馆中以竹最盛，辅之以小屋、梨花、芭蕉、流水，风格典雅，环境清幽，既体现了黛玉的审美品位，也暗合她高洁的人格品质。

贾政听了，点头微笑。众人又称赞了一番。于是出亭过池，一山一石，一花一木，莫不着意观览。忽抬头见前面一带粉垣，数楹修舍，有千百竿翠竹遮映，众人都道："好个所在！"于是大家进入，只见进门便是曲折游廊，阶下石子漫成甬路，上面小小三间房舍，两明一暗，里面都是合着地步打的床几椅案。从里间房里，又有一小门，出去却是后园，有大株梨花，阔叶芭蕉，又有两间小小退步¹。后院墙下忽开一隙，得泉一派，开沟尺许，灌入墙内，绕阶缘屋至前院，盘旋竹下而出。

贾政笑道："这一处倒还好，若能月夜至此窗下读书，也不枉虚生一世。"说着便看宝玉，唬得宝玉忙垂了头。众人忙用闲话解说。

借贾政之口，预示了黛玉在潇湘馆的日常读书生活。

第十八回
皇恩重元妃省父母　天伦乐宝玉呈才藻

〔1〕

元妃看毕，称赏不已，又笑道："终是薛、林二妹之作与众不同，非愚姊妹所及。"原来黛玉安心今夜大展奇才，将众人压倒，不想元妃只命一匾一咏，倒不好违谕多做，只胡乱做了一首五言律应命便罢了。

黛玉只是"胡乱"写的诗，已经远超众人，如果认真写，岂不是技惊四座？

〔2〕

宝玉续成了此首，共有三首。此时黛玉未得展才，心上不快。因见宝玉构思太苦，走至案旁，知宝玉只少"杏帘在望"一首，因叫他抄录前三首，却自己吟成一律，写在纸条上，搓成

才高者技痒，说的便是黛玉。

---

1 退步：指套间一类的附属建筑。

个团子,掷向宝玉跟前。宝玉打开一看,觉比自己做的三首高得十倍,遂忙恭楷誊完呈上。

第二十二回
听曲文宝玉悟禅机　制灯谜贾政悲谶语

　　三人果往宝玉屋里来。黛玉先笑道:"宝玉,我问你:至贵者'宝',至坚者'玉'。尔有何贵?尔有何坚?"宝玉竟不能答。二人笑道:"这样愚钝,还参禅呢!"湘云也拍手笑道:"宝哥哥可输了!"黛玉又道:"你道'无可云证,是立足境',固然好了,只是据我看来,还未尽善。我还续两句在后。因念云:'无立足境,方是干净。'"

　　宝钗道:"实在这方悟彻。当日南宗六祖惠能初寻师至韶州,闻五祖弘忍在黄梅,他便充役火头僧。五祖欲求法嗣,令徒弟诸僧各出一偈,上座神秀说道:'身是菩提树,心如明镜台。时时勤拂拭,莫使有尘埃。'彼时惠能在厨房舂米,听了这偈说道:'美则美矣,了则未了。'因自念一偈曰:'菩提本非树,明镜亦非台。本来无一物,何处染尘埃?'五祖便将衣钵传他。今儿这偈语亦同此意了。只是方才这句机锋,尚未完全了结,这便丢开手不成?"黛玉笑道:"他不能答就算输了,这会子答上了也不为出奇了。只是以后再不许谈禅了。——连我们两个人所知所能的,你还不知不能呢,还去参什么禅呢!"

第二十六回
蜂腰桥设言传心事　潇湘馆春困发幽情

　　佳蕙听了跑进来,就坐在床上,笑道:"我好造化,才在院子里洗东西,宝玉叫往林姑娘那里送茶叶,花大姐姐交给我送去,可巧老太太给林姑娘送钱来,正分给她们的丫头们呢,见我去了,林姑娘就抓了两把给我。也不知多少,你替我收着。"便把手帕子打开,把钱倒了出来。小红就替她一五一十地数了收起。

第三十七回
秋爽斋偶结海棠社　蘅芜院夜拟菊花题

　　黛玉道:"既然定要起诗社,咱们就是诗翁了,先把这些'姐妹叔嫂'的字样改了,才不俗。"李纨道:"极是!何不起个别号,彼此称呼倒雅?我是定了'稻香老农',再无人占的。"探春笑道:"我就是'秋爽居士'罢。"宝玉道:"'居士''主人',到底不确,又累赘。这里梧桐、芭蕉尽有,或指桐蕉起个倒好。"探春笑道:"有了,我是喜芭蕉的,就称'蕉下客'罢。"众人都道:"别致有趣。"
　　黛玉笑道:"你们快牵了她来炖了肉脯子来吃酒。"众人不解,黛玉笑道:"庄子云'蕉叶覆鹿'[1]，她自称'蕉下客'，可不是一只鹿么？快做了鹿脯来！"众人听了，都笑起来。

探春因笑道："你别忙使巧话来骂人，我已替你想了个极当的美号了。"又向众人道："当日娥皇、女英洒泪在竹上成斑，故今斑竹又名湘妃竹；如今她住的是潇湘馆，她又爱哭，将来她那竹子想来也是要变成斑竹的，以后都叫她做'潇湘妃子'就完了。"

第三十八回

林潇湘魁夺菊花诗　薛蘅芜讽和螃蟹咏

李纨笑道："等我从公评来。通篇看来，各人有各人的警句。今日公评：'咏菊'第一，'问菊'第二，'菊梦'第三，题目新，诗也新，立意更新了，只得要推潇湘妃子为魁了。然后'簪菊''对菊''供菊''画菊''忆菊'次之。"

宝玉听说，喜得拍手叫道："极是，极公。"黛玉道："我那个也不好，到底伤于纤巧些。"李纨道："巧的却好，不露堆砌生硬。"黛玉道："据我看来，头一句好的是'圃冷斜阳忆旧游'，这句背面傅粉；'抛书人对一枝秋'，已经妙绝，将供菊说完，没处再说，故翻回来想到未折未供之先，意思深远。"李纨笑道："固如此说，你的'口角噙香'一句也敌得过了。"

1　蕉叶覆鹿：典出《列子·周穆王》，原用来比喻世事变幻，这里只是取蕉下有鹿的字面意思来取笑。

第四十二回

蘅芜君兰言解疑癖　潇湘子雅谑补余音

黛玉又看了一回单子，笑着拉探春，悄悄地道："你瞧瞧，画个画儿，又要起这些水缸箱子来，想必糊涂了，把她的嫁妆单子也写上了。"探春听了，笑个不住，说道："宝姐姐，你还不拧她的嘴？你问问她编排你的话。"

宝钗笑道："不用问，'狗嘴里还有象牙不成'！"一面说，一面走上来，把黛玉按在炕上，便要拧她的脸。<u>黛玉笑着，忙央告道："好姐姐，饶了我罢，颦儿年纪小，只知说，不知道轻重，做姐姐的教导我。姐姐不饶我，我还求谁去呢？"</u>众人不知话内有因，都笑道："说的好可怜见儿的，连我们也软了，饶了她罢。"

宝钗原是和她玩的，忽听她又拉扯上前番说她胡看杂书的话，便不好再和她闹了，放起她来。<u>黛玉笑道："到底是姐姐，要是我，再不饶人的。"</u>宝钗笑指她道："怪不得老太太疼你，众人爱你；今儿我也怪疼你的了。过来，我替你把头发笼笼罢。"

（本回相关内容请查阅第6课"原文细读与鉴赏"，第246—248页）

是玩笑话，其实也是真心话，黛玉对待真正关心帮助自己的人也能够放下戒备。

这算不算是黛玉委婉的自我批评？

195

第四十五回

金兰契互剖金兰语　风雨夕闷制风雨词

〔1〕

黛玉每岁至春分、秋分后，必犯旧疾。今秋又遇着贾母高兴，多游玩了两次，未免过劳了神，近日又复嗽起来，觉得比往常又重。所以总不出门，只在自己房中将养。有时闷了，又盼个姐妹来说些闲话排遣；及至宝钗等来望候她，说不得三五句话，又厌烦了。众人都体谅她病中，且素日形体姣弱，禁不得一些委屈，所以她接待不周，礼数疏忽，也都不责她。

这日，宝钗来望她，因说起这病症来，宝钗道："这里走的几个大夫，虽都还好，只是你吃他们的药，总不见效，不如再请一个高手的人来瞧一瞧，治好了岂不好？每年间闹一春一夏，又不老，又不小，成什么，也不是个常法儿。"黛玉道："不中用。我知道我的病是不能好的了。且别说病，只论好的时候我是怎么个形景儿，就可知了。"

宝钗点头道："可正是这话。古人说，'食谷者生'，你素日吃的竟不能添养精神气血，也不是好事。"黛玉叹道："'生死有命，富贵在天'，也不是人力可强求的。今年比往年反觉又重了些似的。"说话之间，已咳嗽了两三次。

宝钗道："昨儿我看你那药方上，人参、肉

黛玉的体弱多病也影响了她的性格。

196

桂觉得太多了。虽说益气补神，也不宜太热。依我说：先以平肝养胃为要。肝火一平，不能克土，胃气无病，饮食就可以养人了。每日早起，拿上等燕窝一两，冰糖五钱，用银吊子熬出粥来，若吃惯了，比药还强，最是滋阴补气的。"

黛玉叹道："你素日待人，固然是极好的，然我最是个多心的人，只当你有心藏奸。从前日你说看杂书不好，又劝我那些好话，竟大感激你。往日竟是我错了，实在误到如今。细细算来，我母亲去世的时候，又无姐妹兄弟，我长了今年十五岁，竟没一个人像你前日的话教导我。怪不得云丫头说你好，我往日见她赞你，我还不受用；昨儿我亲自经过，才知道了。比如你说了那个，我再不轻放过你的；你竟不介意，反劝我那些话：可知我竟自误了。若不是前日看出来，今日这话，再不对你说。你方才叫我吃燕窝粥的话，虽然燕窝易得，但只我因身子不好了，每年犯了这病，也没什么要紧的去处。请大夫，熬药，人参、肉桂，已经闹了个天翻地覆了，这会子我又兴出新文来，熬什么燕窝粥，老太太、太太、凤姐姐，这三个人便没话，那些底下老婆子丫头们，未免嫌我太多事了。你看这里这些人，因见老太太多疼了宝玉和凤姐姐两个，她们尚虎视眈眈，背地里言三语四的，何况于我？况我又不是正经主子，原是无依无靠投奔了来的，她们已经多嫌着我呢；如今我还不知进退，何苦叫她们咒我？"

黛玉从宝钗的劝谏和关心中感受到了爱护和体贴，因而生出了真心的感激，此后的行为也有所改变，这体现了林黛玉性格中率真自然的一面。

《葬花词》中所说的"一年三百六十日，风刀霜剑严相逼"，可能并非夸张之语，寄人篱下的生活不好过。

197

脂砚斋评宝钗
的这一句玩
笑："又恳切，又
真情，又平和，
又雅致，又不穿
凿，又不牵强。"

宝钗也是真情
流露。

宝钗道："这样说，我也是和你一样。"黛玉道："你如何比我？你又有母亲，又有哥哥；这里又有买卖地土，家里又仍旧有房有地。你不过亲戚的情分，白住在这里，一应大小事情，又不沾他们一文半个，要走就走了。我是一无所有，吃穿用度，一草一木，皆是和他们家的姑娘一样，那起小人岂有不多嫌的？"宝钗笑道："将来也不过多费得一副嫁妆罢了，如今也愁不到那里。"

黛玉听了，不觉红了脸，笑道："人家把你当个正经人，才把心里烦难告诉你听，你反拿我取笑儿！"宝钗笑道："虽是取笑儿，却也是真话。你放心，我在这里一日，我与你消遣一日。你有什么委屈烦难，只管告诉我，我能解的，自然替你解。我虽有个哥哥，你也是知道的；只有个母亲，比你略强些。咱们也算同病相怜。你也是个明白人，何必作'司马牛之叹'[1]？你才说的也是，'多一事不如省一事'。我明日家去，和妈妈说了，只怕燕窝我们家里还有，与你送几两。每日叫丫头们就熬了，又便宜，又不惊师动众的。"

此处的"多情"
应是金兰之情。

黛玉忙笑道："东西是小，难得你多情如此！"宝钗道："这有什么放在嘴里的，只愁我

1　司马牛之叹：典出《论语·颜渊》。"司马牛忧曰：'人皆有兄弟，我独亡。'子夏曰：'商闻之矣："死生有命，富贵在天。"君子敬而无失，与人恭而有礼，四海之内，皆兄弟也，君子何患乎无兄弟也？'"

人人跟前失于应候罢了。这会子只怕你烦了，我且去了。"黛玉道："晚上再来和我说句话儿。"宝钗答应着便去了，不在话下。

[2]

就有蘅芜院一个婆子，也打着伞，提着灯，送了一大包燕窝来，还有一包子洁粉梅片雪花洋糖。说："这比买的强。我们姑娘说：'姑娘先吃着，完了再送来。'"黛玉回说："费心。"命她外头坐了吃茶。婆子笑道："不吃茶了，我还有事呢。"

黛玉笑道："我也知道你们忙。如今天又凉，夜又长，越发该会个夜局，痛赌两场了。"婆子笑道："不瞒姑娘说，今年我大沾光儿了，横竖每夜有几个上夜的人，误了更也不好，不如会个夜局，又坐了更，又解了闷。今儿又是我的头家，如今园门关了，就该上场儿了。"

<u>黛玉听了，笑道："难为你。误了你的发财，冒雨送来。"命人给她几百钱，打些酒吃，避避雨气。</u>那婆子笑道："又破费姑娘赏酒吃！"说着，磕了一个头，出外面接了钱，打伞去了。

紫鹃收起燕窝，然后移灯下帘，伏侍黛玉睡下。黛玉自在枕上感念宝钗，一时又羡她有母有兄；一回又想宝玉素昔和睦，终有嫌疑；又听见窗外竹梢蕉叶之上，雨声渐沥，清寒透幕，不觉又滴下泪来。直到四更方渐渐地睡熟了。

看黛玉的这番话，哪里还是"目无下尘"？

199

第四十八回

滥情人情误思游艺　慕雅女雅集苦吟诗

　　且说香菱见了众人之后,吃过晚饭,宝钗等都往贾母处去了,自己便往潇湘馆中来。此时黛玉已好了大半了,见香菱也进园来住,自是喜欢。香菱因笑道:"我这一进来了,也得空儿,好歹教给我做诗,就是我的造化了!"黛玉笑道:"既要学做诗,你就拜我为师,我虽不通,大略也还教得起你。"

　　香菱笑道:"果然这样,我就拜你为师,你可不许腻烦的。"黛玉道:"什么难事,也值得去学? 不过是起、承、转、合,当中承、转,是两副对子,平声的对仄声,虚的对实的,实的对虚的。若是果有了奇句,连平仄虚实不对都使得的。"

　　香菱笑道:"怪道我常弄本旧诗,偷空儿看一两首,又有对得极工的,又有不对的。又听见说,'一三五不论,二四六分明'。看古人的诗上,亦有顺的,亦有二四六上错了的。所以天天疑惑。如今听你一说,原来这些规矩,竟是没事的,只要词句新奇为上。"黛玉道:"正是这个道理。词句究竟还是末事,第一是立意要紧。若意趣真了,连词句不用修饰,自是好的:这叫做'不以词害意'[1]。"

　　1　不以词害意:语出清代袁枚的《随园诗话》,说明作诗要以内容为先,文辞格律次之,不要因过分注重辞采形式而损害了内容。

香菱道："我只爱陆放翁诗'重帘不卷留香久,古砚微凹聚墨多',说得真切有趣。"黛玉道："断不可看这样的诗。你们因不知诗,所以见了这浅近的就爱,一入了这个格局,再学不出来的。你只听我说,你若真心要学,我这里有《王摩诘全集》,你且把他的五言律一百首细心揣摩透熟了,然后再读一百二十首老杜的七言律,次之再李青莲的七言绝句读一二百首;肚子里先有了这三个人做了底子,然后再把陶渊明、应、刘、谢、阮、庾、鲍等人的一看,你又是这样一个极聪明伶俐的人,不用一年工夫,不愁不是诗翁了。"

香菱听了,笑道:"既这样,好姑娘,你就把这书给我拿出来,我带回去,夜里念几首也是好的。"黛玉听说,便命紫鹃将王右丞的五言律拿来,递与香菱,道:"你只看有红圈的,都是我选的,有一首念一首。不明白的,问你姑娘;或者遇见我,我讲与你就是了。"

林黛玉老师的这份诗歌阅读清单可谓"尽得风流"。

黛玉是个耐心细致的好老师。

第四十九回

琉璃世界白雪红梅　脂粉香娃割腥啖膻

宝玉素昔深知黛玉有些小性儿,尚不知近日黛玉和宝钗之事,正恐贾母疼宝琴,她心中不自在;今儿湘云如此说了,宝钗又如此答,再审度黛玉声色,亦不似往日,果然与宝钗之说相符,心中甚是不解。因想:"她两个素日不是这样的，如今看来，竟更比他人好了十倍。"

以宝琴的角度侧面表现黛玉的不俗与过人之处。

一时又见林黛玉赶着宝琴叫"妹妹"，并不提名道姓，真似亲姊妹一般。那宝琴年轻心热，且本性聪敏，自幼读书识字，今在贾府住了两日，大概人物已知；又见众姊妹都不是那轻薄脂粉，且又和姐姐皆和气，故也不肯怠慢。其中又见林黛玉是个出类拔萃的，便更与黛玉亲敬异常。宝玉看着，只是暗暗地纳罕。

一时宝钗姊妹往薛姨妈房内去后，湘云往贾母处来，林黛玉回房歇着，宝玉便找了黛玉来，笑道："我虽看了《西厢记》，也曾有明白的几句说了取笑，你还曾恼过。如今想来，竟有一句不解，我念出来，你讲讲我听。"黛玉听了，便知有文章，因笑道："你念出来我听听。"宝玉笑道："那'闹简'上有一句说得最好：'是几时孟光接了梁鸿案？'这五个字不过是现成的典，难为他'是几时'三个虚字，问得有趣。是几时接了？你说说我听听。"

黛玉听了，禁不住也笑起来，因笑道："这原问得好。他也问得好，你也问得好。"宝玉道："先时你只疑我，如今你也没的说了。"黛玉黛玉坦然面对自己以往对宝钗的误解，也承认自己的错误。笑道："谁知她竟真是个好人，我素日只当她藏奸。"因把说错了酒令，宝钗怎样说她，连送燕窝、病中所谈之事，细细地告诉宝玉，宝玉方知原故。因笑道："我说呢！正纳闷'是几时孟光

接了梁鸿案'[1]，原来是从'小孩儿家口没遮拦'
上就接了案了。"

○ 学习小任务：

《红楼梦》在第二十三回和第二十七回中
两次具体地描写了黛玉葬花，曹雪芹似乎有意
用浓墨重彩之笔精心描绘林黛玉的这一举动。
请你说一说黛玉葬花这一行为和《葬花吟》体
现了人物内心世界的哪些情感？

参考答案：第二十三回中，林黛玉从葬花
到听曲、再到联想、落泪，她对落花的特别关注
以及她听《牡丹亭》所引起的强烈心灵震动，
都是她生命意识的自然流露。

第二十七回中，林黛玉因误以为宝玉故意
不肯开门而伤心，遂独自去掩藏残花落瓣，当
她吟出《葬花吟》之时，则更多地表现了其内
在孤独的生命体验。

1　是几时孟光接了梁鸿案：典出《后汉书·梁鸿
传》，比喻崔莺莺接受了张生的爱情。

第6课 山中高士的"冷"与"热"

——薛宝钗形象鉴赏

图8 薛宝钗（载《红楼梦图咏》，［清］改琦绘）

鲁迅先生《中国小说的历史的变迁》认为,《红楼梦》的价值在于敢于如实描写,并无讳饰,和从前的小说叙好人完全是好,坏人完全是坏的,大不相同。所以他认为《红楼梦》中所叙的人物,都是真的人物。这说明《红楼梦》塑造的人物形象具有丰满复杂、真实立体的特点。这个特点正是《红楼梦》取得的巨大文学成就,它代表了中国古典小说人物形象塑造发展进程的最顶端。其中,薛宝钗就是曹雪芹笔下塑造得极为圆满的典型人物形象,她是一个立体、真实的"圆形人物",而非一个简单的"扁平人物"。

　　薛宝钗,家世显赫,是名门望族的大家闺秀,曹雪芹称之为"山中高士晶莹雪"。"山中高士"本指隐居山林、不慕名利、不问世事、与世无争、志趣高洁、品行高尚的隐士。薛宝钗就如圣洁高尚的山中隐士,冷眼看世间的纷纷扰扰。在她身上,我们可以看到端庄高贵、才智高绝、志趣高洁的名门闺范,也能看到封建礼教约束下冷艳威严、冷静机智、冷峻理性的淑女典型。同时,薛宝钗有很多充满温情的高光时刻,在她身上我们还能看到热心助人、热烈兴家、热情追求自我价值的"姐姐"英姿。

　　曹雪芹的匠心巨笔下,薛宝钗是一个"冷""热"交织的矛盾体,是《红楼梦》众多人物中最有争议的一个。有人批评薛宝钗心机深重、冷酷无情,有人赞扬薛宝钗懂得变通、温情贤淑,还有人辩证地评价薛宝钗既是冷酷无情的封建卫道士,也是热衷于繁荣兴家的闺中豪杰,更是封建家长制的牺牲品。可见，薛宝钗这个人物形象非常饱满，她的"高士"品格，她性情中的"冷"与"热"，以及她身上温情与冷漠对立统一的矛盾，都值得我们深入探究。

一、山中高士的"高"

"山中高士晶莹雪"，薛宝钗是大家闺秀的典范，是封建社会最理想的淑女贤妻。她的"高士"品格主要体现为家世身份的高贵、才情智慧的高绝、志向趣味的高雅。

（一）出身高贵

薛宝钗出身高贵。小说中"护官符"对薛家的描述是"丰年好大'雪'（薛），珍珠如土金如铁"。甲戌本侧批为"紫薇舍人薛公之后，现领内府帑银行商，共八房分"。薛母是"现任京营节度使王子腾之妹，与荣国府贾政的夫人王氏是一母所生的姊妹"。薛家祖上是朝廷官宦，后为皇商。薛宝钗比薛蟠小两岁，"生得肌骨莹润，举止娴雅，当时她父亲在日，极爱此女，令其读书识字，较之乃兄竟高十倍"。凭借"世宦名家之女"的高贵身份，薛宝钗"得亲名达部，以备选择，为宫主郡主入学陪侍，充为才人、赞善之职"。薛宝钗进京的初衷，是备选宫中女官。出生皇商家庭的薛宝钗，家世显赫，身份高贵，自带贵族气质。

（二）才智高绝

薛宝钗才智高绝，有"艳冠群芳"的诗才。她自幼极受父亲宠爱，得以读书识字，终至满腹诗书，博学多闻。大观园几次诗词创作活动中，夺魁者不是黛玉就是宝钗。宝钗诗作如《咏白海棠》《螃蟹咏》《临江仙·柳絮》等，水平不在黛玉之下。宝钗见识广博,时时"拿学问提着"。第十八回中,元春省亲,令众人作诗,宝玉想不出替换"绿玉"的典故,宝钗以唐朝韩翃咏芭蕉诗中"冷烛无烟绿蜡干"一句提醒宝玉把"绿玉"改作"绿蜡",宝玉佩服地称宝钗为"一字师"。第二十二回中,宝钗点戏《山门》(有版本作《鲁智深醉闹五台山》),她说这出戏"排场词藻都好",接着就念出《寄生草》一曲的全文,宝玉连连称赞宝钗"无书不知"。此外,宝钗还懂医道,谙画论,戏曲酒令、佛典语录无所不晓,堪称高绝才女。

此外,薛宝钗还有高超的管理之才。第五十六回中,李纨、宝钗协助探春理家。探春建议施行"承包制",即年终产生的收益归到大观园内,不必充入贾府账房。宝钗却阻止了探春,她提议将这收益归还承包园子的婆子,只让这些婆子们各自包揽一项事务的开销,比如姑娘丫头的"头油、胭粉、香、纸""各处笤帚、簸箕、掸子,并大小禽鸟、鹿、兔吃的粮食",这些开销就不用去账房支领。再"拿出若干吊钱来",分给园中没有承包任务的妈妈们。这个做法,既让承包园子的婆子们有了更多收入,也让没有承包园子的妈妈们年终能分到钱,还保全了贾府大家族的体统。书中这样写道:"众婆子听了这个议论,又去了账房受辖制,又不与凤姐儿去算账,一年不过多拿出若干吊钱来,各各欢喜异常,都齐声说:'愿意,强如出去被他们揉搓着,还得拿出钱来呢!'那不得管地的,听了每年终无故得钱,更都喜欢起来。"真正是"贤宝钗小惠全大体"。

(三)志趣高雅

薛宝钗志趣高雅,品格端方,容貌美丽,举止娴雅。《咏白海棠》中"淡极始知花更艳""欲偿白帝宜清洁"两句最能体现其高雅的志趣和淡雅的审美追求。宝钗就如洗尽胭脂的白海棠,她如冰雪一样的美丽倩影下有着淡雅高洁的精神追求。宝钗崇尚朴素,她不爱花儿粉儿,不爱戴饰,平日里只穿着半新不旧的家常衣服。她的居所蘅芜院简朴中自带高雅,一进去"只觉异香扑鼻。那些奇草仙藤,愈冷愈苍翠,都结了实,似珊瑚豆子一般,累垂可爱"。再看她的闺房"雪洞一般,一色的玩器全无,案上只有一个土定瓶,瓶中供着数枝菊花,并两部书、茶奁、茶杯而已;床上只吊着青纱帐幔,衾褥也十分朴素"。居所环境苍翠、可爱,案上只供着菊花,配以两部书和茶具,宝钗具有高洁淡雅、淡茶书香的"高士"闺范。

二、山中高士的"冷"

从情感世界看人物的性格特征,贾宝玉是"情不情",林黛玉是"情情",薛宝钗是"无情"。薛宝钗是一位"任是无情也动人"的"冷美人"。"山中高士晶莹雪"的"雪"不仅是其姓氏"薛"的谐音,也是其性格特征中"冷"的象征。薛宝钗在冷艳中透露出不容轻薄冒犯的威严,在冷静中表现出为人处世的机智,在冷峻中展示出避嫌远祸的理性。

(一)冷艳威严

薛宝钗的容貌非常美丽,她"看去不见奢华","脸若银盆,眼同水杏,唇不点而红,眉不画而翠,比林黛玉另具一种妩媚风流",又"生得肌肤丰泽"。但她从小就很"古怪",不爱浓妆艳抹,日常装束非常素净,她的房间像"雪洞一般"素冷,贾母为此还说"年轻的姑娘们,屋里这么素净,也忌讳",她就像是"雪堆出来的",吃的药是"冷香丸"。冷艳的外表有着"清水出芙蓉,天然去雕饰"般清新脱俗的自然之美。平日里,宝钗"罕言寡语","不干己事不开口,一问摇头三不知"。这样的"冷美人"不怒自威,冷艳的外表中透露出不容轻薄冒犯的威严。

第二十八回中,贾宝玉想看薛宝钗手臂上的红麝串,他看着宝钗雪白的胳膊,"不觉动了羡慕之心"。暗暗想道:"这个膀子,若长在林姑娘身上,或者还得摸一摸,偏长在她身上,正是恨我没福。"为什么长在宝钗身上就没福摸一摸?相比和林黛玉互为知音的心灵上的亲近,宝钗的仕途经济思想让宝玉与之生分。平日里因为"金玉"之说故意"远着宝玉",罕言寡语的宝钗日常端庄自持,也让宝玉心生敬畏,因此不敢"摸一摸"。第三十回中,宝玉说:"怪不得他们拿姐姐比杨贵妃,原也体胖怯热。"宝钗不由大怒,但又不好怎么样,便冷笑了两声说道:"我倒像杨贵妃,只是没一个好哥哥、好兄弟可以做得杨国忠的!"这是全书中宝钗唯一一次发怒,正巧这时小丫头靓儿误以为宝钗藏了她的扇子,宝钗说:"你要仔细!我和谁玩过,你来疑我,和你素日嬉皮笑脸的那些姑娘们,你该问她们去!"这话更多的是说给宝玉听的,尤其是"我和谁玩过",提醒宝玉"我薛宝钗是不得轻浮玩笑的",因此宝玉听了"自知又把话说造次了"。日常生活中,顽劣胡来的薛蟠也要敬畏宝钗三分,泼辣的凤姐敢开黛玉的玩笑,却不敢冒犯宝钗,丫头婆子们对宝钗礼敬有加,由此可见,宝钗冷艳之下极有威严。

(二)冷静机智

薛宝钗处世冷静,头脑机智,尤能周全地应对紧急情况。第二十七回中,宝钗在滴翠亭外无意听见丫头坠儿和小红的私密谈话,被发现后想躲闪却来不及,于是想了个"金蝉脱壳"的法子。"犹未想完,只听'咯吱'一声,宝钗便故意放重了脚步,笑着叫道:'颦儿,我看你往哪里藏!'一面说,一面故意往前赶。"这一波操作反倒把亭内的小红和坠儿唬怔了,宝钗还故意反问她二人:"你们把林姑娘藏在哪里了?""我才在河那边看着林姑娘在这里蹲着弄水儿呢。我要悄悄地唬她一跳,还没有走到跟前,她倒看见我了,朝东一绕,就不见了。别是藏在里头了?"一面说,宝钗一面故意进去寻找,抽身就走,把这件事遮过去了。小红信以为真,以为黛玉定然听见了她们的谈话,说:"要是宝姑娘听见还罢了。那林姑娘嘴里又爱刻薄人,心里又细,她一听见了,倘或走露了,怎么样呢?"

因为这件事,薛宝钗为人所诟病,认为她偷听私话还"嫁祸"林黛玉,心机深重。但仔细推究原文中事件的来龙去脉,我们发现这恰恰是宝钗冷静应对紧急情况的机智表现。这时的宝钗不过是十五六岁的少女,因见一双玉蝶可爱便用团扇去扑,偶然听到滴翠亭内有人说话就驻足细听,天真烂漫的少女有很强的好奇心,这是人之常情。况且当宝钗听到事关小红隐私,她想的是:"这一开了,见我在这里,她们岂不臊了?况且说话的语音,大似宝玉房里的小红。她素昔眼空心大,是个头等刁钻古怪的丫头,今儿我听了她的短儿,'人急造反,狗急跳墙',不但生事,而且我还没趣。如今便赶着躲了,料也躲不及,少不得要使个'金蝉脱壳'的法子。"宝钗想的这个法子,一来保全了小红和坠儿的面子,二来让自己免于事端。至于为什么利用黛玉,宝钗此行原是去寻黛玉的,只是看见宝玉先进潇湘馆了,便抽身回来。这时候遇到紧急情况,宝钗脑海里第一个想到黛玉是合理的。诚然,宝钗借黛玉做挡箭牌,确有不妥,但她不是刻意陷害黛玉,只是情急之下的反应。因此,这件事更多地表现出了宝钗沉着冷静应对突发事件的机智。这样的冷静和机智是常人不能有的,宝钗凭借冷静的心态和机智的头脑,在纷繁复杂的贾府生活得游刃有余,实在让人佩服。

（三）冷峻理性

冷峻理性是薛宝钗最上乘的处世哲学。不论是在贾府、大观园，还是在薛家，宝钗总是不急不躁，冷峻理性地洞悉身边的人和事。第三十二回中，金钏儿投井自杀后，王夫人流泪说："岂不是我的罪过？"宝钗劝慰王夫人说："据我看来，她并不是赌气投井，多半她下去住着，或是在井旁边儿玩，失了脚掉下去的……纵然有这样大气，也不过是个糊涂人，也不为可惜。"王夫人仍说内心不安，宝钗又说："十分过不去，不过多赏她几两银子，发送她，也就尽了主仆之情了。"第六十七回中，柳湘莲因听信谣言悔婚，尤三姐不堪受辱，挥剑自刎，柳湘莲追悔莫及，将发丝一挥而尽，随道士远去。薛姨妈听闻此事，伤感不已，宝钗却并不在意，还劝慰道："俗语说得好，天有不测风云，人有旦夕祸福。这也是他们前生命定……如今已经死的死了，走的走了，依我说，也只好由他罢了。妈妈也不必为他们伤感了。"

很多人认为这两件事体现了薛宝钗的逢迎媚上（为王夫人开脱罪名），漠视生命，冷血无情。这有失公允，宝钗的劝慰之言，并不是对他人生命的冷漠，而体现了她冷峻理性的处世哲学。父亲早逝，"各省中所有的卖买承局、总管、伙计人等，见薛蟠年轻不谙世事，便趁时拐骗起来，京都几处生意，渐亦销耗"，宝钗看尽了世间险恶、世态炎凉。住进贾府后，宝钗洞察到"一个个不像乌眼鸡似的，恨不得我吃了你，你吃了我"的尔虞我诈、相互倾轧的生存环境。宝钗的冷峻理性就是在这样冷酷严峻的生存环境中造就的。宝钗天资聪慧，顺从父母，振兴家族是她的人生追求和使命，其余纷扰她选择冷峻理性地面对。在宝钗看来，金钏儿与宝玉轻薄，本身就违反了男女授受不亲的封建规则，投井自杀只是恼羞成怒的糊涂行为。柳湘莲、尤三姐皆受累于谣言,或出家,或自刎,自轻自贱,不足惋惜。冷峻理性的处世哲学,让宝钗得以远离是非。贾府的是非曲直,主仆的荒淫无道,世人的尔虞我诈,薛宝钗都冷眼旁观,这是她清醒的处世智慧。正因为她的冷峻理性,回到住处后就命婆子锁上角门,自己保管钥匙。抄检大观园事件后,宝钗借机搬出大观园,让自己远离是非纷争,始终洁身自好。

三、山中高士的“热”

薛宝钗性格中还有“热”的特征。她慷慨大方,热心帮助身边的姐妹;她细致体贴,热忱对待丫头奴仆,是深得人心的“宝姐姐”“宝姑娘”。她赞成男子积极追求功名,热烈规劝宝玉留心仕途经济,她以繁荣兴家为己任,热情地以成为封建社会标准淑女为价值追求。

(一)热心助人

薛宝钗心胸宽广,慷慨大方地帮助身边姐妹解决困难,是热心助人的“宝姐姐”。第三十七回“秋爽斋偶结海棠社”,史湘云诗兴正浓时口快承诺:“明日先罚我的东道,就让我先邀一社,可使得?”到了晚上,宝钗有意邀请湘云到蘅芜院歇息,实则是替湘云思虑周全。她先提醒湘云开社做东既要让大家高兴,也要让自己便宜,然后替湘云分析缺钱的难处,湘云被提醒后很踌躇。宝钗说“这个我已经有个主意”,她一早就帮湘云谋划好了,用自家当铺一个伙计田里的好螃蟹帮助湘云开设体面的螃蟹宴。湘云非常感动又极为佩服,赞叹宝钗“想得周到”,自此更是把宝钗“当亲姐姐一样看待”。第四十二回中,黛玉前日行酒令时顺口将《牡丹亭》中的句子“良辰美景奈何天”说漏了嘴,宝钗特意将黛玉叫去蘅芜院"审问"了一番:"好个千金小姐,好个不出闺门的女孩儿,满嘴里胡说的什么? 你只着实说罢!"黛玉才想起前日"失于检点",羞红了脸,满口央告:"好姐姐,你别说与别人,我以后再不说了。"随后,宝钗推心置腹的一番劝言更是说得黛玉满心感激、万分佩服,改变了认为宝钗"心里藏奸"的敌对观念。宝钗体谅黛玉寄人篱下、孤苦无依的难处,给黛玉送燕窝,劝她好生休养身子,黛玉更是对此感念不已。第五十七回中,邢岫烟将棉衣当了,宝钗细心地发现邢岫烟缺钱势弱的难处,就让下人悄悄地赎回了棉衣,再悄悄地送去,既帮邢岫烟解决了缺钱少衣的困难,又保全了邢岫烟的颜面。宝钗热心助人,且助得很有智慧,既能送去实实在在的帮助,又能顾全被助者的体面。资助湘云、规劝黛玉、救济岫烟,宝钗都是真心实意,并无私心。有人认为这些行为都是宝钗笼络人心的手段,这是不知宝钗的宽广心胸和阔朗格局。

（二）热忱待下

薛宝钗贵为千金,热忱对待下人奴仆,不似凤姐那般刻薄,也不像迎春、惜春那样冷漠。宝钗待香菱很友善。香菱是薛蟠拐卖来的,既是丫头又是小妾,宝钗深知薛蟠的低劣习性,她体谅香菱生活处境艰难,多次保护香菱。她给香菱起名字,带着香菱住进大观园,让香菱可以跟着黛玉学诗,给了香菱悲苦一生中最快乐、最诗意的一段生活。当香菱被薛蟠之妻夏金桂构陷,被逼得要被卖出薛家时,宝钗挺身而出,执意将香菱留下。宝钗对香菱的友善,让香菱在其短暂而凄惨的人生中感受到了为数不多的温暖。宝钗待丫头莺儿很宽厚,虽比不得黛玉待紫鹃亲如姐妹,宝钗对莺儿也是宠爱有加。宝玉、宝钗互看通灵宝玉和金锁时,作为丫头的莺儿敢多嘴说通灵宝玉上的字"和姑娘项圈上的两句话是一对儿"。宝钗、贾环、莺儿一起玩牌，丫头莺儿敢顶撞、奚落主子贾环，还敢随意采摘婆子们不让动的花枝，实在活得像个小姐，这不得不说跟宝钗的宽厚和善有关。宝钗待袭人、鸳鸯、平儿等丫头，都像主子一样尊敬。除此之外，宝钗还能体谅下人的难处，例如提议将大观园"承包制"获得的利息惠及众下人。薛蟠从江南做生意归来，宝钗提醒薛姨妈要好好酬谢同去的伙计们。作为主子，宝钗能够体贴、关心、尊重下人，难能可贵。

（三）热烈追求

薛宝钗有"好风凭借力，送我上青云"的热烈追求。努力做一个遵循封建家长制、遵从"三纲五常"封建礼教的大家闺秀、孝女贤妻，这是宝钗热烈追求的人生价值。

首先，薛宝钗热烈追求振兴家族。父亲去世，兄长顽愚，薛母寡弱，薛家生意"渐亦销耗"。宝钗自由读书识字，比薛蟠"竟高十倍"，眼见家道中落，又"见哥哥不能安慰母心"，"便不以书字为念，只留心针黹家计等事，好为母亲分忧代劳"。进京待选妃嫔或女官，是家长薛母的期望，也是宝钗振兴家族渴望凭借的"好风"。待选事宜搁浅后，薛母有意撮合宝钗与宝玉的"金玉良缘"，宝钗深知这是贾薛两家的财权联姻，哪怕凤姐使用"掉包计"这个让宝钗备受侮辱的婚姻方式，信奉"父母之命，媒妁之言"封建家长婚姻制度的宝钗都心甘情愿接受，可见"在家从父（母）"是宝钗认可并努力追求的价值。

其次，薛宝钗热衷追求功名，这一点集中体现在她热烈规劝宝玉留心仕途经济上。女儿身无缘科举仕途，"出嫁从夫"的封建礼教思想让宝钗把对功名的追求转到夫婿身上，她认为男子就应该积极追求仕途功名，多次规劝宝玉"读书明理"以

"辅国治民"，对宝玉的不上进"借词含讽谏"，以"无事忙""富贵闲人"嘲之。这种热烈规劝甚至使贾宝玉愤然反感，说宝钗"好好的一个清净洁白女子，也学得沽名钓誉，入了国贼禄鬼之流"。宝钗有大用之才，也有大用之志，假如宝钗是个男儿，定会与探春的志向一样——"立出一番事业"。

四、山中高士的矛盾性格

薛宝钗的性格为何又"冷"又"热"？这一矛盾在她身上为何能和谐统一？细究发现，"冷"是外在，"热"是本真。"冷"是封建礼教压抑了本真的"热"，"热"是善良热情的本真流露。宝钗的"冷"既是封建礼教强压的结果，又是宝钗自觉以封建闺范为规范、自觉用封建礼教约束言行的自我追求的体现。宝钗"冷""热"相宜，既能冷眼隔世、远嫌避祸，又能热心待人、充满温情。宝钗身上"冷""热"矛盾的调和，既受封建礼教约束的影响，又有自我追求的加持。

（一）封建礼教的约束

曹雪芹刻意设计薛宝钗服用"冷香丸"来压制胎里带来的"热毒"这一情节，是很有深意的。胎里带来的"热毒"象征宝钗本性的"热"，"冷香丸"则象征封建礼教的约束。

薛宝钗性格中的"冷"并不是天生的，她规劝黛玉时说："我也是个淘气的。从小儿七八岁上，也够个人缠的。我们家也算是个读书人家，祖父手里也极爱藏书。先时人口多，姊妹兄弟也在一处，都怕看正经书。弟兄们也有爱诗的，也有爱词的，诸如这些《西厢》《琵琶》以及《元人百种》，无所不有。他们背着我们偷看，我们也背着他们偷看。后来大人知道了，打的打，骂的骂，烧的烧，丢开了。"喜欢看被封建家长所称的会"移了性情"的"杂书"，而且还背着大人"偷偷看"，可见宝钗天真活泼、热情纯真的少女天性。蹑手蹑脚地扑蝶，在宝玉挨打时真切地关心，热心帮助姐妹，热忱对待下人，这些都是宝钗之"热"的本真流露。只不过，封建家长"打的打，骂的骂，烧的烧"，强行逼迫，强制禁锢，宝钗在封建礼教和封建宗法制度的强烈摧残下，渐渐压抑了原本的天真与活力，逐渐被约束为封建道德规范的"楷模"，成为封建礼教约束下的淑女典范。

（二）自我追求的加持

虽然深受封建礼教的约束，但薛宝钗绝非没有独立的思想和人格，她有明确的是非观。怒怼宝玉"我倒像杨贵妃，只是没一个好哥哥、好兄弟可以做得杨国忠的"，可见她不满哥哥薛蟠的混账不争气。凤姐用"掉包计"让宝钗和宝玉成亲，她心里埋怨母亲"糊涂"，可见宝钗深知自尊受到了伤害。为人处世，宝钗有自己鲜明的态度；吟诗作赋，宝钗有自己独特的见解。如果宝钗愿意叛逆，恐怕更甚宝玉、黛玉。但宝钗偏偏选择顺从家长、遵循封建礼教。

这是为何？主要原因是薛宝钗的家庭状况容不得她叛逆。家道中落，父亲早死，兄长无能，寡母势弱，这样的家庭现状让自幼饱读诗书的宝钗自觉肩负起繁荣兴家的使命，要完成这个使命就要谨遵礼教规范，努力让自己成为符合封建道德要求的孝女贤妻，如此方能凭借"好风"之力（选妃或女官，或者嫁给权贵）来兴旺薛家。马克思、恩格斯认为"人们的意识，随着人们的生活条件、人们的社会关系、人们的社会存在的改变而改变"[1]，

---

1 [德]马克思、[德]恩格斯:《共产党宣言》，载《马克思恩格斯文集》第二卷，人民出版社，2009年，第50—51页。

一开始被迫接受的封建礼教教条和准则，逐渐成为宝钗自觉遵循的行为规范，并且她把符合封建礼教规范的女性要求加持为自己的价值追求。在被迫与自觉的双重作用下，宝钗成为封建思想的卫道者，她多次规劝宝玉留心仕途经济，读正经书。她说香菱学诗"叫有学问的人听了反笑话，说不守本分的"。规劝黛玉："至于你我，只该做些针线纺绩的事才是……最怕见些杂书，移了性情，就不可救了。"宝钗是笃信和认同封建礼教规范的，她自觉地按照封建正统思想去立身处世，忠实地信奉封建正统思想给女性规定的道德规范，她努力使自己的身心符合封建道德的要求，并且心甘情愿，没有怨言。

从思想进步的角度来说，薛宝钗深受封建礼教荼毒而不自知，反而自觉地加持遵守，以至思想麻木冷漠，这是其性格的局限之处，也是其可悲之处。宝钗不经意间流露出"热"之本性却理性地用封建礼教加以克制压抑，让人心生同情。同时，宝钗强烈的家庭责任感，等得了"冷香丸"数年配置所透露出的隐忍坚强，又让人心生敬佩。简言之，薛宝钗是一个身上的"冷"与"热"矛盾统一，有血有肉、复杂立体、真实的人物，越深入鉴赏薛宝钗这一人物的形象特点，我们越能感受《红楼梦》塑造人物形象的高超水平和艺术魅力。

原文细读与鉴赏

一、山中高士的"高"

（一）出身高贵

第四回

薄命女偏逢薄命郎　葫芦僧判断葫芦案

　　且说那买了英莲、打死冯渊的那薛公子，亦系金陵人氏，本是书香继世之家。只是如今这薛公子幼年丧父，寡母又怜他是个独根孤种，未免溺爱纵容些，遂致老大无成；且家中有百万之富，现领着内帑[1]钱粮，采办杂料。这薛公子学名薛蟠，表字文起，性情奢侈，言语傲慢。虽也上过学，不过略识几个字，终日唯有斗鸡走马、游山玩景而已。虽是皇商[2]，一应经纪世事全然不知，不过赖祖父旧日的情分，户部挂个虚名支领钱粮，其余事体，自有伙计

正应了"珍珠如土金如铁"的薛家财力。

甲戌本侧批"紫微舍人薛公之后"，"紫薇舍人"

1　内帑（tǎng）：指国库里的钱粮。
2　皇商：专门承办官府或宫廷购置物品事宜的商人。

老家人等措办。寡母王氏乃现任京营节度使王子腾之妹，与荣国府贾政的夫人王氏是一母所生的姊妹，今天方五十上下，只有薛蟠一子。还有一女，比薛蟠小两岁，乳名宝钗，生得肌骨莹润，举止娴雅，当时她父亲在日，极爱此女，令其读书识字，较之乃兄竟高十倍。自父亲死后，见哥哥不能安慰母心，她便不以书字为念，只留心针黹家计等事，好为母亲分忧代劳。近因今上崇尚诗礼，征采才能，降不世之隆恩，除聘选妃嫔外，在世宦名家之女，皆得亲名达部，以备选择，为宫主郡主入学陪侍，充为才人、赞善之职。

　　自薛蟠父亲死后，各省中所有的卖买承局、总管、伙计人等，见薛蟠年轻不谙世事，便趁时拐骗起来，京都几处生意，渐亦销耗。

第五回
贾宝玉神游太虚境　警幻仙曲演红楼梦

　　如今且说林黛玉自在荣府，一来贾母万般怜爱，寝食起居一如宝玉，把那迎春、探春、惜春三个孙女儿倒且靠后了；就是宝玉黛玉二人的亲密友爱，也较别人不同，日则同行同坐，夜则同止同息，真是言和意顺，似漆如胶。不想如今忽然来了一个薛宝钗，年纪虽大不多，然品格端方，容貌美丽，人人都说黛玉不及。

　　那宝钗却又行为豁达，随分从时，不比黛

为中书省的长官，为天子近侍之臣，负责起草诏令、参决奏表、执掌中书省诸事，是一个既以文采名世，又有极大政治权力的显要之职。可见，薛家祖辈的官职不仅不低，而且可以说地位显赫。

宝钗乃世宦名家之女，天资聪慧，很受宠爱。她此番进京的首要目标是待选妃嫔或女官，由此可见宝钗志向非一般闺阁女儿可比。

宝钗的家庭现状：父亲早死，兄长无能，寡母势弱，家道中落。

大家闺秀之范。

玉孤高自许，目无下尘，故深得下人之心，就是小丫头们，亦多和宝钗亲近。因此黛玉心中便有些不忿，宝钗却是浑然不觉。

（二）才智高绝

第十八回
皇恩重元妃省父母　天伦乐宝玉呈才藻

〔1〕

（元春）题毕，向诸姐妹笑道："我素乏捷才，且不长于吟咏，姐妹辈素所深知；今夜聊以塞责，不负斯景而已，异日少暇，必补撰'大观园记'并'省亲颂'等文，以记今日之事。妹等亦各题一匾一诗，随意发挥，不可为我微才所缚。且知宝玉竟能题咏，一发可喜。此中潇湘馆、蘅芜院二处，我所极爱；次之怡红院、浣葛山庄；此四大处，必得别有章句题咏方妙。前所题之联虽佳，如今再各赋五言律一首，使我当面试过，方不负我自幼教授之苦心。"宝玉只得答应了，下来自去构思。

〔2〕

时宝玉尚未做完，才做了"潇湘馆"与"蘅芜院"两首，正做"怡红院"一首，起稿内有"绿玉春犹卷"一句。宝钗转眼瞥见，便趁众人不理论，推他道："贵人因不喜'红香绿玉'四字，才改了'怡红快绿'；你这会子偏又用'绿玉'二字，岂不是有意和她分驰了？况

宝钗博学，典故信手拈来，宝玉佩服。

222

且蕉叶之典故颇多，再想一个改了罢。"宝玉见宝钗如此说，便拭汗说道："我这会子总想不起什么典故出处来！"宝钗笑道："你只把'绿玉'的'玉'字改作'蜡'字就是了。"宝玉道："'绿蜡'可有出处?"宝钗悄悄地咂嘴点头笑道："亏你今夜不过如此，将来金殿对策，你大约连'赵钱孙李'都忘了呢。——唐朝韩翃咏芭蕉诗头一句：'冷烛无烟绿蜡干'都忘了么?"宝玉听了，不觉洞开心意，笑道："该死，该死！眼前现成的句子竟想不到。姐姐真是'一字师'了。从此只叫你师傅，再不叫姐姐了。"宝钗也悄悄地笑道："还不快做上去，只姐姐妹妹的。谁是你姐姐？那上头穿黄袍的才是你姐姐呢。"一面说笑，因怕他耽延工夫，遂抽身走开了。

第二十二回

听曲文宝玉悟禅机　制灯谜贾政悲谶语

（本回相关内容请查阅第10课"原文细读与鉴赏"，第412—416页）

第五十六回

敏探春兴利除宿弊　贤宝钗小惠全大体

宝钗笑道："依我说，里头也不用归账，这个多了，那个少了，倒多了事。不如问他们谁

宝钗聪慧，考虑到探春想不到的地方。

领这一分的，他就揽一宗事去，不过是园里的人动用。我替你们算出来了，有限的几宗事，不过是头油、胭粉、香、纸，每一位姑娘，几个丫头，都是有定例的；再者各处笤帚、簸箕[1]、掸子，并大小禽鸟、鹿、兔吃的粮食，不过这几样。都是他们包了去，不用账房去领钱。你算算，就省下多少来？"平儿笑道："这几宗虽小，一年通共算了，也省得下四百多银子。"

宝钗笑道："却又来，一年四百，二年八百两，打租的房子也能多买几间，薄沙地也可以添几亩了。虽然还有敷余[2]，但他既辛苦了一年，也要叫他们剩些，粘补自家。虽是兴利节用为纲，然也不可太过，要再省上二三百银子，失了大体统，也不像。所以这么一行，外头账房里一年少出四五百银子，也不觉得很艰啬[3]了。他们里头却也得些小补，这些没营生的妈妈们，也宽裕了，园子里花木，也可以每年滋长繁盛。就是你们，也得了可使之物，这庶几不失大体。若一味要省时，哪里搜寻不出几个钱来？凡有些余利的，一概入了官中，那时里外怨声载道，岂不失了你们这样人家的大体？如今这园里几十个老妈妈们，若只给了这个，那剩的也必抱怨不公；我才说的他们只供给这个几样，也未免太宽裕了。一年竟除这个之外，

1　簸箕(bò ji)：一种铲状器具，用以收运垃圾。
2　敷余：剩余，余留。
3　艰啬：钱物缺少，难以应付。

他每人不论有余无余，只叫他拿出若干吊钱来，大家凑齐，单散与这些园中的妈妈们。他们虽不料理这些，却日夜也都在园里照料。当差之人，关门闭户，起早睡晚，大雨大雪，姑娘们出入，抬轿子，撑船，拉冰床，一应粗重活计，都是他们的差使。一年在园里辛苦到头，这园内既有出息，也是分内该沾带些的。还有一句至小的话，越发说破了：你们只顾了自己宽裕，不分与他们些，他们虽不敢明怨，心里却都不服，只用假公济私的，多摘你们几个果子，多掐几枝花儿，你们有冤还没处诉呢。他们也沾带些利息，你们有照顾不到的，他们就替你们照顾了。"

众婆子听了这个议论，又去了账房受辖制，又不与凤姐儿去算账，一年不过多拿出若干吊钱来，各各欢喜异常，都齐声说："愿意，强如出去被他们揉搓着，还得拿出钱来呢！"

小惠全大体。

那不得管地的，听了每年终无故得钱，更都喜欢起来，口内说："他们辛苦收拾，是该剩些钱粘补的，我们怎么好'稳吃三注'呢？"

宝钗笑道："妈妈们也别推辞了，这原是分内应当的。你们只要日夜辛苦些，别躲懒纵放人吃酒赌钱就是了。不然，我也不该管这事。你们也知道，我姨娘亲口嘱托我三五回，说：大奶奶如今又不得闲，别的姑娘又小，托我照看照看。我若不依，分明是叫姨娘操心。我们太太又多病，家务也忙，我原是个闲人，就是街

225

坊邻舍，也要帮个忙儿，何况是姨娘托我？讲不起众人嫌我，倘或我只顾沽名钓誉的，那时酒醉赌输，再生出事来，我怎么见姨娘？你们那时后悔也迟了，就连你们素昔的老脸也都丢了。这些姑娘们，这么一所大花园子，都是你们照管着，皆因看的你们是三四代的老妈妈，最是循规蹈矩，原该大家齐心顾些体统。你们反纵放别人，任意吃酒赌博。姨娘听见了，教训一场犹可，倘若被那几个管家娘子听见了，他们也不用回姨娘，竟教导你们一场，你们这年老的反受了小的教训，虽是他们是管家，管得着你们，何如自己存些体面，他们如何得来作践呢！所以我如今替你们想出这个额外的进益来，也为的是大家齐心，把这园里周全得谨谨慎慎的，使那些有权执事的看见这般严肃谨慎，且不用他们操心，他们心里岂不敬服？也不枉替你们筹划些进益了。你们去细细想想这话。"

众人都欢喜说："姑娘说得很是。从此姑娘奶奶只管放心，姑娘奶奶这么疼顾我们，我们再要不体上情，天地也不容了！"

○ 学习小任务：

"贤宝钗小惠全大体"的情节中，"小惠"指什么？"全大体"有哪几个方面？这个情节是如何体现宝钗"才智高绝"的？

参考答案：薛宝钗在《红楼梦》第六十七回中向探春建议，让承包大观园的婆子们拿出一点小的恩惠来,分给园子里其他婆子,使探春的改革更加完善,也起到了争取人心的作用。

(三)志趣高雅

第三十七回
秋爽斋偶结海棠社　蘅芜院夜拟菊花题

〔1〕
大家看了,称赏一回,又看宝钗的道:

珍重芳姿昼掩门,自携手瓮灌苔盆。
胭脂洗出秋阶影,冰雪招来露砌魂。
淡极始知花更艳,愁多焉得玉无痕?
欲偿白帝宜清洁,不语婷婷日又昏。

李纨笑道:"到底是蘅芜君!"

〔2〕
李纨道:"若论风流别致,自是这首;若论含蓄浑厚,终让蘅稿。"探春道:"这评得有理。潇湘妃子当居第二。"

宝钗海棠诗夺魁。

○ 学习小任务:

宝钗的《咏白海棠》诗借花喻人,请阅读该诗作,说说你从中读出一个怎样的宝钗。

参考答案:这首诗首联以花姿喻宝钗端庄贤淑的举止,符合封建社会对女子的规范要求,也暗指宝钗迎合社会标准而舍弃自己个性、讨好他人的性格。

颔联采用倒装方式，隐喻着薛宝钗的结局。淡妆秋影，正是宝钗"幽娴贞静"的外表，然而"冰雪冷露"又展现了她性情中的冷漠和她的理性。

颈联运用丰富的意象和新颖的句法，将海棠的"白"与"洁"结合在一起描写。"淡极"正体现了宝钗的外在形象，她的衣饰"看不见奢华，唯觉雅淡"，但是她绝不是无缘无故地求淡，而是淡中求艳，淡中求艳是她出人头地、野心勃勃的内心世界的流露。

尾联则表现出薛宝钗的"装愚守拙"。的确，为报答皇恩浩荡，维持封建礼教，宝钗应该永远保持"清洁"、保持罕言寡语，和那"不语婷婷"的海棠一样，才能不失其封建贵族仕女的身份。

薛宝钗这首诗借花自喻，写出她作为豪门千金端庄矜持的仪态。全诗用词得体，含蓄浑厚。

二、山中高士的"冷"

（一）冷艳威严

第二十八回

蒋玉菡情赠茜香罗　薛宝钗羞笼红麝串

正说着，只见宝钗从那边来了，二人便走开了。宝钗分明看见，只装看不见，低头过去了。到了王夫人那里，坐了一回，然后到了贾母这边，只见宝玉也在这里呢。宝钗因往日母亲对王夫人曾提过"金锁是个和尚给的，等日后有玉的方可结为婚姻"等语，所以总远着宝玉。昨日见元春所赐的东西，独她与宝玉一样，心里越发没意思起来。幸亏宝玉被一个林黛玉缠绵住了，心心念念只记挂着林黛玉，并不理论这事。此刻忽见宝玉笑道："宝姐姐，我瞧瞧你的那香串子？"可巧宝钗左腕上笼着一串，见宝玉问她，少不得褪了下来。

宝钗因为"金玉"之说，刻意远着宝玉，从感情上"冷"着宝玉。

宝钗原生的肌肤丰泽，容易褪不下来，宝玉在旁边看着雪白的胳膊，不觉动了羡慕之心。暗暗想道："这个膀子，若长在林姑娘身上，或者还得摸一摸，偏长在她身上，正是恨我没福。"忽然想起"金玉"一事来，再看看宝钗形容，只见脸若银盆，眼同水杏，唇不点而红，眉不画而翠，比林黛玉另具一种妩媚风流，不觉就呆了。宝钗褪下串子来递与他也忘了接。

宝玉为何不敢"摸一摸"宝钗的膀子？

宝钗见他呆了，自己倒不好意思的，丢下串子，回身才要走，只见林黛玉蹬着门槛子，嘴里咬着手帕子笑呢。宝钗道："你又禁不得风吹，怎么又站在那风口里？"林黛玉笑道："何曾不是在房里的？只因听见天上一声叫，出来瞧了瞧，原来是个呆雁。"宝钗道："呆雁在哪里呢？我也瞧瞧。"林黛玉道："我才出来，他就'忒儿'一声飞了。"口里说着，将手里帕子一

229

甩，向宝玉脸上甩来，宝玉不知，正打在眼上，
"嗳哟"了一声。

第三十回
宝钗借扇机带双敲　椿龄画蔷痴及局外

　　此时宝钗正在这里，那林黛玉只一言不
发，挨着贾母坐下。宝玉没甚说的，便向宝钗
笑道："大哥哥好日子，偏生的又不好了，没别
的礼送，连个头也不磕去。大哥哥不知我病，
倒像我懒推故不去呢。倘或明儿闲了，姐姐替
我分辩分辩。"宝钗笑道："这也多事。你便要
去，也不敢惊动，何况身上不好。弟兄们终日
一处，要存这个心，倒生分了。"宝玉又笑道：
"姐姐知道体谅我就好了。"又道："姐姐怎么不
看戏去？"宝钗道："我怕热。看了两出，热得
很，要走，客又不散；我少不得推身上不好，就
来了。"

　　宝玉听说，自己由不得脸上没意思，只得
又搭讪笑道："怪不得他们拿姐姐比杨贵妃，原
也体胖怯热。"宝钗听说，不由得大怒，待要怎
样，又不好怎样；回思了一回，脸红起来，便冷
笑了两声，说道："我倒像杨贵妃，只是没一个
好哥哥、好兄弟可以做得杨国忠的！"

　　二人正说着，可巧小丫头靓儿因不见了扇
子，和宝钗笑道："必是宝姑娘藏了我的。好姑
娘，赏我罢！"宝钗指她道："你要仔细！我和谁

你还能在原文中找到宝钗怕热的哪些情节？

230

玩过，你来疑我，和你素日嬉皮笑脸的那些姑娘们，你该问她们去。"说得靓儿跑了。

宝玉自知又把话说造次[1]了，当着许多人，更比才在林黛玉跟前更不好意思，便急回身，又同别人搭讪去了。

宝玉惹怒了宝钗，为何会觉得比在黛玉跟前更不好意思？

黛玉听见宝玉奚落宝钗，心中着实得意，才要搭言，也趁势取个笑，不想靓儿因找扇子，宝钗又发了两句话，她便改口说道："宝姐姐，你听了两出什么戏？"宝钗因见黛玉面上有得意之态，一定是听了宝玉方才奚落之言，遂了她的心愿。忽又见她问这话，便笑道："我看的是李逵骂了宋江，后来又赔不是。"宝玉便笑道："姐姐通今博古，色色都知道，怎么连这一出戏的名儿也不知道，就说了这么一串。这叫个'负荆请罪'。"宝钗笑道："原来这叫'负荆请罪'，你们通今博古，才知道'负荆请罪'，我不知什么是'负荆请罪'[2]。"

一句话未说了，宝玉、黛玉二人心里有病，听了这话，早把脸羞红了。凤姐这些上虽不通，但只看他三人形景，便知其意，也笑问道："这么大热天，谁还吃生姜呢？"众人不解其意，便说道："没有吃生姜的。"凤姐故意用手摸着腮，咤异道："既没人吃生姜，怎么这样辣辣的？"

1　造次：轻率，鲁莽。
2　负荆请罪：典出《史记》，指赵将廉颇负荆向丞相蔺相如请罪之事。这里指戏曲《李逵负荆》。

宝玉、黛玉二人听见这话，越发不好意思了。宝钗再欲说话，见宝玉十分羞愧，形景改变，也就不好再说，只得一笑收住。别人总未解得他四个人的言语，因此付之一笑。

○ 学习小任务：

宝玉奚落宝钗像杨贵妃，黛玉有得意之色。请阅读上面第三十回的选文，说说宝钗是如何表达愤怒的。这体现了宝钗怎样的性格特点？

参考答案：在贾宝玉刚说完宝钗"体胖怯热""像杨贵妃"后，宝钗的第一反应是"不由得大怒"。薛宝钗对封建礼教有着极强的认同感，所以在听到贾宝玉拿她比作杨贵妃时，第一反应是自己的人品被宝玉亵渎了。

紧接着，宝钗"回思了一回，脸红起来"，暂时放下了怒气，由怒转羞。通过短暂的思考，宝钗意识到宝玉并不是有意在贬低自己，他仅仅是站在"美"的角度来夸赞自己，因而羞涩心起，脸红起来。

最后，宝钗"冷笑了两声"，对贾宝玉出言嘲讽："我倒像杨贵妃，只是没一个好哥哥、好兄弟可以做得杨国忠的。"薛宝钗一贯安分随时，从不肯多言一句，但是在涉及自身尊严的时候，还是有着自己的底线，因而她用嘲讽这种温和的方式向宝玉表达出自己的不满。

（二）冷静机智

第二十七回

滴翠亭杨妃戏彩蝶　埋香冢飞燕泣残红

刚要寻别的姊妹去。忽见面前一双玉色蝴蝶，大如团扇，一上一下，迎风翩跹，十分有趣。宝钗意欲扑了来玩耍，遂向袖中取出扇子来，向草地下来扑。只见那一双蝴蝶忽起忽落，来来往往，将欲过河去了。倒引得宝钗蹑手蹑脚地，一直跟到池边滴翠亭上，香汗淋漓，娇喘细细。宝钗也无心扑了，刚欲回来，只听那亭里边嘁嘁喳喳有人说话。原来这亭子四面俱是游廊曲栏，盖在池中水上，四面雕镂槅子，糊着纸。

宝钗扑蝶名场面，可见宝钗天真顽皮的少女天性，扑蝶的热情和蘅芜苑的冷峻之间形成了鲜明对比。

隔水传音便于偷听，但四面没有遮挡，不便隐藏，因此才有后文的“金蝉脱壳”。

宝钗在亭外听见说话，便煞住脚，往里细听。只听说道：“你瞧这手帕子果然是你丢的那一块，你就拿着；要不是，就还芸二爷去。”又有一个说：“可不是我那块！拿来给我罢。”又听道：“你拿什么谢我呢？难道白找了来不成？”又答道：“我已经许了谢你，自然是不哄你的。”又听说道：“我找了来给你，自然谢我，但只是那拣的人，你就不谢他么？”那一个又说道：“你别胡说。他是个爷们家，拣了我们的东西，自然该还的。叫我拿什么谢他呢？”又听说道：“你不谢他，我怎么回他呢？况且他再三再四地和我说了，若没谢的，不许我给你呢。”半晌，又听说道：“也罢，拿我这个给他，算谢他的罢。你要告诉别人呢？须说一个誓。”又听说道：“我要告诉人，嘴上就长一个疔，日后不得好死！”又听说道：“嗳哟，咱们只顾说，看有人来悄悄地在外头听见。不如把这槅子都推开了，便是人见咱们在这里，他们只当我们说玩话儿呢。若走到跟前，咱们也看得见，就别说了。”

宝钗外面听见这话，心中吃惊，想道：“怪道从古至今那些奸淫狗盗的人，心机都不错！这一开了，见我在这里，她们岂不臊了？况且说话的语音，大似宝玉房里红儿的言语。她素昔眼空心大，是个头等刁钻古怪的丫头，今儿我听了她的短儿，‘人急造反，狗急跳墙’，不但生事，而且我还没趣。如今便赶着躲了，料也躲不及，少不得要使个‘金蝉脱壳’[1]的法子。”

犹未想完，只听“咯吱”一声，宝钗便故意放重了脚步，笑着叫道：“颦儿，我看你往哪里藏！”一面说一面故意往前赶。那亭内的小红坠儿刚一推窗，只听宝钗如此说着往前赶，两个人都唬怔了。

宝钗反向她二人笑道：“你们把林姑娘藏在哪里了？”坠儿道：“何曾见林姑娘了？”宝钗道：“我才在河那边看着林姑娘在这里蹲着弄水儿呢。我要悄悄地唬她一跳，还没有走到跟前，她倒看见我了，朝东一绕，就不见了。别是

1　金蝉脱壳（qiào）：三十六计中的第二十一计，即以假象做掩护，暗中溜走。

藏在里头了？"

一面说，一面故意进去，寻了一寻，抽身就走，口内说道："一定又钻在山子洞里去了。遇见蛇，咬一口也罢了！"一面说，一面走，心中又好笑："这件事算遮过去了。不知她二人怎么样？"

谁知小红听了宝钗的话，便信以为真，让宝钗去远，便拉坠儿道："了不得了，林姑娘蹲在这里，一定听了话去了！"坠儿听了，也半日不言语。小红又道："这可怎么样呢？"坠儿道："听见了，管谁筋疼，各人干各人的就完了。"小红道："要是宝姑娘听见还倒罢了。那林姑娘嘴里又爱刻薄人，心里又细，她一听见了，倘或走露了，怎么样呢？"

○ 学习小任务：

有人认为滴翠亭外听隐语是宝钗最招黑的一个事件，听人隐私还嫁祸黛玉，由此可见宝钗心机深重、自私冷漠。也有人认为"金蝉脱壳"的法子恰恰是宝钗急中生智的体现。对此，你有什么看法？（答案略）

（三）冷峻理性

第三十二回
诉肺腑心迷活宝玉　含耻辱情烈死金钏

宝钗来至王夫人房里，只见鸦雀无闻，独有王夫人在里间房内坐着垂泪。宝钗便不好金钏儿的死, 到底跟王夫人有无关系?

提这事, 只得一旁坐下。王夫人便问:"你打哪里来?"宝钗道:"打园里来。"王夫人道:"你打园里来, 可曾见你宝兄弟?"宝钗道:"才倒看见他了, 穿着衣裳出去了, 不知哪里去。"王夫人点头叹道:"你可知道一件奇事? 金钏儿忽然投井死了。"宝钗见说, 道:"怎么好好儿的投井? 这也奇了。"王夫人道:"原是前日她把我一件东西弄坏了, 我一时生气, 打了她两下子, 撵了下去。我只说气她几天, 还叫她上来, 谁知她这么气性大, 就投井死了, 岂不是我的罪过!"

宝钗安慰王夫人的话语, 你认为体现的是宝钗对他人生命的漠视, 还是她冷峻理性的生命态度?

宝钗笑道:"姨娘是慈善人, 固然是这么想; 据我看来, 她并不是赌气投井, 多半她下去住着, 或是在井旁边儿玩, 失了脚掉下去的。她在上头拘束惯了, 这一出去, 自然要到各处去玩玩逛逛儿, 岂有这样大气的理? 纵然有这样大气, 也不过是个糊涂人, 也不为可惜。"王夫人点头叹道:"虽然如此, 到底我心里不安。"

宝钗笑道:"姨娘也不劳关心。十分过不去, 不过多赏她几两银子, 发送她, 也就尽了主仆之情了。"王夫人道:"才刚我赏了五十两银子给她妈, 原要还把你姐妹们的新衣裳给她两件装裹[1], 谁知可巧都没有什么新做的衣裳, 只有你林妹妹做生日的两套。我想你林妹妹那孩子, 素日是个有心的, 况且她也三灾八难的, 既说了给她做生日, 这会子又给人去装裹, 岂

你认为, 若王夫人去跟黛玉商量此事, 黛玉会不会因忌讳而拒绝?

---

1 装裹: 给死者穿衣服。

236

不忌讳？因这么着，我才现叫裁缝赶着做一套给她。要是别的丫头，赏她几两银子，也就完了。金钏儿虽然是个丫头，素日在我跟前，比我的女孩儿差不多儿。"

口里说着，不觉流下泪来。宝钗忙道："姨娘这会子何用叫裁缝赶去，我前日倒做了两套，拿来给她，岂不省事？况且她活的时候儿也穿过我的旧衣裳，身量也相对。"王夫人道："虽然这样，难道你不忌讳？"宝钗笑道："姨娘放心，我从来不计较这些。"一面说，一面起身就走。王夫人忙叫了两个人跟宝钗去。

第六十七回

见土仪颦卿思故里　闻秘事凤姐讯家童

正在猜疑，宝钗从园里过来，薛姨妈便对宝钗说道："我的儿，你听见了没有？你珍大嫂子的妹妹三姑娘，她不是已经许定给你哥哥的义弟柳湘莲了么？不知为什么自刎了，那湘莲也不知往哪里去了。真正奇怪的事，叫人意想不到。"

宝钗听了，并不在意，便说道："俗语说得好：'天有不测风云，人有旦夕祸福。'这也是他们前生命定。前日妈妈为她救了哥哥，商量着替她料理，如今已经死的死了，走的走了，依我说，也只好由他罢了，妈妈也不必为他们伤感了。倒是自从哥哥打江南回来了一二十日，贩了来的货物，想来也该发完了。那同伴去的伙

你认为宝钗的态度冷漠无情吗？

237

计们辛辛苦苦地回来几个月了,妈妈合哥哥商议商议,也该请一请,酬谢酬谢才是,别叫人家看着无理似的。"

三、山中高士的"热"

（一）热心助人

第三十七回
秋爽斋偶结海棠社　蘅芜院夜拟菊花题

史湘云道:"明日先罚我的东道,就让我先邀一社,可使得?"众人道:"这更妙了。"因又将昨日的诗与她评论了一回。

宝钗为什么要特意邀请湘云到蘅芜院安歇?

至晚,宝钗将湘云邀往蘅芜院去安歇。湘云灯下计议如何设东拟题,宝钗听她说了半日,皆不妥当,因向她说道:"既开社,就要做东。虽然是个玩意儿,也要瞻前顾后;又要自己便宜,又要不得罪了人,然后方大家有趣。你家里你又做不得主,一个月统共那几吊钱,你还不够使;这会子又干这没要紧的事,你婶娘听见了越发抱怨你了。况且你就都拿出来,做这个东也不够。难道为这个家去要不成?还是和这里要呢?"

宝钗已经替湘云谋划周全。

一席话提醒了湘云,倒踌躇[1]起来。宝钗道:"这个我已经有个主意。我们当铺里有一

_____
1　踌躇:犹豫。

个伙计，他家田里出的好螃蟹，前儿送了几个来。现在这里的人，从老太太起，连上屋里的人，有多一半都是爱吃螃蟹的，前日姨娘还说：'要请老太太在园里赏桂花、吃螃蟹。'因为有事，还没有请。你如今且把诗社别提起，只普统一请，等他们散了，咱们有多少诗做不得的？我和我哥哥说，要他几篓极肥极大的螃蟹来，再往铺子里取上几坛好酒来，再备四五桌果碟，岂不又省事，又大家热闹了？"

湘云听了，心中自是感服，极赞："想得周到。"宝钗又笑道："我是一片真心为你的话，你千万别多心，想着我小看了你，咱们两个就白好了。你若不多心，我就好叫他们办去。"湘云忙笑道："好姐姐，你这样说，倒多心待我了。我凭他怎么糊涂，连个好歹也不知，还成个人哩，我若不把姐姐当亲姐姐一样看待，<u>上回那些家常烦难事</u>，也不肯尽情告诉你了。"

> 湘云的"家常烦难事"有哪些呢？

宝钗听说，便唤一个婆子来："出去和大爷说，照前日的大螃蟹要几篓来，明日饭后请老太太、姨娘赏桂花。你说：大爷好歹别忘了，我今儿已经请下人了。"那婆子出去说明，回来无话。

第五十七回
慧紫鹃情辞试莽玉　慈姨妈爱语慰痴颦

<u>宝钗自那日见她起，想她家业贫寒</u>；二则别人的父母皆是年高有德之人，独她的父母偏

> 宝钗体谅那邢岫烟的难处。

239

是酒糟透了的人,于女儿分上平常;邢夫人也不过是脸面之情,亦非真心疼爱;且岫烟为人雅重,迎春是个老实人,连她自己尚未照管齐全,如何能管到她身上,凡闺阁中家常一应需用之物,或有亏乏,无人照管,她又不和人张口。

宝钗倒暗中每相体贴接济,也不敢叫邢夫人知道,也恐怕是多心闲话之故。如今却是众人意料之外奇缘作成这门亲事。岫烟心中先取中宝钗,有时仍与宝钗闲话,宝钗仍以姊妹相呼。

这日宝钗因来瞧黛玉,恰值岫烟也来瞧黛玉,二人在半路相遇。宝钗含笑唤她到跟前,二人同走。至一块石壁后,宝钗笑问她:"这天还冷得很,你怎么倒全换了夹的了?"

岫烟见问,低头不答。宝钗便知道又有了原故,因又笑问道:"必定是这个月的月钱又没得?凤姐姐如今也这样没心没计了。"岫烟道:"她倒想着不错日子给的。因姑妈打发人和我说道:一个月用不了二两银子,叫我省一两给爹妈送出去;要使什么,横竖有二姐姐的东西,能着些搭着就使了。姐姐想:二姐姐是个老实人,也不大留心。我使她的东西,她虽不说什么,她那些丫头妈妈,哪一个是省事的?哪一个是嘴里不尖的?我虽在那屋里,却不敢很使唤她们。过三天五天,我倒得拿些钱出来,给她们打酒买点心吃才好。因此,一月二两银子还不够使,如今又去了一两。前日我悄悄地把棉衣服叫人当了几吊钱盘缠。"

宝钗听了,愁叹道:"偏梅家又合家在任上,后年才进来。若是在这里,琴儿过去了,好再商议你的事,离了这里就完了。如今不完了她妹妹的事,也断不敢先娶亲的,如今倒是一件难事。再迟两年,我又怕你熬煎出病来。等我和妈妈再商议。"

宝钗又指她裙上一个璧玉佩问道:"这是谁给你的?"岫烟道:"这是<u>三姐姐</u>给的。"宝钗点头道:"她见人人皆有,独你一个没有,怕人笑语,故此送一个,这是她聪明细致之处。"

"三姐姐"是谁呢?

岫烟又问:"姐姐此时哪里去?"宝钗道:"我到潇湘馆去。<u>你且回去,把那当票子叫丫头送来我那里,悄悄地取出来,晚上再悄悄地送给你去,早晚好穿。</u>不然,风闪着还了得,但不知当在哪里了?"岫烟道:"叫做什么恒舒,是鼓楼西大街的。"宝钗笑道:"这闹在一家去了,伙计们倘或知道了,好说'人没过来,衣裳先来了'。"岫烟听说,便知是她家的本钱,也不答言,红了脸,一笑走开。

"悄悄地"取出来,再"悄悄地"送过去,宝钗热心助人,细心周到,保全了邢岫烟的颜面。

(二)热忱待下

第四十八回
滥情人情误思游艺　慕雅女雅集苦吟诗

薛姨妈上京带来的家人不过四五房,并两三个老嬷嬷小丫头,今跟了薛蟠一去,外面只剩了一两个男子，因此薛姨妈即日到书房，将一应陈设玩器并帘帐等物，尽行搬进来收贮，命两个跟去的男子之妻，一并也进来睡觉。又命香菱将她屋里也收拾严紧："将门锁了，晚上和我去睡。"

宝钗道："妈妈既有这些人做伴，不如叫菱姐姐和我做伴去，我们园里又空，夜长了，我每夜做活，越多一个人，岂不越好？"薛姨妈笑道："正是，我忘了，原该叫她同你去才是。我前日还和你哥哥说：文杏又小，到三不着两[1]的；莺儿一个人，不够伏侍的。还要买一个丫头来你使。"宝钗道："买得不知底里，倘或走了眼，花了钱事小，没的淘气。倒是慢慢打听着，有知道来历的，买个还罢了。"一面说，一面命香菱收拾了衾褥妆奁，命一个老嬷嬷并臻儿送至蘅芜院去，然后宝钗和香菱才同回园中来。

香菱向宝钗道："我原要和太太说的，等大爷去了，我和姑娘做伴去。我又恐怕太太多心，说我贪着园里来玩，谁知你竟说了。"宝钗笑道："我知道你心里羡慕这园子不是一日两日的了，只是没有个空儿。每日来一趟，慌慌张张的，也没趣儿。所以趁着机会，越发住上一年，我也多个做伴的，你也遂了你的心。"

宝钗体贴香菱，带着香菱住进大观园，给了香菱此生中最快乐的一段时光。

1　三不着两：做事没有分寸、欠考虑。

（三）热烈追求

第七十回
林黛玉重建桃花社　史湘云偶填柳絮词

宝钗笑道:"总不免过于丧败。我想柳絮原是一件轻薄无根的东西,依我的主意,偏要把它说好了,才不落套。所以我诌了一首来,未必合你们的意思。"众人笑道:"别太谦了,自然是好的,我们赏鉴赏鉴。"因看这一阕《临江仙》道:

白玉堂前春解舞,东风卷得均匀[1]。

宝钗的志向非一般闺阁女子能比。

湘云先笑道:"好一个'东风卷得均匀'!这一句就出人之上了。"

蜂团蝶阵[2]乱纷纷。几曾随逝水,岂必委芳尘。万缕千丝终不改,任他随聚随分。韶华休笑本无根,好风凭借力,送我上青云!

众人拍案叫绝,都说:"果然翻得好。自然这首为尊。缠绵悲戚,让潇湘子;情致妩媚,却是枕霞;小薛与蕉客今日落第,要受罚的。"宝琴笑道:"我们自然受罚。但不知交白卷子的,又怎么罚?"李纨道:"不用忙,这定要重重地罚她,下次为例。"

1　均匀:舞姿优美,匀称有度。
2　蜂团蝶阵:比喻柳絮纷飞繁乱,仿佛蜂蝶翻飞。

四、山中高士的"冷""热"矛盾

第七回
送宫花贾琏戏熙凤　宴宁府宝玉会秦钟

宝钗听说笑道:"再别提起这个病! 也不知请了多少大夫,吃了多少药,花了多少钱,总不见一点效验儿。后来还亏了一个和尚,专治无名的病症,因请他看了。他说我这是从胎里带来的一股热毒,幸而我先天壮,还不相干;要是吃凡药,是不中用的。他就说了个海上仙方儿,又给了一包末药作引子,异香异气的。他说犯了时吃一丸就好了。倒也奇怪,这倒效验些。"

周瑞家的因问道:"不知是什么方儿? 姑娘说了,我们也好记着,说给人知道。要遇见这样病,也是行好的事。"宝钗笑道:"不问这方儿还好,若问这方儿,真把人琐碎死了! 东西药料一概却都有限,最难得是'可巧'二字:要春天开的白牡丹花蕊十二两,夏天开的白荷花蕊十二两,秋天的白芙蓉蕊十二两,冬天的白梅花蕊十二两。将这四样花蕊于次年春分这一天晒干,和在末药一处,一齐研好;又要雨水这日的天落水十二钱……"

周瑞家的笑道:"嗳呀! 这么说就得三年的工夫呢! 倘或雨水这日不下雨,可又怎么着呢?"宝钗笑道:"所以了,哪里有这么可巧的

宝钗天性本"热"。

"冷香丸"的配料有何特别之处?

244

雨？也只好再等罢了。还要白露这日的露水十二钱，霜降这日的霜十二钱，小雪这日的雪十二钱。把这四样水调匀了，丸了龙眼大的丸子，盛在旧磁坛里，埋在花根底下。若发了病的时候儿，拿出来吃一丸，用一钱二分黄柏煎汤送下。"

周瑞家的听了，笑道："阿弥陀佛！真巧死了人。等十年还未必碰得全呢！"宝钗道："竟好。自他去后，一二年间，可巧都得了，好容易配成一料。如今从家里带了来，现埋在梨花树底下。"周瑞家的又道："这药有名字没有呢？"宝钗道："有。也是那和尚说的，叫作'冷香丸'。"周瑞家的听了点头儿，因又说："这病发了时，到底怎么着？"宝钗道："也不觉什么，不过只喘嗽些，吃一丸也就罢了。"

"热毒"并不"毒"，"冷香丸"倒像多余的。

第四十回

史太君两宴大观园　金鸳鸯三宣牙牌令

贾母忙命拢岸[1]，顺着云步石梯上去，一同进了蘅芜院，只觉异香扑鼻，那些奇草仙藤，愈冷愈苍翠，都结了实，似珊瑚豆子一般，累垂可爱。及进了房屋，雪洞一般，一色的玩器全无。案上只有一个土定瓶，瓶中供着数枝菊花，并两部书，茶奁、茶杯而已。床上只吊着青纱帐

宝钗居所冷僻，闺房朴素，用"冷"环境来克制内心的"热"。

1　拢岸：靠岸。

幔,衾褥也十分朴素。

贾母叹道:"这孩子太老实了,你没有陈设,何妨和你姨娘要些? 我也不理论,也没想到。你们的东西,自然在家里没带了来。"说着,命鸳鸯去取些古董来,又嗔着凤姐儿:"不送些玩器来与你妹妹,这样小器!"王夫人、凤姐等都笑回说:"她自己不要的,我们原送了来,都退回去了!"薛姨妈也笑说道:"她在家里也不大弄这些东西的。"

贾母摇头道:"使不得,虽然她省事,倘或来个亲戚,看着不像;二则年轻的姑娘们,房里这么素净,也忌讳。我们这老婆子,越发该住马圈去了。你们听那些书上戏上说的小姐们的绣房,精致得还了得呢。她们姊妹们虽不敢比那些小姐们,也别很离了格儿。有现成的东西,为什么不摆? 若很爱素净,少几样倒使得。我最会收拾屋子的,如今老了,没这闲心了。她们姐妹们也还学着收拾得好。只怕俗气,有好东西也摆坏了。我看她们还不俗。如今让我替你收拾,包管又大方又素净。我的两件体己,收到如今,没给宝玉看见过,若经了他的眼,也没了。"

第四十二回
蘅芜君兰言解疑癖　潇湘子雅谑补余音

且说宝钗等吃过早饭,又往贾母处问安,

回园至分路之处，宝钗便叫黛玉道："颦儿跟我来，有一句话问你。"黛玉便同了宝钗来。至蘅芜院中，进了房，宝钗便坐下，笑道："你跪下，我要审你。"黛玉不解何故，因笑道："你瞧宝丫头疯了，审问我什么？"宝钗冷笑道："好个千金小姐，好个不出闺门的女孩儿，满嘴里说的是什么？你只实说罢！"黛玉不解，只管发笑，心里也不免疑惑，口里只说："我曾说什么？你不过要捏我的错儿罢咧。你倒说出来我听听。"宝钗笑道："你还装憨儿，昨儿行酒令儿，你说的是什么？我竟不知是哪里来的。"

黛玉一想，方想起昨儿失于检点，那《牡丹亭》《西厢记》说了两句，不觉红了脸，便上来搂着宝钗笑道："好姐姐，原是我不知道，随口说的。你教给我，再不说了！"宝钗笑道："我也不知道，听你说的怪生的，所以请教你。"黛玉道："好姐姐，你别说与别人，我以后再不说了。"

宝钗见她羞得满脸飞红，满口央告，便不肯再往下追问，因拉她坐下吃茶，款款地告诉她道："你当我是谁？我也是个淘气的，从小儿七八岁上，也够个人缠的。我们家也算是个读书人家，祖父手里也极爱藏书。先时人口多，姊妹弟兄也在一处，都怕看正经书。弟兄们也有爱诗的，也有爱词的，诸如这些《西厢》《琵琶》[1]

见黛玉羞惭，满口央告，宝钗便不再追问，给足了黛玉面子。宝钗做事拿捏得很适宜。

---

1 《琵琶》：即《琵琶记》，元末高则诚的南戏作品，讲述蔡伯喈负妻再娶牛氏，其妻赵五娘卖发葬亲后求乞寻夫的故事。

表面上是封建家长的阻拦，实质上说的是封建礼教的禁锢。

宝钗认为"男人们读书明理，辅国治民"是正事。

宝钗认为女子当无才为德，做贤妻孝女才是大家闺范。

以及《元人百种》[1]，无所不有。他们背着我们偷看，我们也背着他们偷看。后来大人知道了，打的打，骂的骂，烧的烧，丢开了。所以咱们女孩儿家不认字的倒好：男人们读书不明理，尚且不如不读书的好，何况你我。连作诗写字等事，这也不是你我分内之事，究竟也不是男人分内之事。男人们读书明理，辅国治民，这更好了。只是如今并听不见有这样的人，读了书，倒更坏了。这并不是书误了他，可惜他把书糟蹋了，所以竟不如耕种买卖，倒没有什么大害处。至于你我，只该做些针线纺绩的事才是，偏又认得几个字。既认得了字，不过拣那正经书看也罢了，最怕见些杂书，移了性情，就不可救了。"

一夕话，说得黛玉垂头吃茶，心下暗服，只有答应"是"的一字。忽见素云进来说："我们奶奶请二位姑娘商议要紧的事呢。二姑娘、三姑娘、四姑娘、史姑娘、宝二爷，都等着呢。"宝钗道："又是什么事？"黛玉道："咱们到了那里就知道了。"说着，便和宝钗往稻香村来，果见众人都在那里。

○ 学习小任务：

俞平伯品评《红楼梦》时说："钗黛虽然并

1　《元人百种》：即《元曲选》，明代臧懋循所编的元代杂剧选集。

秀,性格却有显著不同:如黛玉直而宝钗曲,黛玉刚而宝钗柔,黛玉热而宝钗冷,黛玉尖锐而宝钗圆浑,黛玉天真而宝钗世故……"你认同这些说法吗?请结合《红楼梦》中的相关情节阐述你的理由。(答案略)

第7课　鲜花着锦背后的悲剧生命

——金陵十二钗判词、曲词及相关情节鉴赏

图9　贾探春(载《红楼梦图咏》,[清]改琦绘)

《红楼梦》第五回"贾宝玉神游太虚境　警幻仙曲演红楼梦"中，曹雪芹通过贾宝玉的一场梦境，将《红楼梦》中主要人物的命运和结局提纲挈领地交代出来。所以我们常常说，第五回是全书最关键的章节，读懂了第五回，就明白了整部书的始终。其中，十四首判词和十四首曲词，是第五回的核心内容，脂评"为众女子数运之机"，即暗示了这些女子过去与未来的命运。

这些判词和曲词将金陵十二钗鲜花着锦般的丰富人生，以及她们红颜薄命的悲剧生命展现在我们面前，写尽了作者的"意难平"。

现在学术界公认的"金陵十二钗"是正册的十二位女子，即林黛玉、薛宝钗、贾元春、贾探春、史湘云、妙玉、贾迎春、贾惜春、王熙凤、巧姐（贾巧）、李纨、秦可卿，警幻仙子称她们是处于"紧要者位置"的"十二冠首女子"。依据众多专家、学者的观点，作者乃按照身份、地位归类，正册入主子，副册入妾，又副册入丫鬟。

十二钗正册的判词、曲词在第五回中有完整的呈现，本课主要鉴赏十二钗正册的判词、曲词以及相关情节，副册的袭人、香菱及又副册的晴雯的判词、曲词及相关情节在批注处会有所涉及。

一、如同鲜花着锦的人生

金陵十二钗生于钟鸣鼎食的官宦或富贵之家,她们出身不凡、才貌俱佳。判词和曲词中对她们品性的描述,显示出钟灵毓秀的十二钗在贾府中的人生一度如同鲜花着锦一般。

(一)出身不凡

十二钗不凡的出身,成为她们入选正册的条件。按照十二钗与贾府的关系,可以将她们分为四类。

第一类是贾府的侯门千金:贾元春、贾迎春、贾探春、贾惜春、巧姐。元春、迎春、探春、惜春(谐音"原应叹息")四姐妹,皆与宝玉同辈。元春是嫡出,乃荣国府贾政与王夫人所生;迎春是庶出,乃荣国府贾赦与妾所生;探春亦是庶出,乃荣国府贾政与妾赵姨娘所生;惜春是宁国府贾敬之女(原著未交代其母)。巧姐比此四人低一辈分,是王熙凤与贾琏的女儿。

第二类是贾府的媳妇们:薛宝钗、王熙凤、李纨、秦可卿。薛宝钗在第九十七回嫁给贾宝玉为妻,王熙凤是贾琏的妻子,李纨是贾珠的遗孀,秦可卿是宁国府贾蓉的原配,后亡故。贾府"功名奕世,富贵传流",是百年传世的富贵之家,贾、史、王、薛四大家族关系复杂,盘根错节,姻亲相连,贾家在当时的阶层和门第地位自然不必多说。

第三类是贾府的亲戚,林黛玉和史湘云。林黛玉的母亲是贾母的女儿贾敏,黛玉在母亲去世之后投奔外祖母家,后来父亲林如海病故,黛玉便寄住在贾府。虽然寄人篱下,但是贾母非常宠爱黛玉,视之如同亲孙子宝玉,众人一向依贾母的喜好行事,对黛玉也颇为照顾。所以,黛玉在贾府的地位也较高。

史湘云来自"阿房宫都住不下"的金陵史家,是贾母,也就是史太君的母家,虽然湘云自小父母双亡,但史家的地位一直是不可小觑的,湘云的身份依然尊贵。

第四类是与贾府没有血缘关系的"外来户",这一类只有妙玉一人。妙玉是因为元春省亲,被贾府邀请进大观园的。从书里的介绍中,可以知道妙玉出生官宦之家,因为自幼身体多病,只好带发修行。从"刘姥姥进大观园"那一回妙玉对茶和茶具的讲究上,也可以看出妙玉出自富贵之家,是见过世面的。

(二)才貌出众

警幻仙子称十二钗为金陵"冠首"女子,"冠首"的含义,除了指家世显赫,还有才貌出众。

十二钗秀外慧中、才貌俱佳,这不仅在十二钗的判词中都有映照,从《红楼梦》对人物的肖像服饰和吟诗作赋等描写中也可以看出来。

书中对于林黛玉的相貌很少有直接的描写,如第三回中通过宝玉的视角写黛玉不同凡俗的绝世容颜,不仅吸引了宝玉,也吸引了读者,这是赞黛玉的貌。第七十回中林黛玉的一首《唐多令·柳絮》惊才绝艳,判词说"堪怜咏絮才"就是赞她的才华。第八回中同样通过宝玉的视角描写了宝钗雅淡大气的容貌和安分随时的性格特点。第三十七回中"夜拟菊花诗"的情节和几次诗会的描写都可以看出宝钗不输众人的才华。

王熙凤在第三回出场时,让人见了"恍若神妃仙子",可谓容貌惊艳。同时,她管家也颇有手段,是贾府的实际掌权人。探春的相貌让人"见之忘俗",她在做事见地、写诗理家、品貌才华等方面也非凡俗之辈,判词中写她"才自精明志自高",绝非虚言。

秦可卿既有宝钗的鲜艳妩媚，又有林黛玉的风流袅娜，可谓兼美。在临死之前，她给王熙凤托梦，筹划家族衰时的家业，很有远见卓识。惜春善于画画，她在刘姥姥和贾母的提议下绘制大观园的图画，也很有才情。迎春与众人相比，才气平平，但是"金闺花柳质"，容貌也并非一般女子可比。其他女子书中未做过多介绍，但是既入选主册，定非凡俗。

二、红颜薄命的悲剧结局

鲁迅说，悲剧就是把人生有价值的东西毁灭给人看。出身不凡、才貌俱佳的十二钗，连同大观园里的美好的青春和情感，最终都走向了消亡。从第五回中可知，金陵十二钗都归在"薄命司"中，每个人的判词中都有悲剧的隐喻，十二钗无人能逃过红消香断的结局。按照最终的结局，十二钗的悲剧大致可以分为三类。

（一）生命凋零

贾元春作为贾家的长女，入选为宫中的贵妃，可以说是贾府身份最为高贵的女子，贾府的兴衰败亡和她的命运息息相关。元春省亲一事，在第十三回中秦可卿给王熙凤托梦中说是"烈火烹油、鲜花着锦之盛"，但最终"也不过是瞬息的繁华"。元春最后落得个四十三岁便"大梦归"的结局，而贾府也随着她的薨逝失去庇护而遭抄家之祸，从此大厦倾颓。

王熙凤可谓是女子中的"英雄"，言谈、心机是"男人万不能及"的，这样一个精明能干的人物，也恰恰因"聪明"而得祸。弄权铁槛寺、逼死尤二姐、毒设相思局、大闹宁国府、用下人的月钱放高利贷等,王熙凤贪财弄权,机关算尽,最后也由种种作恶的因,自食了恶果。

林黛玉这一生是为"还泪"而来的,泪尽则亡。宝黛爱情是自由恋爱,是与封建礼教的"父母之命,媒妁之言"的婚姻背道而驰的,所以宝黛爱情在封建礼教的重压之下,注定是悲剧结局。

为了几千两银子的欠债,贾赦把女儿贾迎春抵给孙绍祖,婚后不久,迎春便被折磨致死。贾政等对于迎春的婚事劝说无效,说明贾府当时已经到了骨肉不保的地步。

秦可卿悬梁自尽,也让人看到宁国府这个封建家族的荒淫和堕落。

（二）远离家族、家乡

贾探春才华出众,是贾府最为清醒的人。她协理家族事务,在大观园实施改革,不徇私情,秉公办事,且敢拿王熙凤的事立威。然而改革后的大观园一年不过只节约几百两银子,对于奢靡浪费的贾府来说,杯水车薪。她的一片苦心,最后也只落得个枉费苦心。她最后像那只断线了的风筝一样,离开了家族,远嫁几千里之外的藩国。

洁身自好的贾惜春,原本是侯门千金,却甘心选择远离家族,终身伴随青灯古佛,以求得永远的清净。

带发修行的妙玉,虽在佛门,却也没有躲过劫难。在贾府衰败之后,妙玉被歹人下药玷污,最后被卖到风尘之地,终陷泥淖之中。

巧姐在贾府被抄家之后,被奸兄狠舅卖入娼馆,幸得刘姥姥相救,最后嫁给农夫。虽远离了家族,也算是有个比较好的结局。

（三）孤苦终老

薛宝钗是封建制度的忠诚守护者，她虽然得偿所愿地嫁给了贾宝玉，做了宝二奶奶，但却没有得到宝玉的心，最后在宝玉出走之后落得个青春守寡的命运。

史湘云是十二钗中最为豪爽的女子，关于她的结局，书中第一○九回写道："史姑娘哭得了不得，说是姑爷得了暴病，大夫都瞧了，说这病只怕不能好，若是变了痨病，还可挨个四五年。"有人推测她虽嫁得才貌双全的郎君，但最终丈夫亡故，留她一人孤苦终老。

李纨青春守寡，遇到喜庆大典便要自觉回避。好不容易抚养幼子成年，得封诰命，但晚年丧子，郁郁而终。

三、判词、曲词的解读方法

第五回的判词和曲词，是对书中的主要人物命运的凝缩和预演，正如鲁迅所言，人物命运"早在册子里一一注定"[1]。这些曲词和与判词互为补充，可以看作是一种谶语，预示书中主要人物的命运和结局。那如何解读这种"谶语"呢？可以通过以下四种方法。

（一）拆字法

拆字法就是通过汉字的拆解和拼凑来进行暗示的方法。

比如王熙凤的判词"凡鸟偏从末世来"，脂评"拆字法"，就指出该判词使用了此法。"凡鸟（鳥）"就是由王熙凤的"凤

1　鲁迅：《坟·论睁了眼看》，载《鲁迅全集》第一卷，人民文学出版社，2005年，第253页。

（鳳）"字拆字而来。有人认为这借用了吕安对嵇喜"题凤"的典故，用"凤"字比喻庸才，是对王熙凤的讥讽。"一从二令三人木"多认为指的是丈夫贾琏对凤姐的态度变化。新婚后先"从"，对她百依百顺；"二令"解为"冷"，指的是丈夫对她的渐渐冷淡，开始对她发号施令；"三人木"以"拆字法"解，即"休"，指她最后被休弃的命运。

再比如迎春的判词写道："子系中山狼，得志便猖狂。金闺花柳质，一载赴黄粱。"其中，"子系"就是由"孙"字拆字而来，"中山狼"用的是《中山狼传》的典故，指的是东郭先生遇见的那头狼，用"中山狼"比喻凶狠残暴而又忘恩负义的人。迎春的判词暗示她将来会嫁给一个姓孙的、忘恩负义的人，惨遭虐待，暗示了她最终"赴黄粱"的悲惨命运。

（二）双关法

双关法是指利用汉字的一词多义，或者同音字、近音字的特点，语义双关。

比如惜春的判词"勘破三春景不长"里的"三春"原指春季的三个阶段"孟春、仲春、季春"，而这里是指惜春的三个姐姐"元春、迎春、探春"，这句判词意为：惜春看破了三位姐姐的富贵之景不长久。而元春的判词中"三春争及初春景"，意思就是"迎春、探春、惜春"怎比得上"元春"的荣华富贵。这些都是一词多义产生的双关。

另外，李纨的判词"春风桃李结子完"中的"完"，就是"李纨"的"纨"，这里是同音字产生的双关。

（三）隐喻法

隐喻法是用比喻的方法隐秘地预示人物命运或者情节

发展。

晴雯的判词"霁月难逢，彩云易散"两句，"霁"意为"雨后或雪后转晴"，"彩云"即是"雯"。这两句判词意为：雨歇云散后的月光难逢，彩云易散，美好的景色不长，隐喻晴雯的"寿夭"，薄命早亡。

（四）直言法

直言法是用直白不隐讳的言语直接说明人物命运或情节发展的方法。

惜春的判词"可怜绣户侯门女，独卧青灯古佛旁"，直接说出了惜春最后的结局是看破一切，皈依佛门。巧姐的判词是："势败休云贵，家亡莫论亲。偶因济村妇，巧得遇恩人。""巧"字点明该判词说的是"巧姐"，"巧得遇恩人"指之前巧姐的母亲王熙凤救济过刘姥姥，最后巧姐又被刘姥姥所救，实乃巧事。副册袭人的"堪羡优伶有福，谁知公子无缘"也直接说明了袭人与公子宝玉最终无缘，而嫁给了优伶蒋玉菡。

原文细读与鉴赏

一、贾府千金——贾探春

第三回

托内兄如海荐西宾　接外孙贾母惜孤女

不一时，只见三个奶妈并五六个丫鬟拥着三位姑娘来了：第一个肌肤微丰，身材合中，腮凝新荔，鼻腻鹅脂，温柔沉默，观之可亲；第二个削肩细腰，长挑身材，鸭蛋脸儿，俊眼修眉，顾盼神飞，文彩精华，见之忘俗；第三个身量未足，形容尚小。——其钗环裙袄，三人皆是一样的妆束。

第五十六回

敏探春兴利除宿弊　贤宝钗小惠全大体

平儿进入厅中，她姐妹姑嫂三人正商议些家务，说的便是年内赖大家请吃酒，他家中花园中事故。见她来了，探春便命她脚踏上坐

中国文学中写美人的目光往往是"秋波流转"，而此处探春的"顾盼神飞"更是美目中透出一种智慧和英气。再看身材和相貌，探春在三春中也最为出挑，"见之忘俗"一语中的。

了，因说道："我想的事，不为别的，只想着我们一月所用的头油脂粉又是二两的事。我想咱们一月已有了二两月银，丫头们又另有月钱，可不是又同刚才学里的八两一样重重叠叠？这事虽小，钱有限，看起来也不妥当，你奶奶怎么就没想到这个呢？"

平儿笑道："这有个原故：姑娘们所用的这些东西，自然该有分例，每月每处买办买了，令女人们交送我们收管，不过预备姑娘们使用就罢了，没有个我们天天各人拿着钱，找人买这些去的。所以外头买办总领了去，按月使女人按房交给我们。至于姑娘们每月的这二两，原不是为买这些的，为的是一时当家的奶奶太太，或不在家，或不得闲，姑娘们偶然要个钱使，省得找人去，这不过是恐怕姑娘们受委屈意思。如今我冷眼看着，各屋里我们的姐妹都是现拿钱买这些东西的竟有了一半子。我就疑惑不是买办脱了空，就是买的不是正经货。"

探春、李纨都笑道："你也留心看出来了，脱空是没有的，只是迟些日子。催急了，不知哪里弄些来，不过是个名儿，其实使不得，依然还得现买。就用二两银子，另叫别人的奶妈子的弟兄儿子买来，方才使得。要使官中的人去，依然是那一样的，不知他们是什么法子？"

平儿便笑道："买办买的是那东西，别人买了好的来，买办的也不依他，又说他使坏心，要夺他的买办。所以他们宁可得罪了里头，不肯得罪了外头办事的。要是姑娘们使了奶妈子们，他们也就不敢说闲话了。”

探春道："因此我心里不自在，饶费了两起钱，东西又白丢一半。不如竟把买办的这一项每月蠲¹了为是，此是第一件事。第二件，年里往赖大家去，你也去的，你看他那小园子，比咱们这个如何？"平儿笑道："还没有咱们这一半大，树木花草也少多着呢。"探春道："我因和他们家的女孩儿说闲话儿，谁知那么个园子，除他们带的花儿，吃的笋菜鱼虾之外，一年还有人包了去，年终足有二百两银子剩。从那日我才知道一个破荷叶，一根枯草根子，都是值钱的。"

探春理家，开源节流，双管齐下。改革园子"承包制"乃开源，蠲掉重复的支出乃节流。

宝钗笑道："真真膏粱纨绔之谈，你们虽是千金，原不知道这些事，但只你们也都念过书，识过字的，竟没看见过朱夫子有一篇'不自弃'的文么？"探春笑道："虽也看过，不过是勉人自励，虚比浮词，哪里真是有的？"宝钗道："朱子都行了虚比浮词了？那句句都是有的。你才办了两天事，就利欲熏心，把朱子都看虚浮了。你再出去，见了那些利弊大事，越发连孔子也都看虚了呢。"

探春笑道："你这样一个通人，竟没看见姬子书？当日姬子有云：'登利禄之场，处运筹之

1　蠲（juān）：免除。

263

界者，穷尧舜之词，背孔孟之道……'"宝钗笑道："底下一句呢？"探春笑道："如今断章取义，念出底下一句，我自己骂我自己不成？"宝钗道："天下没有不可用的东西，既可用，便值钱。难为你是个聪明人，这大节目正事[1]竟没经历。"李纨笑道："叫人家来了，又不说正事，你们且对讲学问。"宝钗道："学问中便是正事，若不拿学问提着，便都流入市俗去了。"

三人取笑了一回，便仍谈正事。探春又接说道："咱们这个园子，只算比他们的多一半，加一倍算起来，一年就有四百银子的利息。若此时也出脱生发银子，自然小器，不是咱们这样人家的事；若派出两个一定的人来，既有许多值钱的东西，任人作践了，也似乎暴殄天物：不如在园子里所有的老妈妈中，拣出几个老成本分、能知园圃的，派她们收拾料理。也不必要她们交租纳税，只问她们一年可以孝敬些什么。一则园子有专定之人修理花木，自然一年好似一年了，也不用临时忙乱；二则也不致作践，白辜负了东西；三则老妈妈们也可借此小补，不枉成年家在园中辛苦；四则也可省了这些花儿匠、山子匠并打扫人等的工费。将此有余，以补不足，未为不可。"

宝钗正在地下看壁上的字画，听如此说，便点头笑道："善哉！三年之内，无饥馑矣。"李

如此精心谋划，一年也不过多得四百两银子，可是贾府一顿饭就有几十两银子的花销。由此可见，探春的改革对于奢靡的贾府来说，杯水车薪。

1　大节目正事：重要的事情。

纨道:"好主意,果然这么行,太太必喜欢。省钱事小,园子有人打扫,专司其职,又许她去卖钱,使之以权,动之以利,再无不尽职的了。"平儿道:"这件事须得姑娘说出来。我们奶奶虽有此心,未必好出口。此刻姑娘们在园里住着,不能多弄些玩意儿陪衬,反叫人去监管修理,图省钱,这话断不好出口。"

宝钗忙走过来,摸着她的脸笑道:"你张开嘴,我瞧瞧你的牙齿、舌头是什么做的?从早起来,到这会子,你说了这些话,一套一个样子,也不奉承三姑娘,也不说你们奶奶才短想不到。三姑娘说一套话出来,你就有一套话回奉,总是三姑娘想到的,你们奶奶也想到了,只是必有个不可办的原故,这会子又是因姑娘们住的园子,不好因省钱令人去监管。你们想想这话,要果真交给人弄钱去的,那人自然是一枝花也不许掐,一个果子也不许动了,姑娘们分中,自然是不敢讲究,天天和小姑娘们就吵不清。她这远愁近虑,不亢不卑,她们奶奶就不是和咱们好,听她这一番话,也必要自愧得变好了。"

探春笑道:"我早起一肚子气,听她来了,忽然想起她主子来,素日当家,使出来的好撒野的人!我见了她更生气了。谁知她来了,避猫鼠儿似的,站了半日,怪可怜的。接着又说了那些话,不说她主子待我好,倒说'不枉姑娘待我们奶奶素日的情意了',这一句话,不但没

宝钗心思缜密,对探春的改革措施提出补充意见。

265

了气,我倒愧了,又伤起心来。我细想:我一个女孩儿家,自己还闹得没人疼没人顾的,我哪里还有好处去待人?"口内说到这里,不免又流下泪来。

李纨等见她说得恳切,又想她素日赵姨娘每生诽谤,在王夫人跟前,亦为赵姨娘所累,也都不免流下泪来,都忙劝她:"趁今日清净,大家商议两件兴利剔弊的事情,也不枉太太委托一场,又提这没要紧的事做什么!"平儿忙道:"我已明白了。姑娘说,谁好,竟一派人,就完了。"

探春道:"虽如此说,也须得回你奶奶一声儿。我们这里搜剔小利,已经不当,皆因你奶奶是个明白人,我才这样行;若是糊涂多歪多妒的,我也不肯,倒像抓她的乖的似的。岂可不商议了行呢?"平儿笑道:"这么着,我去告诉一声儿。"

说着去了。半日方回来,笑道:"我说是白走一趟。这样好事,奶奶岂有不依的!"

探春听了,便和李纨命人将园中所有婆子的名单要来,大家参度,大概定了几个人。又将她们一齐传来,李纨大概告诉给她们。

众人听了,无不愿意。也有说:"那片竹子单交给我,一年工夫,明年又是一片。除了家里吃的笋,一年还可交些钱粮。"这一个说:"那一片稻地交给我,一年这些玩的大小雀鸟的粮食,不必动官中钱粮,我还可以交钱粮。"

第七十回

林黛玉重建桃花社　史湘云偶填柳絮词

宝钗等立在院门前,命丫头们在院外敞地下放去。宝琴笑道:"你这个不好看,不如三姐姐的一个软翅子大凤凰好。"宝钗回头向翠墨笑道:"你去把你们的拿来也放放。"

探春的风筝是个凤凰风筝,有何隐喻?

第七十四回

惑奸谗抄检大观园　避嫌隙杜绝宁国府

这里凤姐合王善保家的又到探春院内,谁知早有人报与探春了。探春也就猜着必有原故,所以引出这等丑态来,遂命众丫鬟秉烛开门而待。

一时众人来了,探春故问:"何事?"凤姐笑道:"因丢了一件东西,连日访察不出人来,恐怕旁人赖这些女孩子们。所以大家搜一搜,使人去疑儿,倒是洗净她们的好法子。"探春笑道:"我们的丫头自然都是些贼,我就是头一个窝主。既如此,先来搜我的箱柜,她们所偷了来的,都交给我藏着呢。"

说着,便命丫头们把箱一齐打开,将镜奁、妆盒、衾袱、衣包若大若小之物,一齐打开,请凤姐去抄阅。凤姐陪笑道:"我不过是奉太太的命来,妹妹别错怪了我。"因命丫鬟们:"快快

抄检大观园是"丑态",唯有探春才能有如此冷静、清醒的判断。

主子护丫头,探春乃此次抄检中的第一人。

给姑娘关上。"

平儿、丰儿等先忙着替侍书等关的关，收的收。探春道："我的东西倒许你们搜阅，要想搜我的丫头，这可不能。我原比众人歹毒，凡丫头所有的东西，我都知道，都在我这里间收着。一针一线，她们也没得收藏。要搜，所以只来搜我。你们不依，只管去回太太，只说我违背了太太，该怎么处治，我去自领。你们别忙，自然你们抄的日子有呢，你们今日早起不是议论甄家，自己盼着好好的抄家，果然今日真抄了。咱们也渐渐地来了，可知这样大族人家，若从外头杀来，一时是杀不死的。这可是古人说的，'百足之虫，死而不僵'，必须先从家里自杀自灭起来，才能一败涂地呢！"说着，不觉流下泪来。

凤姐只看着众媳妇们。周瑞家的便道："既是女孩子的东西全在这里，奶奶且请到别处去罢，也让姑娘好安寝。"凤姐便起身告辞。

探春道："可细细搜明白了，若明日再来，我就不依了。"凤姐笑道："既然丫头们的东西都在这里，就不必搜了。"探春冷笑道："你果然倒乖！连我的包袱都打开了，还说没翻！明日敢说我护着丫头们，不许你们翻了。你趁早说明，若还要翻，不妨再翻一遍。"凤姐知道探春素日与众不同的，只得陪笑道："已经连你的东西都搜察明白了。"探春又问众人："你们也都搜明白了没有？"周瑞家的等都陪笑说："都明白了。"

由抄检中敏锐地感受到了家族衰亡的命运，探春徒增忧虑和悲伤，却无能为力。

268

那王善保家的本是个心内没成算的人，素日虽闻探春的名，她想众人没眼色、没胆量罢了，哪里一个姑娘就这样利害起来？况且又是庶出，她敢怎么着？自己又仗着是邢夫人的陪房，连王夫人尚另眼相待，何况别人？只当是探春认真单恼凤姐，与她们无干。

她便要趁势作脸，因越众向前，拉起探春的衣襟，故意一掀，嘻嘻地笑道："连姑娘身上我都翻了，果然没有什么。"凤姐见她这样，忙说："妈妈走罢，别疯疯癫癫的——"

一语未了，只听"啪"的一声，王家的脸上早着了探春一巴掌。探春登时大怒，指着王家的问道："你是什么东西，敢来拉扯我的衣裳。我不过看着太太的面上，你又有几岁年纪，叫你一声'妈妈'。你就狗仗人势，天天作耗，在我们跟前逞脸。如今越发了不得了！你索性望我动手动脚的了！你打量我是和你们姑娘那么好性儿，由着你们欺负，你就错了主意了。你来搜检东西我不恼，你不该拿我取笑儿！"

探春对"自行抄家"这种糊涂行为的痛恨，对王善保家的羞辱的恼怒全在这一巴掌中狠狠地打了出来！

第五回
贾宝玉神游太虚境　警幻仙曲演红楼梦

〔1〕

后面又画着两个人放风筝，一片大海，一只大船，船中有一女子，掩面泣涕之状。画后也有四句写着道：

风筝最后的命运是断线之后随风远远地飞走，探春的结局一如风筝。

269

才自清明志自高，生于末世运偏消¹。

清明涕泣江边望，千里东风一梦遥。

〔2〕

［分骨肉］

一帆风雨路三千，把骨肉家园，齐来抛闪²。恐哭损残年³，告爹娘，休把儿悬念：自古穷通皆有定，离合岂无缘？从今分两地，各自保平安。奴去也，莫牵连。

○ 学习小任务：

"敏探春"的"敏"字有几层含义？哪些事情可以体现这些含义？请简要回答。

参考答案："敏"有机敏、敏锐等意。探春是贾府中难得的心思敏锐之人。在代王熙凤管家时，探春兴利除弊，如废除买办替闺阁小姐采买胭脂的规定，将大观园承包给下人们打理，为贾府开源节流。在抄检大观园时，她又对王熙凤说："百足之虫，死而不僵。"感叹大家族必须从内部杀起，才败得快。在管家理政上，探春能清晰地认识到贾府管理中的弊病并锐意改革。对于整个家族命运，她又能敏锐地感受到颓势并清醒地认识到其衰败的根源在于内部。

1　运偏消：命运偏偏不好。

2　抛闪：抛开，舍弃。

3　残年：晚年，指老年人。

判词感叹贾探春固然聪明、志向高远，却无奈生于衰亡的时代，命运偏偏不济。待到清明时节，也只能流着思亲的泪水到江边眺望，梦里随千里东风回到遥远的家乡（又扣"风筝"之隐喻）。

曲词唱探春远嫁，照应判词中的"千里东风一梦遥"。

二、贾府媳妇——王熙凤

第三回
托内兄如海荐西宾　接外孙贾母惜孤女

一语未完，只听后院中有笑语声，说："我来迟了，没得迎接远客！"黛玉思忖道："这些人个个皆敛声屏气如此，这来者是谁，这样放诞无礼？"心下想时，只见一群媳妇、丫鬟拥着一个丽人从后房进来，这个人打扮与姑娘们不同：彩绣辉煌，恍若神妃仙子，头上戴着金丝八宝攒珠髻，绾着朝阳五凤挂珠钗，项上戴着赤金盘螭璎珞圈，身上穿着缕金百蝶穿花大红云缎窄裉袄，外罩五彩刻丝石青银鼠褂，下着翡翠撒花洋绉裙；一双丹凤三角眼，两弯柳叶吊梢眉，身量苗条，体格风骚：粉面含春威不露，丹唇未启笑先闻。

黛玉连忙起身接见，贾母笑道："你不认得她：她是我们这里有名的一个泼皮破落户儿，南京所谓'辣子'，你只叫她'凤辣子'就是了。"黛玉正不知以何称呼，众姊妹都忙告诉黛玉道："这是琏二嫂子。"

黛玉虽不曾识面，听见她母亲说过：大舅贾赦之子贾琏，娶的就是二舅母王氏的内侄女；自幼假充男儿教养，学名叫做王熙凤。黛玉忙陪笑见礼，以"嫂"呼之。

未见其人先闻其声，此为熙凤的"名场面"。其强势、泼辣的性格，全在这一笑中。

排场不凡，着装不凡，相貌不凡，这段描写可谓浓墨重彩。

"贾王薛史"四大家族，关系盘根错节。

第十五回

王凤姐弄权铁槛寺　秦鲸卿得趣馒头庵

凤姐听了笑道："这事倒不大。只是太太再不管这些事。"老尼道："太太不管，奶奶可以主张了。"凤姐笑道："我也不等银子使，也不做这样的事。"静虚听了，打去妄想——半晌叹道："虽这么说，只是张家已经知道求了府里。如今不管，张家不说没工夫、不希图他的谢礼，倒像府里连这点子手段也没有似的。"

凤姐听了这话，便发了兴头，说道："你是素日知道我的，从来不信什么阴司地狱报应的，凭是什么事，我说要行就行。你叫他拿三千两银子来，我就替他出这口气。"老尼听说，喜之不胜，忙说："有，有，这个不难。"凤姐又道："我比不得他们扯篷拉纤的图银子。这三千两银子，不过是给打发说去的小厮们作盘缠，使他赚几个辛苦钱儿；我一个钱也不要，就是三万两我此刻还拿得出来。"

老尼忙答应道："既如此，奶奶明天就开恩罢了。"凤姐道："你瞧瞧我忙的，哪一处少得了我？我既应了你，自然给你了结啊。"老尼道："这点子事，要在别人，自然忙得不知怎么样；要是奶奶跟前，再添上些，也不够奶奶一办的。俗语说的：'能者多劳。'太太见奶奶这样才情，越发都推给奶奶了，只是奶奶也要保重贵体些才是。"一路奉承，凤姐越发受用了，也不顾疲乏，更攀谈起来。

第五回
贾宝玉神游太虚境　警幻仙曲演红楼梦

〔1〕

后面便是一片<u>冰山</u>，上有一只<u>雌凤</u>。其判云：

<u>凡鸟偏从末世来，都知爱慕此生才。</u>
<u>一从二令三人木，哭向金陵事更哀。</u>

〔2〕

［聪明累］

机关算尽太聪明，反算了卿卿性命。生前心已碎，死后性空灵。家富人宁终有个，家亡人散各奔腾。枉费了意悬悬半世心，好一似，荡悠悠三更梦。忽喇喇似大厦倾，昏惨惨似灯将尽。呀！一场欢喜忽悲辛，叹人世，终难定！

三、贾府亲戚——史湘云

第三十七回
秋爽斋偶结海棠社　蘅芜院夜拟菊花题

直到午后，史湘云才来了，宝玉方放了心。见面时，就把始末原由告诉她，又要与她诗看。

"冰山"上的"雌凤"，暗喻王熙凤的生存环境艰难。

王熙凤判词，感叹凤姐如此能干的女强人生于末世的不幸。"哭向金陵事更衰"就是她被休弃后哭着回娘家的悲哀的写照。

273

李纨等因说道:"且别给她看,先说与她韵脚;她后来的,先罚她和了诗,若好,便请入社;若不好,还要罚她一个东道再说。"湘云笑道:"你们忘了请我,我还要罚你们呢,就拿韵来,我虽不能,只得勉强出丑。容我入社,扫地焚香,我也情愿。"众人见她这般有趣,越发喜欢,都埋怨昨日怎么忘了她。遂忙告诉她诗韵。

史湘云一心兴头,等不得推敲删改,一面只管和人说着话,心内早已和成,即用随便的纸笔录出,先笑说道:"我却依韵和了两首,好歹我都不知,不过应命而已。"

说着,递与众人。众人道:"我们四首也算想绝了,再一首也不能了,你倒弄了两首,哪里有许多话说?必要重了我们的。"

……

众人看一句,惊讶一句,看到了,赞到了,都说:"这个不枉做了海棠诗,真该要起'海棠社'了。"史湘云道:"明日先罚我的东道,就让我先邀一社,可使得?"众人道:"这更妙了。"因又将昨日的诗与她评论了一回。

(本回相关内容请查阅第9课"原文细读与鉴赏",第356—359页)

第六十二回

憨湘云醉眠芍药裀　呆香菱情解石榴裙

正说着,只见一个小丫头笑嘻嘻地走来,

文思敏捷,倚马可待。

自罚东道,豪爽英气。

274

图10　史湘云（载《红楼梦图咏》，［清］改琦绘）

说:"姑娘们快瞧,云姑娘吃醉了,图凉快,在山子后头一块青石板磴上睡着了。"众人听说,都笑道:"快别吵嚷。"

说着,都走来看时,果见湘云卧于山石僻处一个石磴子上,业经香梦沉酣。四面芍药花飞了一身,满头脸衣襟上皆是红香散乱。手中的扇子在地下,也半被落花埋了,一群蜜蜂蝴蝶闹嚷嚷地围着。又用鲛帕包了一包芍药花瓣枕着。众人看了,又是爱,又是笑,忙上来推唤挽扶。湘云口内犹作睡语说酒令,嘟嘟嚷嚷说:"泉香酒洌,……醉扶归,宜会亲友。"众人笑推她说道:"快醒醒儿,吃饭去,这潮磴上还睡出病来呢!"

第五回

贾宝玉神游太虚境　警幻仙曲演红楼梦

[1]

后面又画着几缕飞云,一湾逝水。其词曰:

富贵又何为? 襁褓之间父母违。

展眼吊[1]斜辉,湘江水逝楚云飞。

[2]

[乐中悲]

襁褓中,父母叹双亡。纵居那绮罗丛,谁

史湘云判词。意为:湘云尚襁褓之时,父母便离世。转眼之间,只有湘云一人独自面对落日感伤了。湘江流逝,楚云飞散,隐喻史家衰败以及湘云夫妇婚姻的短暂。

---

1 吊:凭吊,伤悼。

276

知娇养？幸生来，英豪阔大宽宏量，从未将儿女私情，略萦心上。好一似，霁月光风耀玉堂。厮配得才貌仙郎，博得个地久天长。准折[1]得幼年时坎坷形状。终久是云散高唐[2]，水涸湘江：这是尘寰中消长数应当，何必枉悲伤？

湘云虽然性格豪爽，"英豪阔大宽宏量"，但终究结局悲惨，难以掩饰内心痛苦，所以此曲名为"乐中悲"。

四、"外来户"——妙玉

第十七回

大观园试才题对额　荣国府归省庆元宵

又有林之孝来回："采访聘买得十二个小尼姑、小道姑，都到了；连新做的二十分道袍也有了。外又有一个带发修行的，本是苏州人氏，祖上也是读书仕宦之家，因自幼多病，买了许多替身，皆不中用，到底这姑娘入了空门，方才好了，所以带发修行。今年十八岁，取名妙玉。如今父母俱已亡故，身边只有两个老嬷嬷、一个小丫头伏侍，文墨也极通，经典也极熟，模样又极好。因听说'长安'都中有观音遗迹，并贝叶遗文[3]，去年随了师父上来，现在西门外牟尼院住着。她师父精演先天神数，于去冬圆寂了。遗言说她：'不宜回乡，在此静候，自有结果。'所以未曾扶灵回去。"

出身不凡。

才貌俱佳。

1　准折：抵消，弥补。

2　云散高唐：比喻夫妻恩情断绝，欢乐成空。

3　贝叶遗文：此处指佛经。

图11　妙玉（载《红楼梦图咏》，［清］改琦绘）

王夫人便道:"这样我们何不接了她来?"
林之孝家的回道:"若请她,她说:'侯门公府,
必以贵势压人,我再不去的。'"王夫人道:"她
既是宦家小姐,自然要性傲些。就下个请帖请
她何妨?"林之孝家的答应着出去,叫书启相公
写个请帖去请妙玉,次日遣人备车轿去接。

第四十一回
贾宝玉品茶栊翠庵　　刘姥姥醉卧怡红院

宝玉留神看她是怎么行事,只见妙玉亲自
捧了一个海棠花式雕漆填金"云龙献寿"的小
茶盘,里面放一个成窑五彩小盖钟,捧与贾母。
贾母道:"我不吃六安茶。"妙玉笑说:"知道。
这是老君眉。"贾母接了,又问:"是什么水?"
妙玉道:"是旧年蠲的雨水。"

贾母便吃了半盏,笑着递与刘姥姥,说:
"你尝尝这个茶。"刘姥姥便一口吃尽,笑道:
"好是好,就是淡些,再熬浓些更好了。"贾母众
人都笑起来。然后众人都是一色的官窑脱胎
填白盖碗。

那妙玉便把宝钗、黛玉的衣襟一拉,二人
随她出去。宝玉悄悄地随后跟了来。只见妙
玉让她二人在耳房内,宝钗便坐在榻上,黛玉
便坐在妙玉的蒲团上。妙玉自向风炉上煽滚
了水,另泡了一壶茶。宝玉便轻轻走进来,笑
道:"你们吃体己茶呢。"二人都笑道:"你又赶

老君眉对六安
茶,问水更有旧
年雨——可谓
高手"斗茶"。

279

了来撇茶[1]吃,这里并没你吃的。"

妙玉刚要去取杯,只见道婆收了上面茶盏来,妙玉忙命:"将那成窑的茶杯别收了,搁在外头去罢。"宝玉会意,知为刘姥姥吃了,她嫌腌臜,不要了。

"过洁"。

又见妙玉另拿出两只杯来,一个旁边有一耳,杯上镌着"瓟斝[2]"三个隶字,后有一行小真字,是"王恺珍玩",又有"宋元丰五年四月眉山苏轼见于秘府"一行小字。妙玉斟了一斝递与宝钗。那一只形似钵而小,也有三个垂珠篆字,镌着"点犀䀉"。妙玉斟了一䀉与黛玉,仍将前番自己常日吃茶的那只绿玉斗来斟与宝玉。

宝玉笑道:"常言'世法平等':她两个就用那样古玩奇珍,我就是个俗器了?"妙玉道:"这是俗器? 不是我说狂话,只怕你家里未必找得出这么一个俗器来呢。"宝玉笑道:"俗语说:'随乡入乡'[3],到了你这里,自然把这金珠玉宝一概贬为俗器了。"

妙玉听如此说,十分欢喜,遂又寻出一只九曲十环一百二十节蟠虬整雕竹根的一个大盏出来,笑道:"就剩了这一个,你可吃得了这一海[4]?"宝玉喜得忙道:"吃得了。"妙玉笑道:"你虽吃得了,也没这些茶你糟蹋。岂不

---

1 撇茶:蹭茶。
2 瓟斝(bān páo jiǎ):一种特制的酒器。
3 随乡入乡:同"入乡随俗",比喻随遇而安。
4 海:这里指容量大的器皿。

闻:'一杯为品,二杯即是解渴的蠢物,三杯便是饮驴了。'你吃这一海,更成什么?"说得宝钗、黛玉、宝玉都笑了。

妙玉执壶,只向海内斟了约有一杯,宝玉细细吃了,果觉轻淳无比,赏赞不绝。妙玉正色道:"你这遭吃茶,是托她两个的福,独你来了,我是不能给你吃的。"宝玉笑道:"我深知道,我也不领你的情,只谢她二人便了。"妙玉听了,方说:"这话明白。"

黛玉因问:"这也是旧年的雨水?"妙玉冷笑道:"你这么个人,竟是大俗人,连水也尝不出来。这是五年前我在玄墓[1]蟠香寺住着,收的梅花上的雪,统共得了那一鬼脸青的花瓮一瓮,总舍不得吃,埋在地下,今年夏天才开了。我只吃过一回,这是第二回了。你怎么尝不出来?隔年蠲的雨水,哪有这样清淳?如何吃得!"

黛玉知她天性怪僻,不好多话,亦不好多坐,吃过茶,便约着宝钗走出来。宝玉和妙玉陪笑说道:"那茶杯虽然腌臜了,白撂了岂不可惜?依我说,不如就给了那贫婆子罢,她卖了也可以度日。你道使得么?"

妙玉听了,想了一想,点头说道:"这也罢了。幸而那杯子是我没吃过的,若是我吃过的,我就砸碎了也不能给她。你要给她,我也不管,你只交给她,快拿了去罢。"宝玉道:"自

平时口角锋利、清高脱俗的黛玉也被嘲笑为"大俗人",可见妙玉心性孤傲。

---

1 玄墓:山名,在今江苏吴县,其山多梅,有"香雪海"之称。

然如此。你哪里和她说话去？越发连你都腌臢了。只交与我就是了。"

妙玉便命人拿来，递给宝玉。宝玉接了，又道："等我们出去了，我叫几个小幺儿来河里打几桶水来洗地如何？"妙玉笑道："这更好了。只是你嘱咐他们，抬了水，只搁在山门外头墙根下，别进门来。"宝玉道："这是自然的。"

说着，便袖着那杯，递给贾母屋里的小丫头子拿着，说："明日刘姥姥家去，给她带去罢。"交代明白，贾母已经出来要回去，妙玉亦不甚留，送出山门，回身便将门闭了，不在话下。

第五回
贾宝玉神游太虚境　警幻仙曲演红楼梦

[1]

后面又画着一块美玉落在泥污之中。其断语云：

欲洁何曾洁，云空未必空[1]。
可怜金玉质，终陷淖[2]泥中。

[2]

[世难容]

气质美如兰，才华馥比仙。天生成孤癖人皆罕。你道是啖肉食腥膻，视绮罗俗厌；却不

1　空：摆脱、超脱尘缘。
2　淖（nào）：泥沼、烂泥。

知好高人愈妒，过洁世同嫌。可叹这，青灯古殿人将老；辜负了，红粉朱楼春色阑。到头来依旧是风尘肮脏违心愿。好一似，无瑕白玉遭泥陷；又何须，王孙公子叹无缘？

五、其他判词、曲词

第五回
贾宝玉神游太虚境　警幻仙曲演红楼梦

〔1〕

宝玉便伸手先将"又副册"橱门开了，拿出一本册来，揭开看时，只见这首页上画的，既非人物，亦非山水，不过是水墨滃染，满纸乌云浊雾而已。后有几行字迹，写道是：

霁月[1]难逢，彩云易散[2]。心比天高，身为下贱。风流灵巧招人怨。寿夭多因诽谤生，多情公子[3]空牵念。

此为晴雯判词，感叹晴雯因为聪明美丽、性格爽利而被小人诬陷、折磨而"寿夭"。

〔2〕

后面忽画一恶狼，追扑一美女——欲啖之意。其下书云：

"恶狼"追"美女"喻指迎春被孙绍祖这头恶狼折磨致死。

1　霁月：雨过天晴时的明月。
2　彩云易散：这里暗指晴雯横遭摧残而寿夭。
3　多情公子：指贾宝玉。

子系中山狼[1]，得志便猖狂。

金闺花柳质，一载赴黄粱[2]。

后面便是一所古庙，里面有一美人，在内看经独坐。其判云：

勘破[3]三春[4]景不长，缁衣[5]顿改昔年妆。

可怜绣户侯门女，独卧青灯[6]古佛旁。

〔3〕

后面又是一座荒村野店，有一美人在那里纺绩。其判曰：

势败休云贵，家亡莫论亲。

偶因济村妇，巧得遇恩人。

诗后又画一盆茂兰，旁有一位凤冠霞帔的美人。也有判云：

桃李春风结子完，到头谁似一盆兰。

如冰水好空相妒，枉与他人作笑谈。

诗后又画一座高楼，上有一美人悬梁自尽。其判云：

惜春看破了元春、迎春、探春的不幸命运，选择孤独地念佛看经。

趁贾府危机，狠舅奸兄把巧姐卖到青楼，多亏当年贾府救济过的刘姥姥出手相救，也算得以善终。

"凤冠霞帔"指李纨被封为诰命夫人。李纨的一生，是守寡养儿的一生。

1　"子系"句：子，旧时对男子的尊称。"子""系"又合成"孙"（孙）字，指迎春的丈夫孙绍祖。"中山狼"在古代作品中是要吃掉救命恩人的狼，后多比喻忘恩负义之人。

2　黄粱：典出唐代沈既济《枕中记》。

3　勘破：看破。

4　三春：即迎春、探春、惜春。

5　缁(zī)衣：黑色的衣服，多指僧尼服装。

6　青灯：佛前海灯。

284

情天情海[1]幻情深,情既相逢必主淫。

漫言不肖皆荣出,造衅开端实在宁。

取谐音,情即"秦",又意"情"。

宝玉还欲看时,那仙姑知他天分高明、性情颖慧,恐泄漏天机,便掩了卷册,笑向宝玉道:"且随我去游玩奇景,何必在此打这闷葫芦!"

〔4〕

饮酒间,又有十二个舞女上来,请问演何调曲,警幻道:"就将新制《红楼梦》十二支演上来。"舞女们答应了,便轻敲檀板[2],款按银筝[3],听她歌道是:

开辟鸿蒙[4]……

方歌了一句,警幻道:"此曲不比尘世中所填传奇之曲,必有生旦净末之则,又有南北九宫之调。此或咏叹一人,或感怀一事,偶成一曲,即可谱入管弦。若非个中人,不知其中之妙。料尔亦未必深明此调,若不先阅其稿,后听其曲,反成嚼蜡矣。"

看这十字,便知《红楼梦》十二支曲的内容概要。

脂评:不知谁是"个中人"。宝玉?石头?作者?观者?

(本回相关内容请查阅第10课"原文细读与鉴赏",第393—395页)

1　情天情海:喻世间风月情多。

2　檀板:乐器名。即拍板,乐人歌唱时用以打拍子,以檀木制成。

3　款按银筝:动作舒缓地弹奏古筝。银筝,筝的美称。

4　鸿蒙:旧指宇宙形成以前的原始浑沌状态。

警幻所言十二支曲"或咏叹一人,或感怀一事",你能在不看批注的情况下,猜出下面的曲词分别是咏叹何人、感怀何事的吗?（答案略）

第五回
贾宝玉神游太虚境　警幻仙曲演红楼梦

［1］

说毕,回头命小鬟取了《红楼梦》原稿来,递与宝玉。宝玉接过来.一面目视其文,耳聆其歌曰:

［红楼梦引子］

开辟鸿蒙,谁为情种? 都只为风月情浓。奈何天,伤怀日,寂寥时,试遣愚衷:因此上,演出这悲金悼玉的"红楼梦"。

［终身误］

都道是金玉良缘,俺只念木石前盟。空对着,山中高士晶莹雪;终不忘,世外仙姝寂寞林。叹人间,美中不足今方信:纵然是齐眉举案¹,到底意难平。

［枉凝眉］

一个是阆苑仙葩,一个是美玉无瑕。若说没奇缘,今生偏又遇着他;若说有奇缘,如何心

此曲并非针对十二钗的某一个人,而是对《红楼梦》整部书悲剧色彩的感叹。

"只念""终不忘"写尽了宝玉对不能与黛玉结成良缘的"意难平"。

对木石姻缘最终无缘的惋惜,这泪珠儿是"秋流到冬,春流到夏",暗指林黛玉泪尽而亡,也暗指贾宝玉绵绵不尽的悲伤。

---

1 齐眉举案:指妻子与丈夫之间和谐融洽,典出《后汉书·梁鸿传》。

286

事终虚话？一个枉自嗟呀[1]，一个空劳牵挂。一个是水中月，一个是镜中花。想眼中能有多少泪珠儿，怎禁得秋流到冬，春流到夏！

却说宝玉听了此曲，散漫无稽，未见得好处；但其声韵凄婉，竟能销魂醉魄。因此也不问其原委，也不究其来历，就暂以此释闷而已。因又看下面道：

〔恨无常〕

喜荣华正好，恨无常又到。眼睁睁，把万事全抛。荡悠悠，芳魂销耗。望家乡，路远山高。故向爹娘梦里相寻告：儿命已入黄泉，天伦[2]呵，须要退步抽身早！

〔2〕

〔喜冤家〕

中山狼，无情兽。全不念当日根由。一味的，骄奢淫荡贪欢媾。觑[3]着那，侯门艳质同蒲柳；作践的，公府千金似下流。叹芳魂艳魄，一载荡悠悠。

〔虚花悟〕

将那三春看破，桃红柳绿待如何？把这韶华打灭，觅那清淡天和[4]。说什么，天上天桃盛，

"荣华正好"指元妃才选凤藻宫、晋封贤德妃、奉旨归省，可谓是"烈火烹油、鲜花着锦"，然而"无常又到""芳魂销耗"，命赴黄泉。

"中山狼"，扣判词"子系中山狼"，指孙绍祖。贾迎春嫁给孙绍祖之后，备受折磨、摧残，成为封建包办婚姻的牺牲者。

"虚花"就是"镜中花"，看破荣华富贵的虚幻，只有贾惜春的遁入空门，长坐佛前海灯才是正解。

1　嗟呀：伤感叹息。
2　天伦：旧时指父子、兄弟等亲属关系，此处指父亲。
3　觑(qù)：看待，对待。
4　天和：人体的元气。

287

云中杏蕊¹多？到头来，谁见把秋捱过？则看那，白杨村²里人呜咽，青枫林³下鬼吟哦。更兼着，连天衰草遮坟墓。这的是，昨贫今富人劳碌，春荣秋谢花折磨。似这般，生关死劫谁能躲？闻说道，西方宝树唤婆娑，上结着长生果。

〔3〕
[留余庆]

留余庆，留余庆，忽遇恩人；幸娘亲，幸娘亲，积得阴功。劝人生，济困扶穷。休似俺那爱银钱、忘骨肉的狠舅奸兄！正是乘除加减，上有苍穹。

[晚韶华]

镜里恩情，更那堪梦里功名！那美韶华去之何迅，再休提绣帐鸳衾。只这戴珠冠，披凤袄，也抵不了无常性命。虽说是，人生莫受老来贫，也须要阴骘积儿孙。气昂昂，头戴簪缨，光灿灿，胸悬金印，威赫赫，爵禄高登，昏惨惨黄泉路近。问古来将相可还存？也只是虚名儿后人钦敬。

[好事终]

画梁春尽落香尘⁴。擅风情，秉月貌，便是败家的根本。箕裘颓堕皆从敬，家事消亡首罪

1 天上天桃、云中杏蕊：比喻荣华富贵。
2 白杨村：坟地，古人多在墓地种白杨。
3 青枫林：鬼怪出没的地方，语出杜甫《梦李白》，"魂来枫林青"。
4 落香尘：指女子的死亡。

"留余庆"，意思是"积得阴功"，巧姐流入烟花之地，是她的不幸，但她"娘亲"曾救济过的刘姥姥又将她救回。

"晚韶华"，意指李纨到了晚年因儿子贾兰出任要职而博得"凤冠霞帔"的荣耀，但是很快去世，这也是一种"薄命"。

"好事"是反语，指"男女之事"。此曲唱秦可卿，"画梁春尽落香尘"指悬梁自尽。

宁。宿孽总因情。

〔飞鸟各投林〕

为官的，家业凋零；富贵的，金银散尽；有恩的，死里逃生；无情的，分明报应；欠命的，命已还；欠泪的，泪已尽：冤冤相报自非轻，分离聚合皆前定。欲知命短问前生，老来富贵也真侥幸。看破的，遁入空门；痴迷的，枉送了性命。好一似食尽鸟投林，落了片白茫茫大地真干净！

歌毕，还又歌副歌。警幻见宝玉甚无趣味，因叹："痴儿竟尚未悟！"那宝玉忙止歌姬不必再唱，自觉朦胧恍惚，告醉求卧。

判词、歌曲都没能唤醒宝玉。欲知警幻该如何？且去翻阅原著。

○ 学习小任务：

作者并未将所有"副册"和"又副册"女子交代完全，你认为书中哪些女子可以入"副册"？哪些女子可以入"又副册"？依据是什么？可与同学一起探讨。（答案略）

第8课　芥豆之微的生存智慧

——贾府丫鬟群像鉴赏

图12　晴雯（载《红楼梦图咏》,［清］改琦绘）

"芥豆之微"意为"像小草和豆子一样微小得不值一提"。第六回"刘姥姥一进荣国府"里写道："忽从千里之外，芥豆之微，小小一个人家，因与荣府略有瓜葛，这日正往荣府中来……"由此可见，"芥豆"原本是用来形容身份低微的刘姥姥。

　　《红楼梦》里有这样一群人物：她们或有完整的形象，或只有一个闪现的影子；或有姓名，或只有一个绰号。书中对她们的描述或有具体的情节，或一笔带过。她们也同刘姥姥一样身份低微，像小草和豆子一样微小而不起眼，却在贾府中以她们过人的智慧顽强地生存着。这就是《红楼梦》中的丫鬟们，也是我们本课要鉴赏的重点。

　　《红楼梦》里写了大大小小不下上百个丫鬟，其中数十个是有具体情节的立体人物，如服侍贾宝玉的袭人、晴雯、麝月、碧痕、秋纹、檀云、茜雪、蕙香、春燕、五儿；服侍林黛玉的紫鹃、雪雁；服侍薛宝钗的莺儿、香菱；贾母身边的鸳鸯、琥珀；王夫人屋里的金钏、彩云；凤姐屋里的平儿、小红；贾元春、贾迎春、贾探春、贾惜春的抱琴、司棋、侍书、入画（琴棋书画）等，这些人物都有着鲜明的性格特征，在书中也都有一段生动曲折的故事。当然，也有一些丫鬟被一带而过，或只被提到名字，或者只作为一个群体出现。这些丫鬟们虽然处于社会底层，但都在贾府这个封建大家庭中，以生动活泼的形象存在着。这些丫鬟们大多身世凄苦，位卑命薄，但都有着各自独特的魅力，有的貌美忠诚，有的聪明灵巧，有的对于不公平的命运敢于抗争。

一、"芥豆"之"苦"

在等级森严的封建社会中,尤其是在贾府这样钟鸣鼎食的大家族之中,有主子就有丫鬟。贾府中的丫鬟,从本质上来说是奴才。普通百姓家的女儿,如若不是到了粥饭不济、无以生存的地步,是不会把女儿卖去做丫鬟的。作为奴才,丫鬟们的地位之低、生活之苦是难以言说的。

(一)为奴为婢

《红楼梦》里的丫鬟,分两类——一类是"家生"的女孩子,家中几代在贾府为奴,她们一出生就是奴才(丫鬟),比如鸳鸯、小红等;另一类是买来的女孩子,因为家中贫苦而被卖掉做丫鬟的她们,签死契的不可赎身,签活契的尚有赎身的机会,比如袭人、晴雯等。

第四十六回中,贾赦看上了贾母的丫头鸳鸯,要讨她做妾。鸳鸯心中不愿,平儿对她说了一句话:"可惜你是这里的家生女儿,不如我们两个人只单在这里。"这句话点出,"家生女儿"毫无人身的自由。所以,作为家生丫鬟的鸳鸯想要逃过贾赦的"魔爪",只能起死誓以明志。但贾母死后,除了一死,鸳鸯没有别的生路。这句话中的"我们",指平儿和袭人。平儿不是家生的,是王熙凤从娘家带来的陪房丫头,她没有父母兄弟姊妹,独自一人在贾家。而袭人的家在乡下,小时候家里穷,就被卖给了贾府,服侍过贾母和史湘云,又做了贾宝玉的贴身大丫头。袭人虽说是卖给了贾府,但她家里人的身份是自由的,有钱了还有机会把她赎回去。

无论是哪一类丫鬟,都是被压迫、役使的人。即使是贾府权位最高的贾母身边的丫鬟鸳鸯,面对贾赦的威逼利诱,也只能以死抗争,换得一时的平安;平儿这样极清俊聪明的丫鬟,也要做贾琏、王熙凤夫妻两个人的出气筒;半自由身的袭人被尚关爱她的贾宝玉无意的一脚踹得口吐鲜血。由此可见,即使做到了一等丫鬟的位置,鸳鸯、平儿、袭人等还是难以改变自己为奴为婢的身份,更何况那些地位更低微的丫鬟们,她们随意地被人吆来喝去,是"奴才"中的奴才。

（二）无名无姓

这些丫鬟们没有姓名权,因主人的喜好而被随意赐名或改名。

主人为了炫耀尊贵的地位与奢华的生活,便借用奇珍异宝之名来命名丫鬟,如贾母的丫鬟叫琥珀、珍珠。主人为了突显文化修养高,还会以高雅的物件之名来命名丫鬟,比如贾府的四位千金元春、迎春、探春、惜春的丫鬟分别名为抱琴、司棋、侍书、入画。再比如王夫人的丫鬟名字,不但显示出主人的高贵雍容,而且还要"讨喜"、吉利,成双配对:金钏儿、玉钏儿,彩云、彩霞,绣鸾、绣凤等。再比如贾宝玉的丫鬟袭人,原本姓花,名珍珠(程乙本作"蕊珠"),服侍宝玉后,以一句"花气袭人知昼暖"而被贾宝玉改名为"袭人"。

在传统文化中,姓名是关乎身份、地位、血脉、运数、命理的大事,但贾府中丫鬟们的姓名权却连同自由权一起被卖给了主人,因主人的好恶而被随意更改,虽有名字,却如同无名无姓一般。

（三）微如芥豆

这些丫鬟们,尽管表面上过着和主子一样奢侈华贵、衣食无忧的日子，有的在贾府的下人群体里已经有一定地位，但是依然卑微如草芥和豆子，稍不小心便被打、被骂、被撵出去。

平儿是王熙凤的陪房丫头，她身世凄苦，无父母兄弟，甚至连姓氏都无从考证，名字更是熙凤这个没什么文化的主子起的。她虽被贾琏收了通房，但为了不得罪凤姐，不仅平日避着贾琏，还要赔上百倍小心，在贾琏和凤姐之间谨小慎微地周旋。第四十四回中，贾琏与鲍二家的通奸，被王熙凤撞破，挨打的却是平儿。正如尤氏说："两口子生气，都拿着平儿煞性子。"贾母发令让贾琏和凤姐安慰平儿。凤姐还没开头，平儿先上来给凤姐磕头，说："奶奶的千秋，我惹了奶奶生气，是我该死。"面对贾琏之"俗"和凤姐之"威"，即使没错也是错，平儿之难，可想而知。

晴雯原是贾母的丫鬟，因为言谈、针线出众而被贾母看好，放到贾宝玉房中，但晴雯因为性格直率、长得好看而被诬陷、被诋毁，重病中被撵出贾府，不久就死去了。在第七十四回中，抄检大观园时没有搜出绣春囊的主人是谁，贾府却将芳官等十二个戏子，连同司棋、入画一干人，或撵或卖地赶出了大观园。可见，丫鬟们的去留都在主子们的一念之间。

二、"芥豆"之"慧"

《红楼梦》中的年轻丫鬟们多相貌出众且有特点，她们或者可靠忠诚，或者善良周全，或者才能突出，或者敢于抗争，都以她们各自独特的魅力在读者眼中心中熠熠生辉。

（一）可靠忠诚

鸳鸯对待贾母可谓忠贞不贰，贾母曾当着众人称赞鸳鸯是"可靠的人"。贾母的财物都由鸳鸯独自掌管，她却从未想过谋取私藏。在贾母死后,鸳鸯毅然选择了上吊自杀,随贾母而去。

平儿对凤姐忠心耿耿,作为贾琏的通房丫头,不仅不与凤姐争宠,反而回避男主人,受了凤姐两口子的委屈,还主动道歉。她被下人称赞:"是个正经人,从不会挑三窝四的,倒一味忠心赤胆伏侍她(熙凤)。"

袭人能够处处为宝玉着想,不仅在生活上将宝玉照顾得无微不至,还为宝玉的将来考虑,时时劝谏宝玉用功读书。《红楼梦》中写道:"袭人倒有些痴处:伏侍贾母时,心中眼中只有贾母,如今跟了宝玉,心中眼中又只有宝玉了。"

紫鹃被贾母指给黛玉后,也是整颗心都放在黛玉身上。她支持宝黛爱情,从以黛玉回家之事试探宝玉之事,可看出她护主的忠心。

（二）善良周全

在大丫鬟中,论办事能力强当属平儿。如探春理家,平儿明白必先从凤姐这里开例作法,便委婉解说凤姐在位时不得不维持旧例的苦衷,既支持探春改革,又不伤凤姐面子;如虾须镯一事中,平儿顾虑宝玉的面子,善良得体地选择不去宣扬坠儿的偷窃;如太太房中丢了"茯苓霜",平儿听五儿诉说了她们的冤情之后,没有立刻执行凤姐的命令,而是继续查访,发现实情是彩云偷了"茯苓霜"送给环哥儿的,又了解到彩云勇敢承认,她顾及探春的面子,因此让宝玉瞒脏,善良而周全地解决了问题。

鸳鸯对与贾母有关的事情都非常用心周全:"老太太的那些穿戴的,别人不记得,她(鸳鸯)都记得,要不是她经管着,不知叫人诓骗了多少去呢。"

袭人对宝玉的照顾十分体贴细微,如宝玉去上学时,"宝玉起来时，袭人早已把书笔文物收拾停妥"，也不忘嘱咐宝玉"身子也要保重"。

紫鹃天冷了会周到细心地让雪雁给黛玉送手炉。这些丫鬟们如无善良的内心，在做事时是不可能如此贴心周全的。

（三）才能突出

小红惊人的记忆力和出众的口才，在第二十七回有最明显和最集中的体现。凤姐让小红传话办事，小红办得非常干净利落，连曾管家主事的李纨听了都说："这话我就不懂了，什么'奶奶''爷爷'的一大堆。"而小红也正是凭借着惊人的记忆力和出众的口才博得了凤姐的青睐，升级到这位贾府掌权人身边做事。

贾母赏给宝玉的雀金裘刚穿一回就烧了个洞，下人问了"织补匠，能干裁缝、绣匠并做女工"，竟然没人见过这种材质，无人敢揽这份活。宝玉担心老太太扫兴，郁闷不已。此时晴雯尚在病中，挣命界线织补到四更，终于补好。这次"病补雀金裘"事件，不仅可以看出晴雯的心灵手巧无人可比，也可以看出她十分爱护宝玉。

（四）敢于抗争

丫鬟们因为身份和地位的卑微，很多时候是像一件物品一样被买来卖去的，但是《红楼梦》中的很多丫鬟不甘心在被奴役的生活中随波逐流，她们敢于抗争不公平的命运。这让我们看到了她们的独立品格。

对于很多丫鬟而言，能给男主人做姨娘或者通房丫头，是改变命运的机会。贾母的大丫头鸳鸯却不屑于与人做妾。在第四十六回"鸳鸯女誓绝鸳鸯偶"中，她面对贾府大老爷贾赦的威逼利诱，誓死不肯为妾，甚至为了表示决心，发誓终身不嫁，并表示要在贾母归西之后寻死或者当尼姑去。在第一一一回"鸳鸯女殉主登太虚"中，鸳鸯果真用一条白绫随贾母而去。虽然鸳鸯一生都依附于贾母，但她依然有一份独立的人格，她在精神层面有更高的追求，即使不能得到自己想要的，也要以死来拒绝自己所厌恶的。

贾府的丫鬟们分为通房丫头、一等、二等、三等，等级不同，月例钱和地位也不同。丫鬟的等级基本是固定的，能升级飞上枝头变凤凰的少之又少，小红却是个特例。作为管家林之孝的女儿，小红是荣国府世代的家生奴才。她非常清楚主子和奴仆的不同，所以她一直怀着改变命运的念头。作为二等丫头，她"越级"给宝玉倒茶，又故意遗留手帕，惹得贾芸相思，这些都是她为了改变自身命运而做的努力。在第二十七回"蜂腰桥设言传心事"中，小红凭借聪明伶俐，被凤姐赏识，做了管事奶奶身边的丫头。自始至终，小红一直在主动地寻找改变自身命运的机会，并获得了成功。

晴雯身为丫鬟，不仅没有奴颜婢膝，在遇到自己看不惯的事情时更是敢于说出意见。她没有以色事主，在个人感情上从未与宝玉做过"越矩"之事，她骨子里是没有奴性的，且一身清白！

司棋也不为身份所束，勇敢地追求爱情，她在大观园抄检之后被驱逐，在遭到恋人的怀疑后，毫不犹豫地选择撞墙而亡。

这些丫鬟们，虽然出身卑微，又做了被人役使的奴才，但她们犹如莲花一样出淤泥而不染，在贾府的勾心斗角、森严等级中追求自由平等，追求美好爱情，追求改变自己命运的机会。她们敢于抗争的独立品格散发着动人的光彩。

原文细读与鉴赏

一、"芥豆"之"苦"

第二十三回
西厢记妙词通戏语　牡丹亭艳曲警芳心

　　贾政便问道:"谁叫'袭人'?"王夫人道:"是个丫头。"贾政道:"丫头不拘叫个什么罢了,是谁起这样刁钻的名字?"王夫人见贾政不自在了,便替宝玉掩饰道:"是老太太起的。"贾政道:"老太太如何晓得这样的话? 一定是宝玉。"

　　宝玉见瞒不过,只得起身回道:"因素日读诗,曾记古人有句诗云:'花气袭人知昼暖'[1],因这丫头姓'花',便随意起的。"王夫人忙向宝玉说道:"你回去改了罢,老爷也不用为这小事生气。"贾政道:"其实也无妨碍,不用改。只可见宝玉不务正,专在这些浓词艳诗上做工夫。"

袭人的名字是因宝玉喜好一句诗而"随意"起的。

　　1　"花气"句:语出宋代陆游《村居书喜》,原句作"花气袭人知骤暖"。

第四十四回

变生不测凤姐泼醋　喜出望外平儿理妆

〔1〕

　　鸳鸯等也都来敬，凤姐儿真不能了，忙央告道："好姐姐们，饶了我罢，我明儿再喝罢。"鸳鸯笑道："真个的，我们是没脸的了？就是我们在太太跟前，太太还赏个脸儿呢。往常倒有些体面，今儿当着这些人，倒做起主子的款儿[1]来了。我原不该来，不喝，我们就走。"说着，真个回去了。凤姐儿忙忙拉住，笑道："好姐姐，我喝就是了。"说着，拿过酒来，满满地斟了一杯喝干，鸳鸯方笑了散去。

　　然后又入席，凤姐儿自觉酒沉了，心里突突地往上撞，要往家去歇歇，只见那耍百戏的上来，便和尤氏说："预备赏钱，我要洗洗脸去。"尤氏点头。

　　凤姐儿瞅人不防，便出了席，往房门后檐下走来。平儿留心，也忙跟了来，凤姐便扶着她。才至穿廊下，只见她房里的一个小丫头子，正在那里站着，见她两个来了，回身就跑。凤姐儿便疑心，忙叫。那丫头先只装听不见，无奈后面连声儿叫，也只得回来。

　　凤姐儿越发起了疑心，忙和平儿进了穿廊，

凤姐推托不掉鸳鸯的敬酒，是给鸳鸯面子，还是给贾母面子？

1　款儿：架子。

301

没名没姓的小丫鬟,眼里没主子就是死罪。

叫那小丫头子也进来,把槅扇开了,凤姐坐在当院子的台阶上,命那丫头子跪下,喝命平儿:"叫两个二门上的小厮来,拿绳子鞭子,把眼睛里没主子的小蹄子打烂了!"

那小丫头子已经唬得魂飞魄散,哭着只管碰头求饶。凤姐儿问道:"我又不是鬼,你见了我,不识规矩站住,怎么倒往前跑?"小丫头子哭道:"我原没看见奶奶来,我又记挂着房里无人,所以跑了。"凤姐儿道:"房里既没人,谁叫你又来的?你就没看见,我和平儿在后头扯着脖子叫了你十来声,越叫越跑。离得又不远,你聋了不成?你还和我强嘴¹。"

小丫头被打得"一栽""两腮紫胀",后文还有"红烙铁""刀子割肉",有簪子向"嘴上乱戳",让人不禁心生寒意。

说着,扬手一巴掌,打在脸上,打得那小丫头子一栽;这边脸上又一下,登时小丫头子两腮紫胀起来。平儿忙劝:"奶奶仔细手疼。"凤姐便说:"你再打着问她跑什么。她再不说,把嘴撕烂了她的!"

那小丫头子先还强嘴,后来听见凤姐儿要烧了红烙铁来烙嘴,方哭道:"二爷在家里,打发我来这里瞧着奶奶,若见奶奶散了,先叫我送信儿去的,不承望奶奶这会子就来。"凤姐儿见话中有文章,便又问道:"叫你瞧着我做什么?难道怕我家去不成?必有别的原故,快告诉我,我从此以后疼你。你若不细说,立刻拿刀子来割你的肉!"

1　强(jiàng)嘴:顶嘴,强辩。

说着，回头向头上拔下一根簪子来，向那丫头嘴上乱戳，唬得那丫头一行躲，一行哭求道："我告诉奶奶，可别说我说的。"平儿一旁劝，一面催她，叫她快说。

丫头便说道："二爷也是才来，来了就开箱子，拿了两块银子，还有两支簪子、两匹缎子，叫我悄悄地送与鲍二的老婆去，叫她进来。她收了东西，就往咱们屋里来了。二爷叫我瞧着奶奶，底下的事，我就不知道了。"

凤姐听了，已气得浑身发软，忙立起身来，一径来家。刚至院门，只见有一个小丫头在门前探头儿，一见了凤姐，也缩头就跑。凤姐儿提着名字喝住，那丫头本来伶俐，见躲不过了，越发地跑出来了，笑道："我正要告诉奶奶去呢，可巧奶奶来了。"凤姐道："告诉我什么？"那丫头便说："二爷在家……"这般如此，将方才的话也说了一遍。凤姐啐道："你早做什么了？这会子我看见你了，你来推干净儿！"说着，扬手一下，打得那丫头一个趔趄，便蹑脚儿走了。

又一无名小丫头，躲不过便"投诚"，十分机灵。

凤姐来至窗前，往里听时，只听里头说笑道："多早晚你那阎王老婆死了就好了。"贾琏道："她死了，再娶一个也这么着，又怎么样呢？"那妇人道："她死了，你倒是把平儿扶了正，只怕还好些。"贾琏道："如今连平儿她也不叫我沾一沾了。平儿也是一肚子委屈，不敢说。我命里怎么就该犯了'夜叉星'！"

贾琏的胡诌，才让平儿受了委屈。

凤姐生性多疑，平儿平时便不易，这次又挨打。

凤姐听了，气得浑身乱战。又听他们都赞平儿，便疑平儿素日背地里自然也有怨语了。那酒越发涌上来了，也并不忖夺，回身把平儿先打了两下。一脚踢开了门进去，也不容分说，抓着鲍二家的就撕打一顿。又怕贾琏走出去，便堵着门站着骂道："好娼妇！你偷主子汉子，还要治死主子老婆！平儿，过来！你们娼妇们一条藤儿多嫌着我，外面儿你哄我！"

说着，又把平儿打了几下。打得平儿有冤无处诉，只气得干哭。骂道："你们做这些没脸的事，好好的又拉上我做什么！"说着，也把鲍二家的撕打起来。

贾琏也因吃多了酒，进来高兴，不曾做得机密，一见凤姐来了，早没了主意。又见平儿也闹起来，把酒也气上来了。凤姐儿打鲍二家的，他已又气又愧，只不好说的；今见平儿也打，便上来踢骂道："好娼妇，你也动手打人！"

平儿本来无过，却平白遭受这夫妇的踢打，可见平儿之不易。

平儿是一等丫鬟，不管平时多体面，这会子却只能寻死，可见平儿之苦。

平儿气怯，忙住了手，哭道："你们背地里说话，为什么拉我呢？"凤姐见平儿怕贾琏，越发气了，又赶上来打着平儿，偏叫打鲍二家的。平儿急了，便跑出来找刀子要寻死。外面众婆子丫头忙拦住解劝。

这里凤姐见平儿寻死去，便一头撞在贾琏怀里，叫道："你们一条藤儿害我，被我听见，倒都唬起我来！你来勒死我罢！"贾琏气得墙上拔出剑来，说道："不用寻死！我也急了，一齐杀了，我偿了命，大家干净！"

正闹得不开交，只见尤氏等一群人来了，说："这是怎么说？才好好的，就闹起来。"贾琏见了人，越发"倚酒三分醉"，逗起威风来，故意要杀凤姐儿。凤姐儿见人来了，便不似先前那般泼了，丢下众人，便哭着往贾母那边跑。

〔2〕

贾母又道："你放心，明儿我叫他替你赔不是，你今儿别过去臊着他。"因又骂："平儿那蹄子，素日我倒看她好，怎么暗地里这么坏。"尤氏等笑道："平儿没有不是，是凤姐拿着人家出气。两口子不好对打，都拿着平儿煞性子；平儿委屈得什么儿似的，老太太还骂人家。"贾母道："这就是了，我说那孩子倒不像那狐媚魇道的。既这么着，可怜见的，白受她的气。"因叫："琥珀，来，你去告诉平儿，就说我的话：我知道她受了委曲，明儿我叫她主子来替她赔不是。今儿是她主子的好日子，不许她胡恼。"

原来平儿早被李纨拉入大观园去了。平儿哭得哽咽难言。宝钗劝道："你是个明白人，你们奶奶素日何等待你，今儿不过她多吃了一口酒，她可不拿你出气，难道拿别人出气不成？别人又笑话她是假的了。"

正说着，只见琥珀走来，说了贾母的话，平儿自觉面上有了光辉，方才渐渐地好了，也不往前头来。

宝钗等歇息了一回，方来看贾母、凤姐。宝玉便让了平儿到怡红院中来，袭人忙接着，

凤姐几句歪曲事实的气话，就让平儿被贾母冤枉，尤氏的几句话，又让平儿"平反"。丫鬟们在贾府是没有公正可言的。

305

笑道:"我先原要让你的,只因大奶奶和姑娘们都让你,我就不好让的了。"平儿也陪笑说:"多谢。"因又说道:"好好儿的,从哪里说起! 无缘无故白受了一场气。"袭人笑道:"二奶奶素日待你好,这不过是一时气急了。"平儿道:"二奶奶倒没说的,只是那娼妇治的我,她又偏拿我凑趣儿,还有我们那糊涂爷,倒打我。"

说着,便又委屈,禁不住泪流下来。宝玉忙劝道:"好姐姐,别伤心,我替他两个赔个不是罢。"平儿笑道:"与你什么相干?"宝玉笑道:"我们弟兄姊妹都一样。他们得罪了人,我替他赔个不是,也是应该的。"又道:"可惜这新衣裳也沾了,这里有你花妹妹的衣裳,何不换下来,拿些个烧酒喷了,熨一熨,把头也另梳一梳。"一面说,一面吩咐了小丫头子们:"舀洗脸水,烧熨斗来。"

从宝玉的角度,侧面赞平儿的出色。

平儿素昔只闻人说宝玉专能和女孩们接交;宝玉素日因平儿是贾琏的爱妾,又是凤姐儿的心腹,故不肯和她厮近,因不能尽心,也常为恨事。平儿如今见他这般,心中暗暗地战敠[1]:"果然话不虚传,色色[2]想得周到。"

又见袭人特特地开了箱子,拿出两件不大穿的衣服,忙来洗了脸。宝玉一旁笑劝道:"姐姐还该擦上些脂粉,不然,倒像是和凤姐姐赌气了似的。况且又是她的好日子,而且老太太

---

1 战敠(diān duo):同掂掇,盘算。
2 色色:每件,每样。

又打发了人来安慰你。"

平儿听了有理，便去找粉，只不见粉。宝玉忙走至妆台前，将一个宣窑磁盒揭开，里面盛着一排十根玉簪花棒儿，拈了一根，递与平儿，又笑说道："这不是铅粉，这是紫茉莉花种研碎了，对上料制的。"

平儿倒在掌上看时，果见"轻""白""红""香"，四样俱美；扑在面上，也容易匀净，且能润泽，不像别的粉涩滞。然后看见胭脂，也不是一张，却是一个小小的白玉盒子，里面盛着一盒，如玫瑰膏子一样。宝玉笑道："那市上卖的胭脂不干净，颜色也薄，这是上好的胭脂拧出汁子来，淘澄净了，配了花露蒸成的。只要细簪子挑一点儿，抹在唇上，足够了；用一点水化开，抹在手心里，就够拍脸的了。"

平儿依言妆饰，果见鲜艳异常，且又甜香满颊。宝玉又将盆内开的一支并蒂秋蕙用竹剪刀铰下来，替她簪在鬓上。忽见李纨打发丫头来唤她，方忙忙地去了。

宝玉因自来从未在平儿前尽过心，且平儿又是个极聪明、极清俊的上等女孩儿，比不得那起俗拙蠢物，深为恨怨。今日是金钏儿生日，故一日不乐。不想后闹出这件事来，竟得在平儿前稍尽片心，也算今生意中不想之乐，因歪在床上，心内怡然自得。

忽又思及："贾琏惟知以淫乐悦己，并不知作养脂粉。"又思："平儿并无父母兄弟姊妹，独

借宝玉之心思，道出平儿的不易。

307

自一人，供应贾琏夫妇二人，贾琏之俗，凤姐之威，她竟能周全妥帖，今儿还遭荼毒，也就薄命得很了！"

想到此间，便又伤感起来。复又起身，见方才的衣裳上喷的酒已半干，便拿熨斗熨了，叠好；见她的手帕子忘去，上面犹有泪痕，又搁在盆中洗了晾上：又喜又悲。闷了一回，也往稻香村来说一回闲话，掌灯后方散。

平儿就在李纨处歇了一夜，凤姐只跟着贾母睡。贾琏晚间归房，冷清清的，又不好去叫，只得胡乱睡了一夜。次日醒了，想昨日之事，大没意思，后悔不来。邢夫人记挂着昨日贾琏醉了，忙一早过来，叫贾琏过贾母这边来。贾琏只得忍愧前来，在贾母面前跪下。

贾母问他："怎么了？"贾琏忙陪笑说："昨儿原是吃了酒，惊了老太太的驾，今儿来领罪。"贾母啐道："下流东西！灌了黄汤，不说安分守己地挺尸去，倒打起老婆来了。凤丫头成日家说嘴，霸王似的一个人，昨儿唬得可怜。要不是我，你要伤了她的命，这会子怎么样？"

贾琏一肚子的委屈，不敢分辩，只认不是。贾母又道："凤丫头和平儿还不是个美人胎子？你还不足？成日家偷鸡摸狗，腥的臭的，都拉了你屋里去。为这起娼妇打老婆，又打屋里的人，你还亏是大家子的公子出身，活打了嘴了！你若眼睛里有我，你起来，我饶了你，乖乖地替你媳妇赔个不是儿，拉了她家去，我就喜欢了。要不然，你只管出去，我也不敢受你的跪。"

贾琏听如此说，又见凤姐儿站在那边，也不盛妆，哭得眼睛肿着，也不施脂粉，黄黄脸儿，比往常更觉可怜可爱，想着："不如赔了不是，彼此也好了，又讨老太太的喜欢。"想毕，便笑道："老太太的话我不敢不依，只是越发纵了她了。"贾母笑道："胡说，我知道她最有礼的，再不会冲撞人。她日后得罪了你，我自然也做主，叫你降伏就是了。"

贾琏听说，爬起来，便与凤姐儿作了一个揖，笑道："原是我的不是，二奶奶别生气了。"满屋里的人都笑了。贾母笑道："凤丫头不许恼了。再恼，我就恼了。"

说着，又命人去叫了平儿来，命凤姐儿和贾琏安慰平儿。贾琏见了平儿，越发顾不得了，所谓"妻不如妾"，听贾母一说，便赶上来说道："姑娘昨日受了屈了，都是我的不是；奶奶得罪了你，也是因我而起。我赔了不是不算外，还替你奶奶赔个不是。"说着，也作了一个揖，引得贾母笑了，凤姐儿也笑了。

贾母又命凤姐来安慰平儿，<u>平儿忙走上来给凤姐儿磕头，说："奶奶的千秋，我惹得奶奶生气，是我该死。"</u>凤姐儿正自愧悔昨日酒吃多了，不念素日之情，浮躁起来，听了旁人的话，无故给平儿没脸；今反见她如此，又是惭愧，又是心酸，忙一把拉起来，落下泪来。

明明是主子的错，平儿却要磕头，足见平儿对凤姐的一片忠诚。平儿的好处，凤姐也懂。

309

平儿道:"我伏侍了奶奶这么几年,也没弹我一指甲。就是昨儿打我,我也不怨奶奶,都是那娼妇治的,怨不得奶奶生气。"说着,也滴下泪来了。

○ 学习小任务:

第三十九回中,平儿道:"先时赔了四个丫头来,死的死,去的去,只剩下我一个孤鬼儿了。"请从平儿的人物特点角度思考她能"独存"的原因。

参考答案:作为凤姐的心腹通房大丫头,平儿善于维护凤姐的形象和尊严,为凤姐争脸,十分忠诚。在协助凤姐处理贾府事务时,平儿辞令巧妙,伶牙俐齿,精明细致,是凤姐的得力助手。

第四十六回
尴尬人难免尴尬事　鸳鸯女誓绝鸳鸯偶

〔1〕

邢夫人笑道:"做什么呢? 我看看,你扎的花儿越发好了。"一面说,一面便进来接她手内的针线,看了一看,只管赞好。

美人。

放下针线,又浑身打量。<u>只见她穿着半新的藕色绫袄,青缎掐牙背心,下面水绿裙子;蜂腰削背,鸭蛋脸,乌油头发,高高的鼻子,两边腮上微微的几点雀癍。</u>

图13　鸳鸯（载《红楼梦图咏》，［清］改琦绘）

鸳鸯见这般看她，自己倒不好意思起来，心里便觉咤异，因笑问道："太太，这会子不早不晚的，过来做什么？"邢夫人使个眼色儿，跟的人退出。邢夫人便坐下，拉着鸳鸯的手，笑道："我特来给你道喜来的。"

鸳鸯听了，心中已猜着三分，不觉红了脸，低了头，不发一言。听邢夫人道："你知道，老爷跟前竟没有个可靠的人，心里再要买一个，又怕那些牙子家出来的，不干不净，也不知道毛病儿，买了来家三日两日，又弄鬼掉猴[1]的。因满府里要挑个家生女儿，又没个好的：不是模样儿不好，就是性子不好。有了这个好处，没了那个好处。因此常冷眼选了半年，这些女孩子里头，就只你是个尖儿：模样儿，行事做人，温柔可靠，一概是齐全的。意思要和老太太讨了你去，收在屋里。你不比外头新买新讨的，这一进去了，就开了脸，就封你作姨娘，又体面，又尊贵。你又是个要强的人，俗语说的，'金子还是金子换'，谁知竟叫老爷看中了！你如今这一来，可遂了你素日心高智大的愿了，又堵一堵那些嫌你的人的嘴。跟了我回老太太去！"说着，拉了她的手就要走。

鸳鸯红了脸，夺手不行。邢夫人知她害臊，便又说道："这有什么臊处？你又不用说话，只跟着我就是了。"鸳鸯只低头不动身。邢

借邢夫人口夸赞鸳鸯，此人言不虚，但此人心不善。

---

1 弄鬼掉猴：出问题，添乱。

夫人见她这般，便又说道："难道你还不愿意不成？若果然不愿意，可真是个傻丫头了。放着主子奶奶不做，倒愿意做丫头。三年两年，不过配上个小子，还是奴才。你跟我们去，你知道我的性子又好，又不是那不容人的人，老爷待你们又好。过一年半载，生个一男半女，你就和我并肩了。家里的人，你要使唤谁，谁还不动？现成主子不做去，错过了机会，后悔就迟了！"

侧面道出一般丫鬟的宿命，做姨娘已是好出路，但鸳鸯不是一般丫鬟。

鸳鸯只管低头，仍是不语。邢夫人又道："你这么个爽快人，怎么又这样积粘起来？有什么不称心之处，只管说与我，我管保你遂心如意就是了。"鸳鸯仍不语。邢夫人又笑道："想必你有老子娘，你自己不肯说话，怕臊，你等他们问你呢？这也是理。等我问他们去，叫他们来问你，有话只管告诉他们。"说毕，便往凤姐儿房中来。

如何拒绝而又不得罪主子？唯有低头不语。

凤姐儿早换了衣裳，因房内无人，便将此话告诉了平儿。平儿也摇头笑道："据我看来，未必妥当。平常我们背着人说起话来，听她那主意，未必是肯的，也只说着看罢了。"凤姐儿道："太太必来这屋里商议。依了还可，若是不依，白讨个没趣儿。当着你们，岂不脸上不好看。你说给好她们炸些鹌鹑，再有什么配几样，预备吃饭。你且别处逛逛去，估量着走了，你再来。"平儿听说，照样传给婆子们，便逍遥自在地园子里来。

这里鸳鸯见邢夫人去了，必到凤姐房里商议去了，必定有人来问她的，不如躲了这里，因找了琥珀，道："老太太要问我，只说我病了，没吃早饭，往园子里逛逛就来。"琥珀答应了。

鸳鸯也往园子里来各处游玩。不想正遇见平儿。平儿见无人，便笑道："新姨娘来了！"鸳鸯听了，便红了脸，说道："怪道，你们串通一气来算计我，等着我和你主子闹去就是了！"

平儿见鸳鸯满脸恼意，自悔失言，便拉到枫树底下，坐在一块石上，越发把方才凤姐过去回来所有的形景言词，始末原由，告诉于她。鸳鸯红了脸，向平儿冷笑道："我只想咱们好：比如袭人、琥珀、素云、紫鹃、彩霞、玉钏、麝月、翠墨，跟了史姑娘去的翠缕，死了的可人和金钏，去了的茜雪，连上你我，这十来个人，从小儿什么话儿不说，什么事儿不做？这如今因都大了，各自干各自的去了，我心里却仍是照旧，有话有事，并不瞒你们。这话我先放在你心里，且别和二奶奶说：<u>别说大老爷要我做小老婆，就是太太这会子死了，他三媒六证地娶我去做大老婆，我也不能去！</u>"

平儿方欲说话，只听山石背后哈哈地笑道："好个没脸的丫头，亏你不怕牙碜[1]！"二人听了，不觉吃了一惊，忙起身向山后找寻，不是别个，却是袭人，笑着走出来。问："什么事

鸳鸯嫌恶贾赦，不图地位。

1　牙碜（chèn）：所吃食物中杂有砂石，咀嚼时硌牙，叫牙碜。这里引申为说话肉麻，令人不愉快。

情？告诉我。"

说着，三人坐在石上。平儿又把方才的话说与袭人，袭人听了，说道："这话，论理不该我们说：这个大老爷，真真太好色了，略平头正脸的，他就不能放手了。"平儿道："你既不愿意，我教你个法儿。"鸳鸯道："什么法儿？"平儿笑道："你只和老太太说，就说已经给了琏二爷了，大老爷就不好要了。"鸳鸯啐道："什么东西，你还说呢！前儿你主子不是这么混说？谁知应到今儿了。"袭人笑道："她两个都不愿意，依我说，就和老太太说，叫老太太就说把你已经许了宝二爷了，大老爷也就死了心了。"

鸳鸯又是气，又是臊，又是急，骂道："两个坏蹄子，再不得好死的！人家有为难的事，拿着你们当做正经人，告诉你们，与我排解排解，饶不管，你们倒替换着取笑儿。你们自以为都有了结果了，将来都是做姨娘的！据我看来，天底下的事，未必都那么遂心如意的。你们且收着些儿罢，别忒乐过了头儿！"

二人见她急了，忙陪笑道："好姐姐，别多心！咱们从小儿都是亲姊妹一般，不过无人处偶然取个笑儿。你的主意告诉我们知道，也好放心。"鸳鸯道："什么主意！我只不去就完了。"平儿摇头道："你不去，未必得干休。大老爷的性子，你是知道的。虽然你是老太太房里的人，此刻不敢把你怎么样，难道你跟老太太一辈子不成？也要出去的。那时落了他的手，

贾赦嘴脸，谁人不知？

此时老太太可以护着鸳鸯，但凡哪日鸳鸯落到贾赦手里，后果难以想象。

315

倒不好了。"

鸳鸯冷笑道:"老太太在一日,我一日不离这里;若是老太太归西去了,他横竖还有三年的孝呢,没个娘才死了,他先弄小老婆的!等过了三年,知道又是怎么个光景儿呢?那时再说。纵到了至急为难,我剪了头发做姑子去。不然,还有一死。一辈子不嫁男人,又怎么样?乐得干净呢!"

平儿、袭人笑道:"真个这蹄子没了脸,越发信口儿都说出来了!"鸳鸯道:"事到如此,臊一回子怎么样?你们不信,只管看着就是了。太太才说了,找我老子娘去。我看她南京找去。"平儿道:"你的父母都在南京看房子,没上来,终久也寻得着;现在还有你哥哥嫂子在这里。可惜你是这里的家生女儿,不如我们两个只单在这里。"鸳鸯道:"家生女儿怎么样?'牛不喝水强按头'?我不愿意,难道杀我的老子娘不成!"

〔2〕

可巧王夫人、薛姨妈、李纨、凤姐儿、宝钗等姊妹并外头的几个执事有头脸的媳妇,都在贾母跟前凑趣儿呢。鸳鸯看见,忙拉了她嫂子,到贾母跟前跪下,一面哭,一面说,把邢夫人怎么来说,园子里她嫂子如何说,今儿她哥哥又如何说,"因为不依,方才大老爷越发说我'恋着宝玉',不然,要等着往外聘,凭我到天上,这一辈子也跳不出他的手心去,终久要报

"家生女儿"一句道破鸳鸯的自由之难。

316

仇。我是横了心的，当着众人在这里，我这一辈子，别说是宝玉，就是'宝金''宝银''宝天王''宝皇帝'，横竖不嫁人就完了。就是老太太逼着我，一刀子抹死了，也不能从命！伏侍老太太归了西，我也不跟着我老子娘、哥哥去，或是寻死，或是剪了头发当姑子去。若说我不是真心，暂且拿话支吾，这不是天地鬼神、日头月亮照着。嗓子里头长疔！"

原来这鸳鸯一进来时，便袖内带了一把剪子，一面说着，一面回手打开头发就铰。众婆子丫鬟看见，忙来拉住，已剪下半绺来了。众人看时，幸而她的头发极多，铰得不透，连忙替她挽上。

贾母听了，气得浑身打战，口内只说："我通共剩了这么一个可靠的人，他们还要来算计！"因见王夫人在旁，便向王夫人道："你们原来都是哄我的！外头孝顺，暗地里盘算我。有好东西也来要，有好人也来要。剩了这个毛丫头，见我待她好了，你们自然气不过，弄开了她，好摆弄我！"

王夫人忙站起来，不敢还一言。薛姨妈见连王夫人怪上，反不好劝的了；李纨一听见鸳鸯这话，早带了姊妹们出去；探春有心的人，想王夫人虽有委屈，如何敢辩；薛姨妈现是亲妹妹，自然也不好辩；宝钗也不便为姨母辩；李纨、凤姐、宝玉一发不敢辩；这正用着女孩儿之时，迎春老实，惜春小。因此，窗外听了一听，

发毒誓、断发，鸳鸯誓死拒绝做姨娘！古代女子断发是大事，可见鸳鸯"绝婚"之坚决。

贾母生气鸳鸯被算计，可见鸳鸯对于贾母的不可替代性。

317

便走进来,陪笑向贾母道:"这事与太太什么相干?老太太想一想,也有大伯子的事,小婶子如何知道?"

话未说完,贾母笑道:"可是我老糊涂了!姨太太别笑话我,你这个姐姐,她极孝顺,不像我们那大太太,一味怕老爷,婆婆跟前不过应景儿,可是我委屈了她。"薛姨妈只答应"是",又说:"老太太偏心,多疼小儿子媳妇,也是有的。"贾母道:"不偏心!"

○ 学习小任务:

鸳鸯依附于贾母,也只是暂逃不做妾的命运,待贾母死后,她又该何去何从?建议与同学讨论此问题。

参考答案:结合鸳鸯的性格特点(坚韧、刚烈、不爱慕虚荣等)分析,言之成理即可。

第七十七回
俏丫鬟抱屈夭风流　美优伶斩情归水月

正说着,只见几个老婆子走来,忙说道:"你们小心传齐了伺候着,此刻太太亲自到园里查人呢。"又吩咐:"快叫怡红院晴雯姑娘的哥嫂来,在这里等着,领出她妹子去。"因又笑道:"阿弥陀佛!今日天睁了眼,把这个祸害妖精退送了,大家清净些。"

宝玉一闻得王夫人进来亲查,便料道晴雯

晴雯因平时性格爽利得罪小人,被诽谤为"妖精",实属冤枉。

也保不住了，早飞也似的赶了去，所以后来趁愿之话，竟未听见。

宝玉及到了怡红院，只见一群人在那里。王夫人在屋里坐着，一脸怒色，见宝玉也不理。晴雯四五日水米不曾沾牙，如今现打炕上拉下来，蓬头垢面的，两个女人搀架起来去了。王夫人吩咐："把她贴身的衣服撂出去，余者留下，给好的丫头们穿。"又命："把这里所有的丫头们都叫来！——过目。"

原来王夫人惟怕丫头们教坏了宝玉，乃从袭人起，以至于极小的粗活小丫头们，个个亲自看了一遍。因问："谁是和宝玉一日的生日？"本人不敢答言。李嬷嬷指道："这一个蕙香，又叫做四儿的，是同宝玉一日。"

王夫人细看了一看，虽比不上晴雯一半，却有几分水秀，视其行止，聪明皆露在外面，且也打扮得不同。王夫人冷笑道："这也是个没廉耻的货！她背地里说的同日生日就是夫妻，这可是你说的？打量我隔得远，都不知道呢！可知我身子虽不大来，我的心耳神意时时都在这里。难道我统共一个宝玉，就白放心凭你们勾引坏了不成？"

这个四儿见王夫人说着她素日和宝玉的私语，不禁红了脸，低头垂泪。王夫人即命："也快把她家人叫来，领出去配人。"

又问："那芳官呢？"芳官只得过来。王夫人道："唱戏的女孩子，自然更是狐狸精了！上

晴雯"四五日水米不曾沾牙"的情况下被"拉下来"，撵出贾府，代入此景，不觉悲从中来。

都是奴才，何苦发难！

次放你们，你们又不愿去，可就该安分守己才是。你就成精，鼓捣起来，调唆宝玉，无所不为！"芳官笑辩道："并不敢调唆什么了。"王夫人笑道："你还强嘴！你连你干娘都压倒了，岂止别人！"因喝命："唤她干娘来领去，就赏她外头找个女婿罢。她的东西，一概给她。"吩咐："上年凡有姑娘分的唱戏女孩子们，一概不许留在园里，都令其各人干娘带出，自行聘嫁。"

作为丫鬟，即使被诋毁栽赃了，也不能申辩。忤逆主子，就要被撵出去，再遭被卖的命运。

一语传出，这些干娘皆感恩趁愿不尽，都约齐与王夫人磕头领去。

〔3〕

却说这晴雯当日系赖大买的。还有个姑舅哥哥，叫做吴贵，人都叫他贵儿。那时晴雯才得十岁，时常赖嬷嬷带进来，贾母见了喜欢，故此，赖嬷嬷就孝敬了贾母。过了几年，赖大又给他姑舅哥哥娶了一房媳妇。

点出晴雯被卖，家中只有远亲的身世。

谁知贵儿一味胆小老实，那媳妇却倒伶俐，又兼有几分姿色，看着贵儿无能为，便每日家打扮得妖妖调调，两只眼儿水汪汪的，招惹的赖大家人如蝇逐臭，渐渐做出些风流勾当来。那时晴雯已在宝玉房中，他便央及了晴雯，转求凤姐，合赖大家的要过来。目今两口儿就在园子后角门外居住，伺候园中买办杂差。

这晴雯一时被撵出来，住在他家。那媳妇哪里有心肠照管，吃了饭，便自去串门子，只剩下晴雯一人，在外间屋内爬着。

宝玉命那婆子在外瞭望，他独掀起布帘进

320

来，一眼就看见晴雯睡在一领芦席上，幸而被褥还是旧日铺盖的。心内不知自己怎么才好，因上来含泪伸手，轻轻拉她，悄唤两声。当下晴雯又因着了风，又受了哥嫂的歹话，病上加病，嗽了一日，才朦胧睡着。忽闻有人唤她，强展双眸，一见是宝玉，又惊又喜，又悲又痛，一把死攥住他的手。哽咽了半日，方说道："我只道不得见你了！"接着便嗽个不住。宝玉也只有哽咽之分。

让晴雯身体和心理上双重受创的，又何止是哥嫂？

晴雯道："阿弥陀佛！你来得好，且把那茶倒半碗我喝。渴了半日，叫半个人也叫不着。"宝玉听说，忙拭泪问："茶在哪里？"晴雯道："在炉台上。"

宝玉看时，虽有个黑煤乌嘴的吊子，也不像个茶壶。只得桌上去拿一个碗，未到手内，先闻得油膻之气。宝玉只得拿了来，先拿些水，洗了两次，复用自己的绢子拭了，闻了闻，还有些气味，没奈何，提起壶来，斟了半碗。看时，绛红的，也不大像茶。

晴雯扶枕道："快给我喝一口罢！这就是茶了，那里比得咱们的茶呢！"宝玉听说，先自己尝了一尝，并无茶味，咸涩不堪，只得递与晴雯。只见晴雯如得了甘露一般，一气都灌下去了。

宝玉看着，眼中泪直流下来，连自己的身子都不知为何物了，一面问道："你有什么说的？趁着没人，告诉我。"晴雯呜咽道："有什么可说的,不过是挨一刻是一刻,挨一日是一日。我已知横竖不过三五日的光景,我就好回去了。只是一件,我死也不甘心。我虽生得比别人好些,并没有私情勾引你,怎么一口死咬定了我是个'狐狸精'!我今儿既担了虚名,况且没了远限,不是我说一句后悔的话:早知如此,我当日——"

说到这里,气往上咽,便说不出来,两手已经冰凉。宝玉又痛,又急,又害怕。便歪在席上,一只手攥着她的手,一只手轻轻地给她捶打着。又不敢大声地叫,真真万箭攒心。两三句话时,晴雯才哭出来,宝玉拉着她的手,只觉瘦如枯柴,腕上犹戴着四个银镯。因哭道:"除下来,等好了再戴上去罢。"又说:"这一病好了,又伤好些。"

晴雯拭泪,把那手用力攥回,搁在口边狠命一咬,只听"咯吱"一声,把两根葱管一般的指甲,齐根咬下,拉了宝玉的手,将指甲搁在他手中。又回手扎挣着,连揪带脱,在被窝内将贴身穿着的一件旧红绫小袄儿脱下,递给宝玉。不想虚弱透了的人,哪里禁得这么抖搂[1],早喘成一处了。

宝玉见她这般,已经会意,连忙解开外衣,将自己的袄儿褪下来,盖在她身上,却把这件穿上,不及扣钮,只用外间衣服掩了。

---

1 抖搂:折腾。

刚系腰时,只见晴雯睁眼道:"你扶起我来坐坐。"宝玉只得扶她。哪里扶得起?好容易欠起半身,晴雯伸手把宝玉的袄儿往自己身上拉。宝玉连忙给她披上,拖着胳膊,伸上袖子,轻轻放倒,然后将她的指甲装在荷包里。

晴雯哭道:"你去罢,这里腌臜,你哪里受得?你的身子要紧。今日这一来,我就死了,也不枉担了虚名!"

交换了信物,便"不枉担了虚名",晴雯的率直磊落,可敬可爱。

○ 学习小任务:

你认为谁是晴雯之死的罪魁祸首?为什么?请阅读相关情节,回答这个问题。(答案略)

二、"芥豆"之"慧"

第十九回
情切切良宵花解语　意绵绵静日玉生香

宝玉听了"出嫁"二字,不禁又"嗐"了两声。正不自在,又听袭人叹道:"我这几年,姊妹们都不大见。如今我要回去了,他们又都去了!"宝玉听这话里有文章,不觉吃了一惊,忙扔下栗子,问道:"怎么着,你如今要回去?"袭人道:"我今儿听见我妈和哥哥商量,教我再耐一年,明年他们上来就赎出我去呢。"宝玉听了这话,越发忙了,因问:"为什么赎你呢?"袭人道:"这话奇了,我又比不得是这里的家生子儿[1]，我们一家子都在别处，独我一个人在这里，怎么是个了手[2]呢？"宝玉道："我不叫你去也难哪。"袭人道："从来没这个理。就是朝廷宫里，也有定例，几年一挑，几年一放，没有长远留下人的理，别说你们家！"

宝玉想一想，果然有理，又道："老太太要不放你呢？"袭人道："为什么不放呢？我果然是个难得的，或者感动了老太太、太太不肯放我出去，再多给我们家几两银子留下，也还有的。其实我又不过是个最平常的人，比我强的多而且多。我从小儿跟着老太太，先伏侍了史大姑娘几年，这会子又伏侍了你几年，我们家要来赎我，正是该叫去的，——只怕连身价不要，就开恩放我去呢。要说为伏侍得你好不叫我去，断然没有的事。那伏侍得好，是分内应当的，不是什么奇功。我去了仍旧又有好的了，不是没了我就使不得的。"

宝玉听了这些话，竟是有去的理，无留的理，心里越发急了，因又道："虽然如此说，我的一心要留下你，不怕老太太不和你母亲说，多多给你母亲些银子，她也不好意思接你了。"袭人道："我妈自然不敢强。且慢说和她好说，又多给银子；就便不好和她说，一个钱也不给，安心要强留下我，她也不敢不依。但只是咱们

体现了袭人的谦虚谨慎。

---

1 家生子儿：指"家生奴才"。这里说"比不得"家生奴才，实际却远胜于。

2 了手：结局，结束。

家从没干过这倚势仗贵霸道的事。这比不得别的东西，因为喜欢，加十倍利弄了来给你，那卖的人不吃亏，就可以行得的。如今无故凭空留下我，于你又无益，反教我们骨肉分离，这件事，老太太、太太肯行吗？"

宝玉听了，思忖半晌，乃说道："依你说来说去，是去定了？"袭人道："去定了。"宝玉听了自思道："谁知这样一个人，这样薄情无义呢！"乃叹道："早知道都是要去的，我就不该弄了来。临了剩我一个孤鬼儿！"说着，便赌气上床睡了。

原来袭人在家，听见她母兄要赎她回去，她就说："至死也不回去。"又说："当日原是你们没饭吃，就剩了我还值几两银子，要不叫你们卖，没有个看着老子娘饿死的理；如今幸而卖到这个地方儿，吃穿和主子一样，又不朝打暮骂。况如今爹虽没了，你们却又整理得家成业就，复了元气。若果然还艰难，把我赎出来，再多掏摸几个钱，也还罢了，其实又不难了。——这会子又赎我做什么？权当我死了，再不必起赎我的念头了。"因此哭了一阵。她母兄见她这般坚执，自然必不出来的了。况且原是卖倒的死契，明仗着贾宅是慈善宽厚人家儿，不过求求，只怕连身价银一并赏了还是有的事呢；二则贾府中从不曾作践下人，只有恩多威少的，且凡老少房中所有亲侍的女孩子们，更比待家下众人不同，平常寒薄人家的女

袭人当初因家里贫穷至无以为继被卖，到了贾府反而生活过得不错，吃穿如主子。

325

孩儿也不能那么尊重，因此他母子两个就死心不赎了。次后忽然宝玉去了，他两个又是那个光景儿，母子二人心中更明白了，越发一块石头落了地，而且是意外之想，彼此放心，再无别意了。

且说袭人自幼儿见宝玉性格异常，其淘气憨顽出于众小儿之外，更有几件千奇百怪口不能言的毛病儿。近来仗着祖母溺爱，父母亦不能十分严紧拘管，更觉放纵弛荡，任情恣性，最不喜务正。每欲劝时，谅不能听。今日可巧有赎身之论，故先用骗词以探其情，以压其气，然后好下箴规。今见宝玉默默睡去，知其情不忍，气已馁堕[1]。自己原不想栗子吃，只因怕为酥酪生事，又像那茜雪之茶，是以假要栗子为由，混过宝玉不提就完了。

袭人处事智慧，宽厚得体。不愧曹公之"贤"字。

于是命小丫头子们将栗子拿去吃了，自己来推宝玉。只见宝玉泪痕满面，袭人便笑道："这有什么伤心的？你果然留我，我自然不肯出去。"宝玉见这话头儿活动了，便道："你说说，我还要怎么留你？我自己也难说了！"袭人笑道："咱们两个的好，是不用说了。但你要安心留我，不在这上头。我另说出三件事来，你果然依了，那就是真心留我了，刀搁在脖子上，我也不出去了。"

袭人要走是假，借机劝诫宝玉是真。

宝玉忙笑道："你说，哪几件？我都依你。

1　馁堕(něi duò)：失去气势。

图14　袭人（载《红楼梦图咏》，[清] 改琦绘）

好姐姐，好亲姐姐！别说两三件，就是两三百件我也依的。只求你们看守着我，等我有一日化成了飞灰——飞灰还不好，灰还有形有迹，还有知识的——等我化成一股轻烟，风一吹就散了的时候儿，你们也管不得我，我也顾不得你们了，凭你们爱哪里去哪里去就完了。”

急得袭人忙握他的嘴，道："好爷！我正为劝你这些个，更说得狠了！"宝玉忙说道："再不说这话了。"袭人道："这是头一件要改的。"宝玉道："改了，再说你就拧嘴！还有什么？"袭人道："第二件，你真爱念书也罢，假爱也罢，只在老爷跟前，或在别人跟前，你别只管嘴里混批，只作出个爱念书的样儿来，也叫老爷少生点儿气，在人跟前也好说嘴。老爷心里想着：我家代代念书，只从有了你，不承望不但不爱念书，已经他心里又气又恼了。而且背前面后混批评，凡读书上进的人，你就起个外号儿，叫人家'禄蠹'[1]；又说只除了什么'明明德'外就没书了，都是前人自己混编纂出来的。这些话，你怎么怨得老爷不气，不时时刻刻地要打你呢？"

宝玉笑道："再不说了。那是我小时候儿不知天多高地多厚信口胡说的，如今再不敢说了。还有什么呢？"袭人道："再不许谤僧毁道的了。还有更要紧的一件事，再不许弄花儿，弄粉儿，偷着吃人嘴上擦的胭脂，和那个爱红

1　禄蠹(dù)：指那些热衷于功名利禄又不能造福百姓国家的人。禄，俸禄。

的毛病儿了。"宝玉道："都改！都改！再有什
么快说罢。"袭人道："也没有了，只是百事检点
些，不任意任性的就是了。你要果然都依了，
就拿八人轿也抬不出我去了。"宝玉笑道："你
这里长远了，不怕没八人轿你坐。"袭人冷笑
道："这我可不希罕[1]的。有那个福气，没有那个
道理，纵坐了也没趣儿。"

第二十七回

滴翠亭杨妃戏彩蝶　埋香冢飞燕泣残红

　　只见凤姐儿站在山坡上招手叫，小红连忙
弃了众人，跑至凤姐前，堆着笑问："奶奶使唤
做什么事？"凤姐打量了一回，见她生得干净
俏丽，说话知趣，因笑道："我的丫头今儿没跟
进我来。我这会子想起一件事来，要使唤个人
出去，不知你能干不能干？说得齐全不齐全？"
小红笑道："奶奶有什么话，只管吩咐我说去，
若说得不齐全，误了奶奶的事，任凭奶奶责罚
就是了。"凤姐笑道："你是哪位姑娘房里的？
我使你出去，她回来找你，我好替你说。"小红
道："我是宝二爷房里的。"

　　凤姐听了笑道："嗳哟！你原来是宝玉房
里的，怪道呢。也罢了！等他问，我替你说。
你到我们家告诉你平姐姐，外头屋里桌子上汝

眼亮脚快，小红
时刻准备着改变
命运，提升等级。

1　希罕：同"稀罕"，认为希奇而喜爱。

329

窑盘子架儿底下放着一卷银子,那是一百二十两,给绣匠的工价。等张材家的来,当面秤给他瞧了,再给他拿去。再里头床头儿上有个小荷包,拿了来。"小红听说,答应着,撤身去了。

不多时回来了,只见凤姐不在这山坡上了,因见司棋从山洞里出来,站着系裙子,便赶来问道:"姐姐,不知道二奶奶往哪里去了?"司棋道:"没理论。"小红听了,回身又往四下里一看,只见那边探春、宝钗在池边看鱼,小红上来陪笑道:"姑娘们可知道二奶奶刚才哪里去了?"探春道:"往你大奶奶院里找去。"小红听了,再往稻香村来,顶头只见晴雯、绮霞、碧痕、秋纹、麝月、侍书、入画、莺儿等一群人来了。

晴雯一见小红,便说道:"你只是疯罢!院子里花儿也不浇,雀儿也不喂,茶炉子也不弄,就在外头逛!"小红道:"昨儿二爷说了,今儿不用浇花,过一日浇一回罢。我喂雀儿的时候,姐姐还睡觉呢。"碧痕道:"茶炉子呢?"小红道:"今儿不该我的班儿,有茶没茶,休问我。"绮霞道:"你听听她的嘴,你们别说了,让她逛罢。"小红道:"你们再问问,我逛了没逛。二奶奶才使唤我说话取东西去的。"说着,将荷包举给她们看,方没言语了,大家走开。

晴雯冷笑道:"怪道呢!原来爬上高枝儿去了,把我们不放在眼里。不知说了一句话半句话,名儿姓儿知道了不曾,就把她兴头得这个样!这一遭半遭儿的也算不得什么,过了

一路问来,办事稳妥。

晴雯冷笑嘲讽,皆因二人"志向"不同。

后儿，还得听呵！有本事从今儿出了这园子，长长远远的在高枝儿上才算得！"一面说着去了。

这里小红听说，不便分证，只得忍着气来找凤姐儿。到了李氏房中，果见凤姐儿在这里和李氏说话儿呢。小红上来回道："平姐姐说：奶奶刚出来了，她就把银子收起来了。才张材家的来取，当面秤了给他拿去了。"说着，将荷包递了上去。又道："平姐姐叫我来回奶奶，才旺儿进来讨奶奶的示下，好往那家子去的，平姐姐就把那话按着奶奶的主意打发他去了。"

凤姐笑道："她怎么按着我的主意打发去了？"小红道："平姐姐说：'我们奶奶问这里奶奶好。原是我们二爷不在家。虽然迟了两天，只管请奶奶放心。等五奶奶好些，我们奶奶还会了五奶奶来瞧奶奶呢。五奶奶前儿打发了人来说，舅奶奶带了信来了，问奶奶好，还要和这里的姑奶奶寻两丸延年神验万金丹，若有了，奶奶打发人来，只管送在我们奶奶这里。明儿有人去，就顺路给那边舅奶奶带去的。'"

话未说完，李氏道："嗳哟哟，这话我就不懂了，什么'奶奶''爷爷'的一大堆。"凤姐笑道："怨不得你不懂，这是四五门子的话呢。"说着，又向小红笑道："好孩子，难为你说得齐全，不像她们扭扭捏捏蚊子似的。嫂子不知道，如今除了我随手使的这几个丫头老婆子之外，我

这一番话，莫说李纨要感叹，试问你是否读明白了？

就怕和别人说话，他们必定把一句话拉长了，作两三截儿，咬文嚼字，拿着腔儿，哼哼唧唧的，急得我冒火，他们哪里知道？先是我们平儿也是这么着，我就问着她，难道必定装蚊子哼哼就是美人了？说了几遭才好些了。"

李宫裁笑道："都像你泼辣货才好！"凤姐道："这一个丫头就好。方才两遭说话虽不多，听那口角儿就很剪断。"说着，又向小红笑道："明儿你伏侍我罢，我认你做女儿。我一调理，你就出息了！"

小红成功升级上位，机遇往往青睐时刻准备的人。

第三十一回

撕扇子作千金一笑　因麒麟伏白首双星

偏偏晴雯上来换衣裳，不防又把扇子失了手，掉在地下，将骨子跌折。宝玉因叹道："蠢才，蠢才，将来怎么样，明日你自己当家立业，难道也是这么顾前不顾后的？"晴雯冷笑道："二爷近来气大得很，行动[1]就给脸子瞧。前儿连袭人都打了，今儿又来寻我的不是。要踢要打凭爷去。——就是跌了扇子，也算不得什么大事。先时候儿什么玻璃缸、玛瑙碗，不知弄坏了多少，也没见个大气儿。这会子一把扇子就这么着。何苦来呢！嫌我们就打发了我们，再挑好的使。好离好散的倒不好？"

看不惯就要说，晴雯的这种聪明伶俐、直白率真必会给她带来祸患，"风流灵巧招人怨"，推测她别处得罪的人不会少。

1　行动：动不动。

宝玉听了这些话，气得浑身乱战。因说道："你不用忙，将来横竖有散的日子！"袭人在那边早已听见，忙赶过来，向宝玉道："好好儿的，又怎么了？可是我说的：'一时我不到就有事故儿。'"

　　晴雯听了冷笑道："姐姐既会说，就该早来呀，省了我们惹得生气。自古以来，就只是你一个人会伏侍，我们原不会伏侍。因为你伏侍得好，为什么昨儿才挨窝心脚啊？我们不会伏侍的，明日还不知犯什么罪呢？"

　　袭人听了这话，又是恼，又是愧。待要说几句，又见宝玉已经气得黄了脸，少不得自己忍了性子道："好妹妹，你出去逛逛儿，原是我们的不是。"

　　晴雯听她说"我们"两字，自然是她和宝玉了，不觉又添了醋意，冷笑几声道："我倒不知道，你们是谁？别叫我替你们害臊了！你们鬼鬼祟祟干的那些事，也瞒不过我去。不是我说：正经明公正道的，连个姑娘还没挣上去呢，也不过和我似的，哪里就称起'我们'来了！"

晴雯之语，如利刃，戳中袭人的不堪之处。

　　袭人羞得脸紫胀起来，想想原是自己把话说错了。宝玉一面说道："你们气不忿，我明日偏抬举她。"袭人忙拉了宝玉的手道："她一个糊涂人，你和她分证什么？况且你素日又是有担待的，比这大的，过去了多少，今日是怎么了？"晴雯冷笑道："我原是糊涂人，哪里配和我说话！我不过奴才罢咧！"

袭人听说，道："姑娘到底是和我拌嘴，是和二爷拌嘴呢？要是心里恼我，你只和我说，不犯着当着二爷吵；要是恼二爷，不该这么吵得万人知道。我才也不过为了事，进来劝开了，大家保重。姑娘倒寻上我的晦气！又不像是恼我，又不像是恼二爷，夹枪带棒，终久是个什么主意？我就不说，让你说去。"说着便往外走。

宝玉向晴雯道："你也不用生气，我也猜着你的心事了。我回太太去，你也大了，打发你出去，可好不好？"晴雯听了这话，不觉越伤起心来，含泪说道："我为什么出去？要嫌我，变着法儿打发我去，也不能够的。"宝玉道："我何曾经过这样吵闹？一定是你要出去了，不如回太太，打发你去罢。"说着，站起来就要走。

袭人忙回身拦住，笑道："往哪里去？"宝玉道："回太太去！"袭人笑道："好没意思，认真地去回，你也不怕臊了她。就是她认真要去，也等把这气下去了，等无事中说话儿回了太太也不迟。这会子急急地当一件正经事去回，岂不叫太太犯疑！"宝玉道："太太必不犯疑，我只明说是她闹着要去的。"晴雯哭道："我多早晚闹着要去了？饶生了气，还拿话压派我。只管去回，我一头碰死了，也不出这门儿。"宝玉道："这又奇了。你又不去，你又只管闹，我经不起这么吵，不如去了，倒干净。"说着，一定要去回。

袭人此话有道理，表面似在说回禀太太的时机，实在息事宁人。与晴雯相比，更见袭人性格温婉、大气。

334

袭人见拦不住，只得跪下了。碧痕、秋纹、麝月等众丫鬟见吵闹得利害，都鸦雀无闻地在外头听消息，这会子听见袭人跪下央求，便一齐进来，都跪下了。

宝玉忙把袭人拉起来，叹了一声，在床上坐下，叫众人起去。向袭人道："叫我怎么样才好，这个心使碎了，也没人知道。"说着，不觉滴下泪来。袭人见宝玉流下泪来，自己也就哭了。

晴雯在旁哭着，方欲说话，只见黛玉进来，晴雯便出去了。黛玉笑道："大节下，怎么好好儿地哭起来了？难道是为争粽子吃，争恼了不成？"宝玉和袭人都"扑嗤"地一笑。黛玉道："二哥哥，你不要告诉我，我不问就知道了。"

一面说，一面拍着袭人的肩膀，笑道："好嫂子，你告诉我。必定是你们两口儿拌了嘴了？告诉妹妹，替你们和息和息[1]。"袭人推她道："姑娘，你闹什么，我们一个丫头，姑娘只是混说。"黛玉笑道："你说你是丫头，我只拿你当嫂子待。"

宝玉道："你何苦来替她招骂呢？饶这么着，还有人说闲话，还搁得住你来说这些个！"袭人笑道："姑娘，你不知道我的心，除非一口气不来，死了，倒也罢了。"黛玉笑道："你死了，别人不知怎么样，我先就哭死了。"宝玉笑道："你死了，我做和尚去。"袭人道："你老实些儿

1　和息：调解纠纷。

罢！何苦还混说。"

黛玉将两个指头一伸，抿着嘴儿笑道："做了两个和尚了！我从今以后，都记着你做和尚的遭数儿。"宝玉听了，知道是点他前日的话，自己一笑，也就罢了。

一时黛玉去了，就有人来说："薛大爷请。"宝玉只得去了，原来是吃酒，不能推辞，只得尽席而散。

晚间回来，已带了几分酒，踉跄来至自己院内，只见院中早把乘凉的枕榻设下，榻上有个人睡着。宝玉只当是袭人，一面在榻沿上坐下，一面推她，问道："疼得好些了？"只见那人翻身起来，说："何苦来又招我！"

宝玉一看，原来不是袭人，却是晴雯。宝玉将她一拉，拉在身旁坐下，笑道："你的性子越发惯娇了，早起就是跌了扇子，我不过说了那么两句，你就说上那些话。你说我也罢了，袭人好意劝你，又刮拉上她。你自己想想，该不该？"晴雯道："怪热的，拉拉扯扯的做什么，叫人看见什么样儿呢！我这个身子本不配坐在这里。"宝玉笑道："你既知道不配，为什么躺着呢？"

晴雯没的说，"嗤"地又笑了，说道："你不来使得，你来了就不配了。起来让我洗澡去，袭人、麝月都洗了，我叫她们来。"宝玉笑道："我才喝了好些酒，还得洗洗。你既没洗，拿水来，咱们两个洗。"

晴雯摇手笑道:"罢,罢! 我不敢惹爷。还记得碧痕打发你洗澡啊,足有两三个时辰,也不知道做什么呢;我们也不好进去。后来洗完了,进去瞧瞧,地下的水,淹着床腿子,连席子上都汪着水。也不知是怎么洗的。笑了几天! 我也没工夫收拾水,你也不用和我一块儿洗。今儿也凉快,我也不洗了,我倒是舀一盆水来你洗洗脸,篦篦头。才鸳鸯送了好些果子来,都湃[1]在那水晶缸里呢。叫她们打发你吃不好吗?"

宝玉笑道:"既这么着,你不洗,就洗洗手,给我拿果子来吃罢。"晴雯笑道:"可是说的,我一个蠢才,连扇子还跌折了,哪里还配打发吃果子呢! 倘或再砸了盘子,更了不得了!"宝玉笑道:"你爱砸就砸。这些东西,原不过是借人所用,你爱这样,我爱那样,各有性情。比如那扇子,原是搧的,你要撕着玩儿,也可以使得,只是别生气时拿它出气;就如杯盘,原是盛东西的,你喜欢听那一声响,就故意砸了,也是使得的,只别在气头儿上拿它出气,这就是爱物了。"

晴雯听了,笑道:"既这么说,你就拿了扇子来我撕。我最喜欢听撕的声儿。"宝玉听了,便笑着递给她。晴雯果然接过来,"嗤"的一声,撕了两半。接着又听"嗤""嗤"几声。宝

---

1 湃(pài):用冰镇或用冷水浸,使东西变凉。

玉在旁笑着说："撕得好，再撕响些。"

正说着，只见麝月走过来，瞪了一眼，啐道："少作点孽儿罢！"宝玉赶上来，一把将她手里的扇子也夺了递给晴雯。晴雯接了，也撕作几半子，二人都大笑起来。麝月道："这是怎么说？ 拿我的东西开心儿！"宝玉笑道："你打开扇子匣子拣去，什么好东西！"麝月道："既这么说，就把扇子搬出来，让她尽力撕不好吗？"宝玉笑道："你就搬去。"麝月道："我可不造这样孽！ 她没折了手，叫她自己搬去。"

晴雯笑着，便倚在床上，说道："我也乏了，明儿再撕罢。"宝玉笑道："古人云，'千金难买一笑'，几把扇子，能值几何？"一面说，一面叫袭人。袭人才换了衣服走出来，小丫头佳蕙过来拾去破扇，大家乘凉，不消细说。

○ 学习小任务：

晴雯两次损坏扇子，宝玉对此的态度有何不同？ 为什么？

参考答案：第一次是晴雯在给宝玉换衣服的时候失手跌折了扇子，宝玉彼时正在因金钏儿的事情烦恼，心情不好，所以训斥了晴雯。

第二次是宝玉示意晴雯撕坏他的扇子，此时宝玉想要主动与晴雯和解，不仅没有生气，反而把扇子递给她。

第五十二回

俏平儿情掩虾须镯　勇晴雯病补孔雀裘

〔1〕

宝玉因惦记着晴雯等事，便先回园里来。到了屋中，药香满室，一人不见，只有晴雯独卧于炕上，脸上烧得飞红。又摸了一摸，只觉烫手；忙又向炉上将手烘暖，伸进被去摸了一摸身上，也是火热。

因说道："别人去了也罢，麝月、秋纹也这么无情，各自去了？"晴雯道："秋纹是我撺了她去吃饭了，麝月是方才平儿来找她出去了。两个人鬼鬼祟祟的，不知说什么，必是说我病了不出去。"

宝玉道："平儿不是那样人，况且她并不知你病特来瞧你，想来一定是找麝月来说话，偶然见你病了，随口说特瞧你的病，这也是人情乖觉取和儿的常事。便不出去，又不与她何干？你们素日又好，断不肯为这无干的事伤和气。"晴雯道："这话也是，只是疑她为什么忽然又瞒起我来？"

宝玉笑道："等我从后门出去，到那窗户根下听听说些什么，来告诉你。"说着，果从后门出去，至窗下潜听。

麝月悄悄问道："你怎么就得了的？"平儿道："那日彼时洗手时不见了，二奶奶就不许吵

已是病中，才有补裘的"挣命"说。

339

嚷。出了园子，即刻就传给园里各处的妈妈们，小心访查。我们只疑惑邢姑娘的丫头，本来又穷，只怕小孩子家没见过，拿起来是有的，再不料定是你们这里的。幸而二奶奶没有在屋里，你们这里的宋妈去了，拿着这支镯子，说是小丫头坠儿偷起来的，被她看见，来回二奶奶的。我赶忙接了镯子。想了一想：宝玉是偏在你们身上留心用意、争胜要强的，那一年有个良儿偷玉，刚冷了这二年，闲时还常有人提起来趁愿；这会子又跑出一个偷金子的来了，而且更偷到街坊家去了，偏是他这么着，偏是他的人打嘴。所以我倒忙叮咛宋妈千万别告诉宝玉，只当没有这事，总别和一个人提起。第二件，老太太、太太听了生气。三则袭人和你们也不好看。所以我回二奶奶，只说：'我往大奶奶那里去来着，谁知镯子褪了口，丢在草根底下，雪深了，没看见。今儿雪化尽了，黄澄澄的映着日头，还在那里呢，我就拣了起来。'二奶奶也就信了，所以我来告诉你们。你们以后防着她些，别使唤她到别处去。等袭人回来，你们商议着，变个法子打发出去就完了。"

麝月道："这小娼妇也见过些东西，怎么这么眼浅？"平儿道："究竟这镯子能多重，原是二奶奶的，说这叫做'虾须镯'，倒是这颗珠子重了。晴雯那蹄子是块爆炭，要告诉了她，她是忍不住的，一时气上来，或打或骂，依旧嚷出

平儿为宝玉着想，隐瞒宝玉丫头坠儿偷虾须镯之事。提到等袭人回来处置，也可见袭人做事稳当可靠。

这句评价再准确不过，晴雯后文得知与处理此事，果然如"爆炭"。

来,所以单告诉你留心就是了。"说着,便作辞而去。

宝玉听了,又喜,又气,又叹,喜的是平儿竟能体贴自己的心;气的是坠儿小窃;叹的是坠儿那样伶俐,做出这丑事来。因而回至房中,把平儿之话一长一短告诉了晴雯,又说:"她说你是个要强的,如今病了,听了这话,越发要添病的,等好了再告诉你。"

晴雯听了,果然气得蛾眉倒蹙,凤眼圆睁,即时就叫坠儿。宝玉忙劝道:"这一喊出来,岂不辜负了平儿待你我的心呢?不如领她这个情,过后打发她出去,就完了。"晴雯道:"虽如此说,只是这气如何忍得住?"宝玉道:"这有什么气的? 你只养病就是了。"

[2]

贾母犹未起来,知道宝玉出门,便开了屋门,命宝玉进去。宝玉见贾母身后宝琴面向里睡着未醒。贾母见宝玉身上穿着荔支色哆罗呢的箭袖,大红猩猩毡盘金彩绣石青妆缎沿边的排穗褂。贾母道:"下雪呢么?"宝玉道:"天阴着,还没下呢。"贾母便命鸳鸯:"把昨儿那一件孔雀毛的氅衣给他罢。"

鸳鸯答应走去,果取了一件来。宝玉看时,金翠辉煌,碧彩闪灼,又不似宝琴所披之凫靥裘。只听贾母笑道:"这叫做'雀金呢',这是俄罗斯国拿孔雀毛拈了线织的。前儿那件野鸭子的,给了你小妹妹,这件给你罢。"宝玉

这便是"雀金裘",贾母疼爱宝玉,故而赏赐。

341

磕了一个头，便披在身上。贾母笑道："你先给你娘瞧瞧去再去。"

宝玉答应了，便出来，只见鸳鸯站在地下揉眼睛。因自那日鸳鸯发誓绝婚之后，她总不合宝玉说话，宝玉正自日夜不安，此时见她又要回避，宝玉便上来笑道："好姐姐，你瞧瞧，我穿着这个好不好？"鸳鸯一撑手，便进贾母屋里来了。

宝玉只得到了王夫人屋里，给王夫人看了，然后又回至园中，给晴雯、麝月看过，来回复贾母说："太太看了，只说可惜了的，叫我仔细穿，别糟蹋了。"贾母道："就剩了这一件，你糟蹋了也再没了。这会子特给你做这个，也是没有的事。"说着，又嘱咐："不许多吃酒，早些回来。"

〔3〕

这里晴雯吃了药，仍不见病退，急得乱骂大夫，说："只会哄人的钱，一剂好药也不给人吃。"麝月笑劝她道："你太性急了，俗语说：'病来如山倒，病去如抽丝。'又不是老君的仙丹，哪有这么灵药？你只静养几天，自然就好了，你越急越着手。"

晴雯又骂小丫头子们："哪里攒沙¹去了，瞅着我病了，都大胆子走了。明儿我好了，一个个的才揭了你们的皮！"唬了小丫头子定儿

---

1 攒沙：比喻小丫头们行踪无定。

鸳鸯发誓"绝婚"，宝玉也要避嫌。

可见雀金裘之珍贵，不可轻易损坏，为后文烫坏之后修补的急切埋下伏笔。

忙进来问："姑娘做什么？"晴雯道："别人都死了，就剩了你不成？"

说着，只见坠儿也蹭进来了。晴雯道："你瞧瞧这小蹄子！不问她还不来呢，这里又放月钱了，又散果子了，你该跑在头里了。你往前些！我是老虎，吃了你？"

坠儿只得往前凑了几步，晴雯便冷不防，欠身一把将她的手抓住，向枕边拿起一丈青来，向她手上乱戳，又骂道："要这爪子做什么？拈不动针，拿不动线，只会偷嘴吃！眼皮子又浅，爪子又轻，打嘴现世的，不如戳烂了！"

坠儿疼得乱喊。麝月忙拉开，按着晴雯躺下，道："你才出了汗，又作死，等你好了，要打多少打不得？这会子闹什么！"

晴雯便命人叫宋嬷嬷进来，说道："宝二爷才告诉了我，叫我告诉你们，坠儿很懒，宝二爷当面使她，她拨嘴儿不动，连袭人使她，她也背地里骂。今儿务必打发她出去，明儿宝二爷亲自回太太就是了。"

宋嬷嬷听了，心下便知镯子事发，因笑道："虽如此说，也等花姑娘回来，知道了，再打发她。"晴雯道："宝二爷今儿千叮咛万嘱咐的，什么'花姑娘''草姑娘'的，我们自然有道理！你只依我的话，快叫她家的人来领她出去。"麝月道："这也罢了。早也是去，晚也是去，早带了去，早清净一日。"

宋嬷嬷听了，只得出去，唤了她母亲来，打

呼应前文的"爆炭"，晴雯的性子果真暴躁炽热。

343

点了她的东西。又见了晴雯等，说道："姑娘们怎么了？你侄女儿不好，你们教导她，怎么撵出去？也到底给我们留个脸儿。"晴雯道："这话只等宝玉来问他，与我们无干。"

那媳妇冷笑道："我有胆子问他去？他哪一件事不是听姑娘们的调停？他纵依了，姑娘们不依，也未必中用！比如方才说话，虽背地里，姑娘就直叫他的名字，在姑娘们就使得，在我们就成了野人了！"

晴雯听说，越发急红了脸，说道："我叫了他的名字了，你在老太太、太太跟前告我去；说我野，也撵出我去！"麝月道："嫂子，你只管带了人出去，有话再说。这个地方岂有你叫喊讲理的？你见谁和我们讲过理？别说嫂子你，就是赖大奶奶、林大娘也得担待我们三分。就是叫名字，从小儿直到如今，都是老太太吩咐过的，你们也知道的：恐怕难养活，巴巴地写了他的小名儿各处贴着，叫万人叫去，为的是好养活，连挑水挑粪花子都叫得，何况我们！连昨儿林大娘叫了一声'爷'，老太太还说呢。此是一件。二则我们这些人，常回老太太、太太的话去，可不叫着名回话，难道也称'爷'？哪一日不把'宝玉'两字叫二百遍，偏嫂子又来挑这个了！过一天嫂子闲了，在老太太、太太跟前听听，我们当着面儿叫他，就知道了。嫂子原也不得在老太太、太太跟前当些体统差使，成年家只在三门外头混，怪不得不知道我们里

晴雯直率，不知得罪多少人，"诽谤"渐生。

头的规矩。这里不是嫂子久站的，再一会，不用我们说话，就有人来问你了。有什么分证的话，且带了她去，你回了林大娘，叫她来找二爷说话。家里上千的人，他也跑来，我也跑来，我们认人问姓还认不清呢。"说着，便叫小丫头子："拿了擦地的布来擦地！"

那媳妇听了，无言可对，亦不敢久站，赌气带了坠儿就走。宋嬷嬷忙道："怪道你这嫂子不知规矩，你女儿在屋里一场，临去时也给姑娘们磕个头。没有别的谢礼，她们也不希罕，不过磕个头尽心罢咧，怎么说走就走？"

坠儿听了，只得翻身进来，给她两个磕头。又找秋纹等，她们也并不睬她。那媳妇嗐声叹气，口不敢言，抱恨而去。

晴雯方才又闪了风，着了气，反觉更不好了。翻腾至掌灯，刚安静了些，只见宝玉回来，进门就嗐声顿脚。麝月忙问原故，宝玉道："今儿老太太喜喜欢欢地给了这件裘子，谁知不防，后襟子上烧了一块，幸而天晚了，老太太、太太都不理论。"

一面脱下来，麝月瞧时，果然有指顶大的烧眼，说："这必定是手炉里的火迸上了。这不值什么，赶着叫人悄悄拿出去，叫个能干织补匠人织上就是了。"说着，就用包袱包了，叫了一个嬷嬷送出去，说："赶天亮就有才好，千万别给老太太、太太知道！"

婆子去了半日，仍就拿回来，说："不但织

雀金裘被烧坏，必须要补，却无人可补。这更可见晴雯的女工才能。

345

补匠,能干裁缝、绣匠并做女工的,问了,都不认得这是什么,都不敢揽。"麝月道:"这怎么好呢? 明儿不穿也罢了。"宝玉道:"明儿是正日子,老太太、太太说了,还叫穿过这个去呢! 偏头一日就烧了,岂不扫兴!"

晴雯听了半日,忍不住,翻身说道:"拿来我瞧瞧罢! 没那福气穿就罢了,这会子又着急。"宝玉笑道:"这话倒说的是。"

说着,便递给晴雯,又移过灯来,细瞧了一瞧。晴雯道:"这是孔雀金线的。如今咱们也拿孔雀金线,就像界线似的界密了,只怕还可混得过去。"麝月笑道:"孔雀线现成的,但这里除你,还有谁会界线?"晴雯道:"说不得我挣命罢了。"

晴雯带病补裘,担得起"勇"字。

宝玉忙道:"这如何使得? 才好了些,如何做得活!"晴雯道:"不用你蝎蝎螫螫[1]的,我自知道。"

一面说,一面坐起来,挽了一挽头发,披了衣裳,只觉头重身轻,满眼金星乱迸,实实掌不住。待不做,又怕宝玉着急,少不得狠命咬牙挨着。

便命麝月只帮着拈线,晴雯先拿了一根比一比,笑道:"这虽不很像,要补上也不很显。"宝玉道:"这就很好,哪里又找俄罗斯国的裁缝去?"

---

1 蝎蝎螫螫:大惊小怪。

346

晴雯先将里子拆开,用茶杯口大小一个竹弓钉绷在背面,再将破口四边用金刀刮得散松松的,然后用针缝了两条,分出经纬,亦如界线之法,先界出地子来,后依本纹来回织补。补两针,又看看,织补不上三五针,便伏在枕上歇一会。

宝玉在旁,一时又问:"吃些滚水不吃?"一时又命:"歇一歇。"一时又拿一件灰鼠斗篷替她披在背上,一时又拿个枕头给她靠着,急得晴雯央道:"小祖宗,你只管睡罢,再熬上半夜,明儿眼睛抠搂了,那可怎么好?"

宝玉见她着急,只得胡乱睡下,仍睡不着。一时只听自鸣钟已敲了四下,刚刚补完,又用小牙刷慢慢地剔出绒毛来。麝月道:"这就很好,要不留心,再看不出的。"宝玉忙要了瞧瞧,笑说:"真真一样了。"晴雯已嗽了几声,好容易补完了,说了一声:"补虽补了,到底不像,我也再不能了!"

"嗳哟"了一声,就身不由主睡下了。要知端的,且看下回分解。 种下病根,寿夭也有此因。

○ 学习小任务:

曹公给了很多人物"一字评",请你填一填下面表格中的人物"一字评"的含义,并列举书中情节作为例证。如你在阅读中还找到了其他人物(注意是"芥豆之微"的小人物)的"一字评",可以继续总结。

人物	"一字评"的含义	情　节
袭人	贤：	
晴雯	勇：	
平儿	俏：	

参考答案：

人物	"一字评"的含义	情　节
袭人	贤：性格稳重，遵守礼教	第十九回　情切切良宵花解语　意绵绵静日玉生香；第二十一回　贤袭人娇嗔箴宝玉　俏平儿软语救贾琏
晴雯	勇：心直口快，不计得失	第三十一回　撕扇子作千金一笑　因麒麟伏白首双星；第五十二回　俏平儿情掩虾须镯　勇晴雯病补孔雀裘
平儿	俏：美丽聪明，精明强干	第二十一回　贤袭人娇嗔箴宝玉　俏平儿软语救贾琏；第五十二回　俏平儿情掩虾须镯　勇晴雯病补孔雀裘；第六十一回　投鼠忌器宝玉瞒赃　判冤决狱平儿行权

348

第 9 课　青春王国的生命之音

——《红楼梦》诗词赏析

图15 李纨(载《红楼梦图咏》,[清]改琦绘)

《红楼梦》这部文学经典除小说的主体文字本身，还包含大量诗词，文备众体，如蔡义江先生所言，有诗、词、曲、辞赋、歌谣、谚、赞、诔、偈语、联额、书启、灯谜、酒令、骈文、拟古文等。以诗而论，有五绝、七绝、五律、七律、排律、歌行、骚体，有咏物诗、咏怀诗、怀古诗、即事诗、即景诗、谜语诗、打油诗，有限题的、限韵的、限诗体的、同题分咏的、分题合咏的，还有应制体、联句体、拟古体……形式多样，丰富多彩。诗词可以说是《红楼梦》的灵魂，这些诗词并不是独立存在的，它将小说的故事情节和人物描写有机融合，既点缀了情节，塑造了人物性格，还深化了小说内涵，其本身也散发着文学的魅力。

一、塑造人物形象和隐喻人物命运

（一）塑造人物形象

1. 贾宝玉

我们往往对贾宝玉的形象认识存在误区。《红楼梦》中有许多情节引导：在抓周时，宝玉只把"脂粉钗环"抓来，贾政认为他是"酒色之徒"；王夫人告诉黛玉，宝玉是"孽根祸胎""混世魔王"……直到第三回，在介绍宝玉时提及后人批宝玉的那两首《西江月》："无故寻愁觅恨，有时似傻如狂……行为偏僻性乖张，那管世人诽谤！"一个"傻乎乎"的贵族公子形象才映入读者眼帘。这首词明贬实褒,如果用封建伦理的道德标准来评价宝玉,确实是"可怜辜负好韶光,于国于家无望",是一个"行为偏僻性乖张"的被否定的形象。但是他却敢于说:"女儿是水做的骨肉,男子是泥做的骨肉,我见了女儿便清爽,见了男子便觉浊臭逼人!"这样的话语体现了宝玉对女儿的珍视,体现了他对男尊女卑的男权社会的反叛,体现了宝玉对"人"的极大尊重。在《红楼梦》中,作者借客观的立场用诗词来评论宝玉,仔细品读,能够帮助我们更好地理解作品中的人物形象。

2. 林黛玉

在第三回林黛玉出场的时候,描写她:"态生两靥之愁,娇袭一身之病。泪光点点,娇喘微微。……心较比干多一窍,病如西子胜三分。"用诗化的语言勾勒出黛玉娇弱多病、泪光点点的形象特点。林黛玉在《咏白海棠》中写道:"月窟仙人缝缟袂,秋闺怨女拭啼痕。娇羞默默同谁诉? 倦倚西风夜已昏。"让我们看到黛玉寄人篱下的生活处境,小心翼翼的生活状态。《唐多令·柳絮》又云:"粉堕百花洲,香残燕子楼。一团团、逐对成毬,漂泊亦如人命薄:空缱绻,说风流。"随风飘逝的柳絮,引发了黛玉的身世之悲,"叹今生谁舍谁收"的感慨,体现了她无可奈何的悲观情绪。歌行体《葬花吟》中"质本洁来还洁去"之句,体现了林黛玉在尔虞我诈的世界中,有勇气、有决心坚持自己的美好人格。诗词加强了我们对林黛玉的进一步理解。

3. 薛宝钗

薛宝钗品格端方,容貌丰美,行为豁达,随分从时,人多谓黛玉所不及。罕言寡语、藏愚守拙的宝钗在七言律诗《咏白海棠》中说:"珍重芳姿昼掩门,自携手瓮灌苔盆。"表现出宝钗端庄贤淑的举止,符合封建社会对女子的规范要求,也体现了宝钗为了迎合社会标准而舍弃自己个性、讨好大家的性格。而

"胭脂洗出秋阶影，冰雪招来露砌魂"，这淡妆秋影，说的正是宝钗幽娴贞静的外表，然而"冰雪冷露"又正体现了她骨子里的冷漠和缺乏感情。再看"淡极始知花更艳，愁多焉得玉无痕"，"淡极"描绘的正是宝钗的形象，她的衣饰"看不见奢华，唯觉雅淡"，但是她绝不是无缘无故地求淡，而是在淡中求艳，这句话是她盼望出人头地的野心的流露。"欲偿白帝宜清洁，不语婷婷日又昏"，的确，为报答皇恩浩荡，维持封建礼教，宝钗应该永远保持"清洁"，保持罕言寡语，和那"不语婷婷"的海棠一样，才能不失封建贵族仕女的身份。在《临江仙·柳絮》中，首句"白玉堂前春解舞，东风卷得均匀"，表现出宝钗的心理：对于现实生活她是满意的，甚至有点得意洋洋。她以自信超人的口吻说"几曾随逝水，岂必委芳尘"，并情不自禁地吟出了"好风凭借力，送我上青云"的句子，这正是她心灵的自然流露，她在纷飞的柳絮中看到自己的未来，表达了宝钗要出人头地的理想和强烈愿望。

（二）隐喻人物命运

《红楼梦》中的诗词有预言性质，除了塑造人物形象，也暗示人物的最终命运，在第五回"贾宝玉神游太虚境 警幻仙曲演红楼梦"中，有《金陵十二钗图册判词》(14 首)，《红楼梦曲》(14 首)，曹雪芹运用判词隐喻这些青春女子的命运。薛宝钗具有乐羊子之妻的品德，劝夫坚持学业，求取功名，有停机之德。她符合封建社会的女性标准，劝导宝玉走经济之道、仕途之路；劝黛玉多学、做些针黹纺绩的事，拣正经的书看，不要被杂书移了性情。但是最后只落得个被宝玉冷落的下场，落得个"金簪雪里埋"的命运。香菱的判词："根并荷花一茎香，平生遭际实堪伤。自从两地生孤木，致使香魂返故乡。""地"即为土，两个

"土"加上一个"木",指向夏金桂的"桂"。由判词可以推断,香菱命殒于河东狮的百般折磨之下。再看"脂粉队里的英雄"王熙凤,周瑞家的曾和刘姥姥说这位二奶奶至少有一万个心眼子,一万个会说话的男人也说她不过。但是她的判词中说"凡鸟偏从末世来","凡"和"鸟"组成繁体的"凤"字,意在可惜精明能干的她生在贾家大厦将倾的末世,叱咤风云的她,最后亦落得个"一从二令三人木,哭向金陵事更哀"的被"休"的命运。"千红一窟(哭)""万艳同杯(悲)",写出《红楼梦》中众多女子的未来命运和结局。

二、丰富小说情节

诗词是《红楼梦》情节的有机组成部分,也增强了情节的抒情功能。重要情节有:青春女儿们成立"海棠诗社",饮酒作诗;宝黛以诗传情,以诗交心;香菱学诗,黛玉教诗。几次雅集的组诗,判词和曲词有:《咏白海棠》(6首)、《菊花诗》(12首)、《螃蟹咏》(3首)、《咏红梅》(4首)、《柳絮词》(5首)、《金陵十二钗图册判词》(14首)、《红楼梦曲》(14首)……这些诗词在丰富小说情节、诗化表达方面起着非常重要的作用。

三、深化小说内涵

曹雪芹通过诗词歌赋的创作,让我们看到了大观园中的才女群像,突出她们不在男子之下的文学才华,借此歌颂青春生命的美好。在这些诗词歌赋中,也不难看出"伤时骂世之旨"的文学内涵。

《顽石偈》的四句韵文,是空空道人看到大荒山无稽崖青埂峰大石上的分明字迹，编述历历。"无才可去补苍天，枉入红尘若许年。"看似是描写无才补天、幻形入世的通灵顽石，实则是作者在自嘲，是他的愤慨之言。与其说作者无才，不如说他的才能不符合当时社会的需要，封建社会的"苍天"已经残破到不可弥补的地步。

宝钗的《螃蟹咏》叹："眼前道路无经纬，皮里春秋空黑黄。"小说借众人之口评道："这些小题目，原要寓大意思，才算是大才，只是讽刺世人太毒了些。"可见作者这里是借宝钗讽刺横行一时、到头来不免被煮食的螃蟹，来骂那些心机险诈、不走正路、不可一世的政客、野心家们。

宝玉的《姽婳词》感叹："天子惊慌愁失守，此时文武皆垂首。何事文武立朝纲，不及闺中林四娘？"表面是批判敌对势力"黄巾""赤眉""流贼余党"，颂扬当今皇帝有褒奖前代遗落的可嘉人事的圣德，实质上是指桑骂槐，揭露当朝统治者的昏庸腐朽。

宝玉的《芙蓉女儿诔》借悼亡芙蓉女儿之名，写了几句"骂时伤世"的"微词"。把贾谊、鲧、石崇、嵇康、吕安等在政治斗争中遭祸的人物拉来。"孰料鸠鸩恶其高，鹰鸷翻遭罦罬；薋葹妒其臭，茝兰竟被芟鉏！……固鬼蜮之为灾，岂神灵之有妒？毁诐奴之口，讨岂从宽？剖悍妇之心，忿犹未释！"表达出强烈的志士般的愤怒。

原文细读与鉴赏

一、塑造人物形象

第三十七回
秋爽斋偶结海棠社　蘅芜院夜拟菊花题

〔1〕

李纨道:"我们要看诗了。若看完了还不交卷,是必罚的。"宝玉道:"稻香老农虽不善作,却善看,又最公道,你就评阅优劣,我们都服的。"众人都道:"自然。"于是先看探春的稿上写道:

咏白海棠

斜阳寒草带重门,苔翠盈铺雨后盆。

玉是精神难比洁,雪为肌骨易销魂。

芳心一点娇无力,倩影三更月有痕。

莫道缟仙[1]能羽化[2],多情伴我咏黄昏。

探春借写花精神之高洁、肌骨之晶莹和花娇无力之多情,表达其超凡脱俗的风姿,以及对贾府日薄西山的隐忧。

1　缟(gǎo)仙:白衣仙女。缟,白色的丝绢。

2　羽化:指道家所称得道飞升成仙。意思是如同化为飞鸟,可以上天。

大家看了,称赏一回,又看宝钗的道:

珍重芳姿昼掩门,自携手瓮灌苔盆。
胭脂洗出秋阶影,冰雪招来露砌魂。
淡极始知花更艳,愁多焉得玉无痕?
欲偿白帝[1]宜清洁,不语婷婷[2]日又昏。

李纨笑道:"到底是蘅芜君!"说着,又看宝玉的道:

秋容浅淡映重门,七节攒成雪满盆。
出浴太真[3]冰作影,捧心西子[4]玉为魂。
晓风不散愁千点,宿雨还添泪一痕。
独倚画栏如有意,清砧[5]怨笛送黄昏。

大家看了,宝玉说探春的好,李纨终要推宝钗:"这诗有身份。"因又催黛玉。黛玉道:"你们都有了?"说着,提笔一挥而就,掷与众人。李纨等看她写道:

半卷湘帘半掩门,碾冰为土玉为盆。

看了这句,宝玉先喝起彩来,只说:"从何

"淡极始知花更艳",反衬的手法,藏愚守拙,以退为进。

脂评宝钗"高情巨眼"。宝钗用晶莹剔透的冰雪来比喻海棠的魂魄,借写花的品质和修养,含蓄地表现自己如白海棠朴素淡雅、清洁自励的品性。本诗具有含蓄浑厚的风格。

脂评"晓风"句"直是自己一生心事","宿雨"句"妙在终不忘林黛玉"。宝玉借吟咏白海棠花,感叹他与黛玉的命运,抒发二人的愁情。有人说宝玉的白海棠颂,是黛玉之歌。

"半卷湘帘"不是封闭的空间,具有活力,"碾冰"句表现种花人的高洁,海棠的清雅。

1　白帝:古代神话传说中五个天帝之一,掌管西方,五行属白,季节属秋,故常以代指秋天。

2　婷婷:形容白海棠花姿态如女子般窈窕美丽。

3　出浴太真:太真为杨贵妃的号,唐玄宗曾赐她沐浴华清池,又曾以"海棠睡未足"喻其醉态。

4　捧心西子:捧心而颦的越国美女西施。

5　清砧(zhēn):清冷的捣衣声。砧,古代捣衣石。旧时妇女为出门在外的人做寒衣,多于秋夜将衣在砧上捣平,故砧声多用以表达怀念远别之人。

处想来！"又看下面道：

偷来梨蕊三分白，借得梅花一缕魂。

众人看了，也都不禁叫好，说："果然比别人又是一样心肠。"又看下面道：

月窟仙人缝缟袂[1]，秋闺怨女拭啼痕。
娇羞默默同谁诉？倦倚西风夜已昏。

[2]

史湘云一心兴头，等不得推敲删改，一面只管和人说着话，心内早已和成，即用随便的纸笔录出，先笑说道："我却依韵和了两首，好歹我都不知，不过应命而已。"

说着，递与众人。众人道："我们四首也算想绝了，再一首也不能了，你倒弄了两首，哪里有许多话说？必要重了我们的。"一面说，一面看时，只见那两首诗写道：

其一

神仙昨日降都门[2]，种得蓝田玉一盆[3]。

1　缟袂（mèi）：白绢的衣袖。这里指白色衣衫。袂，袖子。

2　都门：京都。

3　"种得"句：据晋代干宝《搜神记》载，雍阳人杨伯雍义浆于无终山上，得仙赠石子一斗，言种之生玉，后杨果得白璧。蓝田，陕西蓝田自古盛产美玉，称蓝田玉。此处将"蓝田""种玉"二个典故结合起来，借以比喻白海棠。

（旁注）
"偷来""借得"，拟人的手法。说海棠蕊似梨花洁白娇美，魂似梅花，集梨花和梅花之美于一身。

"诗是心声"，海棠的哀愁正体现黛玉水晶般的心，体现她多愁善感的内心，具有风流别致的风格。

借神话、传说，表现出湘云不似一般的女儿家，具备男儿风范。尽管无情的秋雨淋洒过，也无妨其奕奕神采。花璨人吟，从朝到昏，花欣而人不倦，哪里还有前面几首诗中孤独、沉寂的半点影子？脂评："真可压卷。"这首诗展现了湘云的豪爽之情。

358

自是霜娥[1]偏爱冷,非关倩女欲离魂[2]。

秋阴捧出何方雪?雨渍添来隔宿痕。

却喜诗人吟不倦,岂令寂寞度朝昏?

其二

蘅芷[3]阶通萝薜[4]门,也宜墙角也宜盆。

花因喜洁难寻偶,人为悲秋易断魂。

玉烛滴干风里泪,晶帘隔破月中痕。

幽情欲向嫦娥诉,无奈虚廊月色昏。

第三十八回
林潇湘魁夺菊花诗　薛蘅芜讽和螃蟹咏

黛玉也只吃了一口,便放下了。宝钗也走过来,另拿了一只杯来,也饮了一口放下,便蘸笔至墙上,把头一个"忆菊"勾了,底下又赘一个"蘅"字。宝玉忙道:"好姐姐,第二个我已有四句了,你让我做罢。"宝钗笑道:"我好容易有了一首,你就忙得这样。"

黛玉也不说话,接过笔来,把第八个"问菊"勾了,接着把第十一个"菊梦"也勾了,也

湘云的前途就像风中摇曳的白烛,不定何时就泪干而灭。她渴望找洁净非凡的嫦娥来诉说,却由于时间(昏夜)、地点(虚廊)都不对,找不到,问不成。这再次印证了她不是一般的多愁善感的女儿,而具有某种程度的男儿豁达。表现出其安时处命的生活态度。

1　霜娥:神话传说中司霜雪的女神。

2　倩女离魂:典出唐陈玄祐《离魂记》,张倩娘与表兄王宙相爱,其父却将其另许他人,王宙愤而远行,途中倩娘忽连夜追至,两人遂一同出走。五年后,两人返乡看望父母,此时房中久病的倩娘迎出,与归来的倩娘合为一体。原来跟岁王宙出走的是倩娘的灵魂。元人郑德辉杂剧《迷青琐倩女离魂》即据此改编。

3　蘅芷:两种香草。蘅,杜蘅。芷,白芷。

4　萝薜:两种蔓生植物。萝,松萝。薜,薜荔。

赘上了一个"潇"字。宝玉也拿起笔来，将第二个"访菊"也勾了，也赘上一个"绛"字。探春起来看着道："竟没人作'簪菊'？让我作。"又指着宝玉笑道："才宣过：总不许带出闺阁字样来，你可要留神。"说着，只见湘云走来，将第四、第五"对菊""供菊"一连两个都勾了，也赘上一个"湘"字。

探春道："你也该起个号。"湘云笑道："我们家里如今虽有几处轩馆，我又不住着，借了来也没趣。"宝钗笑道："方才老太太说，你们家里也有一个水亭，叫做枕霞阁，难道不是你的？如今虽没了，你到底是旧主人。"众人都道："有理。"宝玉不待湘云动手，便代将"湘"字抹了，改了一个"霞"字。

没有顿饭工夫，十二题已全，各自誊出来，都交与迎春，另拿了一张雪浪笺过来，一并誊录出来。某人作的，底下赘明某人的号。李纨等从头看道：

忆 菊

蘅芜君

怅望西风抱闷思，蓼红苇白断肠时。

空篱旧圃秋无迹，冷月清霜梦有知。

念念心随归雁远，寥寥[1]坐听晚砧迟。

谁怜我为黄花[2]瘦，慰语重阳[3]会有期。

---

1 寥寥：寂寞空虚的样子。

2 黄花：菊花。

3 重阳：即阴历九月初九重阳节，旧俗人们多在这一日饮酒赏菊。

访　菊

怡红公子

闲趁霜晴试一游，酒杯药盏莫淹留[1]。

霜前月下谁家种？槛外篱边何处秋？

蜡屐[2]远来情得得，冷吟不尽兴悠悠。

黄花若解怜诗客，休负今朝挂杖头[3]。

种　菊

怡红公子

携锄秋圃自移来，篱畔庭前处处栽。

昨夜不期经雨活，今朝犹喜带霜开。

冷吟秋色诗千首[4]，醉酹[5]寒香酒一杯。

泉溉泥封勤护惜，好知井径[6]绝尘埃。

对　菊

枕霞旧友

别圃移来贵比金，一丛浅淡一丛深。

萧疏篱畔科头[7]坐，清冷香中抱膝吟。

数去更无君傲世，看来惟有我知音[8]！

秋光荏苒休辜负，相对原宜惜寸阴。

忆之不得，故访而作。宝玉在诗中表现出爱花之情的急迫和浓烈。

得意风流之态。

这首诗以花喻人，围绕"种"字，写了移栽、养护等种菊的过程。诗中刻画了一个不辞辛劳，将访到的菊花种植到自己的庭前并细心呵护的种菊人。甚至因爱菊而绝交游。

表现出湘云豪爽不羁的潇洒风度。

1　淹留：久留，滞留。

2　蜡屐(jī)：一种鞋面打蜡、鞋底有齿的木底鞋。

3　挂杖头：指诗人杖头挂钱，沽酒访菊。

4　诗千首：语出杜甫《不见》，"敏捷诗千首，飘零酒一杯"。杜诗写的是李白。

5　酹：同"酬"。

6　井径："井"字形的田间小路，一般指狭窄的小路，这里指种菊处。

7　科头：指不戴帽子。旧时以戴帽为礼，科头则表示疏狂不羁。

8　知音：知己。

湘云借菊花诗
中"圃冷"喻指
繁华已过的冷清
落寞。末句说自
己也与菊一样傲
世，并不迷恋世
上的荣华富贵，
体现出史湘云孤
傲和豪爽的个性
特点。

黛玉的菊花有人
的性格，充满着
精神的芬芳。该
诗道出了她平素
多愁多病、自怨
自艾的情状，也
道出了她的坚贞
与高洁。体现了
其"多愁善感"的
少女性格特点。

宝钗表面上"不
与人争胜比强"，
可内心里却野
心勃勃。

供　菊

枕霞旧友

弹琴酌酒喜堪俦[1]，几案婷婷点缀幽。

隔坐香分三径[2]露，抛书人对一枝秋。

霜清纸帐[3]来新梦，圃冷斜阳忆旧游。

傲世也因同气味，春风桃李[4]未淹留。

咏　菊

潇湘妃子

无赖诗魔[5]昏晓侵，绕篱欹石[6]自沉音[7]。

毫端蕴秀临霜写，口角噙香对月吟。

满纸自怜题素怨，片言谁解诉秋心？

一从[8]陶令[9]评章后，千古高风说到今。

画　菊

蘅芜君

诗余戏笔不知狂，岂是丹青[10]费较量[11]？

1　俦：同辈，伴侣。

2　三径：庭院中的小路，这里指栽菊的庭院。

3　纸帐：用藤皮茧纸勒作皱纹所做的帐子，多花卉虫
鸟图案。

4　春风桃李：伴随春风盛开的桃花、李花，比喻追求
世俗荣华利禄的人。

5　诗魔：语出白居易《闲吟》。"自从苦学空门法，销
尽平生种种心。唯有诗魔降未得，每逢风月一闲吟。"后以
"诗魔"来说诗歌创作冲动所带来的不得安宁的心情。

6　欹石：即倚石，斜身倚在石头上。欹，倾斜。

7　沉音：即沉吟，边构思边低声念，斟酌文句。

8　一从：自从。

9　陶令：即陶渊明，因其曾做过彭泽县令，故称"陶令"。

10　丹青：绘画用的红色、青色颜料，代指绘画。

11　较量：斟酌构思。

聚叶泼成千点墨，攒花染出几痕霜。

淡淡神会[1]风前影，跳脱[2]秋生腕底香。

莫认东篱[3]闲采撷，粘屏[4]聊以慰重阳。

问　菊

潇湘妃子

欲讯秋情众莫知，喃喃负手[5]扣[6]东篱。

孤标[7]傲世偕谁隐？一样开花为底[8]迟？

圃露庭霜何寂寞？雁归蛩病[9]可相思？

莫言举世无谈者，解语何妨话片时。

簪　菊

蕉下客

瓶供篱栽日日忙，折来休认镜中妆[10]。

长安公子[11]因花癖，彭泽先生[12]是酒狂。

1　神会：充分领会所绘对象的精神品格，以达到神似的效果。

2　跳脱：手镯的别称，后引申为灵活生动。

3　东篱：典出陶渊明《饮酒》诗，"采菊东篱下，悠然见南山"。

4　粘屏：将所画的菊贴在屏风上。

5　负手：倒背着手、若有所思的样子。

6　扣：也作"叩"，询问。

7　孤标：孤高的风操。标，树梢的最上部，引申为脱俗出众之意。

8　为底：为何。

9　雁归蛩病：鸿雁归南、蟋蟀鸣秋，这里形容深秋。

10　休认镜中妆：不要认为是妇女平常的妆饰。

11　长安公子：指晚唐诗人杜牧。因其祖父两朝为相，世居长安，故称其为长安公子。

12　彭泽先生：即陶渊明。

"孤标傲世"是黛玉的自我写照，《问菊》流露出其悲观厌世的隐逸思想。没有父母和家庭的温暖，自己孤苦伶仃，在"举世无谈者"的痛苦中，是何等的寂寞、孤独。

探春用"长安公子"杜牧、"彭泽先生"陶渊明等典故，表现其爱慕菊花高洁的情怀。"短鬟""葛巾"都是男子的装束，古人重阳节簪菊之风往往只限于男子。表现出探春英爽刚毅之气，丈夫之风。"高情不入时人眼"表现出其不随风流俗的清高态度。

短鬓[1]冷沾三径露，葛巾[2]香染九秋[3]霜。

高情不入时人眼，拍手凭他笑路旁。

菊　影

枕霞旧友

秋光[4]叠叠复重重，潜度偷移[5]三径中。

窗隔疏灯描远近，篱筛破月锁玲珑。

寒芳留照魂应驻，霜印传神梦也空。

珍重暗香踏碎处，凭谁醉眼认朦胧。

菊　梦

潇湘妃子

篱畔秋酣一觉清，和云伴月不分明。

登仙非慕庄生蝶，忆旧还寻陶令盟。

睡去依依随雁断，惊回故故[6]恼蛩鸣。

醒时幽怨同谁诉，衰草寒烟无限情！

残　菊

蕉下客

露凝霜重渐倾欹[7]，宴赏才过小雪[8]时。

蒂有余香金淡泊，枝无全叶翠离披[9]。

湘云用"菊影"这虚幻的形象，隐喻着她理想中的幸福生活像影子一样是虚幻的，或者是转瞬即逝的。暗示她后来凄凉的命运。

黛玉借写菊花，写自己的命运。菊花和人合为一体，似谶语，处处透露着凄凉的气息。流露出其悲观厌世的隐逸思想。

"残菊"音近"残局"，表面是在咏菊花，实际是在咏人，咏叹十二钗的命运和大观园的命运。探春是大观园里最早对家族中危机暗伏、盛极而衰有所认识的人，表现出探春泼辣而严正的性格特征。

1　短鬓：语出杜甫《春望》，"白头搔更短，浑欲不胜簪"。

2　葛巾：东晋士人所戴的一种便帽，用葛布做成。

3　九秋：指秋季。三个月共九十天，故称"三秋"或"九秋"。

4　秋光：指菊影。

5　潜度偷移：菊影随着日光悄悄移动。

6　惊回故故：屡屡惊醒好梦。

7　倾欹(qí)：菊花凋残倾斜的样子。

8　小雪：二十四节气之一，在阴历十月。

9　离披：枝叶散乱下垂的样子。

半床落月蛩声切，万里寒云雁阵迟。

明岁秋分知再会，暂时分手莫相思！

第七十回
林黛玉重建桃花社　　史湘云偶填柳絮词

〔1〕

时值暮春之际，湘云无聊，因见柳花飘舞，便偶成一小令，调寄[1]《如梦令》。其词曰：

岂是绣绒才吐[2]，卷起半帘香雾[3]。纤手自拈来，空使鹃啼燕妒。且住，且住，莫使春光别去。

自己做了，心中得意，便用一条纸儿写好，与宝钗看了。又来找黛玉，黛玉看毕，笑道："好新鲜有趣儿，我却不能。"湘云说道："咱们这几社总没有填词，你明日何不起社填词，岂不新鲜些？"黛玉听了，偶然兴动，便说："这话也倒是。"湘云道："咱们趁今日天气好，为什么不就是今日？"黛玉道："也使得。"

说着，一面吩咐预备了几色果点，一面就打发人分头去请。这里二人便拟了"柳絮"为题，又限出几个调来，写了，粘在壁上。众人来看时："以柳絮为题，限各色小调。"又都看了湘云的，称赏了一回。宝玉笑道："这词上我倒平

湘云不承认柳絮是衰残景象，而认为其是美好的春的象征，表现出其开朗、豁达的性格。"莫使春光别去"，无可奈何的感叹，也预示着史湘云美满幸福的生活不长久。

1　调寄：使用词牌、曲牌。

2　绣绒才吐：指唾绒，比喻柳絮。"才"又作"残"。

3　香雾：形容飞絮濛濛如云似雾。

常,少不得也要胡诌起来。"于是大家拈阄[1]。宝钗炷[2]了一支"梦甜香"[3],大家思索起来。

一时黛玉有了,写完。接着,宝琴也忙写出来。宝钗笑道:"我已有了。瞧了你们的,再看我的。"探春笑道:"今儿这香怎么这么快!我才有了半首。"因又问宝玉:"你可有了?"宝玉虽做了些,自己嫌不好,又都抹了,要另做,回头看香,已尽了。

李纨等笑道:"宝玉又输了,蕉丫头的呢?"探春听说,便写出来。众人看时,上面却只半首《南柯子》,写道是:

空挂纤纤缕,徒垂络络丝[4]。也难绾系[5]也难羁[6],一任东西南北各分离。

李纨笑道:"这却也好。何不再续上?"宝玉见香没了,情愿认输,不肯勉强塞责,将笔搁下,来瞧这半首。见没完时,反倒动了兴,乃提笔续道:

落去君休惜,飞来我自知。莺愁蝶倦晚芳时[7],

探春与宝玉共同完成的一首词。"一任东西南北各分离"预示探春远嫁不归,骨肉分离。"纵是明春再见,隔年期",在宝玉看来,人世间的荣衰兴亡,就像冬去春来、寒暑易节那样自然。

1　拈阄:抓阄。

2　炷:点燃,烧。

3　梦甜香:一种香的名字。

4　"空挂"二句:形容柳枝尽管如缕如丝,却不能系住柳絮。"纤纤缕""络络丝",形容柳枝纤细柔嫩,如线如丝。纤纤,微小。缕,线。络络,缠绕。

5　绾(wǎn)系:拴系。

6　羁:缚住。

7　晚芳时:暮春时节。

纵是明春再见，隔年期[1]。

众人笑道："正经你分内的又不能，这却偏有了。纵然好，也算不得。"说着，看黛玉的，是一阕《唐多令》：

粉堕[2]百花洲[3]，香残燕子楼[4]。一团团、逐队成毬[5]。漂泊亦如人命薄：空缱绻[6]，说风流。

草木也知愁，韶华[7]竟白头。叹今生、谁舍谁收。嫁与东风春不管，凭尔去，忍淹留。

众人看了，俱点头感叹说："太作悲了！好是果然好的。"

〔2〕

宝钗笑道："终不免过于丧败[8]。我想柳絮原是一件轻薄无根的东西，依我的主意，偏要把它说好了，才不落套。所以我诌了一首来，未必合你们的意思。"众人笑道："不要太谦，自然是好

柳絮薄命，它无声无息的凋零使黛玉想起了古时薄命的红颜，上阕用典巧妙地感怀自己漂泊无依的命运，下阕借柳絮感叹青春已逝，将柳絮和人物的命运联系在一起。借柳絮任风吹落、不能自主之态，感叹自己不能掌握的命运。

---

1 隔年期：须相隔一年。期，相会。

2 粉堕：残花零落，点出晚春季节，比喻女子的衰老死亡。

3 百花洲：在今江苏苏州，传说吴王夫差常带西施泛舟游乐于此。

4 燕子楼：故址在今江苏徐州西北，唐太宗贞观年间，尚书张愔的爱妓关盼盼居住其中，张愔死后，盼盼念旧情不嫁，居此楼十余年。后用来泛指女子的孤独悲愁。

5 "一团团"句：形容一团团柳絮飞舞时聚到一起。毬，与"逑"谐音，指配偶，这里是双关语。

6 空缱绻(qiǎn quǎn)：这里以柳絮自比，指心事成空。缱绻，形容情意缠绵，难舍难分。

7 韶华：指柳絮，这里表示春光。

8 丧败：伤感，悲伤。

"春解舞""东风"句将东风写得细致入微。

在这首词中，柳絮成了宝钗人格和理想的化身，巧妙借柳絮之口道出宝钗青云平步的志向。宝钗为"轻薄无根"的柳絮翻案，唱出了昂扬之调，这首词被评为第一。

的，我们赏鉴赏鉴。"因看这一阕《临江仙》道：

白玉堂前春解舞，东风卷得均匀[1]。

湘云先笑道："好一个'东风卷得均匀'，这一句就出人之上了。"

蜂围蝶阵[2]乱纷纷。几曾随逝水？岂必委芳尘[3]？万缕千丝终不改，任他随聚随分。韶华休笑本无根：好风凭借力，送我上青云[4]。

众人拍案叫绝，都说："果然翻得好，自然这首为尊。缠绵悲戚，让潇湘子；情致妩媚，却是枕霞；小薛与蕉客，今日落第，要受罚的。"宝琴笑道："我们自然受罚。但不知交白卷子的，又怎么罚？"李纨道："不用忙，这定要重重地罚他，下次为例。"

一语未了，只听窗外竹子上一声响，恰似窗屉子倒了一般，众人吓了一跳。

○ 学习小任务：

脂砚斋评史湘云的"秋阴捧出何方雪"一句"压倒群芳"，林黛玉的菊花诗"在诸咏中夺魁"。请你思考，史湘云与林黛玉的诗分别展现了她们怎样的个性气质？（答案略）

---

1 均匀：舞姿优美，匀称有度。
2 蜂围蝶阵：比喻柳絮纷飞繁乱，仿佛蜂蝶翻飞。
3 委芳尘：落入尘土之中。
4 青云：高天，也说名位高。如《史记 伯夷列传》："闾巷之人欲砥行立名，非附青云之士，恶能施于后世哉？"

二、隐喻人物命运

第二十七回

滴翠亭杨妃戏彩蝶　埋香冢飞燕泣残红

（本回相关内容请查阅第10课"原文细读与鉴赏"，第410—412页）

第四十五回

金兰契互剖金兰语　风雨夕闷制风雨词

　　这里黛玉喝了两口稀粥，仍歪在床上。不想日未落时，天就变了，淅淅沥沥下起雨来。秋霖脉脉，阴晴不定，那天渐渐地黄昏，且阴得沉黑，兼着那雨滴竹梢，更觉凄凉。知宝钗不能来，便在灯下随便拿了一本书，却是《乐府杂稿》，有"秋闺怨""别离怨"等词。黛玉不觉心有所感，亦不禁发于章句，遂成《代别离》一首，拟《春江花月夜》之格，乃名其词曰《秋窗风雨夕》。词曰：

秋花惨淡秋草黄，耿耿[1]秋灯秋夜长。

已觉秋窗秋不尽，那堪风雨助凄凉。

助秋风雨来何速？惊破秋窗秋梦续。

抱得秋情不忍眠，自向秋屏挑泪烛。

蔡义江在《红楼梦诗词曲赋鉴赏》中指出《秋闺怨》《别离怨》《代离别》这些题目，在乐府中有特定内容，即写男女别离的愁怨。《秋窗风雨夕》是黛玉感怀身世之作，较之《葬花吟》更苦闷、颓伤，诗中"秋屏泪烛"意与《春江花月夜》对照看，都是写男女别离之思。所以，蔡义江说："是一种对未来命运的隐约预感。而这一预感恰恰被后半部佚稿中宝玉获罪淹留在外不归，因而与黛玉生离死别的情节所证实。"

1　耿耿：隐隐有光，比喻心中思虑而辗转无法入睡。

泪烛摇摇爇短檠[1]，牵愁照恨动离情。

谁家秋院无风入？何处秋窗无雨声？

罗衾不奈秋风力，残漏声催秋雨急。

连宵脉脉复飕飕，灯前似伴离人泣。

寒烟小院转萧条，疏竹虚窗时滴沥。

不知风雨几时休，已教泪洒窗纱湿。

第七十回
林黛玉重建桃花社　史湘云偶填柳絮词

正说着，见湘云又打发了翠缕来说："请二爷快出去瞧好诗。"宝玉听了，忙梳洗出来，果见黛玉、宝钗、湘云、宝琴、探春，都在那里，手里拿着一篇诗看。见他来时，都笑道："这会子还不起来！咱们的诗社散了一年，也没有一个人作兴作兴[2]，如今正是初春时节，万物更新，正该鼓舞另立起来才好。"

湘云笑道："一起诗社时是秋天，就不应发达的。如今却好万物逢春，咱们重新整理起这个社来，自然要有生趣儿。况这首桃花诗又好，就把海棠社改作桃花社，岂不大妙？"宝玉听着点头，说："很好。"且忙着要诗看。众人都又说："咱们此时就访稻香老农去，大家议定好

1　爇(ruò)短檠(qíng)：烛将燃尽，烧及灯台。爇，点燃。檠，烛台。

2　作兴：提倡发起。

起社。"

说着，一齐站起来，都往稻香村来。宝玉一壁走，一壁看，写着是：

桃花行

桃花帘外东风软，桃花帘内晨妆懒。

帘外桃花帘内人，人与桃花隔不远。

东风有意揭帘栊，花欲窥人帘不卷。

桃花帘外开仍旧，帘中人比桃花瘦。

花解怜人花也愁，隔帘消息风吹透。

风透帘栊花满庭，庭前春色倍伤情。

闲苔院落门空掩，斜日栏杆人自凭。

凭栏人向东风泣，茜裙[1]偷傍桃花立。

桃花桃叶乱纷纷，花绽新红叶凝碧。

树树[2]烟封一万株，烘楼照壁红模糊。

天机烧破鸳鸯锦[3]，春酣欲醒移珊枕[4]。

侍女金盆进水来，香泉影蘸胭脂冷[5]。

胭脂鲜艳何相类，花之颜色人之泪。

若将人泪比桃花，泪自长流花自媚。

泪眼观花泪易干，泪干春尽花憔悴。

清晨懒于梳妆之态。黛玉可能正倚着床栏，看着桃花静静地开在闺房的绣帘上，而茜纱窗外，盛开的桃花也静静地望着帘内的少女。

桃花深深懂得黛玉，可是却帮不了她，只有互相怜惜

花的温馨给了忧伤的女孩一丝力气，她下床，寂寥无绪地走入庭院，悄然立在桃花丛中。

连续用了六个"泪"字，少女的泪如此鲜艳，如此美丽，因为它也是纯洁而烂漫的花。

1　茜（qiàn）裙：深红色的裙子。

2　树树：又作"雾裹"。

3　"天机"句：即烧破天机鸳鸯锦，形容盛开的桃花犹如天上的纹饰烧成碎片落到了人间一样。天机，传说中天上仙女所用的织机。烧，比喻非常红。

4　珊枕：珊瑚枕。

5　"香泉"句：面容的倒影映照在清冷的泉水中。胭脂，这里代指少女的面容。

憔悴花遮憔悴人，花飞人倦易黄昏。

一声杜宇¹春归尽，寂寞帘栊空月痕！

宝玉看了，并不称赞，痴痴呆呆，竟要滚下泪来。又怕众人看见，忙自己拭了。

○ 学习小任务：

《葬花吟》《秋窗风雨夕》《桃花行》三首长诗中的哪些诗句巧妙地寄寓了林黛玉未来的命运？请结合具体诗句简要分析。（答案略）

三、丰富小说情节

第一回

甄士隐梦幻识通灵　贾雨村风尘怀闺秀

士隐乃读书之人，不惯生理稼穑等事，勉强支持了一二年，越发穷了。封肃见面时，便说些现成话儿，且人前人后又怨他不会过，只一味好吃懒做。士隐知道了，心中未免悔恨，再兼上年惊唬，急忿怨痛，暮年之人哪禁得贫病交攻，竟渐渐地露出了那下世²的光景来。

可巧这日拄了拐扎挣到街前散散心时，忽

通篇为自怜之语，林黛玉以桃花喻人，先是怜花，继而怜人，最终花人合一。黛玉似这桃花般命薄，终究抵不过情伤，英华早逝，果真是"似谶成真自不知"了。

1　杜宇：即杜鹃。一种叫声凄切悲苦的鸟，诗文中常用以描写哀怨、凄凉或思归的心情。

2　下世：将要死亡。

见那边来了一个跛足道人，疯狂落拓[1]，麻鞋鹑衣[2]，口内念着几句言词道：

世人都晓神仙好，惟有功名忘不了！
古今将相在何方？荒冢一堆草没了。
世人都晓神仙好，只有金银忘不了！
终朝只恨聚无多，及到多时眼闭了。
世人都晓神仙好，只有姣[3]妻忘不了！
君生日日说恩情，君死又随人去了。
世人都晓神仙好，只有儿孙忘不了！
痴心父母古来多，孝顺子孙谁见了？

士隐听了，便迎上来道："你满口说些什么？只听见些'好了''好了'。"

那道人笑道："你若果听见'好了'二字，还算你明白：可知世上万般，好便是了，了便是好。若不了，便不好；若要好，须是了。我这歌儿便叫《好了歌》。"

士隐本是有凤慧[4]的，一闻此言，心中早已悟彻[5]。因笑道："且住！待我将你这《好了歌》注解出来何如？"道人笑道："你就请解。"士隐乃说道：

功名、金钱、姣妻、儿孙是世俗之人的人生价值追求，但是跛足道人对这些追求加以否定，认为这些都不值得追求。究竟僧和道追求的是什么呢？他们追求的"好"便是"了"，这"好""了"包含着庄子无为出世的思想。悟道出世精神乃道家无为、虚无精神的体现。否定了名、利、欲，是一种新的人生追求。这段话为我们留下无尽的思考空间，蕴含着永恒的人生意味。鼓励我们摆脱物累，保持心灵的恬淡与宁静。

1　落拓：行为狂放。
2　鹑（chún）衣：破旧的衣服。
3　姣：美好
4　凤慧：佛教语，指超越常人的智慧，这种智慧由前世修来。
5　悟彻：完全领会。

"陋室"二句,脂砚斋批曰:"宁荣未有之先。""衰草"二句,脂砚斋批曰:"宁荣既败之后。"

"昨日"句,脂砚斋批曰:"黛玉、晴雯一干人。"

"转眼"句,脂砚斋批曰:"甄玉、宝玉一干人。"

这一歌一注在小说情节发展上有重要作用,一方面是对甄士隐命运变迁的感叹和说明,另一方面它又隐括了即将上演的《红楼梦》中主要人物的结局,暗示宁荣二府将由盛转衰,起到了承上启下的作用。

陋室空堂,当年笏¹满床。衰草枯杨,曾为歌舞场。蛛丝儿结满雕梁,绿纱今又在蓬窗上。说什么脂正浓、粉正香,如何两鬓又成霜?昨日黄土陇头²埋白骨,今宵红绡帐底卧鸳鸯。金满箱,银满箱,转眼乞丐人皆谤。正叹他人命不长,那知自己归来丧?训有方,保不定日后作强梁³。择膏粱⁴,谁承望流落在烟花巷!因嫌纱帽小,致使锁枷扛。昨怜破袄寒,今嫌紫蟒⁵长。乱烘烘你方唱罢我登场,反认他乡是故乡。甚荒唐,到头来都是为他人作嫁衣裳。

那疯跛道人听了,拍掌大笑道:"解得切!解得切!"士隐便说一声"走罢",将道人肩上的褡裢抢过来背上,竟不回家,同着疯道人飘飘而去。

○ 学习小任务:

"乱烘烘你方唱罢我登场",有评价说《好了歌》《好了歌注》形象地勾画了封建末世统

---

1 笏(hù)满床:手板堆满了床,形容家中做官的人多。笏,又名"手板"。旧时大臣上朝时手中所拿的狭长板子,用象牙或木、竹片等制成,可作临时记事之用。

2 黄土陇头:坟墓。陇,田中的高地。

3 强梁:强盗。

4 择膏粱:挑选富贵人家子弟做婿。膏,脂肪,油。粱,精米。膏粱本指精美的饭菜,这里是"膏粱子弟"的简称。

5 紫蟒:官服。

治阶级内部各政治集团、家族及成员之间为权势利欲剧烈争夺，以至兴衰荣辱迅速变幻的历史图景。世俗之人的人生价值追求，封建伦理的虚伪、败坏，在诗中体现得十分清楚。请结合具体诗句，写下对于这两首诗的理解。思考这两首诗对小说情节的展开有什么作用。

（答案略）

四、深化小说内涵

第一回

甄士隐梦幻识通灵　贾雨村风尘怀闺秀

又不知过了几世几劫，因有个空空道人访道求仙，从这大荒山无稽崖青埂峰下经过。忽见一块大石，上面字迹分明，编述历历。空空道人乃从头一看。原来是无才补天、幻形入世，被那茫茫大士、渺渺真人携入红尘、引登彼岸的一块顽石：上面叙着堕落之乡，投胎之处，以及家庭琐事、闺阁闲情、诗词谜语，倒还全备。只是朝代年纪，失落无考。后面又有一偈云：

无才可去补苍天，枉入红尘若许年。
此系身前身后事，倩谁记去作奇传？

《石上偈》是《红楼梦》开篇第一首诗，是作者依托神话形式表明《石头记》创作缘由的一首序诗。为全书总纲，含义无穷。试想：无才的是石头，是宝玉，还是作者？"苍天"指的是什么？

第三十八回

林潇湘魁夺菊花诗　薛蘅芜讽和螃蟹咏

作者把不敢直说的"伤时骂世"的话，借宝钗咏螃蟹，表达出来。"眼前道路无经纬，皮里春秋空黑黄。"借写横行无忌、花样繁多却终将被人煮食的螃蟹，抨击官场上种种丑陋的政客、野心家、两面派。他们心怀巨测，横行一时，背离正道，结果机关算尽，都逃脱不了灭亡。

宝玉看了，正喝彩，黛玉便一把撕了，命人烧去，因笑道："我做的不及你的，我烧了它。你那个很好，比方才的菊花诗还好，你留着它给人看。"

宝钗笑道："我也勉强了一首，未必好，写出来取笑儿罢。"说着，也写了出来。大家看时，写道：

桂霭桐阴坐举觞，长安涎口盼重阳。

眼前道路无经纬[1]，皮里春秋[2]空黑黄[3]。

看到这里，众人不禁叫绝。宝玉道："骂得痛快！我的诗也该烧了。"看底下道：

酒未涤腥还用菊，性防积冷定须姜。

于今落釜[4]成何益？月浦空余禾黍香[5]。

1　经纬：原指织机上的直线与横线，此处指道路的纵横。

2　皮里春秋：语出《晋书·褚裒传》。褚裒为人表面上不露好恶，不肯随便表示赞成或反对，而心里却存着褒贬。后多用以说人心机诡深，而不动声色。

3　空黑黄：花样多也徒劳的意思

4　落釜：放到锅子里去煮。

5　"月浦"句：以月字点秋，浦是水，是螃蟹的栖息地。这句指螃蟹横行无忌，被人蒸食，中规中矩的禾稻反而依然挺立，在深秋中散发着余香。

众人看毕,都说这是食蟹绝唱:这些小题目,原要寓大意思,才算是大才,只是讽刺世人太毒了些。

说着,只见平儿复进园来。不知做什么,且听下回分解。

第七十八回

老学士闲征姽婳词　痴公子杜撰芙蓉诔

〔1〕

宝玉笑道:"这个题目似不称近体,须得古体,或歌或行,长篇一首,方能恳切。"众人听了,都立起身来,点头拍手道:"我说他立意不同,每一题到手,必先度其体格宜与不宜,这便是老手妙法。这题目名曰《姽婳词》,且既有了序,此必是长篇歌行,方合体式。或拟温八叉《击瓯歌》,或拟李长吉《会稽歌》,或拟白乐天《长恨歌》,或拟咏古词,半叙半咏,流利飘逸,始能尽妙。"

贾政听说,也合了主意,遂自提笔,向纸上要写。又向宝玉笑道:"如此甚好。你念,我写。若不好了,我捶你的肉,谁许你先大言不惭的!"

宝玉只得念了一句道:

恒王好武兼好色,

贾政写了看时,摇头道:"粗鄙!"一幕友

道:"要这样方古,究竟不粗,且看他底下的。"贾政道:"姑存之。"

宝玉又道:

遂教美女习骑射。

秾歌艳舞不成欢,列阵挽戈为自得。

贾政写出,众人都道:"只这第三句便古朴老健,极妙。这第四句平叙,也最得体。"贾政道:"休谬加奖誉,且看转得如何。"

宝玉念道:

眼前不见尘沙起[1],将军俏影红灯里。

众人听了这两句,便都叫:"妙!好个'不见尘沙起',又承了一句'俏影红灯里',用字用句,皆入神化了!"

宝玉道:

叱咤[2]时闻口舌香,霜矛雪剑[3]娇难举。

众人听了,更拍手笑道:"越发画出来了!当日敢是宝公也在座,见其娇而且闻其香?不然,何体贴至此?"宝玉笑道:"闺阁习武,任其勇悍,怎似男人?不问而可知娇怯之形了。"贾政道:"还不快续!这又有你说嘴的了?"

宝玉只得又想了一想,念道:

1　尘沙起:指战争。
2　叱咤(chì zhà):指操练时的呼喝声。
3　霜矛雪剑:形容矛剑锋锐,像霜雪发出寒光。

丁香结子[1]芙蓉绦[2]，

　　众人都道："转'萧'韵更妙，这才流利飘逸，而且这句子也绮靡秀媚得妙。"

　　贾政写了，道："这一句不好，已有过了'口舌香''娇难举'，何必又如此？这是力量不加，故又弄出这些堆砌货来搪塞。"宝玉笑道："长歌也须得要些词藻点缀点缀，不然，便觉萧索。"贾政道："你只顾说那些，这一句底下如何转至武事呢？若再多说两句，岂不蛇足了？"宝玉道："如此，底下一句兜转煞住，想也使得。"贾政冷笑道："你有多大本领！上头说了一句大开门的散话，如今又要一句连转带煞，岂不心有余而力不足呢？"

　　宝玉听了，垂头想了一想，说了一句道：

　　不系明珠系宝刀。

　　忙问："这一句可还使得？"众人拍案叫绝。贾政笑道："且放着，再续。"宝玉道："使得，我便一气联下去了。若使不得，索性涂了，我再想别的意思出来，再另措词。"贾政听了，便喝道："多话！不好了再做。便做十篇百篇，还怕辛苦了不成？"

　　宝玉听说，只得想了一会，便念道：

―――――――

1　丁香结子：状如丁香花蕾的扣结。
2　芙蓉绦：色如芙蓉的丝带。

战罢夜阑心力怯,脂痕粉渍污鲛绡[1]。

贾政道:"这又是一段了。底下怎么样?"

宝玉道:

明年流寇走山东,强吞虎豹势如蜂。

众人道:"好个'走'字!便见得高低了。且通句转得也不板。"

宝玉又念道:

王率天兵思剿灭,一战再战不成功。
腥风吹折陇中麦,日照旌旗虎帐[2]空。
青山寂寂水溅溅[3],正是恒王战死时。
雨淋白骨血染草,月冷黄昏鬼守尸。

借景物写恒王兵败战死。

众人都道:"妙极,妙极!布置,叙事,词藻,无不尽美。且看如何至四娘,必另有妙转奇句。"

宝玉又念道:

纷纷将士只保身,青州眼见皆灰尘。
不期忠义明闺阁,愤起恒王得意人。

众人都道:"铺叙得委婉!"贾政道:"太多了,底下只怕累赘呢。"宝玉又道:

---

1 鲛绡:传说中鲛人所织的丝绢、薄纱。这里泛指女性的服饰。
2 虎帐:古代将帅发号施令的军帐。
3 溅溅(sī sī):象声词,水流的声音。

380

恒王得意数谁行¹,姽婳将军林四娘。
号令秦姬驱赵女²,秾桃艳李³临疆场。
绣鞍有泪春愁重,铁甲无声夜气凉。
胜负自难先预定,誓盟生死报前王。
贼势猖獗不可敌,柳折花残血凝碧。
马践胭脂骨髓香,魂依城郭家乡隔。
星驰时报⁴入京师,谁家儿女不伤悲!
天子惊慌愁失守,此时文武皆垂首。
何事文武立朝纲,不及闺中林四娘?
我为四娘长叹息,歌成余意尚彷徨!

《姽婳词》突出表现了曹雪芹的政治观点。

〔2〕

因用晴雯素日所喜之冰鲛縠一幅,楷字写成,名曰《芙蓉女儿诔》,前序后歌。又备了晴雯素喜的四样吃食。于是黄昏人静之时,命那小丫头捧至芙蓉前,先行礼毕,将那诔文即挂于芙蓉枝上,乃泣涕念曰:

维

太平不易之元,蓉桂竞芳之月,无可奈何之日,怡红院浊玉,谨以群花之蕊、冰鲛之縠、沁芳之泉、枫露之茗:四者虽微,聊以达诚申

---

1 "恒王"句:恒王最宠爱的人数哪一个呢? 行(háng),语助词,用在自称、人称代词之后。
2 秦姬(jī)、赵女:秦和赵是战国时代的两个国家,相传多出美女,后来用"秦姬赵女"作为美貌女子的代称。这里泛指恒王的姬妾。
3 秾桃艳李:代指这些作战的女子们。
4 时报:林四娘等战死的消息。

信¹，乃致祭于

白帝宫中抚司²秋艳芙蓉女儿之前曰：

窃思女儿自临人世，迄今凡十有六载。其先之乡籍姓氏，湮沦而莫能考者久矣。而玉得于衾枕栉³沐之间，栖息宴游之夕，亲昵狎亵，相与共处者，仅五年八月有奇。

忆女曩生之昔⁴，其为质则金玉不足喻其贵，其为体则冰雪不足喻其洁，其为神则星日不足喻其精，其为貌则花月不足喻其色。姊娣悉慕媖娴，妪媪咸仰慧德。孰料鸠鸩恶其高，鹰鸷翻遭罦罬⁵；薋葹⁶妒其臭，茝兰⁷竟被芟鉏⁸！花原自怯，岂奈狂飙？柳本多愁，何禁骤雨？偶遭蛊虿之谗，遂抱膏肓之疾。故樱唇红褪，韵吐呻吟；杏脸香枯，色陈颓颔⁹。诼谣詥诟，出自屏帷；荆棘蓬榛，蔓延窗户。既怀幽沉于不尽，复含罔屈于无穷。高标见嫉，闺帏恨比长沙；贞烈遭危，巾帼惨于雁塞。自蓄辛酸，

1　达诚申信：表达诚意。

2　抚司：管辖。

3　衾枕栉(zhì)沐：睡觉梳洗。栉沐，梳头与洗浴。

4　曩(nǎng)生之昔：生前的时候。曩，从前。

5　罦罬(fú zhuó)：一种装有机关、能捕捉鸟兽的网，这里泛指"罗网"。

6　薋葹(cí shī)：两种恶草，分别是蒺藜和苍耳，古时常用来比喻坏人。

7　茝(chén)兰：两种香草，即白芷和兰草。常用来比喻贤人，这里指晴雯。

8　芟(shān)鉏：又作"芟鉏"，砍除，铲除。"鉏"，同"锄"。

9　颓颔(kǎn hàn)：因饥饿而面容憔悴。

382

谁怜夭折？仙云既散，芳趾难寻。洲迷聚窟，何来却死之香？海失灵槎，不获回生之药。眉黛烟青，昨犹我画；指环玉冷，今倩谁温？鼎炉之剩药犹存，襟泪之余痕尚渍。镜分鸾影，愁开麝月之奁；梳化龙飞，哀折檀云之齿。委金钿于草莽，拾翠盒于尘埃。楼空鸤鹊[1]，徒悬七夕之针；带断鸳鸯，谁续五丝之缕？况乃金天属节，白帝司时；孤衾有梦，空室无人。桐阶月暗，芳魂与倩影同消；蓉帐香残，娇喘共细腰俱绝。连天衰草，岂独蒹葭；匝地悲声，无非蟋蟀。露阶晚砌，穿帘不度寒砧；雨荔秋垣，隔院希闻怨笛。芳名未泯，檐前鹦鹉犹呼；艳质将亡，槛外海棠预萎。捉迷屏后，莲瓣无声；斗草庭前，兰芳枉待。抛残绣线，银笺彩袖谁裁？褪断冰丝，金斗御香未熨。

昨承严命，既趋车而远陟芳园；今犯慈威，复拄杖而遣抛孤柩。及闻蕙棺被燹，顿违共穴之情；石椁成灾，愧逮同灰之诮。尔乃西风古寺，淹滞青磷，落日荒丘，零星白骨。楸榆飒飒，蓬艾萧萧。隔雾圹[2]以啼猿，绕烟塍[3]而泣鬼。岂道红绡帐里，公子情深；始信黄土陇中，女儿命薄！汝南泪血，斑斑洒向西风；梓泽余衷，默默诉凭冷月。

呜呼！固鬼蜮之为灾，岂神灵之有妒？毁

1　鸤（zhī）鹊：鸤鹊楼，西汉上林苑楼观名，汉武帝时建。

2　圹（kuàng）：坟墓。

3　塍（chéng）：田间小路。

诐[1]奴之口，讨岂从宽？剖悍妇之心，忿犹未释！在卿之尘缘虽浅，而玉之鄙意尤深。因蓄惓惓[2]之思，不禁谆谆之问。始知上帝垂旌[3]，花宫待诏，生侪[4]兰蕙，死辖芙蓉。听小婢之言，似涉无稽；据浊玉之思，深为有据。何也？昔叶法善摄魂以撰碑，李长吉被诏而为记，事虽殊，其理则一也。故相物以配才，苟非其人，恶乃滥乎？始信上帝委托权衡，可谓至洽至协，庶不负其所秉赋也。因希其不昧之灵，或陟降于兹，特不揣鄙俗之词，有污慧听。乃歌而招之曰：

天何如是之苍苍兮，乘玉虬以游乎穹窿耶？地何如是之茫茫兮，驾瑶象以降乎泉壤耶？望伞盖之陆离兮，抑箕尾[5]之光耶？列羽葆而为前导兮，卫危虚[6]于傍耶？驱丰隆以为庇从兮，望舒月以临耶？听车轨而伊轧兮，御鸾鹥[7]以征耶？闻馥郁而飘然兮，纫蘅杜以为佩耶？斓裙裾之烁烁兮，镂明月以为珰耶？借葳蕤而成坛畤兮，檠莲焰以烛兰膏耶？文瓟匏以为觯斝兮，泛醽醁[8]以浮桂醑[9]耶？瞻云气而凝眸兮，

<hr>

1　诐（bì）：邪恶。

2　惓惓（quán quán）：真挚。

3　垂旌（jīng）：垂青，重视。

4　侪（chái）：类，同。

5　箕（jī）尾：星宿名，即箕星和尾星，这里比喻晴雯的英魂。

6　危虚：星宿名，即危星和虚星。

7　鹥（yī）：语出《离骚》，"驷玉虬以乘鹥兮"。王逸注"鹥，凤凰别名也"。

8　醽醁（líng lù）：美酒名。

9　桂醑（xǔ）：桂花所制的美酒。

仿佛有所觇[1]耶？俯波痕而属耳兮，恍惚有所闻耶？期汗漫而无际兮，捐弃予于尘埃耶？倩风廉之为余驱车兮，冀联綣而携归耶？余中心为之慨然兮，徒噭噭[2]而何为耶？卿偃然而长寝兮，岂天运之变于斯耶？既窀穸[3]且安稳兮，反其真而又奚化耶？余犹柽梧而悬附兮，灵格余以嗟来耶？来兮止兮，卿其来耶？

若夫鸿蒙而居，寂静以处，虽临于兹，余亦莫睹。搴烟萝而为步障，列苍蒲而森行伍。警柳眼之贪眠，释莲心之味苦，素女约于桂岩，宓妃迎于兰渚。弄玉吹笙，寒簧击敔[4]。征嵩岳之妃，启骊山之姥。龟呈洛浦之灵，兽作咸池之舞。潜赤水兮龙吟，集珠林兮凤翥。爰格爰诚，匪筥匪簠[5]。发轫乎霞城，还旌乎玄圃。既显微而若遘，复氤氲而倏阻。离合兮烟云，空蒙兮雾雨。尘霾敛兮星高，溪山丽兮月午。何心意之怦怦，若寤寐之栩栩？余乃欷歔怅怏，泣涕彷徨。人语兮寂历，天籁兮筼筜[6]。鸟惊散而飞，鱼唼喋[7]以响。志哀兮是祷，成礼兮期祥。

呜呼哀哉！尚飨！

1　觇（chān）：察看。

2　徒噭噭（jiào jiào）：悲哭声。

3　窀穸（zhūn xī）：墓穴。

4　敔（yǔ）：一种打击乐器。

5　簠（fǔ）：古代祭祀或宴会时，用来盛谷物的长方形器皿。

6　筼筜（yún dāng）：长节的大竹。

7　唼喋（shà zhá）：鱼聚集在水面争食吃的声音。

○ 学习小任务：

《芙蓉女儿诔》是《红楼梦》诗文辞赋中最长的一篇，也是作者表现其政治态度最明显的一篇。"古人多有微词，非自我今作俑也"一句，明白地告诉我们诔文是有所寄托的。"微词"乃通过对小说中虚构的人物情节的褒贬来讥评当时的现实，特别是当时黑暗的政治。请你思考《芙蓉女儿诔》中体现了曹雪芹怎样的现实思考？

参考答案：诔文中借用屈原的《离骚》，某种意义上是在讽喻政治。在清代如果有"干涉朝廷"之嫌，难免招来文字之祸。在这样的环境之下，揭露封建政治的黑暗，就得把自己的真实意图隐藏起来。所以诔文中出现了贾谊、鲧、石崇、嵇康、吕安等这些在政治斗争中遭祸的人物典故。"尚古之风""远师楚人""以文为戏""任意纂著""大肆妄诞""歪意""杜撰"等，都是作者在借师古脱罪。

《芙蓉女儿诔》将晴雯之死比作屈原、贾谊的抱屈蒙尘。"闺闱恨比长沙"将晴雯的人格与历史上的伟大人格屈原、贾谊相对应。屈原、贾谊的时代"谗人高张，贤士无名"；在诔文中，晴雯"高标见嫉，贞烈遭危"。清白被谗，贞烈遭危，这是历史上一以贯之的正直文人的大悲剧，且不是个别现象，而是一种普遍的规律。因而，悼晴雯凝聚着作者对于文人历史命运的深刻思考。

第 10 课　草蛇灰线的脉络迷踪

——《红楼梦》谶语伏笔解读

图16　香菱(载《红楼梦图咏》, [清] 改琦绘)

周汝昌评价:"《红楼梦》是我们中华民族的一部古往今来绝无仅有的'文化小说'。"[1]其构思奇特,匠心独具,特别是运用了许多高超的艺术手法,谶语恰是使《红楼梦》充满神秘意蕴与厚重魅力的重要手法。正如脂砚斋所批:"事则实事,然亦叙得有间架、有曲折……以至草蛇灰线,空谷传声,一击两鸣,明修栈道,暗度陈仓,云龙雾雨……千皴万染诸奇。"曹雪芹利用谶语的模糊性、多义性,以先知的口吻来暗示未来的天机,为读者提供了一个广阔的想象空间,给读者以回味无穷的艺术享受。谶语是《红楼梦》魅力的重要来源,假如缺失了这些谶语,《红楼梦》就不能称其为《红楼梦》。所以在阅读时,同学们要通过文本故事一一寻找谶语的答案。

一、"草蛇灰线,伏脉千里"的含义

　　"草蛇灰线"是曹雪芹创作《红楼梦》的基本艺术手法。所谓"草蛇",即是指草中爬行的蛇,虽无足迹可寻,但其爬过,则必然在草上留下痕迹。所谓"灰线",即用来缝衣服的细线在炉灰中拖拽后留下的印迹,线虽轻细,若仔细观察,仍可在炉灰中发现断断续续的痕迹。

　　"草蛇灰线,伏脉千里",顾名思义,指事物隐约可见,通过一定的线索和痕迹可以在很远的地方找到与之相关联的事物。

　　1　周汝昌、周伦苓:《红楼梦与中华文化》,工人出版社,1989年,第4页。

即在小说写作中时断时续地留下与后文情节发展有关的暗示、伏笔,并在后文中出现与之照应的内容:使上下勾连、彼此呼应,实现宏大繁复艺术结构的完整统一;或时断时续、首尾相连,增强情节的有机性;或前伏后应,暗示人物的命运和贾府败亡的过程;或反复呈现,构建出金陵十二钗、宝玉等一大批人物的特质。

伏笔与照应的运用不仅在小说结构中起到了穿针引线的作用,还使得小说中的人物更加丰满,思想内容更加深刻,艺术表现更趋于登峰造极。

二、"草蛇灰线"的主要表现形式

(一)谐音法

《红楼梦》伏笔与照应的表现形式包括谐音法,如《红楼梦》中贾府四大小姐的名字元春、迎春、探春、惜春四个人的名字与"原应叹息"四个字谐音。预示她们"千红一窟(哭)""万艳同杯(悲)"的悲剧命运。

(二)影射法

人物影射,如"晴为黛影"指晴雯身上有林黛玉的影子,二人性格相似,孤标傲世,为世所不容。用晴雯的悲惨结局影射了黛玉的悲剧命运。

象征性影射,黛玉和晴雯都是芙蓉女儿,影射二人相似的命运结局。

(三)引文法

通过前面某个情节作引子,引导后面情节的展开。如刘姥姥二进荣国府、给巧姐取名字、板儿和巧姐互相交换柚子和佛手的情节,引出了后来贾家没落后,巧姐被刘姥姥所救,最后嫁给了板儿的结局。

（四）谶语法

在《红楼梦》中运用最为广泛的谶语主要有诗、谜、戏、语谶四种。

第一种是诗谶,就是用诗词来暗示后文的情节。宝玉在梦游太虚幻境时,看到了薄命司的"金陵十二钗正册""金陵十二钗副册""金陵十二钗又副册",每册诗画都隐喻了这些女子未来的结局。比如"正册"第一幅,画的是两株枯木,木上悬着一围玉带;又有一堆雪,雪下埋着一股金簪,旁边四句判词:"可叹停机德,堪怜咏絮才。玉带林中挂,金簪雪里埋。"这里的诗画隐喻着林黛玉和薛宝钗未来的命运走向。

第二种是谜谶,就是用谜语暗示后文的情节。例如第二十二回中,适逢元宵佳节,贵妃娘娘元春差人将一个灯谜送到贾府命大家猜,猜着了每人也作一个灯谜送进宫去。姊妹们暗暗作了,写出来粘在屏上,并备下各色玩物,为猜着之贺。贾政一一猜中,突然心内沉思道:"娘娘所作爆竹,此乃一响而散之物。迎春所作算盘,是打动乱如麻。探春所作风筝,乃飘飘浮荡之物。惜春所作海灯,一发清净孤独。今乃上元佳节,如何皆作此不祥之物为戏耶?"[1]是家族败亡的暗示。

第三种是戏谶,就是用戏曲内容来暗示后文的情节。第二十二回,脂砚斋批语"所点之戏剧伏四事,乃通部书之大过

1　[清]曹雪芹著,[清]无名氏续:《红楼梦》,人民文学出版社,2022年,第306页。此处程乙本缺失,参考程甲本。

节、大关键",正说明该处通过戏谶来伏笔后文的故事情节发展。《长生殿》暗示元妃之死,《牡丹亭》暗示黛玉之死,《一捧雪》暗示贾家之败,《仙缘》暗示宝玉送玉。通过这一回的戏文暗示了元妃之死后,贾府便逐渐败落。林黛玉失去贾母这个靠山之后也离世了,之后贾府被抄,宝玉出家。

第四种是语谶,指小说人物的一些对话有极强的暗示性。如第三十一回中,贾宝玉对林黛玉说:"你死了,我做和尚去。"当时只是玩笑话,可后文黛玉早逝,宝玉出家,一语成谶。

原文细读与鉴赏

（一）谐音法

第五回

贾宝玉神游太虚境　警幻仙曲演红楼梦

〔1〕

宝玉看了不甚明白。又见后面画着一簇鲜花，一床破席，也有几句言词，写道是：

> 枉自温柔和顺，空云似桂如兰。
> 堪羡优伶[1]有福，谁知公子无缘。

宝玉看了，益发解说不出是何意思。

遂将这一本册子搁起来，又去开了"副册"橱门。拿起一本册来，打开看时，只见首页也是画，却画着一枝桂花，下面有一方池沼，其中水涸泥干，莲枯藕败。后面书云：

> 根并荷花一茎香，平生遭际实堪伤。
> 自从两地生孤木，致使香魂返故乡。

"花""席"谐音"花袭"，暗指花袭人。

"藕败"谐音"偶败"，暗指香菱与薛蟠夫妻关系遭到败坏。

1　优伶：旧时对歌舞戏剧艺人的称谓，这里指蒋玉菡。

宝玉看了又不解。又去取那"正册"看时，只见头一页上画着是两株枯木，木上悬着一围玉带；地下又有一堆雪，雪中一股金簪。也有四句诗道：

可叹停机德[1]，堪怜咏絮才[2]。

玉带林中挂，金簪雪里埋。

"玉带林"，暗指"林黛玉"。"金簪雪"，暗指"薛宝钗"。

宝玉看了仍不解，待要问时，知她必不肯泄漏天机，待要丢下，又不舍。遂往后看，只见画着一张弓，弓上挂着一个香橼[3]。也有一首歌词云：

二十年来辨是非，榴花开处照宫闱。

三春争及初春景，虎兔相逢[4]大梦归[5]。

"弓"谐音"宫"，暗指入宫为妃的元春。"橼"谐音"元"，暗指元春。

〔2〕

说毕，携了宝玉入室。但闻一缕幽香，不知所闻何物。宝玉不禁相问，警幻冷笑道："此香乃尘世所无，尔如何能知！此系诸名山胜境初生异卉之精，合各种宝林珠树之油所制，名为'群芳髓'。"宝玉听了，自是羡慕。

"髓"谐音"碎"。

于是大家入座，小鬟捧上茶来，宝玉觉得香清味美，迥非常品，因又问何名。警幻道：

---

1 停机德：指符合封建道德规范要求的一种妇德。典出东汉乐羊子妻，这里指薛宝钗。

2 咏絮才：指女子敏捷的才思。典出晋代才女谢道韫，这里指林黛玉。

3 香橼(yuán)：一种乔木，果实可观赏，亦可入药。

4 虎兔相逢：寅卯年之间。

5 大梦归：死亡。

"此茶出在放春山遣香洞，又以仙花灵叶上所带的宿露烹了，名曰'千红一窟'。"宝玉听了，点头称赏。因看房内瑶琴、宝鼎、古画、新诗，无所不有，更喜窗下亦有唾绒[1]，奁间时渍粉污。壁上也挂着一副对联，书云：

"窟"谐音"哭"。

幽微灵秀地，无可奈何天。

宝玉看毕，因又请问众仙姑姓名：一名痴梦仙姑，一名钟情大士[2]，一名引愁金女，一名度恨菩提，各各道号不一。

少刻，有小鬟来调桌安椅，摆设酒馔。正是：

琼浆满泛玻璃盏，玉液浓斟琥珀杯。

宝玉因此酒香冽异常，又不禁相问。警幻道："此酒乃以百花之蕊，万木之汁，加以麟髓、凤乳酿成，因名为'万艳同杯'。"宝玉称赏不迭。

"杯"谐音"悲"。

（本回相关内容请查阅第7课"原文细读与鉴赏"，第283—285页）

○ 学习小任务：

根据谐音法，写出以下文本名称的谐音及其预示的内容。

1　唾绒：古代妇女刺绣时，每逢换线停针，即用齿咬断绣线，并随口吐出口中残留线绒，俗谓唾绒。

2　大士：在佛教众神中，佛和菩萨被称为大士。

文本名称	谐　音	预　示
元迎探惜		
群芳髓		
千红一窟		
万艳同杯		

参考答案：

文本名称	谐　音	预　示
元迎探惜	原应叹息	贾府四个女孩子悲惨的命运
群芳髓	群芳碎	女孩子们最终被毁灭的命运
千红一窟	千红一哭	《红楼梦》女子的悲惨命运
万艳同杯	万艳同悲	女孩子们的悲伤情怀

（二）影射法

第六十三回

寿怡红群芳开夜宴　死金丹独艳理亲丧

　　说着，晴雯拿了一个竹雕的签筒来，里面装着象牙花名签子，摇了一摇，放在当中。又取过骰子来，盛在盒内，摇了一摇，揭开一看，里面是六点，数至宝钗。

宝钗便笑道：“我先抓，不知抓出个什么来！”说着，将筒摇了一摇，伸手掣出一签。大家一看，只见签上画着一枝牡丹，题着“艳冠群芳”四字。下面又有镌的小字，一句唐诗，道是：

牡丹象征薛宝钗。

任是无情也动人。[1]

又注着：“在席共贺一杯。此为群芳之冠，随意命人，不拘诗词雅谑，或新曲一支为贺。”

众人都笑说：“巧得很，你也原配牡丹花！”说着，大家共贺了一杯，宝钗吃过，便笑说：“芳官唱一支我们听罢。”芳官道：“既这样，大家吃了门杯好听。”

于是大家吃酒，芳官便唱：“寿筵开处风光好……”众人都道：“快打回去，这会子很不用你来上寿，拣你极好的唱来。”芳官只得细细地唱了一支《赏花时》：“翠凤翎毛扎帚叉，闲踏天门扫落花……”才罢。

宝玉却只管拿着那签，口内颠来倒去念“任是无情也动人”，听了这曲子，眼看着芳官

1　“任是”句：语出晚唐罗隐《牡丹花》。“似共东风别有因，绛罗高卷不胜春。若教解语应倾国，任是无情也动人。芍药与君为近侍，芙蓉何处避芳尘。可怜韩令功成后，辜负秾华过此身。”表面上是以牡丹花赞美薛宝钗“群芳之冠”的美丽与地位，实际上也透过所选用的诗句暗示钗、黛之间的关系及她们人生的悲剧结局。

不语。湘云忙一手夺了,撂与宝钗,宝钗又掷了一个十六点,数到探春。

探春笑道:"还不知得个什么!"伸手掣了一根出来,自己一瞧,便撂在桌上,红了脸,笑道:"很不该行这个令!这原是外头男人们行的令,许多混话在上头。"众人不解,袭人等忙拾起来,众人看上面是一枝杏花,那红字写着"瑶池仙品"四字,诗云:

日边红杏倚云栽。[1]

注云:"得此签者,必得贵婿,大家恭贺一杯,再同饮一杯。"

众人笑说道:"我们说是什么呢!这签原是闺阁中取笑的,除了这两三根有这话的,并无杂话,这有何妨?我们家已有了王妃,难道你也是王妃不成?大喜!大喜!"说着,大家来敬。

探春哪里肯饮,却被史湘云、香菱、李纨等三四个人,强死强活,灌了一钟才罢。探春只命:"蠲了这个,再行别的。"众人断不肯依。湘云拿着她的手,强掷了个十九点出来,便该李氏掣。

---

1 "日边"句:语出晚唐高蟾《下第后上永崇高侍郎》。"天上碧桃和露种,日边红杏倚云栽。芙蓉生在秋江上,不向东风怨未开。"表面上暗示探春将会嫁为王妃而得到荣华富贵之归宿,实际上也曲折传达探春是循水路远嫁海疆,暗示其如断线风筝般一去难回的悲剧命运。

杏花象征探春。

李氏摇了一摇,掣出一根来一看,笑道:"好极!你们瞧瞧这行子,竟有些意思。"众人瞧那签上,画着一枝老梅,是写着"霜晓寒姿"四字,那一面旧诗是:

梅花象征李纨。

竹篱茅舍自甘心。[1]

注云:"自饮一杯,下家掷骰。"李纨笑道:"真有趣,你们掷去罢,我只自吃一杯,不问你们的废兴。"说着,便吃酒,将骰过与黛玉。黛玉一掷,是十八点,便该湘云掣。

湘云笑着,揎拳掳袖的,伸手掣了一根出来。大家看时,一面画着一枝海棠,题着"香梦沉酣"四字,那面诗道是:

海棠象征湘云。

只恐夜深花睡去。[2]

黛玉笑道:"'夜深'二字改'石凉'两个字。"众人便知她打趣白日间湘云醉眠的事,都笑了。湘云笑指那自行船与黛玉看,又说:"快坐上那船家去罢,别多说了!"众人都笑了。因看注云:"既云香梦沉酣,掣此签者,不便饮酒,只令上下两家各饮一杯。"湘云拍手笑道:"阿

---

1 "竹篱"句:语出宋代王淇《梅》。"不受尘埃半点侵,竹篱茅舍自甘心。只因误识林和靖,惹得诗人说到今。"青春丧偶的李纨,对封建礼教衷心臣服,"不受尘埃半点侵"表现出她心如止水、波澜不兴的彻底沉寂心态。

2 "只恐"句:语出宋代苏轼《海棠》。"东风袅袅泛崇光,香雾空蒙月转廊。只恐夜深花睡去,故烧高烛照红妆。"

弥陀佛！真真好签！"

恰好黛玉是上家，宝玉是下家，二人掷了两杯，只得要饮。宝玉先饮了半杯，瞅人不见，递与芳官。芳官即便端起来，一仰脖喝了。黛玉只管和人说话，将酒全折在漱盂内了。

湘云便抓起骰子来，一掷个九点，数去该麝月。

麝月便掣了一根出来，大家看时，上面是一枝荼蘼花，题着"韶华胜极"四字，那边写着一句旧诗，道是：

茶蘼花象征麝月。

  开到荼蘼花事了。[1]

注云："在席各饮三杯送春。"麝月问："怎么讲？"宝玉皱眉，忙将签藏了，说："咱们且喝酒。"说着，大家吃了三口，以充三杯之数。

麝月一掷个十点，该香菱。

并蒂花象征香菱。

香菱便掣了一根并蒂花，题着"联春绕瑞"，那面写着一句旧诗，道是：

  连理枝头花正开。[2]

注云："共贺掣者三杯，大家陪饮一杯。"香菱便

 1　"开到"句：语出宋代王淇《春暮游小园》。"一从梅粉褪残妆，涂抹新红上海棠。开到荼蘼花事了，丝丝天棘出莓墙。"有繁华消散、诸芳已尽的寓意。

 2　"连理"句：语出宋代朱淑真《落花》。"连理枝头花正开，妒花风雨便相催。愿教青帝常为主，莫遣纷纷点翠苔。"形容香菱与薛蟠的夫妻关系，"妒花风雨便相催"暗示香菱终被夏金桂折磨至死的悲惨下场。

又掷了个六点,该黛玉。

黛玉默默地想道:"不知还有什么好的被我掣着方好。"一面伸手取了一根。只见上面画着一枝芙蓉花,题着"风露清愁"四字,那面一句旧诗,道是:

芙蓉花象征黛玉。

莫怨东风当自嗟。[1]

注云:"自饮一杯,牡丹陪饮一杯。"众人笑说:"这个好极!除了她,别人不配做芙蓉。"黛玉也自笑了。于是饮了酒,便掷了个二十点,该着袭人。

袭人便伸手取了一枝出来,却是一枝桃花,题着"武陵别景"四字,那一面写着旧诗,道是:

桃花象征袭人。

桃红又见一年春。[2]

注云:"杏花陪一盏,坐中同庚者陪一盏,同姓

1　"莫怨"句:语出宋代欧阳修的《明妃曲和王介甫作》。"汉宫有佳人,天子初未识。一朝随汉使,远嫁单于国。绝色天下无,一失难再得。虽能杀画工,于事竟何益?耳目所及尚如此,万里安能制夷狄?汉计诚已拙,女色难自夸。明妃去时泪,洒向枝上花。狂风日暮起,飘泊落谁家?红颜胜人多薄命,莫怨春风当自嗟。"综观欧阳修整首诗歌,才能透过"绝色天下无"的非凡才貌、"泪洒枝花"与"日暮漂泊"的孤零多愁,充分感受"红颜胜人多薄命"的悲剧形象。

2　"桃红"句:语出宋代谢枋得《庆全庵桃花》。"寻得桃源好避秦,桃红又是一年春。花飞莫遣随流水,怕有渔郎来问津。"当贾家败落、宝玉出家,妾身未明的袭人却可以"莫遣随流水",免于飘零的厄运。她最后嫁给蒋玉菡,虽然命运错置,但意外收获了一段幸福婚姻。这是"桃红又见一年春"的深层含义。

者陪一盏。"众人笑道:"这一回热闹有趣。"

第七十八回
老学士闲征姽婳词　痴公子杜撰芙蓉诔

　　读毕,遂焚帛奠茗,依依不舍。小丫鬟催至再四,方才回身。

　　忽听山石之后有一人笑道:"且请留步。"二人听了,不觉大惊。那小丫鬟回头一看,却是个人影从芙蓉花里走出来,她便大叫:"不好,有鬼,晴雯真来显魂了。"

　　唬得宝玉也忙看时,究竟是人是鬼,下回分解。

第七十九回
薛文起悔娶河东吼　贾迎春误嫁中山狼

晴为黛影。

　　话说宝玉才祭完了晴雯,只听花阴中有个人声,倒吓了一跳。细看不是别人,却是黛玉,满面含笑,口内说道:"好新奇的祭文! 可与《曹娥碑》并传了。"

　　宝玉听了,不觉红了脸,笑答道:"我想着世上这些祭文,都过于熟烂了,所以改个新样。原不过是我一时的玩意儿,谁知被你听见了。有什么大使不得的,何不改削改削?"

　　黛玉道:"原稿在哪里? 倒要细细地看看。长篇大论,不知说的是什么。只听见中间两句，什么'红绡帐里，公子情深；黄土陇中，女儿命薄'，这一联意思却好。只是'红绡帐里'未免俗滥些。放着现成的真事，为什么不用？"宝玉忙问："什么现成的真事？"黛玉笑道："咱们如今都系霞彩纱糊的窗槅，何不说'茜纱窗下，公子多情'呢？"

宝玉听了，不禁跌足笑道："好极，好极！到底是你想得出，说得出。可知天下古今现成的好景好事尽多，只是我们愚人想不出来罢了。但只一件，虽然这一改新妙之极，却是你在这里住着还可以，我实不敢当。"说着，又连说"不敢"。

黛玉笑道："何妨？我的窗即可为你之窗，何必如此分析，也太生疏了。古人异姓陌路，尚然'肥马轻裘，敝之无憾'，何况咱们？"宝玉笑道："论交道，不在'肥马轻裘'，即'黄金白璧'，亦不当'锱铢较量'。倒是这唐突闺阁上头，却万万使不得的。如今我索性将'公子''女儿'改去，竟算是你诔她的倒妙。况且素日你又待她甚厚，所以宁可弃了这一篇文，万不可弃这'茜纱'新句。莫若改作'茜纱窗下，小姐多情；黄土陇中，丫鬟薄命'。如此一改，虽与我不涉，我也惬怀。"

黛玉笑道："她又不是我的丫头，何用此语？况且'小姐''丫鬟'，亦不典雅。等得紫鹃死了，我再如此说，还不算迟。"宝玉听了忙笑道："这是何苦，又咒她！"黛玉笑道："是你要咒的，并不是我说的。"宝玉道："我又有了，这一改可极妥当了。莫若说：'茜纱窗下，我本无缘；黄土陇中，卿何薄命！'"

黛玉听了，陡然变色。虽有无限狐疑，外面却不肯露出，反连忙含笑点头称妙，说："果然改得好，再不必乱改了，快去干正经事罢。刚才太太打发人叫你，说明儿一早过大舅母那边去呢。你二姐姐已有人家求准了，所以叫你们过去呢。"宝玉拍手道："何必如此忙？我身上也不大好，明儿还未必能去呢。"黛玉道："又来了，我劝你把脾气改改罢。一年大，二年小……"

一面说话，一面咳嗽起来。宝玉忙道："这里风冷，咱们只顾站着，凉着了可不是玩的，快回去罢。"黛玉道："我也家去歇息了，明儿再见罢。"说着，便自取路去了。

○ 学习小任务：

在"寿怡红群芳开夜宴"这一回中，群芳夜聚怡红院为宝玉庆生，大家占花名以助兴。宝钗掣的签画的是牡丹，诗句是"任是无情也动人"；李纨掣的签画的是一支老梅，诗句是"竹篱茅舍自甘心"；香菱掣的签画的是并蒂花，诗句是"连理枝头花正开"；黛玉掣的签画的是芙蓉，诗句是"莫怨东风当自嗟"。从整本书看，每支签上的画和诗句都体现了掣签人的性格命运。

这句话落在黛玉的耳中，脸上变色，心中狐疑，黛玉的这些心理活动让作者通过晴雯的死联想到与晴雯具有相似性格特征的黛玉的悲剧命运。

404

请任选一签,结合签上的内容与原著情节简要分析掣签人的性格与命运。

参考答案:薛宝钗,牡丹。"只见签上画着一枝牡丹,题着'艳冠群芳'四字,下面又有镌的小字,一句唐诗,道是:'任是无情也动人。'"性格与命运:才貌过人,但守拙淡然,最终孤独终老。

贾探春,杏花。"上面一枝杏花,那红字写着'瑶池仙品'四字,诗云:'日边红杏倚云栽。'"性格与命运:志向高远,最终远嫁他乡。

李纨,老梅。"画着一枝老梅,写着'霜晓寒姿'四字,那一面旧诗是:'竹篱茅舍自甘心。'"性格与命运:寡居冷淡,寂寞凄清,不管闲事,只求自保,最终气绝身亡。

史湘云,海棠。"一面画着一枝海棠,题着'香梦沉酣'四字,那面诗道是:'只恐夜深花睡去。'"性格与命运:豪爽洒脱,但婚姻不幸,最终被迫做了船妓。

麝月,荼蘼。"上面是一枝荼蘼花,题着'韶华胜极'四字,那边写着一句旧诗,道是:'开到荼蘼花事了。'"性格与命运:不争荣宠,最终在贾府衰败之后陪伴宝玉。

香菱,并蒂花。"香菱便掣了一根并蒂花,题着'联春绕瑞',那面写着一句旧诗,道是:'连理枝头花正开。'"性格与命运:品格出众,命运多舛,跟随宝钗之后有过一段短暂且安稳快乐的岁月。

林黛玉，芙蓉花。"只见上面画着一枝芙蓉花，题着'风露清愁'四字，那面一句旧诗，道是：'莫怨东风当自嗟。'"性格与命运：超凡脱俗，多愁善感，最终气郁而死。

袭人，桃花。"却是一枝桃花，题着'武陵别景'四字，那一面写着旧诗，道是：'桃红又见一年春。'"性格与命运：离开了大观园之后，袭人最终嫁给蒋玉菡，反而躲过了贾府败落的祸事。

（三）引文法

第二十八回
蒋玉菡情赠茜香罗　薛宝钗羞笼红麝串

于是蒋玉菡说道："女儿悲，丈夫一去不回归；女儿愁，无钱去打桂花油；女儿喜，灯花并头结双蕊；女儿乐，夫唱妇随真和合。"说毕，唱道：

可喜你天生百媚娇，恰便似活神仙离碧霄。度青春，年正小；配鸾凤，真也巧。呀！看天河正高，听谯楼[1]鼓敲，剔银灯，同入鸳帏悄。

唱毕，饮了门杯，笑道："这诗词上我倒有限，幸而昨日见了一副对子，只记得这句，可巧席上还有这件东西。"说毕，便干了酒，拿起一朵木樨来，念道："'花气袭人知昼暖'。"众人倒都依了，完令。薛蟠又跳了起来，喧嚷道："了

唱到"袭人"的名字，为后文埋下伏笔。

1　谯（qiáo）楼：古代建于城门上用以报时的瞭望台。

不得,了不得!该罚,该罚!这席上并没有宝贝,你怎么说起宝贝来?"蒋玉菡忙说道:"何曾有宝贝?"薛蟠道:"你还赖呢!你再念来。"蒋玉菡只得又念了一遍。薛蟠道:"'袭人'可不是宝贝是什么?——你们不信只问他!"说毕,指着宝玉。宝玉没好意思起来,说:"薛大哥,你该罚多少?"薛蟠道:"该罚,该罚!"说着,拿起酒来,一饮而尽。冯紫英与蒋玉菡等还问他原故,云儿便告诉了出来,蒋玉菡忙起身赔罪。众人都道:"不知者不作罪。"

少刻,宝玉出席解手,蒋玉菡随着出来,二人站在廊檐下,蒋玉菡又赔不是。宝玉见他妩媚温柔,心中十分留恋,便紧紧地搭着他的手,叫他:"闲了往我们那里去。还有一句话问你,也是你们贵班中,有一个叫琪官儿的,他如今名驰天下,可惜我独无缘一见。"蒋玉菡笑道:"就是我的小名儿。"

宝玉听说,不觉欣然跌足笑道:"有幸,有幸!果然名不虚传!今儿初会,便怎么样呢?"想了一想,向袖中取出扇子,将一个玉玦坠解下来,递与琪官,道:"微物不堪,略表今日之谊。"琪官接了,笑道:"无功受禄,何以克当?——也罢,我这里也得了一件奇物,今日早起才系上,还是簇新,聊可表我一点亲热之意。"

说毕,撩衣将系小衣儿的一条<u>大红汗巾子</u>解下来,递与宝玉,道:"这汗巾子是茜香国女国王所贡之物,夏天系着肌肤生香,不生汗渍。昨

在宝玉回去后,这条大红汗巾子就系到了袭人的腰上。为后文第一二○回袭人嫁给蒋玉菡的情节埋下伏笔。

407

日北静王给的,今日才上身。若是别人,我断不肯相赠。二爷请把自己系的解下来给我系着。"

宝玉听说,喜不自禁,连忙接了,将自己一条松花汗巾解了下来,递与琪官。二人方束好,只听一声大叫:"我可拿住了!"只见薛蟠跳了出来,拉着二人道:"放着酒不吃,两个人逃席出来,干什么?快拿出来我瞧瞧。"二人都道:"没有什么。"薛蟠哪里肯依?还是冯紫英出来,才解开了。于是复又归坐饮酒,至晚方散。

第四十一回
贾宝玉品茶栊翠庵　刘姥姥醉卧怡红院

忽见奶子抱了大姐儿来,大家哄她玩了一会,那大姐儿因抱着一个大柚子[1]玩,忽见板儿抱着一个佛手[2],大姐儿便要,丫鬟哄她取去,大姐儿等不得,便哭了。众人忙把柚子给了板儿,将板儿的佛手哄过来与她才罢。

那板儿因玩了半日佛手,此刻又两手抓着些果子吃,又见这个柚子又香又圆,更觉好玩,且当球踢着玩去,也就不要佛手了。

○ 学习小任务:

伏笔照应,即通过前面某个情节作引子,引导后面情节的展开。请你结合文本内容,填

两个小孩互相换了柚子和佛手,暗示贾家没落后,巧姐被刘姥姥所救,与板儿结为连理的结局。

1　柚子:即今香圆之属,与橼通。
2　佛手:指迷津者。

写以下表格,试着阐述"伏笔与照应"手法在小说中的运用,以及其在小说写作中的作用。

伏笔情节	后文照应	作　用
板儿、巧姐交换柚子和佛手		
宝玉和蒋玉菡互换大红汗巾子和松花汗巾子		

参考答案:

伏笔情节	后文照应	作　用
板儿、巧姐交换柚子和佛手	贾家没落,巧姐被刘姥姥所救,嫁给板儿	为后文情节设伏笔
宝玉和蒋玉菡互换大红汗巾子和松花汗巾子	花袭人嫁给蒋玉菡	为后文情节设伏笔

(四)谶语法

1.诗谶

第二回
贾夫人仙逝扬州城　冷子兴演说荣国府

雨村闲居无聊,每当风日晴和,饭后便出来闲步。这一日偶至郊外,意欲赏鉴那村野风光,信步至一山环水漩、茂林修竹之处,隐隐有座庙宇,门巷倾颓,墙垣剥落。有额题曰"智通

409

寺"。门旁又有一副旧破的对联云：

身后有余忘缩手，眼前无路想回头。

雨村看了，因想道："这两句文虽甚浅，其意则深，也曾游过些名山大刹，倒不曾见过这话头，其中想必有个翻过筋斗来的，也未可知，何不进去一访？"

第二十七回

滴翠亭杨妃戏彩蝶　埋香冢飞燕泣残红

宝玉因不见了林黛玉，便知是她躲了别处去了。想了一想："索性迟两日，等她的气息一息再去也罢了。"因低头看见许多凤仙石榴等各色落花，锦重重地落了一地，因叹道："这是她心里生了气，也不收拾这花儿来了。待我送了去，明儿再问着她。"说着，只见宝钗约着他们往外头去。宝玉道："我就来。"等她二人去远，把那花兜起来，登山渡水，过树穿花，一直奔了那日同林黛玉葬桃花的去处来。

将已到了花冢，犹未转过山坡，只听那边有呜咽之声，一面数落着，哭得好不伤心。宝玉心下想道："这不知是哪房里的丫头，受了委屈，跑到这个地方来哭？"一面想，一面煞住脚步，听她哭道是：

花谢花飞飞满天，红消香断有谁怜？

游丝软系飘春榭，落絮轻沾扑绣帘。

闺中女儿惜春暮，愁绪满怀无释处。

手把花锄出绣帘[1]，忍踏落花来复去？

柳丝榆荚自芳菲，不管桃飘与李飞。

桃李明年能再发，明年闺中知有谁？

三月香巢初垒成，梁间燕子太无情。

明年花发虽可啄，却不道、人去梁空巢亦倾。

一年三百六十日，风刀霜剑严相逼。

明媚鲜妍能几时，一朝飘泊难寻觅。

花开易见落难寻，阶前愁杀葬花人。

独把花锄泪暗洒，洒上空枝见血痕。

杜鹃无语正黄昏，荷锄归去掩重门。

青灯照壁人初睡，冷雨敲窗被未温。

怪奴底事倍伤神？半为怜春半恼春。

怜春忽至恼忽去，至又无言去不闻。

昨宵庭外悲歌发，知是花魂与鸟魂？

花魂鸟魂总难留，鸟自无言花自羞。

愿奴胁下生双翼，随花飞到天尽头。

天尽头，何处有香丘？

未若锦囊收艳骨，一抔净土[2]掩风流。

质本洁来还洁去，强于污淖陷渠沟。

尔今死去侬收葬，未卜侬身何日丧？

侬今葬花人笑痴，他年葬侬知是谁？

试看春残花渐落，便是红颜老死时。

人去、梁空、巢倾，不仅仅预示着黛玉的命运，也暗含着贾府未来的走势。

冷酷凄凉的情景，是黛玉孤独身世、凄凉心境的写照。

该诗表面上咏桃花，实际上是蕴含着黛玉命运的谶语。

1　绣帘：脂本作"绣闺"。

2　一抔（póu）净土：代指坟墓。一抔，一捧。

一朝春尽红颜老，花落人亡两不知！

宝玉听了，不觉痴倒。要知端详，下回分解。

2. 谜谶

第二十二回

听曲文宝玉悟禅机　制灯谜贾政悲谶语

忽然人报娘娘差人送出一个灯谜来，命他们大家去猜，猜后每人也作一个送进去。四人听说，忙出来至贾母上房，只见一个小太监，拿了一盏四角平头白纱灯，专为灯谜而制，上面已有了一个，众人都争看乱猜。小太监又下谕道："众小姐猜着，不要说出来，每人只暗暗地写了，一齐封送进去，候娘娘自验是否。"

宝钗听了，近前一看，是一首七言绝句，并无新奇，口中少不得称赞，只说"难猜"。故意寻思，其实一见早猜着了。宝玉、黛玉、湘云、探春四个人也都解了，各自暗暗地写了。一并将贾环、贾兰等传来，一齐各揣心机猜了，写在纸上，然后各人拈一物作成一谜，恭楷写了，挂于灯上。

太监去了，至晚出来，传谕道："前日娘娘所制，俱已猜着，惟二小姐与三爷猜的不是。小姐们作的也都猜了，不知是否？"说着，也将写的拿出来，也有猜着的，也有猜不着的。太监又将颁赐之物送与猜着之人：每人一个宫制诗筒，一柄茶筅，独迎春、贾环二人未得。迎春自以为玩笑小事，并不介意。贾环便觉得没

富察明义在《题红楼梦》说："伤心一首葬花词，似谶成真自不知。安得返魂香一缕，起卿沉痼续红丝？"《葬花吟》在整部小说中起到隐喻黛玉命运的作用，是黛玉感叹身世遭遇的全部哀音，也是曹雪芹塑造其性格特征的重要作品。

趣。且又听太监说："三爷所作这个不通,娘娘也没猜,叫我带回问三爷是个什么。"众人听了,都来看他作的是什么,——写道:

> 大哥有角只八个,二哥有角只两根。
> 大哥只在床上坐,二哥爱在房上蹲。

众人看了,大发一笑。贾环只得告诉太监说："是一个枕头,一个兽头。"太监记了,领茶而去。

贾母见元春这般有兴,自己一发喜乐,便命速作一架小巧精致围屏灯来,设于堂屋,命她姊妹们各自暗暗地做了,写出来,粘在屏上;然后预备下香茶细果,以及各色玩物,为猜着之贺。贾政朝罢,见贾母高兴,况在节间,晚上也来承欢取乐。上面贾母、贾政、宝玉一席;王夫人、宝钗、黛玉、湘云又一席,迎春、探春、惜春三人又一席,俱在下面。地下婆子丫鬟站满。李宫裁、王熙凤二人在里间又一席。

贾政因不见贾兰,便问:"怎么不见兰哥儿?"地下女人们忙进里间问李氏,李氏起身笑着回道:"他说方才老爷并没去叫他,他不肯来。"婆子回复了贾政,众人都笑说:"天生的牛心古怪。"

贾政忙遣贾环与两个婆子将贾兰唤来,贾母命他在身边坐了,抓果子与他吃,大家说笑取乐。往常间只有宝玉长谈阔论,今日贾政在这里,便唯唯而已。余者,湘云虽系闺阁弱质,却素喜谈论,今日贾政在席,也自拑口禁语;黛玉本性娇懒,不肯多话;宝钗原不妄言轻动,便此时亦是坦然自若:故此一席,虽是家常取乐,反见拘束。

贾母亦知因贾政一人在此所致,酒过三巡,便撵贾政去歇息。贾政亦知贾母之意,撵了他去好让他姊妹兄弟们取乐,因陪笑道:"今日原听见老太太这里大设春灯雅谜,故也备了彩礼酒席,特来入会,何疼孙子孙女之心,便不略赐与儿子半点?"贾母笑道:"你在这里,他们都不敢说笑,没的倒叫我闷得慌。你要猜谜,我说一个你猜,猜不着是要罚的。"贾政忙笑道:"自然受罚。若猜着了,也要领赏呢!"贾母道:"这个自然。"便念道:

猴子身轻站树梢。
——打一果名

荔枝,寓意树倒猢狲散。

贾政已知是荔枝,故意乱猜,罚了许多东西,然后方猜着了,也得了贾母的东西,然后也念一个灯谜与贾母猜。念道:

身自端方,体自坚硬。
虽不能言,有言必应。
——打一用物

砚台,脂批:"包藏贾府祖宗自身。"

说毕,便悄悄地说与宝玉,宝玉会意,又悄悄地告诉了贾母。贾母想了一想,果然不差,便说:"是砚台。"贾政笑道:"到底是老太太,一猜就是。"回头说:"快把贺彩献上来。"地下妇女答应一声，大盘小盒，一齐捧上。贾母逐件看去，都是灯节下所用所玩新巧之物，心中甚喜，遂命："给你老爷斟酒。"宝玉执壶，迎春送酒。贾母因说："你瞧瞧那屏上，都是他姐儿们做的，再猜一猜我听。"贾政答应，起身走至屏前，只见第一个是元妃的，写着道：

> 能使妖魔胆尽摧，身如束帛气如雷。
> 一声震得人方恐，回首相看已化灰。
>   ——打一物

贾政道："这是爆竹吗？"宝玉答道："是。"贾政又看迎春的，道：

> 天运人功理不穷，有功无运也难逢。
> 因何镇日纷纷乱？只为阴阳数不通。
>   ——打一用物

贾政道："是算盘？"迎春笑道："是。"又往下看，是探春的，道：

> 阶下儿童仰面时，清明妆点最堪宜。
> 游丝一断浑无力，莫向东风怨别离。
>   ——打一物

贾政道："好像风筝。"探春道："是。"贾政再往下看，是黛玉的，道：

> 朝罢谁携两袖烟？琴边衾里两无缘。
> 晓筹不用鸡人报，五夜无烦侍女添。

爆竹，寓意一响而散。

算盘，寓意打动乱如麻。

风筝，寓意飘飘荡荡。

焦首朝朝还暮暮,煎心日日复年年。

光阴荏苒须当惜,风雨阴晴任变迁。

——打一物

更香,寓意聚散无常。

贾政道:"这个莫非是更香?"宝玉代言道:"是。"贾政又看道:

南面而坐,北面而朝,

"象忧亦忧,象喜亦喜。"

——打一物

贾政道:"好,好! 如猜镜子,妙极!"宝玉笑回道:"是。"贾政道:"这一个却无名字,是谁做的?"贾母道:"这个大约是宝玉做的?"贾政就不言语。往下再看宝钗的,道是:

有眼无珠腹内空,荷花出水喜相逢。

梧桐叶落分离别,恩爱夫妻不到冬。

——打一物。

谜语预示着命运,莫非这是家族败亡的预兆?

贾政看完,心内自付道:"此物还倒有限,只是小小年纪,作此等言语,更觉不祥。看来皆非福寿之辈。"想到此,甚觉烦闷,大有悲戚之状,只是垂头沉思。

3. 戏谑

第十一回

庆寿辰宁府排家宴　见熙凤贾瑞起淫心

凤姐儿听了,款步提衣上了楼。尤氏已在

楼梯口等着。尤氏笑道:"你们娘儿两个忒好了,见了面总舍不得来了。你明日搬来和她同住罢。你坐下,我先敬你一钟。"于是凤姐儿至邢夫人、王夫人前告坐。

尤氏拿戏单来让凤姐儿点戏,凤姐儿说:"太太们在这里,我怎么敢点。"邢夫人、王夫人道:"我们和亲家太太点了好几出了。你点几出好的我们听。"凤姐儿立起身来答应了,接过戏单,从头一看,点了一出《还魂》[1],一出《弹词》[2],递过戏单来,说:"现在唱的这《双官诰》[3]完了,再唱这两出,也就是时候了。"

第十八回
皇恩重元妃省父母　天伦乐宝玉呈才藻

（本回相关内容请查阅第 2 课"原文细读与鉴赏",第 73 页）

---

1 《还魂》:出自明代汤显祖《牡丹亭》第三十五出,写杜丽娘死而复生,与柳梦梅结为夫妻。以"还魂"象征荣宁二公的庇荫,使贾府维持百年繁荣盛景。

2 《弹词》:出自清代洪昇的传奇《长生殿》第三十八出,写李龟年弹琵琶演唱唐玄宗、杨贵妃悲欢离合的故事,以及天宝遗事。"弹词"即指其晚年的凄凉处境。暗示宝玉最终的潦倒下场,点出贾家的败落。

3 《双官诰》:指清代陈二白的传奇《双官诰》,此处借指宁国公贾演、荣国公贾源两兄弟同时封官晋爵,创建贾府,奠定家业。

第二十二回

听曲文宝玉悟禅机　制灯谜贾政悲谶语

　　至二十一日，就贾母内院搭了家常小巧
戏台，定了一班新出小戏，昆、弋两腔俱有。就
在贾母上房摆了几席家宴酒席，并无一个外
客，只有薛姨妈、史湘云、宝钗是客，余者皆是
自己人。

　　这日早起，宝玉因不见黛玉，便到她房中
来寻。只见黛玉歪在炕上，宝玉笑道："起来
吃饭去。——就开戏了，你爱听哪一出？我好
点。"黛玉冷笑道："你既这样说，你就特叫一班
戏，拣我爱的唱与我听，这会子犯不上借着光
儿问我。"宝玉笑道："这有什么难的，明儿就这
样行，也叫他们借着咱们的光儿。"一面说，一
面拉她起来，携手出去。

　　吃了饭，点戏时，贾母一面先叫宝钗点，宝
钗推让一遍，无法，只得点了一折《西游记》。
贾母自是喜欢。然后便命凤姐点，凤姐虽有王
夫人在前，但因贾母之命，不敢违拗；且知贾
母喜热闹，更喜谑笑科诨，便先点了一出，却是
《刘二当衣》。

　　贾母果真更又喜欢。然后便命黛玉点，黛
玉又让王夫人等先点。贾母道："今儿原是我
特带着你们取乐，咱们只管咱们的，别理她们。
我巴巴地唱戏摆酒，为她们不成？她们在这里

热闹轻松。

418

白听、白吃,已经便宜了,还让她们点戏呢!"说着,大家都笑。黛玉方点了一出。然后宝玉、史湘云、迎春、探春、惜春、李纨等俱各点了,按出扮演。

至上酒席时,贾母又命宝钗点,宝钗点了一出《鲁智深醉闹五台山》。宝玉道:"你只好点这些戏。"宝钗道:"你白听了这几年戏,哪里知道这出戏的好处,排场又好词藻更妙。"宝玉道:"我从来怕这些热闹戏。"宝钗笑道:"要说这一出'热闹',还算你不知戏呢。你过来,我告诉你,这一出戏是一套'北点绛唇',铿锵顿挫,那音律不用说是好的了;只那词藻中,有一支'寄生草',填得极妙,你何曾知道!"宝玉见说得这般好,便凑近来央告:"好姐姐,念与我听听。"宝钗便念道:

漫揾[1]英雄泪,相离处士家。谢慈悲,剃度在莲台下。没缘法,转眼分离乍。赤条条,来去无牵挂。那里讨,烟蓑雨笠卷单行?一任俺,芒鞋破钵随缘化!

宝玉听了,喜得拍膝摇头,称赏不已——又赞宝钗无书不知。林黛玉道:"安静看戏罢!还没唱《山门》,你就《妆疯》了!"说得湘云也笑了。于是大家看戏,到晚方散。

预示宝玉出家、贾家败落的下场。

1　漫揾(wèn):漫,随意,不经意。揾,揩拭。

第二十九回

享福人福深还祷福　多情女情重愈斟情

（本回相关内容请查阅第2课"原文细读
与鉴赏"部分，第79—80页）

4.语谶

第一回

甄士隐梦幻识通灵　贾雨村风尘怀闺秀

　　士隐见女儿越发生得粉妆玉琢，乖觉可
喜，便伸手接来抱在怀中，斗她玩耍一回。又
带至街前，看那过会[1]的热闹。方欲进来时，只
见从那边来了一僧一道。那僧癞头跣足，那道
跛足蓬头。疯疯癫癫，挥霍谈笑而至。及到
了他门前，看见士隐抱着英莲，那僧便大哭起
来，又向士隐道："施主，你把这有命无运、累
及爹娘之物抱在怀内作甚！"士隐听了，知是
疯话，也不睬他。那僧还说："舍我罢！舍我
罢！"士隐不耐烦，便抱着女儿转身。才要进
去，那僧乃指着他大笑，口内念了四句言词，
道是：

　　惯养娇生笑你痴，菱花空对雪澌澌[2]。

预言香菱未来
的不幸命运。

————————

　　1　过会：也称"赛会"，一种旧时民俗。
　　2　"菱花"句：隐含英莲被薛蟠强占的悲惨遭遇。菱
花，英莲后改名香菱。澌澌，形容下雪的声音。

好防佳节元宵后,便是烟消火灭时。

士隐听得明白,心下犹豫,意欲问他来历。只听道人说道:"你我不必同行,就此分手,各干营生去罢。三劫后我在北邙山等你,会齐了,同往太虚幻境销号。"那僧道:"最妙,最妙!"说毕,二人一去再不见个踪影了。

第三回

托内兄如海荐西宾　接外孙贾母惜孤女

众人见黛玉年纪虽小,其举止言谈不俗,身体面貌虽弱不胜衣,却有一段风流态度,便知她有不足之症,因问:"常服何药?为何不治好了?"黛玉道:"我自来如此,从会吃饭时便吃药,到如今了,经过多少名医,总未见效。那一年我才三岁,记得来了一个癞头和尚,说要化我去出家。我父母自是不从。他又说:'既舍不得她,但只怕她的病一生也不能好的!——若要好时,除非从此以后总不许见哭声,除父母之外,凡有外亲,一概不见,方可平安了此一生。'这和尚疯疯癫癫说了这些不经之谈,也没人理他。如今还是吃人参养荣丸。"贾母道:"这正好,我这里正配丸药呢,叫他们多配一料就是了。"

癞头和尚直言黛玉一生病难痊愈的命运,更提出保全的方法。可惜黛玉不仅不能不见哭声,到贾府后还要与外姓亲友相伴,这里预示了她终不能平安了此一生的命运。

421

第七回

送宫花贾琏戏熙凤　宴宁府宝玉会秦钟

周瑞家的答应了,因说:"四姑娘不在房里,只怕在老太太那边呢?"丫鬟们道:"在那屋里不是?"周瑞家的听了,便往这边屋里来。只见惜春正同水月庵的小姑子智能儿两个一处玩耍呢,见周瑞家的进来,便问她何事。周瑞家的将花匣打开,说明原故,惜春笑道:"我这里正和智能儿说,我明儿也要剃了头跟她作姑子去呢,可巧又送了花来,要剃了头,可把花儿戴在哪里呢?"说着,大家取笑一回,惜春命丫鬟收了。

暗示惜春出家为尼,"独卧青灯古佛旁"的结局。

第三十回

宝钗借扇机带双敲　椿龄画蔷痴及局外

黛玉心里原是再不理宝玉的,这会子听见宝玉说"别叫人知道咱们拌了嘴就生分了似的"这一句话,又可见得比别人原亲近,因又掌不住,便哭道:"你也不用来哄我!从今以后,我也不敢亲近二爷,权当我去了。"宝玉听了笑道:"你往哪里去呢?"黛玉道:"我回家去。"宝玉笑道:"我跟了去。"黛玉道:"我死了呢?"宝玉道:"你死了,我做和尚。"

暗藏宝黛二人结局的谶语。

黛玉一闻此言,登时把脸放下来,问道:"想是你要死了!胡说的是什么? 你们家倒有

422

几个亲姐姐亲妹妹呢! 明日都死了,你几个身子做和尚? 明日我倒把这话告诉去评评。"

○ 学习小任务:

本章节着重阐述了《红楼梦》中"草蛇灰线,伏脉千里"的艺术手法,按照功能将这种手法分为三大类,根据你的理解,用相关情节来填空。

功能分类	相 关 情 节
结构线索的 "草蛇灰线"	
照应关系的 "草蛇灰线"	
"隐喻、象征" 的草蛇灰线	

参考答案:

功能分类	相 关 情 节
结构线索的 "草蛇灰线"	补天神话,木石前盟,刘姥姥三进荣国府
照应关系的 "草蛇灰线"	人物命名(如贾雨村与甄士隐)
"隐喻、象征" 的草蛇灰线	金陵十二钗判词,花名签,戏文

第 11 课　曲径通幽的环境描写

——贾府布局装饰鉴赏

元春

图17 贾元春(载《红楼梦图咏》,[清]改琦绘)

环境描写是小说情节设置和人物活动的舞台,不仅是情节设置的大背景,也是人物活动的场所,它还参与了人物性格的刻画,为人物性格塑造提供了坚实的基础。在《红楼梦》中,曹雪芹善于在典型环境中塑造典型人物,如大荒山无稽崖青埂峰是女娲补天弃石所在的典型环境,贾府这个温柔富贵乡是伴随着贾宝玉诞生的通灵宝玉所在的典型环境。

集中的自然环境描写与小说的故事展开和人物成长始终密切联合在一起,很好地做到了事随景出,而景物描写又时刻渗透在情节的发展之中,有时也作为故事发展不可缺少的一个环节。比如描写荣国府:第一次是贾雨村眼中所见的荣国府,在环境描写上突出了一个豪门家族的气象,这为故事的展开作了铺垫;第二次是林黛玉初来时所见的荣国府,这次则侧重刻画贾府的典型环境,重点在暗示贾府复杂的人际关系,自此,故事才算真正展开;第三次是刘姥姥进城一进荣国府的所见所闻;第四次是元妃归省所见的荣国府;第五次是贾母到清虚观为元妃打醮,以及在清虚观的所见所闻;第六次是贾母祭罢宗祠回府的所见所闻。其中,不仅微小的自然环境井然有序地穿插在故事的发展中,推动情节的发展,大的自然环境更有重要作用。

除了多角度不断展现不同自然景物的侧面之外,《红楼梦》中作为人物活动的主要场所的贾府很好地展现了当时特定的社会环境。贾府处于繁华街市,乃人烟阜盛之处,其从布局到装饰均突出了一个"大"字,表现出贾府建筑的宏伟气势。贾母正房大院的垂花门、两边的抄手游廊、一个紫檀架子大理石插屏的穿堂,这些布置都表现出庄严肃穆的气氛,展现出贵族家庭的气势。又如贾赦小院,虽远离贾府中心,但小巧别致,别有洞天;虽作者未多着笔墨,却已经把贾赦的性格特征一览无余地表现了出来。再如大观园,不同的院落与不同人物的身份、性格相互照应,同时也透露出当时社会等级制度的森严。

一、《红楼梦》中的建筑概览

对叙事文学而言,展开故事情节和刻画人物形象都要以典型环境为载体。《红楼梦》是中国古代小说的巅峰之作,不论是对于故事发展的主要场景——贾府,还是对于人间的自由乐土——大观园,作者都极尽描摹之能事,在曹雪芹的笔下,《红楼梦》建筑空间的文化意味、审美意味、民俗意味,及其作用于人物塑造与主题升华的文学意味得到了淋漓尽致的体现,《红楼梦》的建筑空间意象的营构成为文学创作和中国建筑文化的"大观园"。

（一）威严压抑的贵族府邸——宁国府与荣国府

在第二回和第三回中,作者借冷子兴、贾雨村和林黛玉之眼,向读者展现了贾府的规模和布局特征。贾府由荣宁二府构成,虽是两座府邸,却相邻而建,且相距仅一条属于"私地"的小巷。贾府整体上呈规整的矩形,两府也各为独立的矩形,既体现了王公贵族的庄重肃穆,又不失"兄弟"间的亲近。

宁国府是宁国公府第,是贾珍、贾蓉等人的居住场所。宁国府虽然居长,但在小说中所占篇幅却不长,描写也不详尽,毕竟故事主线不在这里。荣国府是荣国公的府第,荣国公死后,儿媳史氏带着二子贾赦、贾政居于此地。小说的主人公贾宝玉即贾政之子,荣国府也成为整个《红楼梦》故事情节发展的主体空间。因此,小说对荣国府建筑空间布局的描绘十分详细,也使得荣国府的建筑空间较之宁国府显得更为复杂。二府的描写一简一繁,也构建了《红楼梦》有虚有实、有主有次的结构变化特征(布局图可参考图8,凤姐院等场所的位置尚有争议)。

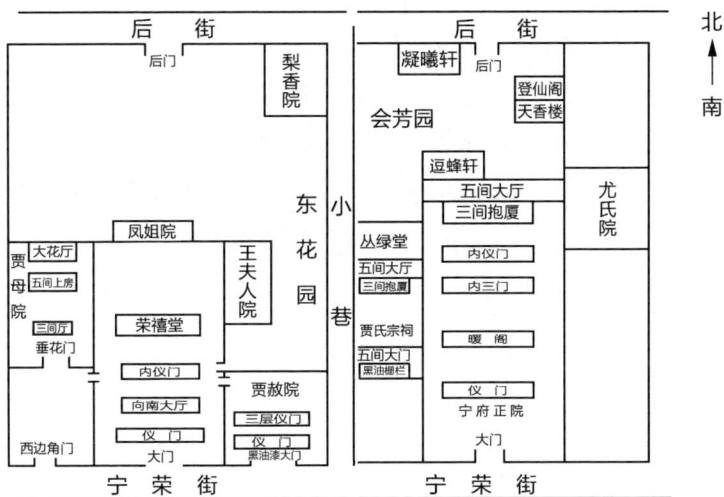

图8　宁国府(右)、荣国府(左)粗略布局图(仅供参考)

《礼记·王制》中说:"天子之堂九尺,诸侯七尺,大夫五尺,士三尺。"可见在中国封建社会中,建筑必须遵循明确的等级制度规定。中国的建筑等级制度是基于礼的需要而形成的,礼制影响着传统建筑,而传统建筑体现着等级制度。

贾府的大门位于整座府第的中轴线上,门开正南,为三间一启的屋宇式大门,这样的府第构架与贾府的国公身份相符合。无论是宁府的贾氏宗祠还是荣府的荣禧堂,在府第构架中

429

都占有重要位置,两者是贾家家族荣誉的象征。

贾府中有官职的或者贵为正房的女子都有自己的独立院落,连带着东西厢房等,这里的建筑布局则象征了每个人地位差异。贾母为长,院落足足占了荣国府西边一大部分,荣禧堂分配给贾政,而不受宠的贾赦则住在较偏的别院。

此外,在院落内部,人物的行事起居则在各自的房中进行,在房屋内部又有各种重叠的屏风、帷幔等,这些建筑要素客观上构成了男女、上下、内外等不同人群身份上的隔断,是贾府这样的公侯府邸体现崇礼家风的重要标志。

从整体上讲,贾府的空间布局符合封建等级制度下的公府建筑规格,布局安排严密合理而又清晰,在大观园正式作为人物居所进入读者视野之前,《红楼梦》的故事几乎都是在贾府的建筑空间内展开的,贾府这一典型环境在客观上对情节的发展、人物的塑造,以及作者情感的抒发都发挥了重要的影响。

(二)青春生命的理想王国——大观园

《红楼梦》中对于大观园的描写集中出现于第十七、十八回,通过人物的眼、口,以及诗向读者一一呈现。与宁荣二府建筑布局透露出的浓厚的等级观念正相反,大观园作为贾宝玉和金陵十二钗的主要活动场所,则淡化了等级观念。贾宝玉及一众姑娘们的院落都是她们自主选择的,作者借助这个虚构的园林描绘了一个理想王国(布局图可参考图9)。

大观园的修建初衷是用于迎接贾元春归府省亲,它既要符合元春的身份地位,具有富丽奢华的皇家园林特征,又要迎合元春的审美素养,具有清幽雅致私家园林特征。因而大观园中既有气势恢宏的正殿,亦有江南风情的斋馆轩榭。景区式建

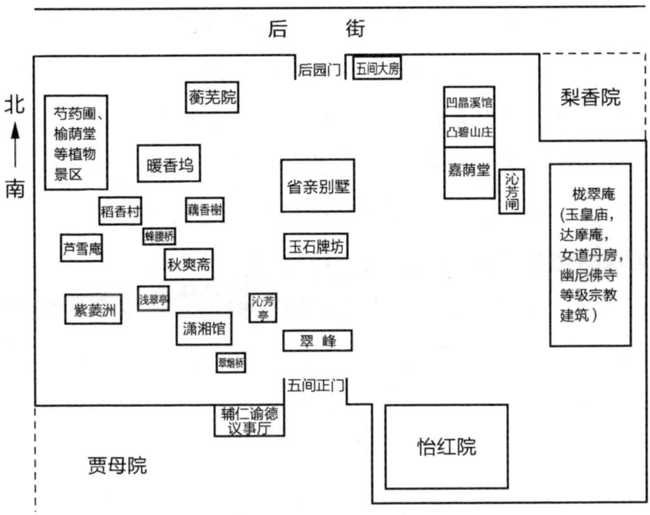

图9　大观园粗略布局图(仅供参考)

筑景观的空间布局安排,在符合园林建造的规律的同时,又充分考虑到了居住和使用的便利,是古代文人私家园林建筑美学的集中体现。两种迥异的风格却实现了整体和谐相融的效果,既打破了等级观念,又暗示了此园是一个虚构的理想空间,以此曲折地传达作者内心对这样一个自由美好的空间的赞美和向往。

此外,大观园中以水系构建了整个园林建筑景观的骨架,水系不仅为园林建筑景观增添了无尽的亮色,更成为小说故事情节中不可缺少的环境载体。以水来贯穿群钗的居所,这也是贾宝玉"女儿是水做的骨肉……我见了女儿便清爽"这一护法群钗思想的重要象征。

在大观园中,每一个主要人物都有自己固定的居所,居所的特征与人物性格的呈现相得益彰。青山叠嶂、流水潺潺、花团锦簇、树影婆娑,在这种唯美而自在的自然之境中,青年男女的自然情愫会在不知不觉中萌发。如果说宝黛之情是三生石畔的前生注定，那么大观园便是他们今世情感生长的沃土，更是此情从纯真美好走向最终幻灭的最可靠的见证。

大观园是曹雪芹精心营造的一座纸上园林，其中既有火样爱情的萌动，也有鲜活个性的舒展，更有盛衰荣枯的人生哲思。大观园的建筑空间不仅为这一切提供了基本的场所与环境，同时也时刻焕发出与小说中人物和故事相协调的独特灵性，景中有情，情景相生，这就是大观园建筑景观的空间布局所具有的独特文学意味。

二、《红楼梦》园林建筑鉴赏

（一）宁荣二府的侯府气象

《红楼梦》对于贾府整体布局的评价首先通过冷子兴和贾雨村二人的一番讨论展开，所谓"百足之虫，死而不僵"。在等级制度森严的社会背景下，一个家族的尊卑贵贱完全可以从其家庭建筑的气象中得到反映。在一般百姓眼中，府第和高墙即豪门的体现，也是人们敬畏羡妒的权势财富的象征，对贾府来说更是如此。

贾府中体现家族贵胄之气的建筑有两处，一是荣府的荣禧堂，一是宁府的贾氏宗祠。小说中对于这两处的环境描写详细而生动，全面地展现了贾府贵族之家的气度。

（二）大观园的布局隐喻

大观园在贾府中是一个相对独立的空间，根据后文的描写以及人物的活动，我们可以推断它实际的占地面积并不大，在这个不大的空间里却完成了众多建筑景观的设置与布局，靠的是"曲折掩映之巧"，靠的是"穿插布置""处置得巧妙"，才能让人"见其千邱万壑，恍然不知所穷，所谓会心处不在乎远"[1]。

作为《红楼梦》中主要人物的居所，大观园这座纸上园林的环境特征与人物性格特征相得益彰。不仅人物的住所和居室各具特色，在人物住处的景物安排上也匠心独运。

在"试才题对额"一回中，贾宝玉一共命名了七处景观，至元春省亲时，对各处又重新赐名，这是"大观园"及其各处的官方定稿。其中元春最喜欢的是"有凤来仪"（潇湘馆）、"杏帘在望"（稻香村）、"蘅芷清芬"（蘅芜院）和"红香绿玉"（怡红院），并且特意指定贾宝玉对它们进行题诗创作。四所院落的外在建筑特征十分鲜明，暗示了即将在此居住的人物的性格、爱好。

（三）人物居所描写

老舍说："人物像花草的子粒，背景是园地，把这颗子粒种在这个园里，它便长成'这园'里的一棵花。"[2]除了对荣国府、大观园这些宏观建筑的布局进行刻画，《红楼梦》中对于不同人物居室的描写则更加细致地体现了不同人物的身份、地位。作者特意安排刘姥姥在二进荣国府时跟随贾母游览大观园，向读者具体地展现了如林黛玉、薛宝钗、贾探春、贾宝玉等人的居所装饰。

1　［法］陈庆浩编著：《新编石头记脂砚斋评语辑校》（增订本），中国友谊出版社公司，1987年，第299页。
2　老舍：《小说里的景物》，载《老舍全集》第十七卷，人民文学出版社，2008年，第27页。

（四）其他环境描写

除了主要建筑和人物居所描写之外，在《红楼梦》中还有一些自然环境描写，这些环境描写与小说的故事和人物始终密切联合在一起，很好地做到了事随景出，而这些环境描写又时刻渗透在情节发展之中，客观上推动了情节的发展。

此外，作为一部富有诗情画意的古典小说，《红楼梦》往往通过借景写情、情景交融的方式丰富人物性格，使情节的意蕴在意境中得到最富有感染力的展现。

原文细读与鉴赏

一、贵族门第的代表——荣国府

第二回

贾夫人仙逝扬州城　冷子兴演说荣国府

（本回相关内容请查阅第2课"原文细读
与鉴赏"，第69—71页）

第三回

托内兄如海荐西宾　接外孙贾母惜孤女

［1］

自上了轿，进了城，从纱窗中瞧了一瞧，其街市之繁华，人烟之阜盛，自非别处可比。又行了半日，忽见街北蹲着两个大石狮子，三间兽头大门，门前列坐着十来个华冠丽服之人，正门不开，只东西两角门有人出入；正门

高门贵族威的仪，令如刘姥姥般的平民百姓望而却步。林黛玉虽为贾府血脉至亲，却也只能走角门。

之上有一匾，匾上大书"敕造[1]宁国府"五个大字。黛玉想道："这是外祖的长房了。"又往西不远，照样也是三间大门，方是"荣国府"，却不进正门，只由西角门而进。轿子抬着走了一箭之远，将转弯时，便歇了轿，后面的婆子也都下来了，另换了四个眉目秀洁的十七八岁的小厮上来抬着轿子，众婆子步下跟随，至一垂花门前落下，那小厮俱肃然退出，众婆子上前打起轿帘，扶黛玉下了轿。

〔2〕

那邢夫人答应了，遂带着黛玉和王夫人作辞，大家送至穿堂。

垂花门前早有众小厮拉过一辆翠幄清油车来，邢夫人携了黛玉坐上，众老婆们放下车帘，方命小厮们抬起，拉至宽处，驾上驯骡，出了西角门往东，过荣府正门，入一黑油漆大门内，至仪门前，方下了车。

邢夫人挽着黛玉的手进入院中，黛玉度其处必是荣府中之花园隔断过来的。进入三层仪门，果见正房、厢房、游廊悉皆小巧别致，不似那边的轩峻壮丽；且院中随处之树木山石皆好。及进入正室，早有许多艳妆丽服之姬妾丫鬟迎着。

〔3〕

王夫人遂携黛玉穿过一个东西穿堂，便

江南民间习俗，长子成家后另外居住，幼子与父母共同居住，体现的是以父母为尊的宗法观念。

环境布局和出入人物侧面表现出贾赦胸无大志、沉迷玩乐的性格。

---

1 敕(chì)造：奉皇帝之命建造。

436

是贾母的后院了，于是进入后房门，——已有许多人在此伺候，见王夫人来，方安设桌椅。贾珠之妻李氏捧杯，熙凤安箸，王夫人进羹。贾母正面榻上独坐，两旁四张空椅，熙凤忙拉黛玉在左边第一张椅子上坐下，黛玉十分推让，贾母笑道："你舅母和嫂子们是不在这里吃饭的。你是客，原该这么坐。"

贾府寻常家宴的座次安排大有深意，如果和《鸿门宴》的座次布局对比，你有什么发现？

○ 学习小任务：

请根据小说的描写，在荣国府布局图上标注上述林黛玉进贾府的路线。（答案略）

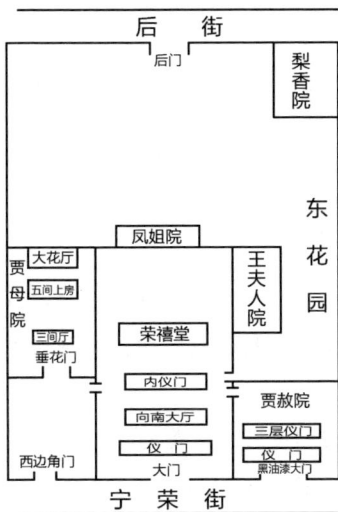

〔4〕

一时黛玉进入荣府，下了车，只见一条大甬路¹，直接出大门来，众嬷嬷引着便往东转弯，

---

1 甬路：庭院间的通道，多用砖石铺砌而成。

走过一座东西穿堂、向南大厅之后，仪门内大院落，上面五间大正房，两边厢房鹿顶耳房钻山，四通八达，轩昂壮丽，比各处不同，黛玉便知这方是正内室。

进入堂屋，抬头迎面先见一个赤金九龙青地大匾，匾上写着斗大三个字，是"荣禧堂"；后有一行小字："某年月日书赐荣国公贾源。"又有"万几宸翰"[1]之宝。大紫檀雕螭案上设着三尺多高青绿古铜鼎，悬着待漏随朝墨龙大画，一边是錾金彝，一边是玻璃盆，地下两溜十六张楠木圈椅，又有一副对联，乃是乌木联牌镶着錾金字迹，道是：

座上珠玑[2]昭日月，堂前黼黻[3]焕烟霞。

下面一行小字，是："世教弟勋袭东安郡王穆莳拜手书。"

第五十三回

宁国府除夕祭宗祠　荣国府元宵开夜宴

（本回相关内容请查阅第12课"原文细读与鉴赏"，第483—497页）

1　万几宸翰：万几，表示皇帝办理的事务繁多。宸翰，表示皇帝的笔迹。

2　珠玑：珍珠，兼诗文之美。

3　黼黻（fǔ fú）：黼，半白半黑的斧形。黻，官僚贵族朝服上的花纹。

二、皇家园林的缩影——大观园

第十六回
贾元春才选凤藻宫　秦鲸卿夭逝黄泉路

〔1〕

凤姐因亦止步，只听贾蓉先回说："我父亲打发我来回叔叔：老爷们已经议定了，从东边一带，接着东府里的花园起，至西北，丈量了，一共三里半大，可以盖造省亲别院了。已经传人画图样去了，明日就得。叔叔才回家，未免劳乏，不用过我们那边去，有话明日一早再请过去面议。"

〔2〕

当日宁、荣二宅，虽有一条小巷界断不通，然亦系私地，并非官道，故可以联络。会芳园本是从北墙角下引了来的一股活水，今亦无烦再引。其山树木石虽不敷[1]用，贾赦住的乃是荣府旧园，其中竹树山石以及亭榭栏杆等物，皆可挪就前来。如此两处又甚近便，凑成一处，省许多财力，大概算计起来，所添有限。全亏一个胡老名公[2]，号山子野[3]，一一筹划起造。

"三里半大"有多大？学界历来争论不休。可查阅相关资料进行思考。

大观园位于宁府和荣府之中，与正院既遥相呼应又相对独立。

1　不敷（fū）：不足。
2　名公：对人的尊称，多用以称呼有学识的人。
3　山子野：一个擅长设计堆制假山的人的绰号。

对大观园修建过程的记叙既有条不紊,又不厌其烦,铺叙一番后又简单收住,节奏张弛有度,引人入胜。

贾政不惯于俗务,只凭贾赦、贾珍、贾琏、赖大、赖升、林之孝、吴新登、詹光、程日兴等几人安插摆布。堆山凿池,起楼竖阁,种竹栽花,一应点景,又有山子野制度。下朝闲暇,不过各处看望看望,最要紧处和贾赦等商议商议便罢了。贾赦只在家高卧,有芥豆之事,贾珍等或自去回明,或写略节,或有话说,便传呼贾琏、赖大等来领命。贾蓉单管打造金银器皿。贾蔷已起身往姑苏去了。贾珍、赖大等又点人丁,开册籍,监工等事。一笔不能写到,不过是喧阗¹热闹而已。暂且无话。

第十七回

大观园试才题对额　荣国府归省庆元宵

〔1〕

(宝玉)刚至园门,只见贾珍带领许多执事人旁边侍立。贾政道:"你且把园门关上,我们先瞧外面,再进去。"

贾珍命人将门关上,贾政先秉正看门,只见正门五间,上面筒瓦泥鳅脊;那门栏窗槅,俱是细雕时新花样,并无朱粉涂饰,一色水磨群墙;下面白石台阶,凿成西番莲花样。左右一望,雪白粉墙,下面虎皮石,砌成纹理,不落富丽俗套:自是喜欢。遂命开门进去。只见一带

1　喧阗(tián):哄闹声。

翠嶂挡在面前。众清客都道："好山,好山!"贾政道："非此一山,一进来园中所有之景悉入目中,更有何趣?"众人都道："极是。非胸中大有丘壑,焉能想到这里。"

和北京四合院中的"影壁"异曲同工。

说毕,往前一望,见白石崚嶒[1],或如鬼怪,或似猛兽,纵横拱立,上面苔藓斑驳,或藤萝掩映:其中微露羊肠小径。贾政道："我们就从此小径游去,回来由那一边出去,方可遍览。"说毕,命贾珍前导,自己扶了宝玉,逶迤走进山口。

抬头忽见山上有镜面白石一块,正是迎面留题处。贾政回头笑道："诸公请看,此处题以何名方妙?"众人听说,也有说该题"叠翠"二字的,也有说该题"锦嶂"的,又有说"赛香炉"的,又有说"小终南"的,种种名色,不止几十个。原来众客心中,早知贾政要试宝玉的才情,故此只将些俗套敷衍。宝玉也知此意。

贾政听了,便回头命宝玉拟来。宝玉道："尝听见古人说:'编新不如述旧,刻古终胜雕今。'况这里并非主山正景,原无可题,不过是探景的一进步耳。莫如直书古人'曲径通幽'[2]这旧句在上,倒也大方。"众人听了,赞道："是极,好极!二世兄天分高,才情远,不似我们读腐了书的。"贾政笑道："不当过奖他。他年小的人,不过以一知充十用,取笑罢了。再俟选拟。"

1　崚嶒(líng céng):形容山势挺拔高峻。

2　曲径通幽:语出唐代常建《题破山寺后禅院》,"曲径通幽处,禅房花木深"。

说着，进入石洞，只见佳木茏葱，奇花烂漫，一带清流，从花木深处泻于石隙之下。再进数步，渐向北边，平坦宽豁，两边飞楼插空，雕甍[1]绣槛，皆隐于山坳树杪[2]之间。俯而视之，但见青溪泻玉，石磴穿云，白石为栏，环抱池沼，石桥三港[3]，兽面衔吐。桥上有亭。

贾政与诸人到亭内坐了，问："诸公以何题此？"诸人都道："当日欧阳公《醉翁亭记》有云：'有亭翼然'[4]，就名'翼然'罢。"贾政笑道："'翼然'虽佳，但此亭压水而成，还须偏于水题为称。依我拙裁，欧阳公句：'泻于两峰之间'，竟用他这一个'泻'字。"有一客道："是极，是极。竟是'泻玉'二字妙。"贾政拈须寻思，因叫宝玉也拟一个来。

宝玉回道："老爷方才所说已是。但如今追究了去，似乎当日欧阳公题酿泉用一'泻'字则妥，今日此泉也用'泻'字，似乎不妥。况此处既为省亲别墅，亦当依应制之体，用此等字，亦似粗陋不雅。求再拟蕴藉含蓄者。"贾政笑道："诸公听此论何如？方才众人编新，你说'不如述古'；如今我们述古，你又说'粗陋不妥'。你且说你的。"宝玉道："用'泻玉'二

1　甍（méng）：屋脊。

2　杪（miǎo）：树枝的梢头处。

3　港（hòng）：桥下的涵洞。

4　有亭翼然：语出自宋代欧阳修《醉翁亭记》，"山行六七里，渐闻水声潺潺而泻出于两峰之间者，酿泉也。峰回路转，有亭翼然临于泉上者，醉翁亭也"。

字，则不若'沁芳'二字，岂不新雅？"贾政拈须点头不语。众人都忙迎合，称赞宝玉才情不凡。贾政道："匾上二字容易。再作一副七言对来。"宝玉四顾一望，机上心来，乃念道：

绕堤柳借三篙翠，隔岸花分一脉香。

贾政听了，点头微笑。众人又称赞了一番。于是出亭过池，一山一石，一花一木，莫不着意观览。忽抬头见前面一带粉垣，数楹修舍，有千百竿翠竹遮映，众人都道："好个所在！"于是大家进入，只见进门便是曲折游廊，阶下石子漫成甬路，上面小小三间房舍，两明一暗，里面都是合着地步打的床几椅案。从里间房里，又有一小门，出去却是后园，有大株梨花，阔叶芭蕉，又有两间小小退步。后院墙下忽开一隙，得泉一派，开沟尺许，灌入墙内，绕阶缘屋至前院，盘旋竹下而出。

贾政笑道："这一处倒还好，若能月夜至此窗下读书，也不枉虚生一世。"说着便看宝玉，唬得宝玉忙垂了头。众人忙用闲话解说。又二客说："此处的匾该题四个字。"贾政笑问："哪四字？"一个道是："淇水遗风。"贾政道："俗。"又一个道是："睢园遗迹。"[1]贾政道："也

潇湘馆后来为黛玉所居，馆内遍种翠竹，请试着查找一些和竹有关的诗词典故，说一说潇湘馆的竹和林黛玉的性格有怎样的关系。

1　淇水、睢园："淇水"语出《诗经·淇奥》，"瞻彼淇奥，绿竹猗猗……绿竹青青……绿竹如箦"。"睢园"是汉梁孝王刘武建造的园林，园中有很多竹子，又叫修竹园，梁孝王经常在这里宴饮天下的文人雅士。此处用"淇水""睢园"二典形容潇湘馆中茂盛的竹子。

俗。"贾珍在旁说道："还是宝兄弟拟一个罢。"

贾政道："他未曾做，先要议论人家的好歹，可见是个轻薄东西。"众客道："议论的是，也无奈他何。"贾政忙道："休如此纵了他。"因说道："今日任你狂为乱道，等说出议论来，方许你做。方才众人说的，可有使得的没有？"宝玉见问，便答道："都似不妥。"贾政冷笑道："怎么不妥？"宝玉道："这是第一处行幸之所，必须颂圣方可。若用四字的匾，又有古人现成的，何必再做？"贾政道："难道'淇水''睢园'不是古人的？"宝玉道："这太板了。莫若'有凤来仪'¹四字。"众人都哄然叫妙。贾政点头道："畜生，畜生！可谓'管窥蠡测'矣。"因命："再题一联来。"宝玉便念道：

宝鼎茶闲烟尚绿，幽窗棋罢指犹凉。

贾政摇头道："也未见长。"说毕，引人出来。

〔2〕

一面说，一面走，忽见青山斜阻。转过山怀中，隐隐露出一带黄泥墙，墙上皆用稻茎掩护。有几百枝杏花，如喷火蒸霞一般。里面数楹茅屋，外面却是桑、榆、槿、柘，各色树稚新条，随其曲折，编就两溜青篱。篱外山坡之下，有一土井，旁有桔槔辘轳²之属；下面分畦列

---

1 有凤来仪：语出《尚书·益稷》，"箫韶九成，凤凰来仪"。

2 桔槔(gāo)辘轳：井上的汲水工具。

亩,佳蔬菜花,一望无际。

贾政笑道:"倒是此处有些道理。虽系人力穿凿,却入目动心,未免勾引起我归农之意。我们且进去歇息歇息。"说毕,方欲进去,忽见篱门外路旁有一石,亦为留题之所,众人笑道:"更妙,更妙!此处若悬匾待题,则田舍家风一洗尽矣。立此一碣,又觉许多生色,非范石湖田家之咏不足以尽其妙。"贾政道:"诸公请题。"众人云:"方才世兄云:'编新不如述旧。'此处古人已道尽矣:莫若直书'杏花村'[1]为妙。"

贾政听了,笑向贾珍道:"正亏提醒了我。此处都好,只是还少一个酒幌,明日竟做一个来,就依外面村庄的式样,不必华丽,用竹竿挑在树梢头。"贾珍答应了,又回道:"此处竟不必养别样雀鸟,只养些鹅、鸭、鸡之类,才相称。"贾政与众人都说:"好。"贾政又向众人道:"'杏花村'固佳,只是犯了正村名,直待请名方可。"众客都道:"是呀!如今虚的,却是何字样好呢?"

大家正想,宝玉却等不得了,也不等贾政的话,便说道:"旧诗云:'红杏梢头挂酒旗'。[2]如今莫若且题以'杏帘在望'四字。"众人都道:"好个'在望'!又暗合'杏花村'意思。"

1　杏花村:语出唐代杜牧《清明》,"借问酒家何处有,牧童遥指杏花村"。

2　"红杏"句:语出明代唐寅《题杏林春燕》,"红杏梢头挂酒旗,绿杨枝上转黄鹂"。

宝玉冷笑道："村名若用'杏花'二字，便俗陋不堪了。唐人诗里，还有'柴门临水稻花香'，何不用'稻香村'的妙？"众人听了，越发同声拍手道："妙！"贾政一声断喝："无知的畜生！你能知道几个古人，能记得几首旧诗，敢在老先生们跟前卖弄！方才任你胡说，也不过试你的清浊，取笑而已，你就认真了！"

说着，引众人步入茆堂，里面纸窗木榻，富贵气象一洗皆尽。贾政心中自是欢喜，却瞅宝玉道："此处如何？"众人见问，都忙悄悄地推宝玉教他说好。宝玉不听人言，便应声道："不及'有凤来仪'多了。"贾政听了道："咳！无知的蠢物，你只知朱楼画栋、恶赖富丽为佳，哪里知道这清幽气象呢！——终是不读书之过！"宝玉忙答道："老爷教训的固是，但古人云'天然'二字，不知何意？"

众人见宝玉牛心，都怕他讨了没趣，今见问"天然"二字，众人忙道："哥儿别的都明白，如何'天然'反要问呢？'天然'者，天之自成，不是人力之所为的。"宝玉道："却又来！此处置一田庄，分明是人力造作成的：远无邻村，近不负郭，背山无脉，临水无源，高无隐寺之塔，下无通市之桥，峭然孤出，似非大观，哪及前数处有自然之理、自然之趣呢？虽种竹引泉，亦不伤穿凿。古人云'天然图画'四字，正恐非其地而强为其地，非其山而强为其山，即百般精巧，终不相宜……"

稻香村是在铺陈华丽的大观园中出现的一片自然质朴的乡野田园风光，与大观园的贵族气派形成强烈对比，给人一种耳目一新的感觉。

富贵花园中的泥墙茅屋、土井辘轳看似自然，实则穿凿，违反自然规律。

于是贾政进了港洞，又问贾珍："有船无船？"贾珍道："采莲船共四只，座船一只，如今尚未造成。"贾政笑道："可惜不得入了！"贾珍道："从山上盘道也可以进去的。"说毕，在前导引，大家攀藤抚树过去。只见水上落花愈多，其水愈加清溜，溶溶荡荡，曲折萦纡。池边两行垂柳，杂以桃杏遮天，无一些尘土。忽见柳阴中又露出一个折带朱栏板桥来，度过桥去，诸路可通，便见一所清凉瓦舍，一色水磨砖墙，清瓦花堵。那大主山所分之脉皆穿墙而过。

贾政道："此处这一所房子，无味得很。"因而步入门时，忽迎面突出插天的大玲珑山石来，四面群绕各式石块，竟把里面所有房屋悉皆遮住。且一树花木也无，只见许多异草：或有牵藤的，或有引蔓的，或垂山岭，或穿石脚，甚至垂檐绕柱，萦砌盘阶，或如翠带飘摇，或如金绳蟠屈，或实若丹砂，或花如金桂，味香气馥，非凡花之可比。

贾政不禁道："有趣！只是不大认识。"有的说："是薜荔藤萝。"贾政道："薜藤萝哪得有此异香？"宝玉道："果然不是。这众草中也有藤萝薜荔。那香的是杜若蘅芜，那一种大约是茝兰，这一种大约是金葛，那一种是金簦草，这一种是玉蕗藤，红的自然是紫芸，绿的定是青芷。想来那《离骚》《文选》所有的那些异草：有叫作什么藿蒳姜荨的，也有叫作什么纶组紫

蘅芜院外部遍种冷僻的藤萝植物，后来为薛宝钗所居，在第四十回中借贾母之口点出内部装饰更是"雪洞一般"，如此的布局装饰体现了薛宝钗怎样的性格特点？

绦的。还有什么石帆、清松、抚留等样的，见于左太冲《吴都赋》。又有叫作什么绿蒚的，还有什么丹椒、蘼芜、风莲，见于《蜀都赋》。如今年深岁改，人不能识，故皆象形夺名，渐渐地唤差了，也是有的……"未及说完，贾政喝道："谁问你来？"唬得宝玉倒退，不敢再说。

前文说此处"无味"，但是步入其中反而觉得清雅，可见鉴赏品物须得循序渐进。

　　贾政因见两边俱是抄手游廊，便顺着游廊步入，只见上面五间清厦，连着卷棚，四面出廊，绿窗油壁，更比前清雅不同。贾政叹道："此轩中煮茗操琴，也不必再焚香了。此造却出意外，诸公必有佳作新题，以颜其额[1]，方不负此。"众人笑道："莫若'兰风蕙露'贴切了。"贾政道："也只好用这四字。其联云何？"一人道："我想了一对，大家批削改正。"道是：

　　麝兰芳霭斜阳院，杜若香飘明月洲。

众人道："妙则妙矣，只是'斜阳'二字不妥。"那人引古诗"蘼芜满院泣斜阳"[2]句，众人云："颓丧，颓丧！"又一人道："我也有一联，诸公评阅评阅。"念道：

　　三径香风飘玉蕙，一庭明月照金兰。

　　贾政拈须沉吟，意欲也题一联，忽抬头见宝玉在旁不敢作声，因喝道："怎么你应说话时

　　1　以颜其额：在匾额上题字。
　　2　"蘼芜"句：语出唐代鱼玄机《闺怨》，"蘼芜盈手泣斜晖，闻道邻家夫婿归"。

又不说了！还要等人请教你不成？"宝玉听了回道："此处并没有什么'兰麝''明月''洲渚'之类，若要这样着迹说来，就题二百联也不能完。"贾政道："谁按着你的头，教你必定说这些字样呢？"宝玉道："如此说，则匾上莫若'蘅芷清芬'四字。"对联则是：

吟成豆蔻诗犹艳，睡足荼蘼梦亦香。

贾政笑道："这是套的'书成蕉叶文犹绿'，不足为奇。"众人道："李太白'凤凰台'之作，全套'黄鹤楼'。只要套得妙。如今细评起来，方才这一联竟比'书成蕉叶'尤觉幽雅活动。"贾政笑道："岂有此理！"

说着，大家出来，走不多远，则见崇阁巍峨，层楼高起，面面琳宫合抱，迢迢复道萦纡。青松拂檐，玉兰绕砌；金辉兽面，彩焕螭头。贾政道："这是正殿了，只是太富丽了些！"众人都道："要如此方是。虽然贵妃崇尚节俭，然今日之尊，礼仪如此，不为过也。"一面说，一面走，只见正面现出一座玉石牌坊，上面龙蟠螭护，玲珑凿就。贾政道："此处书以何文？"众人道："必是'蓬莱仙境'方妙。"贾政摇头不语。

宝玉见了这个所在，心中忽有所动，寻思起来，倒像在哪里见过的一般，却一时想不起哪年哪日的事了。贾政又命他题咏。宝玉只顾细思前景，全无心于此了。众人不知其意，只当他受了这半日折磨，精神耗散，才尽词穷了；再要

此处后来是贾宝玉所居住的怡红院，其建筑空间布局及室内外陈设无不与贾宝玉的性格气质相契合，是贾宝玉周身富贵之气的外在体现。

449

牛难逼迫着了急，或生出事来，倒不便。遂忙都劝贾政道："罢了，明日再题罢了。"贾政心中也怕贾母不放心，遂冷笑道："你这畜生，也竟有不能之时了。也罢，限你一日，明日题不来，定不饶你。这是第一要紧处所，要好生作来！"

说着，引人出来，再一观望，原来自进门至此，才游了十之五六。又值人来回，有雨村处遣人回话。贾政笑道："此数处不能游了。虽如此，到底从那一边出去，也可略观大概。"说着，引客行来，至一大桥，水如晶帘一般奔入；原来这桥边是通外河之闸，引泉而入者。贾政因问："此闸何名？"宝玉道："此乃沁芳源之正流，即名'沁芳闸'。"贾政道："胡说，偏不用'沁芳'二字。"

于是一路行来，或清堂，或茅舍，或堆石为垣，或编花为门，或山下得幽尼佛寺，或林中藏女道丹房，或长廊曲洞，或方厦圆亭，贾政皆不及进去。因半日未尝歇息，腿酸脚软，忽又见前面露出一所院落来，贾政道："到此可要歇息歇息了。"说着一径引入，绕着碧桃花，穿过竹篱花障编就的月洞门，俄见粉垣环护，绿柳周垂。贾政与众人进了门，西边尽是游廊相接，院中点衬几块山石，一边种几本芭蕉，那一边是一树西府海棠，其势若伞，丝垂金缕，葩吐丹砂。

众人都道："好花，好花！海棠也有，从没见过这样好的。"贾政道："这叫做'女儿棠'，

一株海棠将整个院落的女儿之气立时提了起来，有一种隽永的雅致之气。

450

乃是外国之种,俗传出'女儿国',故花最繁盛,亦荒唐不经之说耳。"众人道:"毕竟此花不同,'女国'之说,想亦有之。"宝玉云:"大约骚人咏士以此花红若施脂,弱如扶病,近乎闺阁风度,故以'女儿'命名。世人以讹传讹,都未免认真了。"众人都说:"领教,妙解!"

〔4〕

说着,引人进入房内。只见其中收拾得与别处不同,竟分不出间隔来。原来四面皆是雕空玲珑木板,或"流云百蝠",或"岁寒三友",或山水人物,或翎毛花卉,或集锦,或博古,或万福万寿,各种花样,皆是名手雕镂,五彩销金嵌玉的。一槅一槅,或贮书,或设鼎,或安置笔砚,或供设瓶花,或安放盆景;其槅式样,或圆,或方,或葵花蕉叶,或连环半璧:真是花团锦簇,剔透玲珑。倏尔五色纱糊,竟系小窗;倏尔彩绫轻覆,竟系幽户。且满墙皆是随依古董玩器之形抠成的槽子,如琴、剑、悬瓶之类,俱悬于壁,却都是与壁相平的。

虽然大观园尚未竣工,但是怡红院的室内空间已经呈现出豪华耀眼的特点。

众人都赞:"好精致!难为怎么做的!"原来贾政走进来了,未到两层,便都迷了旧路,左瞧也有门可通,右瞧也有窗隔断,及到跟前,又被一架书挡住,回头又有窗纱明透门径。及至门前,忽见迎面也进来了一起人,与自己的形相一样,却是一架大玻璃镜。转过镜去,一发见门多了。贾珍笑道:"老爷随我来,从这里出去就是后院,出了后院倒比先近了。"

怡红院的室内布置繁复精巧,如同迷宫一般,竟然使人迷路而不得出路,如同尘俗中的幻景,和太虚幻境形成虚实对照。

引着贾政及众人转了两层纱厨，果得一门出去，院中满架蔷薇。转过花障，只见青溪前阻。众人咤异："这水又从何而来？"贾珍遥指道："原从那闸起流至那洞口，从东北山凹里引到那村庄里，又开一道岔口，引至西南上，共总流到这里，仍旧合在一处，从那墙下出去。"众人听了，都道："神妙之极！"说着，忽见大山阻路，众人都迷了路，贾珍笑道："跟我来。"乃在前导引，众人随着，由山脚下一转，便是平坦大路，豁然大门现于面前，众人都道："有趣，有趣！搜神夺巧，至于此极！"于是大家出来。

第十八回
皇恩重元妃省父母　天伦乐宝玉呈才藻

〔1〕

于是进入行宫，只见庭燎绕空，香屑布地，火树琪花，金窗玉槛；说不尽帘卷虾须，毯铺鱼獭，鼎飘麝脑之香，屏列雉尾之扇。真是：

金门玉户神仙府，桂殿兰宫妃子家。

〔2〕

尤氏、凤姐等上来启道："筵宴齐备，请贵妃游幸。"元妃起身，命宝玉导引，遂同诸人步至园门前。早见灯光之中，诸般罗列，进园先从"有凤来仪""红香绿玉""杏帘在望""蘅芷清芬"等处，登楼步阁，涉水缘山，眺览徘徊。

一处处铺陈华丽,一桩桩点缀新奇。元妃极加
奖赞,又劝:"以后不可太奢了,此皆过分。"既
而来至正殿,降谕免礼归坐,大开筵宴,贾母等
在下相陪,尤氏、李纨、凤姐等捧羹把盏。

(本回相关内容请查阅第12课"原文细读与
鉴赏",第480—483页)

○ 学习小任务:

请结合你的阅读体验,为以下人物挑选他
们在大观园中的住所。

贾宝玉(　　)　　林黛玉(　　　)

薛宝钗(　　)　　李　纨(　　　)

贾探春(　　)　　贾惜春(　　　)

妙　玉(　　)

参考答案:贾宝玉(怡红院),林黛玉(潇
湘馆),薛宝钗(蘅芜院),李纨(稻香村),贾探
春(秋爽斋),贾惜春(暖香坞),妙玉(栊翠庵)。

三、其他人物居所

第三回
托内兄如海荐西宾　　接外孙贾母惜孤女

〔1〕

黛玉扶着婆子的手进了垂花门,两边是
抄手游廊,正中是穿堂,当地放着一个紫檀架
子大理石屏风。转过屏风,小小三间厅房,厅

453

后便是正房大院。正面五间上房，皆是雕梁画栋，两边穿山游廊厢房，挂着各色鹦鹉、画眉等雀鸟。台阶上坐着几个穿红着绿的丫头，一见他们来了，都笑迎上来，道："刚才老太太还念诵呢！可巧就来了。"于是三四人争着打帘子，一面听得人说："林姑娘来了！"

〔2〕

原来王夫人时常居坐宴息也不在这正室中，只在东边的三间耳房内。于是嬷嬷们引黛玉进东房门来：临窗大炕上铺着猩红洋毯，正面设着大红金钱蟒引枕，秋香色金钱蟒大条褥，两边设一对梅花式洋漆小几，左边几上摆着文王鼎，鼎旁匙箸香盒，右边几上摆着汝窑美人觚，里面插着时鲜花草。地下面西一溜四张大椅，都搭着银红撒花椅搭，底下四副脚踏；两边又有一对高几，几上茗碗瓶花俱备。其余陈设，不必细说。

老嬷嬷让黛玉上炕坐，炕沿上却也有两个锦褥对设，黛玉度其位次，便不上炕，只就东边椅上坐了。本房的丫鬟忙捧上茶来，黛玉一面吃了，打量这些丫鬟们妆饰衣裙、举止行动，果与别家不同。

茶未吃了，只见一个穿红绫袄青绸掐牙背心的一个丫鬟走来笑道："太太说：请林姑娘到那边坐罢。"老嬷嬷听了，于是又引黛玉出来，到了东廊三间小正房内：正面炕上横设一张炕桌，上面堆着书籍茶具，靠东壁面西设着半

贾母的正房大院虽不及荣禧堂气派，但是也自有一种庄严肃穆的气氛。

王夫人所住的是荣禧堂东边的三间耳房，内部装饰陈设精致奢华，与外部建筑的气势遥相呼应。

王夫人日常起居之所的室内布置更加生活化。

旧的青缎靠背引枕。王夫人却坐在西边下首，亦是半旧青缎靠背坐褥。见黛玉来了，便往东让。黛玉心中料定这是贾政之位，因见挨炕一溜三张椅子上也搭着半旧的弹花椅袱，黛玉便向椅上坐了。王夫人再三让她上炕，她方挨王夫人坐下。

〔3〕

黛玉一一地都答应着。忽见一个丫鬟来说："老太太那里传晚饭了。"王夫人忙携了黛玉出后房门，由后廊往西，出了角门，是一条南北甬路，南边是倒座三间小小抱厦厅，北边立着一个粉油大影壁，后有一个半大门，小小一所房屋，王夫人笑指向黛玉道："这是你凤姐姐的屋子，回来你好往这里找她去，少什么东西只管和她说就是了。"这院门上也有几个才总角的小厮，都垂手侍立。

王熙凤的居所与贾母和王夫人院相去不远，符合她在荣府管家的地位，也暗示了她为人处事的左右逢源。

〔4〕

当下奶娘来问黛玉房舍，贾母便说："将宝玉挪出来，同我在套间暖阁里；把你林姑娘暂且安置在碧纱厨里，等过了残冬，春天再给他们收拾房屋，另作一番安置罢。"宝玉道："好祖宗！我就在碧纱厨外的床上很妥当，又何必出来，闹得老祖宗不得安静呢？"贾母想一想说："也罢了。"

每人一个奶娘并一个丫头照管，余者在外间上夜听唤。一面早有熙凤命人送了一顶藕合色花帐并锦被缎褥之类。

贾母的院落对外是公爵诰命的威严居所，对内是孙男娣女们的慈爱温室。

第四十回

史太君两宴大观园　金鸳鸯三宣牙牌令

探春居所的室内布置视野开阔，气势宏大，风雅清高。符合探春志向高远、趣味高雅、洒脱大方的性格特点。

凤姐等来至探春房中，只见她娘儿们正说笑。探春素喜阔朗，这三间屋子并不曾隔断，当地放着一张花梨大理石大案，案上磊着各种名人法帖，并数十方宝砚，各色笔筒；笔海内插的笔如树林一般。那一边设着斗大的一个汝窑花囊，插着满满的一囊水晶球的白菊。西墙上当中挂着一大幅米襄阳"烟雨图"。左右挂着一副对联，乃是颜鲁公[1]墨迹。其联云：

烟霞闲骨格，泉石野生涯。

案上设着大鼎，左边紫檀架上放着一个大官窑的大盘，盘内盛着数十个娇黄玲珑大佛手。右边洋漆架上悬着一个白玉比目磬，旁边挂着小槌。

那板儿略熟了些，便要摘那槌子要击，丫鬟们忙拦住他。他又要那佛手吃，探春拣了一个与他，说："玩罢，吃不得的。"东边便设着卧榻拔步床，上悬着葱绿双绣花卉草虫的纱帐。板儿又跑来看，说："这是蝈蝈，这是蚂蚱。"刘姥姥忙打了他一巴掌，道："下作黄子，没干没净地乱闹。倒叫你进来瞧瞧，就上脸了。"打得

1　颜鲁公：唐代书法家颜真卿。

板儿哭起来,众人忙劝解方罢。

○ 学习小任务:

请结合以下人物的判词和居所环境,列出具体的词句和描述,预测一下后八十回她们的结局。(答案略)

1. 林黛玉　2. 贾探春　3. 李纨

四、其他环境描写

第二十三回

西厢记妙词通戏语　牡丹亭艳曲警芳心

那日正当三月中浣,早饭后,宝玉携了一套《会真记》,走到沁芳闸桥那边桃花底下一块石上坐着,展开《会真记》,从头细看。正看到"落红成阵",只见一阵风过,树上桃花吹下一大斗来,落得满身满书满地皆是花片。宝玉要抖将下来,恐怕脚步践踏了,只得兜了那花瓣儿,来至池边,抖在池内。那花瓣儿浮在水面,飘飘荡荡,竟流出沁芳闸去了。

落花有意流水无情,宝玉惜花却不如黛玉懂花。

第二十七回

滴翠亭杨妃戏彩蝶　埋香冢飞燕泣残红

至次日,乃是四月二十六日,原来这日未时交芒种节。尚古风俗:凡交芒种节的这日,都要设摆各色礼物,祭饯花神,言芒种一过,便是夏日了,众花皆卸,花神退位,须要饯行。闺中更兴这件风俗,所以大观园中之人,都早起来了。那些女孩子们,或用花瓣柳枝编成轿马的,或用绫锦纱罗叠成干旄旌幢[1]的,都用彩线系了。每一棵树,每一枝花上,都系了这些物事。满园里绣带飘摇,花枝招展,更兼这些人打扮得桃羞杏让,燕妒莺惭,一时也道不尽。

且说宝钗、迎春、探春、惜春、李纨、凤姐等并大姐儿、香菱与众丫鬟们,都在园内玩耍,独不见林黛玉,迎春因说道:"林妹妹怎么不见?好个懒丫头,这会子还睡觉不成?"宝钗道:"你们等着,等我去闹了她来。"说着,便丢了众人,一直往潇湘馆来。正走着,只见文官等十二个女孩子也来了,上来问了好,说了一回闲话,才走开。宝钗回身指道:"她们都在那里呢,你们找她们去。我找林姑娘去,就来。"说着,逶迤往潇湘馆来。

忽然抬头见宝玉进去了,宝钗便站住,低头想了一想:"宝玉和林黛玉是从小儿一处长大,他兄妹间多有不避嫌疑之处,嘲笑不忌,喜怒无常;况且黛玉素昔猜忌,好弄小性儿的,此刻自己也跟了进去,一则宝玉不便,二则黛玉嫌疑,倒是回来的妙。"想毕,抽身回来。

春色满园关不住,这才是大观园青春活力的真正写照。

---

1 干旄(máo)旌(jīng)幢:旧时的仪仗形式。干旄,饰以牦牛尾的旗杆。旌,饰以鸟羽的旗子。幢,伞状或条状的仪杖。

（本回相关内容请查阅第6课"原文细读与鉴赏"，第233—235页）

第五十八回
杏子阴假凤泣虚凰　茜纱窗真情揆痴理

宝玉也正要去瞧黛玉，起身拄拐，辞了她们，从沁芳桥一带堤上走来。只见柳垂金线，桃吐丹霞，山石之后，一株大杏树，花已全落，叶稠阴翠，上面已结了豆子大小的许多小杏。

宝玉因想道："能病了几天，竟把杏花辜负了，不觉到'绿叶成阴子满枝'了！"因此仰望杏子不舍。又想起邢岫烟已择了夫婿一事，虽说男女大事，不可不行，但未免又少了一个好女儿，不过二年，便也要"绿叶成阴子满枝"了。再过几日，这杏树子落枝空，再几年，岫烟也不免乌发如银，红颜似缟。因此，不免伤心，只管对杏叹息。

正想叹时，忽有一个雀儿飞来，落于枝上乱啼。宝玉又发了呆性，心下想道："这雀儿必定是杏花正开时它曾来过，今见无花空有叶，故也乱啼。这声韵必是啼哭之声，可恨公冶长不在眼前，不能问他。但不知明年再发时，这个雀儿可还记得飞到这里来与杏花一会不能？"

○ 学习小任务：

大观园中山石林立，有许多曲折之处，其

王国维《人间词话删稿》："一切景语皆情语。"

459

中发生过很多故事,请从以下人物中任选其一,说一说她在大观园中的经历。

1. 小红　2. 司棋　3. 傻大姐　4. 龄官

参考答案:1. 小红:结识贾芸(第二十六回　蜂腰桥设言传密意　潇湘馆春困发幽情),替凤姐传话(第二十七回　滴翠亭杨妃戏彩蝶　埋香冢飞燕泣残红)。

2. 司棋:与表兄私会,被鸳鸯撞破(第七十一回　嫌隙人有心生嫌隙　鸳鸯女无意遇鸳鸯)。

3. 傻大姐:捡到绣春囊,被邢夫人发现(第七十三回　痴丫头误拾绣春囊　懦小姐不问累金凤)。

4. 龄官:在花架下画蔷字(第三十回　宝钗借扇机带双敲　椿龄画蔷痴及局外)。

第12课　死而不僵的百足之虫

——贾府盛衰之理、之思

图18 王熙凤（载《红楼梦图咏》，［清］改琦绘）

贾府由盛到衰的变化是《红楼梦》的一条核心主线,这条主线展现了以贾府为代表的封建末世贵族大家庭必然走向衰败的发展过程,揭示了封建社会末世运终、衰败而亡的自然规律和原因。

同时,贾府由盛到衰历时百余年,显示了封建大家族的衰亡有一定的阶段性,《红楼梦》开篇就把贾府定位在已经有衰败迹象的阶段:"如今的这荣宁两府也都萧索了,不比先时的光景。""如今外面的架子虽没很倒,内囊却也尽上来了。"但贾府在外人看来仍然是豪门贵族:"哪里像个衰败之家?"这就是所谓的"百足之虫,死而不僵"。贾府就是"死而不僵"的"百足之虫",其"死而不僵"的原因就是封建社会虽至末世仍能苟延残喘的原因。此外,贾府由盛到衰的变化还暗含生命从美好走向凋零、青春从鲜活走向毁灭的悲剧意识。

一、贾府盛衰之理

探究贾府盛衰之理,即探究贾府盛衰的原因。

(一)贾府衰败的原因

贾府衰败有内因:一是家庭教育不善,子孙不肖;二是经济管理上奢侈挥霍,贪污腐败。贾府衰败的外因主要是末世运消,皇恩宠竭。

1. 不善教育,子孙不肖

第二回冷子兴演说荣国府,认为贾府严重的衰败现象是:"更有一件大事:谁知这样钟鸣鼎食的人家儿,如今养的儿孙,竟一代不如一代了!"不善教育与子孙不肖可以说是贾府衰败的内在原因,也是最核心的原因。我们从贾府五代男性的取名也可以看出贾府的盛衰变化(见表12-1)

表12-1　贾府五代男性取名及寓意

	人　物	取　名　寓　意
第一代	宁国公——贾演(兄) 荣国公——贾源(弟)	"水"字辈,"演""源"皆有源远流长之意,宁荣二公随皇帝征天下,得以封妻荫子,"演""源"寓意贾府福泽绵延,兴旺发达
第二代	贾代化(袭官宁国公) 贾代善(袭官荣国公)	"代"字辈,"弋"有"射,取"之意,"代"有"更替,承继"之意,"代化""代善"寓意贾家先祖以武功辅助皇帝定国安邦,象征贾府世代承袭皇恩,永继兴旺。
第三代	宁国府:贾敷(长子,早天) 贾敬(袭了官,一味好道,只爱烧丹炼汞,别的事一概不管) 荣国府:贾赦(袭了官,为人中平,不管理家事,渔色无止,挥霍无度) 贾政(次子,袭了官,自幼酷喜读书,为人端方正直)	"文"字辈,继承"代"字辈的武功而寓意"文治",这一代人中,贾敬、贾赦胸无大志,只想承平先祖遗泽,只有贾政有先祖遗风,虽勤于政务,可惜过于迂腐,并无丰功伟绩,但总的来说,这一代人尚可守住家道
第四代	宁国府:贾珍(奢靡享乐,胡作非为) 荣国府:贾珠(早亡) 贾琏(偷鸡摸狗,花天酒地)	"玉"字辈,寓意富贵和平,这一代人都享受着先祖创下的荣华富贵,除骨骼清奇、超凡脱俗的贾宝玉外,余者

	人　物	取　名　寓　意
第四代	贾宝玉（贾府的一股清流，不爱仕途经济，喜欢在内闱厮混） 贾环（狭隘猥琐，心术不正） 贾府旁门：贾瑞（贪恋美色，淫逸而死）	都是消耗祖宗基业的蠹虫，总的来说，这一代人都安富尊荣，竟无一人为家族兴盛运筹谋划
第五代	宁国府：贾蓉（贪图享乐，胡作非为） 荣国府：贾兰（年幼，读书上进，是贾府的新生希望） 贾府旁门：贾蔷（虚荣势利，行贿谋私） 贾芸（资质平庸）	"草"字辈，本来寓意草木繁盛，但这一代人除了贾兰有些微成就，其余都是平庸无能、享乐自私者，这一代人将把祖宗盛名与荣华埋没在荒冢野草中，"草"预示着贾府的败落

由此可见，宁荣二公一生戎马艰难创下的祖宗基业，在第三代人手中就已经开始萧索了。第四、五代人更是腐朽堕落、为非作歹之徒，经过贾珍、贾琏、贾蓉这些蛀虫的挥霍和腐败，再加上赵姨娘、贾环、王夫人、邢夫人、王熙凤之间的嫡庶斗争，以及家庭统治权和继承权的倾轧角逐，贾府众人终于坐吃山空，这个辉煌一世的封建贵族大家庭的丧钟终于被这些不肖子孙敲响。

如果说贾赦、贾珍、贾琏之辈是腐败堕落的败家子弟，那么贾宝玉则是封建正统家长制的叛逆者，他是另一种不肖子孙。在子孙一代不如一代的现实情况中，唯有出生奇特、聪明灵慧的贾宝玉"略望可成"，宝玉成为贾府光耀门楣的唯一希望。但是贾宝玉偏偏最厌恶封建科举与仕途经济，他把热衷功名的人称为"国贼""禄蠹"，他几乎没想过家族命运、眼下荣华富贵如何，他最关心的是大观园的众多女儿，最在乎的是与林黛玉忠贞不渝的自由恋爱。对于现代读者来说，贾宝玉是反对封建科举和封建家长制度的斗士，但对于贾府来说，贾宝玉的叛逆则是摧毁封建贵族大家庭的致命一击。

那么，贾府这些不肖子孙是如何"成长"起来的？从宁荣二府子孙获取官职的方式可以看出，贾府落败很大一个原因是不善教育。第二代人到第四代人，贾代化、贾敬、贾珍、贾蓉等人都是世袭上代人的官职，本身有能力通过科举出身的贾政，也是佑于祖宗功绩得了皇恩赐官。这样的世袭制度，让贾府的后代越来越不重视教育，滋生好吃懒做、坐享其成之风。尽管贾府有学堂，但后辈不爱读书者居多，学堂里乌烟瘴气、玩闹成风。就如贾雨村所问："这样诗礼之家，岂有不善教育之理？别门不知，只说这宁荣两宅，是最教子有方的，何至如此？"可见曹雪芹有意将"不善教育"作为子孙不肖的一大原因。

曹雪芹通过贾府众多蠹虫子孙和"大逆不道"的贾宝玉等人物形象的塑造，深刻地揭示出末世中的封建贵族大家庭由盛到衰的现象和原因——不善教育，子孙不肖，后继无人。

2. 奢侈挥霍，贪污腐败

奢侈挥霍与贪污腐败是贾府衰败的经济原因。贾府人口众多，主子几十人，仆人超过300人，各有不同级别的"月例银"，一年不下6 000两。秦可卿殡葬的花费已经让人瞠目，更不要说斥巨资修建大观园，单是买12个唱戏的女孩和行头乐器就花费掉3万两银子，再有买各色彩灯、帐幔，花费掉2万两银子，而建材和工程费用的耗费就更多了。贾赦、贾珍、贾琏、贾蓉等人好渔色，姬妾多，胡作非为，花费甚多，周济沾亲带故者也不少，更不用说官场交往打点也需巨额资金。日用排场都讲究奢华，吃穿用戴、居所摆设等追求豪华奢靡，主仆上下都是安富尊荣之辈，不能讲究省俭。这样奢侈挥霍、腐朽糜烂的生活，又岂是有限的朝廷俸禄、皇恩赏赐和地租收入能维持得了的？

贾府众多不肖子孙生活上的奢侈挥霍导致贾府的经济入不敷出、亏空严重，他们让家族走向败亡的险境。除了不肖子孙的一味奢侈挥霍，更有一干蠹虫依仗手中权势贪污腐败，中饱私囊，这也加剧了贾府的经济枯竭。精明能干、深得贾母和王夫人宠爱的王熙凤执掌贾府的经济大权，明知道家族经济现状是"出去的多，进来的少"，她却贪财弄权，克扣月例银去放高利贷，收受贿赂。贾府抄家时，王熙凤的私房有"两箱房地契""一箱借票"，还有"小金库"七八万金。贾琏损公肥私，他与鲍二媳妇苟且之事被王熙凤揭发后，鲍二媳妇上吊身亡，贾琏竟把安抚鲍二的200两银子记在贾府的流水账上。还有众多下层仆人利用职位之便，层层克扣，捞取私利。

自上而下的奢侈挥霍、贪污腐败，一步步将贾府的百年基业消耗殆尽，贾府成为一座弱不禁风的空架子。当贾府被查封抄时，"旧库银子早已虚空，不但用尽，外头还有亏空。……东省的地亩，早已寅年吃了卯年的租儿了"，大厦终于倾覆，一败涂地。

3. 末世运消，皇恩宠竭

《红楼梦》多处表现出封建末世运消之象。例如探春的判词"才自清明志自高，生于末世运偏消"，王熙凤的判词"凡鸟偏从末世来，都知爱慕此生才"，冷子兴也说贾府萧索"不比先时的光景"。宝玉神游太虚幻境时，警幻仙姑转述宁荣二公之灵嘱托之言，也说："吾家自国朝定鼎以来，功名奕世，富贵流传，已历百年，奈运终数尽，不可挽回。"以贾府为代表的封建贵族就是整个封建社会的缩影，贾府的盛衰就是封建社会的盛衰。从第一代人创下辉煌家业，发展到第三代人出现衰败迹象，这跟整个封建社会已经发展到末世的运数消减分不开，跟皇上的恩宠庇佑逐渐枯竭分不开。

昔日宁荣二公跟着先帝兵戈刀剑、戎马战场,打下江山,宁荣二公以开国功勋得以封妻荫子。随着朝代更替,在一朝天子一朝臣的封建皇权现象下,贾府先祖的赫赫功勋逐渐黯淡,赏赐给贾府的:"不过是些彩缎、古董、玩意儿。就是赏,也不过一百两金子,才值一千多两银子,够什么?"再加上,贾府的子孙一代不如一代,有辅助君王安邦定国之才者几无,如今光耀门庭的不再是如先祖那样的辅国功勋,而是当上贵妃的元春。纵使元妃凭借才华当选凤藻宫,这个才华终究不能在男性当权的宫廷中独当一面,她只是后宫女流之辈,当她薨逝后,贾府皇亲国戚的关系就消失了,皇上的恩宠也随之枯竭,最后下令查封抄家。依靠浩荡皇恩发家的贾府,失去皇恩庇佑后如蝼蚁一般渺小,不堪一击。

（二）死而不僵的原因

　　贾府如"百足之虫,死而不僵"的原因,就是贾府兴盛的原因。一是封建地主经济制度的支撑,二是封建皇权专制制度的庇荫。

1. 封建地主经济制度的支撑

　　末世运消的贾府,表面气象仍是"葱蔚洇润",不像个"衰败之家"。对此,冷子兴给出了历史规律性的判断——"百足之虫,死而不僵"。从萧索到抄家,贾府的衰败并非发生在一夜之间,而经历了漫长的发展过程。贾府衰而能存的首要原因就是封建地主经济制度的支撑。贾府是封建社会的缩影,封建社会的经济基础是土地兼并、集中而产生的地主阶级土地私有制,依靠剥削、压迫佃农而获取的地租收入是土地所有者[1]穷奢极

　　1　土地所有者:即地主。

欲、腐朽生活的核心来源。从西周封建领主制走向没落后，中国进入以土地分封为基础的封建地主制，随着历史的发展，以货币为中介的土地买卖加剧了土地的兼并集中，出现了"大土地占有者"[1]。

到曹雪芹生活的清代社会，像贾府这样集皇亲、旧勋、官僚为一体的"大土地占有者"所占有的土地数量是非常可观的，庄头[2]乌进孝前来进贡，被贾珍责难东西、银两太少时说："如今你们一共只剩了八九个庄子，今年倒有两处报了旱潦，你们又打擂台，真真是叫别过年了！"乌进孝道："爷的这地方还算好呢！我兄弟离我那里只一百多地，竟又大差了。他现管着那府八处庄地，比爷这边多着几倍，今年也是这些东西，不过二三千两银子，也是有饥荒打呢！"乌进孝和他的兄弟只是贾府门下庄头的代表，二人管理的庄地数量就达十六七处之多，贾府占有的庄地面积可见一斑。从贾府的经济收入来源看，朝廷俸禄极为有限，皇恩赏赐逐渐枯竭，那么残酷盘剥佃农这种具有封建剥削性的地租收入就是支撑贾府经济的核心，这样的经济基础维持着地主阶级贾府奢华腐朽的贵族生活。

2. 封建皇权专制制度的庇荫

贾府得以长期存在的另一个原因是封建专制制度的庇荫。马克思在《资本论》中对中国封建专制存在的基础进行了阐释："在这里国家就是最高的地主。在这里，主权就是在全国范围内集中的土地使用权。"[3]最高统治者有着对全国土地的最高所有权，因此产生了封建专制制度。而中国封建制度又以血缘

1　大土地占有者：此说法本于佘树声《"百足之虫，死而不僵"的奥秘》。

2　庄头：中国封建社会中地主阶级设置的田庄管理人。

3　［德］马克思、［德］恩格斯：《马克思恩格斯全集》，人民出版社，1974年，第891页。

关系为纽带,集中表现在君权和官职的世袭上。中国封建专制制度要保障皇权的集中和延续,就要在封建地主经济基础的支撑下,极力阻碍土地私有权的发展,使工商业商品经济无法动摇封建专制的经济基础。而皇权的专制性和剥削性可以帮助统治阶级榨取巨额财富,这些财富又能够占有更多、更大的土地使用权,不仅不需要用于社会再生产,还源源不断地供给封建地主统治阶级豪华奢靡的生活资源。这是我国封建社会长期延续的一大根源。

贾府正是在封建经济和政治专制制度的庇荫下,犹如死而不僵的百足之虫,延续百余年之久。从贾代善、贾代化到贾赦、贾政,再到贾珍、贾琏、贾蓉,都靠皇权庇荫世袭官职。元春封妃,让贾府从旧勋一跃而为皇亲国戚。贾府凭借皇权保障了土地所有权,向各个地庄长期掠夺巨量财物,维系着豪华奢侈、腐败糜烂的生活。

二、贾府盛衰之思

了解贾府盛衰的过程,探究贾府盛衰的原因,可以带给我们深刻的思考:一方面,提醒我们要有盛衰相随、福祸相倚的哲学意识;另一方面,告诫我们要有居安思危、戒奢以俭的忧患意识。

(一)盛衰相随、福祸相倚的哲学意识

《老子》有言:"祸兮福之所倚,福兮祸之所伏。"贾府由盛到衰的发展过程,体现了盛衰相随、福祸相倚的哲学道理。秦可卿托梦王熙凤,谈及"月满则亏,水满则溢""登高必跌重""否极泰来,荣辱自古周而复始",就连元春封妃这件"烈火

烹油、鲜花着锦之盛"的非常喜事,在她看来也"不过是瞬息的繁华,一时的欢乐,万不可忘了那'盛筵必散'的俗语",这些话预示着贾府将盛极而衰。

贾府兴盛的顶峰,一是荣宁二公凭借开国元勋的功绩封妻荫子,二是元春当选贵妃使贾府的地位空前显赫。但是,在祖辈荣耀富贵的庇荫下,在家族兴盛表象的掩盖下,贾府后代子孙(主要是贾府的男性)意识不到盛衰相随、福祸相倚的道理,一味地骄奢淫逸、腐败奢靡,胡作非为,以至于落个抄家的结局。秦可卿出殡,停灵四十九天,花费巨大;元妃省亲,贾府斥巨资修建"天上人间诸景备"的大观园。这两件大事集中体现了贾府排场之兴盛,但巨额花费也让贾府在经济上承受巨大压力,甚至亏空,埋下了贾府衰败的祸根。小说开篇借林黛玉进贾府、刘姥姥一进荣国府这两个情节,极力描写贾府的富贵兴盛景象,但这个阶段已经不是贾府的鼎盛时期了,乃即将衰败而亡的苟延残喘,一如冷子兴所言:"如今外面的架子虽没很倒,内囊却也尽上来了。"

(二)居安思危、戒奢以俭的忧患意识

贾府的盛衰变化揭示了封建社会的兴衰更替规律,这是一种历史现象。大至于国,小至于家,创业初期不畏艰难,尽心竭力,一旦功成业就,大多欲望膨胀,贪图享乐,俗语说"富不过三代",盛极而衰。贾府由盛而衰,究其根源,是缺乏居安思危、戒奢以俭的忧患意识。

贾府子孙"都是安福尊荣"之辈,几乎无人为家族绵延长久运筹谋划。稍有祖辈遗风者,贾政不问家事,宝玉淡漠荣华,其余子孙都是淫逸享乐之辈。家族财政人事大权掌管在一众妇女之手,贾母、王夫人是极力遵从封建正统思想的妇人,她们是封建社会"三纲五常"正统名教的忠实维护者，眼看着贾府盛极而衰也无能为力。王熙凤虽能力出众，却走不出自私贪婪的性格局限，她明明知道贾府现下的光景是"出去的多，进来的少，总绕不过弯儿来"，她也认可秦可卿托梦警示她"于荣时筹划下将来衰时的世业"的建议，但是自私贪婪的王熙凤没有高瞻远瞩地为家族谋划，反而加剧自己中饱私囊的行动。关心贾府命运的人间清醒者唯有秦可卿、探春二人，可惜秦可卿早逝，探春虽然能兴利除弊、大胆改革，在一定程度上延缓了贾府的倒塌，但探春的行动发生在贾府亏空严重、大厦行将倒塌之时，回天乏力也！

"君子之泽，五世而斩"，古人早有"生于忧患，死于安乐"的警示。虽然贾府的没落体现的是封建社会衰败直至消亡的必然趋势，但是贾府的当权者如果能够树立居安思危、戒奢以俭的忧患意识，透过盛世看到末世，及早谋划，那么贾府虽然可能随着封建王朝的消失而衰败，但不会从内部败亡得如此彻底。由贾府的盛衰变化体现出来的这种忧患意识，可以帮助我们深刻理解事物的矛盾法则，闪耀着中华民族朴素的唯物辩证思想的光辉，这种忧患意识对当下或后世，都有重要的现实警示意义。

三、贾府盛衰暗含的悲剧意识

贾府由盛转衰的过程，既体现了《红楼梦》具有丰富内涵的悲剧意识，又是表现这种悲剧意识的线索。贾府的盛衰发展是封建大家族从兴盛走向没落的社会性悲剧，在这条悲剧主线下，宝黛爱情悲剧、钗玉婚姻悲剧、红楼女儿命运悲剧等大小悲剧环结为一个错综复杂的悲剧整体。这个悲剧整体关涉到每一个生命，主要人物、次要人物，男性、女性，都从美好、青春走向凋零与毁灭。正如鲁迅先生在《中国小说史略》中说的，《红楼梦》有浓重的"无常"情结与悲凉气氛。

封建制度自身的腐朽决定了它势必走向没落而至毁灭的命运，贾府是封建社会的缩影，其由盛转衰的过程揭示了封建末世必然走向毁灭的悲剧必然性，贾府的盛衰悲剧构成了社会的悲剧，生活在这个社会的人物自然也摆脱不了悲剧的人生命运。这些人物的悲剧人生就如花开到花落的过程，有一个鲜艳美好的开始，终究逃不过凋零败亡的结局。红楼女儿，未能寿终者，如元春封妃却最终薨逝，迎春误嫁中山狼孙绍祖被家暴而亡，王熙凤生前风光死后草席裹尸，林黛玉爱情落空香消玉殒，香菱因内室斗争被折磨而死，秦可卿身陷丑闻羞病而终，晴雯遭妒嫉被遣殒命，金钏儿刚烈受辱投井，司棋为自由爱情撞墙身亡，尤二姐被王熙凤逼迫吞金自杀，尤三姐不堪柳湘莲悔婚之辱挥剑自刎……飘零不偶者，如宝钗成了封建婚姻的牺牲品，探春远嫁忍受骨肉分离之痛，惜春看破红尘入庵为尼，湘云孤苦漂泊，妙玉孤洁却身陷淖泥……还有那些丫鬟戏子，几乎没有好结局。贾宝玉的人生同样悲剧，一生追寻却又一生失落，历经荣辱后出家为僧。这些人物的存灭和贾府的盛衰同步发展，生命消亡，青春毁灭，美好凋零，统一在整个家族的悲剧中，真可谓"悲凉之雾，遍被华林"。

当然，我们要意识到，曹雪芹的悲剧意识并不等于悲观主义。这些人物悲剧的一生中，并没有失去对美好的追求：林黛玉一生都在追寻至真至圣的爱情；贾宝玉终身追求自由平等，厌弃仕途经济；香菱向往美好苦学作诗；探春精明能干，抓住机会兴利除弊；晴雯病补孔雀裘，勇敢且不失灵巧本色；金钏儿、司棋、尤三姐以死捍卫尊严，封建制度的维护者宝钗、凤姐、袭人、贾政、贾母等都各有追寻,就连贾府的蠹虫贾珍、贾琏、贾蓉,上到千乘贵族下到卑贱奴仆,他们都在热烈地活着,他们的人生有浓厚的悲剧色彩,但绝没有悲观消极。《红楼梦》的悲剧意识,让我们感伤于众多人物悲剧人生的同时,更生发出对生命悲怆而热烈的敬重和思考。

原文细读与鉴赏

一、烈火烹油、鲜花着锦之盛

（一）秦氏出殡

第十三回

秦可卿死封龙禁尉　王熙凤协理宁国府

　　凤姐还欲问时，只听二门上传事云板连叩四下，正是丧音，将凤姐惊醒。人回："东府蓉大奶奶没了。"凤姐吓了一身冷汗，出了一回神，只得忙穿衣服往王夫人处来。彼时合家皆知，无不纳闷，都有些伤心。那长一辈的，想她素日孝顺；平辈的，想她素日和睦亲密；下一辈的，想她素日慈爱；以及家中仆从老小，想她素日怜贫惜贱、爱老慈幼之恩，莫不悲号痛哭。

　　闲言少叙，却说宝玉因近日林黛玉回去，剩得自己落单，也不和人玩耍，每到晚间，便索然睡了。如今从梦中听见说秦氏死了，连忙翻身爬起来，只觉心中似戳了一刀的，不觉得"哇"的一声，直喷出一口血来。袭人等慌慌忙忙上来扶着,问:"是怎么样的?"又要回贾母去请大夫。宝玉道:"不用忙,不相干。这是急火攻心,血不归经。"

说着便爬起来,要衣服换了,来见贾母,即时要过去。袭人见他如此,心中虽放不下,又不敢拦阻,只得由他罢了。贾母见他要去,因说:"才咽气的人,那里不干净;二则夜里风大,等明早再去不迟。"宝玉哪里肯依。

贾母命人备车多派跟从人役,拥护前来。一直到了宁国府前,只见府门大开,两边灯火,照如白昼。乱哄哄人来人往,里面哭声摇山振岳。宝玉下了车,忙忙奔至停灵之室,痛哭一番,然后见过尤氏。谁知尤氏正犯了胃气疼的旧症,睡在床上。然后又出来见贾珍。

彼时贾代儒、代修、贾敕、贾效、贾敦、贾赦、贾政、贾琮、贾瑞、贾珩、贾珖、贾琛、贾琼、贾璘、贾蔷、贾菖、贾菱、贾芸、贾芹、贾蓁、贾萍、贾藻、贾蘅、贾芬、贾芳、贾蓝、贾菌、贾芝等都来了。贾珍哭得泪人一般,正和贾代儒等说道:"合家大小,远近亲友,谁不知我这媳妇比儿子还强十倍。如今伸腿去了,可见这长房内绝灭无人了!"说着又哭起来。众人劝道:"人已辞世,哭也无益,且商议如何料理要紧。"贾珍拍手道:"如何料理!不过尽我所有罢了!"

正说着,只见秦邦业、秦钟、尤氏几个眷属尤氏姊妹也都来了。贾珍便命贾琼、贾琛、贾璘、贾蔷四个人去陪客,一面吩咐去请钦天监

秦可卿的葬礼轰动了大家族!

阴阳司来择日。择准停灵七七四十九日，三日后开丧送讣闻。这四十九日，单请一百零八众僧人在大厅上拜"大悲忏"，超度前亡后死鬼魂；另设一坛于天香楼，是九十九位全真道士，打十九日解冤洗业醮。然后停灵于会芳园中，灵前另外五十众高僧，五十位高道，对坛按七作好事。

葬礼排场盛大。

那贾敬闻得长孙媳妇死了，因自为早晚就要飞升，如何肯又回家染了红尘，将前功尽弃呢。故此并不在意，只凭贾珍料理。

且说贾珍恣意奢华，看板时，几副杉木板皆不中意。可巧薛蟠来吊，因见贾珍寻好板，便说："我们木店里有一副板，说是铁网山上出的，作了棺材，万年不坏的。这还是当年先父带来的，原系忠义亲王老千岁要的，因他坏了事，就不曾用。现在还封在店里，也没有人买得起。你若要，就抬来看看。"

贾珍听说甚喜，即命抬来，大家看时，只见帮底皆厚八寸，纹若槟榔，味若檀麝，以手扣之，声如玉石。大家称奇。贾珍笑问道："价值几何？"薛蟠笑道："拿着一千两银子只怕没处买，什么价不价，赏他们几两银子作工钱就是了。"贾珍听说，连忙道谢不尽，即命解锯造成。贾政因劝道："此物恐非常人可享，殓以上等杉木也罢了。"贾珍如何肯听。

忽又听见秦氏之丫鬟名唤瑞珠的，见秦氏死了，也触柱而亡。此事更为可罕，合族都称

477

叹。贾珍遂以孙女之礼殡殓之，一并停灵于会芳园之登仙阁。又有小丫鬟名宝珠的，因秦氏无出，乃愿为义女，请任摔丧驾灵之任。贾珍甚喜，即时传命，从此皆呼宝珠为"小姑娘"。那宝珠按未嫁女之礼在灵前哀哀欲绝。

于是合族人并家下诸人都各遵旧制行事，自不得错乱。贾珍因想道："贾蓉不过是黉门监生，灵幡上写时不好看，便是执事也不多。"因此心下甚不自在。

可巧这日正是首七第四日，早有大明宫掌宫内监戴权，先备了祭礼遣人来，次后坐了大轿，打道鸣锣，亲来上祭。贾珍忙接待，让坐至逗蜂轩献茶。贾珍心中早打定主意，因而趁便就说要与贾蓉捐个前程的话。

戴权会意，因笑道："想是为丧礼上风光些?"贾珍忙道："老内相所见不差。"戴权道："事倒凑巧，正有个美缺：如今三百员龙禁尉缺了两员，昨儿襄阳侯的兄弟老三来求我，现拿了一千五百两银子送到我家里。你知道，咱们都是老相好，不拘怎么样，看着他爷爷的分上，胡乱应了，还剩了一个缺。谁知永兴节度使冯胖子要求与他孩子捐，我就没工夫应他。既是咱们的孩子要捐，快写个履历来。"贾珍忙命人写了一张红纸履历来。戴权看了，上写着：

江南应天府江宁县监生贾蓉，年二十岁。曾祖，原任京营节度使世袭一等神威将军贾代化。祖，丙辰科进士贾敬。父，世袭三品爵威烈将军贾珍。

戴权看了，回手递与一个贴身的小厮收了，道："回去送与户部堂官老赵，说我拜上他起一张五品龙禁尉的票，再给个执照，就把这履历填上。明日我来兑银子送过去。"小厮答应了。

戴权告辞，贾珍款留不住，只得送出府门。临上轿，贾珍问："银子还是我到部去兑，还是送入内相府中？"戴权道："若到部里兑，你又吃亏了，不如平准一千两银子送到我家就完了。"贾珍感谢不尽，说："待服满，亲带小犬到府叩谢。"于是作别。

为了葬礼风光，用一千两白银给贾蓉捐了个"龙禁尉"的虚名。

接着又听喝道之声，原来是忠靖侯史鼎的夫人，带着侄女史湘云来了。王夫人、邢夫人、凤姐等刚迎入正房，又见锦乡侯、川宁侯、寿山伯三家祭礼也摆在灵前。少时，三人下轿，贾珍接上大厅。

如此亲朋你来我去，也不能计数。只这四十九日，宁国府街上一条白漫漫人来人往，花簇簇官去官来。

贾珍令贾蓉次日换了吉服，领凭回来。灵前供用执事等物俱按五品职例，灵牌疏上皆写"诰授贾门秦氏宜人之灵位"。会芳园临街大门洞开，两边起了鼓乐厅，两班青衣按时奏乐；一对对执事摆得刀斩斧截。更有两面朱红销金大字大牌竖在门外，上面大书道："防护内廷紫禁道御前侍卫龙禁尉。"对面高起着宣坛，僧

葬礼场面非常宏大。

479

道对坛；榜上大书"世袭宁国公冢孙[1]妇防护内廷御前侍卫龙禁尉贾门秦氏宜人之丧。四大部洲至中之地，奉天永建太平之国，总理虚无寂静沙门僧录司正堂万、总理元始正一教门道纪司正堂叶等，敬谨修斋，朝天叩佛"以及"恭请诸'伽蓝''揭谛''功曹'等神，圣恩普锡，神威远振，四十九日销灾洗业平安水陆道场"等语，亦不及繁记。

（二）元妃省亲

第十八回

皇恩重元妃省父母　天伦乐宝玉呈才藻

元妃在书中主要活动的章节，省亲本是无上荣耀，却成贾府败落的源头，奢靡过度。此节无处不体现贾府的兴盛。

话说彼时有人回，工程上等着糊东西的纱绫，请凤姐去开库；又有人来回，请凤姐收金银器皿。王夫人并上房丫鬟等皆不得空儿。宝钗因说道："咱们别在这里碍手碍脚。"说着，和宝玉等便往迎春房中来。

王夫人日日忙乱，直到十月里才全备了。监办的都交清账目；各处古董文玩，俱已陈设齐备；采办鸟雀，自仙鹤、鹿、兔以及鸡、鹅等，亦已买全，交于园中各处饲养；贾蔷那边也演出二三十出杂戏来：一班小尼姑、道姑也都学会念佛诵经。

于是贾政略觉心中安顿。遂请贾母到园中，色色斟酌，点缀妥当，再无些微不合之处，

1　冢（zhǒng）孙：嫡长孙。

贾政才敢题本。本上之日,奉旨:"于明年正月十五日上元之日贵妃省亲。"贾府奉了此旨,一发日夜不闲,连年也不能好生过了。

转眼元宵在迩。自正月初八,就有太监出来,先看方向,何处更衣,何处燕坐,何处受礼,何处开宴,何处退息。又有巡察地方总理关防太监,带了许多小太监来各处关防,挡围幕,指示贾宅人员何处出入,何处进膳,何处启事,种种仪注。外面又有工部官员并五城兵马司打扫街道,撵逐闲人。贾赦等监督匠人扎花灯烟火之类,至十四日,俱已停妥。这一夜,上下通不曾睡。

至十五日五鼓,自贾母等有爵者,俱各按品大妆。此时园内帐舞蟠龙,帘飞绣凤,金银焕彩,珠宝生辉,鼎焚百合之香,瓶插长春之蕊,静悄悄无一人咳嗽。贾赦等在西街门外,贾母等在荣府大门外。街头巷口,用围幕挡严。

正等得不耐烦,忽见一个太监骑着匹马来了,贾政接着,问其消息。太监道:"早多着呢!未初用晚膳,未正还到宝灵宫拜佛,酉初进大明宫领宴看灯方请旨。只怕戌初才起身呢。"凤姐听了道:"既这样,老太太和太太且请回房,等到了时候再来也还不迟。"于是贾母等自便去了。园中俱赖凤姐照料。执事人等,带领太监们去吃酒饭,一面传人挑进蜡烛,各处点起灯来。

忽听外面马跑之声不一,有十来个太监,

元妃省亲阵仗大,阖府上下都没过上一个消停年。

元妃出场排场大,贾府人物无不彩绣辉煌,盛装出席。园内各处珠光宝气。贾府上下男女有别,长幼有序,规矩严谨——大家族十分气派。

喘吁吁跑来拍手儿。这些太监都会意，知道是来了，各按方向站立。贾赦领合族子弟在西街门外，贾母领合族女眷在大门外迎接，半日静悄悄的。忽见两个太监骑马缓缓而来，至西街门下了马，将马赶出围幕之外，便面西站立。半日又是一对，亦是如此。少时便来了十来对，方闻隐隐鼓乐之声。一对对凤翣龙旌，雉羽宫扇，又有销金提炉，焚着御香，然后一把曲柄七凤金黄伞过来，便是冠袍带履，又有执事太监捧着香巾、绣帕、漱盂、拂尘等物。一队队过完，后面方是八个太监抬着一顶金顶鹅黄绣凤銮舆，缓缓行来。

贾母等连忙跪下，早有太监过来，扶起贾母等来，将那銮舆抬入大门往东一所院落门前，有太监跪请下舆更衣。于是入门，太监散去，只有昭容、彩嫔等引着元春下舆。只见苑内各色花灯闪灼，皆系纱绫扎成，精致非常。上面有一灯匾，写着"体仁沐德"四个字。元春入室，更衣复出，上舆进园。只见园中香烟缭绕，花影缤纷，处处灯光相映，时时细乐声喧：说不尽这太平景象，富贵风流。

却说贾妃在轿内看了此园内外光景，因点头叹道："太奢华过费了！"忽又见太监跪请登舟。贾妃下舆登舟，只见清流一带，势若游龙，两边石栏上，皆系水晶玻璃各色风灯，点得如银光雪浪；上面柳杏诸树，虽无花叶，却用各色绸绫纸绢及通草为花，粘于枝上，每一株悬

借元妃之眼，总评大观园。

贾府装饰尽显豪奢——为迎接元妃，贾府大兴土木，建造大观园，花钱如流水，尽显富贵气象。元妃清楚自己家中如此奢靡，实在不应该，看了也不禁感叹，所以劝诫众人"太奢华过费了"。

灯万盏；更兼池中荷荇凫鹭诸灯，亦皆系螺蚌羽毛做就的，上下争辉，水天焕彩，真是玻璃世界，珠宝乾坤。船上又有各种盆景，珠帘绣幕，桂楫兰桡，自不必说了。已而入一石港，港上一面匾灯，明现着"蓼汀花溆"四字。

（三）除夕祭祖、元宵夜宴

第五十三回
<u>宁国府除夕祭宗祠　荣国府元宵开夜宴</u>

除夕祭宗祠场面极其博大，元宵开夜宴场面极其富丽堂皇。

　　当下已是腊月，离年日近，王夫人和凤姐儿治办年事。王子腾升了九省都检点，贾雨村补授了大司马，协理军机，参赞朝政，不题。

　　且说贾珍那边开了宗祠，着人打扫，收拾供器，请神主；又打扫上屋，以备悬供遗真影像。此时荣宁二府，内外上下，皆是忙忙碌碌。

　　这日宁府中尤氏正起来，同贾蓉之妻打点送贾母这边的针线礼物，<u>正值丫头捧了一茶盘押岁锞子进来，回说："兴儿回奶奶：前儿那一包碎金子，共是一百五十三两六钱七分，里头成色不等，总倾了二百二十个锞子。"</u>

真金白银，压岁钱就是一大笔开销！

　　说着，递上去。尤氏看了一看，只见也有梅花式的，也有海棠式的，也有"笔锭如意"的，也有"八宝联春"的。尤氏命："收拾起来，叫兴儿将银锞子快快交了进来。"丫鬟答应去了。

　　一时贾珍进来吃饭，贾蓉之妻回避了。贾

珍因问尤氏:"咱们春祭的恩赏可领了不曾?"尤氏道:"今儿我打发蓉儿关去了。"贾珍道:"咱们家虽不等这几两银子使,多少是皇上天恩。早关了来,给那边老太太送过去,置办祖宗的供,上领皇上的恩,下则是托祖宗的福。咱们哪怕用一万银子供祖宗,到底不如这个有体面,又是沾恩锡福。除咱们这么一二家之外,那些世袭穷官儿家,要不仗着这银子,拿什么上供过年?真正皇恩浩荡,想得周到。"尤氏道:"正是这话。"

二人正说着,只见人回:"哥儿来了。"贾珍便命:"叫他进来。"只见贾蓉捧了一个小黄布口袋进来。贾珍道:"怎么去了这一日?"贾蓉陪笑回说:"今儿不在礼部关领了,又在光禄寺库上。因又到了光禄寺,才领下来了。光禄寺老爷们都说,问父亲好,多日不见,都着实想念。"贾珍笑道:"他们哪里是想我?这又到了年下了,不是想我的东西,就是想我的戏酒了!"

一面说,一面瞧那黄布口袋,上有封条,就是"皇恩永锡"四个大字;那一边又有礼部祠祭司的印记。一行小字,道是:"宁国公贾演、荣国公贾法,恩赐永远春祭赏共二分,净折银若干两,某年月日,龙禁尉候补侍卫贾蓉当堂领讫。值年寺丞某人。"下面一个朱笔花押。

贾珍看了,吃过饭,盥漱毕,换了靴帽,命贾蓉捧着银子跟了来,回过贾母、王夫人,又

皇上给这个百年望族——昔日赫赫功勋的世袭贵族分拨祭宗祠的银两,但数目不大!

484

至这边,回过贾赦、邢夫人,方回家去。取出银子,命将口袋向宗祠大炉内焚了。

又命贾蓉道:"你去问问你那边二婶娘,正月里请吃年酒的日子拟了没有?若拟定了,叫书房里明白开了单子来,咱们再请时,就不能重复了。旧年不留神,重了几家;人家不说咱们不留心,倒像两家商议定了,送虚情怕费事的一样。"

贾蓉忙答应去了。一时,拿了请人吃年酒的日期单子来了。贾珍看了,命:"交给赖升去看了,请人别重了这上头的日子。"因在厅上看着小厮们抬围屏,擦抹几案金银供器。

只见小厮手里拿着一个禀帖,并一篇账目,回说:"黑山村乌庄头来了。"贾珍道:"这个老砍头的!今儿才来!"贾蓉接过禀帖和账目,忙展开捧着。贾珍倒背着两手,向贾蓉手内看去。那红禀上写着:"门下庄头乌进孝叩请爷奶奶万福金安,并公子小姐金安。新春大喜大福,荣贵平安,加官进禄,万事如意。"贾珍笑道:"庄家人有些意思。"贾蓉也忙笑道:"别看文法,只取个吉利儿罢。"

一面忙展开单子看时,只见上面写着:

大鹿三十只,獐子五十只,麂子五十只,暹猪二十个,汤猪二十个,龙猪二十个,野猪二十个,家腊猪二十个,野羊二十个,青羊二十个,家汤羊二十个,家风羊二十个,鲟鳇鱼二百个,各色杂鱼二百斤,活鸡、鸭、鹅各二百只,风鸡、

这份租单中品类共五十种之多,不仅有物还有钱。可见贾府的生活很奢侈。

485

鸭、鹅二百只,野鸡野猫各二百对,熊掌二十对,鹿筋二十斤,海参五十斤,鹿舌五十条,牛舌五十条,蛏干二十斤,榛、松、桃、杏瓤各二口袋,大对虾五十对,干虾二百斤,银霜炭上等选用一千斤,中等二千斤,柴炭三万斤,御田胭脂米二担,碧糯五十斛,白糯五十斛,粉粳五十斛,杂色粱谷各五十斛,下用常米一千担,各色干菜一车,外卖粱谷牲口各项折银二千五百两。

外门下孝敬哥儿玩意儿:活鹿两对,白兔四对,黑兔四对,活锦鸡两对,西洋鸭两对。

贾珍看完,说:"带进他来。"一时只见乌进孝进来,只在院内磕头请安。贾珍命人拉起他来,笑说:"你还硬朗?"乌进孝笑道:"不瞒爷说,小的们走惯了,不来也闷得慌。他们可都不是愿意来见见天子脚下世面?他们到底年轻,怕路上有闪失,再过几年就可以放心了。"

贾珍道:"你走了几日?"乌进孝道:"回爷的话:今年雪大,外头都是四五尺深的雪,前日忽然一暖一化,路上竟难走得很,耽搁了几日。虽走了一个月零两日,日子有限,怕爷心焦,可不赶着来了!"

贾珍道:"我说呢,怎么今儿才来?我才看那单子上,今年你这老货又来打擂台来了。"乌进孝忙进前两步回道:"回爷说:今年年成实在不好。从三月下雨,接连着直到八月,竟没有一连晴过五六日;九月一场碗大的雹子,方近二三百里地方,连人带房,并牲口粮食,打伤了上千上万的：所以才这样。小的并不敢说谎。"

贾珍绉眉[1]道："我算定你至少也有五千银子来，这够做什么的？如今你们一共只剩了八九个庄子，今年倒有两处报了旱潦[2]，你们又打擂台，真真是叫别过年了！"乌进孝道："爷的这地方还算好呢！我兄弟离我那里只一百多地，竟又大差了。他现管着那府八处庄地，比爷这边多着几倍，今年也是这些东西，不过二三千两银子，也是有饥荒打呢！"

贾珍道："正是呢。我这边倒可已，没什么外项大事，不过是一年的费用。我受用些就费些，我受些委曲就省些。再者年例送人请人，我把脸皮厚些，也就完了，比不得那府里，这几年添了许多花钱的事，一定不可免是要花的，却又不添些银子产业。这一二年里赔了许多，不和你们要，找谁去？"

乌进孝笑道："那府里如今虽添了事，有去有来，娘娘和万岁爷岂不赏呢？"贾珍听了，笑向贾蓉等道："你们听听，他说的可笑不可笑？"贾蓉等忙笑道："你们山坳海沿子上的人，哪里知道这道理？娘娘难道把皇上的库给我们不成？她心里纵有这心，她不能作主。岂有不赏之理，按时按节，不过是些彩缎、古董、玩意儿。就是赏，也不过一百两金子，才值一千多两银子，够什么？这二年，哪一年不赔出几千两银

可见，贾府的经济收入主要靠庄户上交的地租。年成不好，地租有限，但是贾府上下还过着奢华的生活，内囊空虚。败落之迹已现。

---

1 绉眉：同"皱眉"。
2 潦：同"涝"，雨水多，水淹。

子来？头一年，省亲连盖花园子，你算算那一注花了多少，就知道了。再二年，再省一回亲，只怕就精穷了！"贾珍笑道："所以他们庄客老实人'外明不知里暗的事''黄柏木作了磐槌子——外头体面里头苦'！"

贾蓉又说又笑向贾珍道："果真那府里穷了，前儿我听见二婶娘和鸳鸯悄悄商议，要偷老太太的东西去当银子呢。"贾珍笑道："那又是凤姑娘的鬼，哪里就穷到如此？她必定是见去路大了，实在赔得很了，不知又要省哪一项的钱，先设出这法子来，使人知道，说穷到如此了。我心里却有个算盘，还不至此田地。"

说着，便命人带了乌进孝出去，好生待他，不在话下。

这里贾珍吩咐将方才各物留出供祖宗的来，将各样取了些，命贾蓉送过荣府里来，然后自己留了家中所用的，余者派出等第，一分一分地堆在月台底下，命人将族中子侄唤来，分给他们。接着荣国府也送了许多供祖之物及给贾珍之物。

贾珍看着收拾完备供器，靸[1]着鞋，披着一件猞猁狲大皮袄，命人在厅柱下石阶上太阳中，铺了一个大狼皮褥子负暄[2]，闲看各子弟们来领取年物。

因见贾芹亦来领物，贾珍叫他过来，说

虽是皇亲国戚，却也是"外头体面里头苦"。

渐衰之兆！此处已展现钟鸣鼎食的"虚架子"，披露"内囊尽上"。

1　靸（sǎ）：拖着。
2　负暄（xuān）：晒太阳取暖。

道:"你做什么也来了？谁叫你来的？"贾芹垂手回说:"听见大爷这里叫我们领东西,我没等人去就来了。"贾珍道:"我这东西,原是给你那些闲着无事没进益的叔叔兄弟们的,那二年你闲着,我也给过你的。你如今在那府里管事,家庙里管和尚道士们,一月又有你的分例外,这些和尚的分例银钱都从你手里过,你还来取这个来！太也贪了！你自己瞧瞧,你穿的可像个手里使钱办事的？先前你说没进益,如今又怎么了？比先倒不像了？"

贾芹道:"我家里原人口多,费用大。"贾珍冷笑道:"你又支吾我,你在家庙里干的事,打量我不知道呢！你到那里,自然是爷了,没人敢抗违你。你手里又有了钱,离着我们又远,你就为王称霸起来,夜夜招聚匪类赌钱,养老婆小子。这会子花得这个形象,你还敢领东西来。领不成东西,领一顿驮水棍去才罢！等过了年,我必和你二叔说,换回你来。"

贾芹红了脸,不敢答言。人回:"北府王爷送了对联、荷包来了。"贾珍听说,忙命贾蓉:"出去款待,只说我不在家。"贾蓉去了。^{说明贾家与北静王府关系也很好,为后文埋下伏笔。}

这里贾珍撵走贾芹,看着领完东西,回屋与尤氏吃毕晚饭,一宿无话。至次日更忙,不必细说。

已到了腊月二十九日了,各色齐备,两府中都换了门神、联对、挂牌,新油了桃符,焕然一新。

公爵府邸正院
的大门属于礼
仪之门，只有重
大节日或庆典
时才开启。此
处是贾府大门
第二次开启，第
一次是元妃省
亲之时。

宁国府从大门、仪门、大厅、暖阁、内厅、内三门、内仪门并内垂门，直到正堂，一路正门大开，两边阶下一色朱红大高烛，点得两条金龙一般。次日，由贾母有封诰者，皆按品级着朝服，先坐八人大轿，带领众人进宫朝贺行礼。

领宴毕回来，便到宁府暖阁下轿。诸子弟有未随入朝者，皆在宁府门前排班伺候，然后引入宗祠。

且说宝琴是初次进贾祠观看。一面细细留神，打量这宗祠：原来宁府西边另一个院子，黑油栅栏内五间大门，上面悬一匾，写着是"贾氏宗祠"四个字，旁书"特晋爵太傅前翰林掌院事王希献书"。两边有一副长联，写道：

肝脑涂地，兆姓赖保育之恩。

功名贯天，百代仰蒸尝之盛。

也是王太傅所书。进入院中，白石甬路，两边皆是苍松翠柏，月台上设着古铜鼎彝等器。抱厦前面悬一块九龙金匾，写道"星辉辅弼"。乃先皇御笔。两边一副对联，写道是：

贾氏宗祠内"灯
烛辉煌，锦幛绣
幕"，十分庄重、
神圣。这样的
建筑规格及气
度绝非普通人
家可比，其代表
着家族荣耀与
威仪，象征意味
十分明显。

勋业有光昭日月，功名无间及儿孙。

也是御笔。五间正殿前，悬一块闹龙填青匾，写道是"慎终追远"。旁边一副对联，写道是：

已后儿孙承福德，至今黎庶念宁荣。

俱是御笔。里边灯烛辉煌，锦幛绣幕，虽列着些神主,却看不真。

只见贾府人分了昭穆[1],排班立定。贾敬主祭,贾赦陪祭,贾珍献爵,贾琏、贾琮献帛,宝玉捧香,贾菖、贾菱展拜垫,守焚池。青衣乐奏,三献爵,兴拜毕,焚帛,奠酒。礼毕,乐止,退出。

祭祀时尊卑长幼有序,秩序井然。

众人围随贾母至正堂上,影前锦帐高挂,彩屏张护,香烛辉煌。上面正居中悬着荣、宁二祖遗像,皆是披蟒腰玉,两边还有几轴列祖遗像。

贾荇、贾芷等从内仪门挨次站列,直到正堂廊下;槛外方是贾敬、贾赦,槛内是各女眷。众家人小厮皆在仪门之外。每一道菜至,传至仪门,贾荇、贾芷等便接了,按次传至阶下贾敬手中。贾蓉系长房长孙,独他随女眷在槛里,每贾敬捧菜至,传于贾蓉,贾蓉便传于他媳妇,又传于凤姐、尤氏诸人,直传至供桌前,方传与王夫人;王夫人传与贾母,贾母方捧放在桌上。邢夫人在供桌之西,东向立,同贾母供放。直至将菜饭汤点酒茶传完,贾蓉方退出去,归入贾芹阶位之首。

贾府不惜花费大量钱财祭宗祠,表面上庄严、肃穆、堂皇、神圣,实际上这样严整的秩序,不过是例行之事、表面文章。

当时凡从"文"旁之名者,贾敬为首;下则从"玉"者,贾珍为首;再下从"草头"者,贾蓉为首。左昭右穆,男东女西,俟贾母拈香下拜,众人方一齐跪下,将五间大厅,三间抱厦,

虽人口众多,但秩序井然,从排位到分工皆有分定,是贵族世家气象。

---

1 昭穆:宗法制度对宗庙或墓地的辈次排列规则和次序。《礼记·中庸》曰:"宗庙之礼,所以序昭穆也。"

内外廊檐，阶上阶下，两丹墀内，花团锦簇，塞得无一些空地。鸦雀无闻，只听铿锵叮当，金铃玉珮微微摇曳之声，并起跐靴履飒沓之响。

一时礼毕，贾敬、贾赦等便忙退出至荣府，专候与贾母行礼。尤氏上房地下，铺满红毡，当地放着象鼻三足泥鳅鎏金珐琅大火盆，正面炕上铺着新猩红毡子，设着大红彩绣"云龙捧寿"的靠背、引枕、坐褥，外另有黑狐皮的袄子，搭在上面，大白狐皮坐褥。

请贾母上去坐了。两边又铺皮褥，请贾母一辈的两三位妯娌坐了。这边横头排插之后小炕上，也铺了皮褥，让邢夫人等坐下。地下两面相对十二张雕漆椅上，都是一色灰鼠椅搭小褥，每一张椅下一个大铜脚炉，让宝琴等姐妹坐。

尤氏用茶盘亲捧茶与贾母，贾蓉媳妇捧与众老祖母，然后尤氏又捧与邢夫人等，贾蓉媳妇又捧与众姐妹。凤姐、李纨等只在地下伺候。

茶毕，邢夫人等便先起身来侍贾母吃茶。贾母与年老妯娌们闲话了两三句，便命看轿，凤姐儿忙上去搀起来。尤氏笑回说："已经预备下老太太的晚饭。每年都不肯赏些体面，用过晚饭再过去，果然我们就不济凤丫头了？"凤姐儿搀着贾母笑道："老祖宗走罢。咱们家去吃去，别理她。"

贾母笑道："你这里供着祖宗，忙得什么儿

似的，哪里还搁得住我闹？况且我每年不吃，你们也要送去的，不如还送了来，我吃不了，留着明儿再吃，岂不多吃些？”说得众人都笑了。

又吩咐她："好生派妥当人夜里坐着看香火，不是大意得的。"尤氏答应了。一面走出来，至暖阁前，尤氏等闪过屏风，小厮们才领轿夫，请了轿出大门。尤氏亦随邢夫人等回至荣府。

这里轿出大门，这一条街上，东一边设立着宁国公的仪仗执事乐器，西一边设立着荣国公的仪仗执事乐器，来往行人皆屏退，不从此过。

一时来至荣府，也是大门正门一直开到里头。如今便不在暖阁下轿了，过了大厅，转弯向西，至贾母这边正厅上下轿。众人围随同至贾母正堂中间，亦是锦裀绣屏，焕然一新。当地火盆内焚着松柏香、百合草。

贾母归了坐，老嬷嬷来回："老太太们来行礼。"贾母忙起身要迎，只见两三个老妯娌已进来了。大家挽手笑了一回，让了一回。吃茶去后，贾母只送至内仪门就回来。

归了正坐，贾敬、贾赦等领了诸子弟进来，贾母笑道："一年家难为你们，不行礼罢。"一面男一起，女一起，一起一起俱行过了礼；左右设下交椅，然后又按长幼挨次归坐受礼。两府男女、小厮、丫鬟，亦按差役上、中、下行礼毕。然后散了押岁钱并荷包、金银锞等物。摆上合欢宴来，男东女西归坐，献屠苏酒、合欢汤、吉祥果、如意糕毕。贾母起身，进内间更衣，众人方各散出。

那晚各处佛堂灶王前焚香上供。王夫人正房院内设着天地纸马香供。大观园正门上挑着角灯，两旁高照，各处皆有路灯。上下人等，打扮得花团锦簇。一夜人声杂沓，语笑喧阗，爆竹起火，络绎不绝。

至次日五鼓，贾母等人按品上妆，摆全副执事进宫朝贺，兼祝元春千秋。领宴回来，又至宁府祭过列祖，方回来。受礼毕，便换衣歇息。所有贺节来的亲友，一概不会，只和薛姨妈、李婶娘二人说话随便，或和宝玉、宝钗等姐妹赶围棋摸牌作戏。

王夫人和凤姐天天忙着请人吃年酒，那边厅上和院内皆是戏酒，亲友络绎不绝。一连忙了七八天，才完了，早又元宵将近，宁荣二府皆张灯结彩。十一日是贾赦请贾母等，次日贾珍又请贾母，王夫人和凤姐儿也连日被人请去吃年酒，不能胜记。

至十五这一晚上，贾母便在大花厅上命摆几席酒，定一班小戏，满挂各色花灯，带领荣宁二府各子侄孙男孙媳等家宴。贾敬素不饮酒茹荤，因此不去请他，十七日祀祖已完，他就出城修养；就是这几天在家，也只静室默处，一概无闻，不在话下。

贾赦领了贾母之赏，告辞而去。贾母知他

在此不便，也随他去了。贾赦到家中，和众门客赏灯吃酒，笙歌聒耳，锦绣盈眸，其取乐与这里不同。

这里贾母花厅上摆了十来席酒，每席设一几，几上设炉瓶三事，焚着御赐百合宫香；又有八寸来长、四五寸宽、二三寸高、点缀着山石的小盆景，俱是新鲜花卉；又有小洋漆茶盘放着旧窑十锦小茶杯，又有紫檀雕嵌的大纱透绣花草诗字的璎珞。各色旧窑小瓶中，都点缀着"岁寒三友""玉堂富贵"等鲜花。

此处先写香茗古玩是何用意？可见钟鸣鼎食的大家气象。

上面两席是李婶娘、薛姨妈坐，东边单设一席，乃是雕夔龙护屏矮足短榻，靠背、引枕、皮褥俱全。榻上设一个轻巧洋漆描金小几，几上放着茶碗、漱盂、洋巾之类，又有一个眼镜匣子。

贾母歪在榻上，和众人说笑一回，又取眼镜向戏台上照一回，又说："恕我老了骨头疼，容我放肆些，歪着相陪罢。"又命琥珀坐在榻上，拿着美人拳捶腿。榻下并不摆席面，只一张高几，设着高架璎珞、花瓶、香炉等物，外另设一小高桌，摆着杯箸。

在旁边一席，命宝琴、湘云、黛玉、宝玉四人坐着。每馔果菜来，先捧给贾母看，喜则留在小桌上，尝尝，仍撤了放在席上，只算他四人跟着贾母坐。下面方是邢夫人、王夫人之位；下边便是尤氏、李纨、凤姐、贾蓉的媳妇，西边便是宝钗、李纹、李绮、岫烟、迎春姐妹等。

两边大梁上挂着联三聚五玻璃彩穗灯，每席前竖着倒垂荷叶一柄，柄上有彩烛插着。这荷叶乃是洋錾珐琅活信，可以扭转向外，将灯影逼住，照着看戏，分外真切。窗槅门户，一齐摘下，全挂彩穗各种宫灯。廊檐内外及两边游廊罩棚，将羊角、玻璃、戳纱、料丝，或绣、或画、或绢、或纸诸灯挂满。廊上几席，就是贾珍、贾琏、贾环、贾琮、贾蓉、贾芹、贾芸、贾菖、贾菱等。

贾母也曾差人去请众族中男女，奈他们有年老的，懒于热闹；有家内没有人，又有疾病淹留，要来竟不能来；有一等妒富愧贫，不肯来的；更有憎畏凤姐之为人，赌气不来的；更有羞手羞脚，不惯见人，不敢来的。因此族中虽多，女眷来者，不过贾兰之母娄氏带了贾兰来，男人只有贾芹、贾芸、贾菖、贾菱四个现在凤姐麾下办事的来了。当下人虽不全，在家庭小宴，也算热闹的。

当下又有林之孝的媳妇，带了六个媳妇，抬了三张炕桌，每一张上搭着一条红毡，放着选净一般大新出局的铜钱，用大红绳串穿着，每二人搭一张，共三张。

林之孝家的叫将那两张摆至薛姨妈、李婶娘的席下，将一张送至贾母榻下。贾母便说："放在当地罢。"这媳妇素知规矩，放下桌子，一并将钱都打开，将红绳抽去，堆在桌上。

此时唱的《西楼会》，正是这出将完，于

元宵佳节庆团圆，真团圆吗？百年望族，一代代延续，人口众多，亲情却越来越淡。

496

叔夜赌气去了,那文豹便发科诨道:"你赌气去了。恰好今日正月十五,荣国府里老祖宗家宴,待我骑了这马,赶进去讨些果子吃,是要紧的。"

说毕,引得贾母等都笑了。薛姨妈等都说:"好个鬼头孩子,可怜见的!"凤姐便说:"这孩子才九岁了。"贾母笑说:"难为他说得巧!"说了一个"赏"字,早有三个媳妇已经手下预备下小笸箩,听见一个"赏"字,走上去,将桌上散堆钱,每人撮了一笸箩,走出来,向戏台说:"老祖宗、姨太太、亲家太太赏文豹买果子吃的。"说毕,向台一撒,只听"豁啷啷",满台的钱啊。

贾珍、贾琏已命小厮们抬大笸箩的钱预备。未知怎生赏去,且听下回分解。

○ 学习小任务:

请用《红楼梦》中的具体情节阐述"百足之虫,死而不僵"。

参考答案:第十三回　秦可卿死封龙禁尉　王熙凤协理宁国府;第十七回　大观园试才题对额　荣国府归省庆元宵;第十八回　皇恩重元妃省父母　天伦乐宝玉呈才藻;第二十九回享福人福深还祷福　多情女情重愈斟情;第四十回　史太君两宴大观园　金鸳鸯三宣牙牌令;第五十三回　宁国府除夕祭宗祠　荣国府元宵开夜宴;第六十三回　寿怡红群芳开夜宴　死金丹独艳理亲丧。

二、内囊尽上、大厦将倾之衰

（一）命案累累，败亡前兆

第十五回

王凤姐弄权铁槛寺　秦鲸卿得趣馒头庵

凤姐胆子很大，包揽诉讼，挟势弄权。此举断送了一段美满姻缘，残害了两条生命！

　　凤姐便命悄悄将昨日老尼之事说与来旺儿。旺儿心中俱已明白，急忙进城，找着主文的相公，假托贾琏所嘱，修书一封，连夜往长安县来。不过百里之遥，两日工夫，俱已妥协。那节度使名唤云光，久悬贾府之情，这些小事，岂有不允之理，给了回书，旺儿回来，不在话下。

　　（本回相关内容请查阅第7课"原文细读与鉴赏"，第272—273页）

第四十八回

滥情人情误思游艺　慕雅女雅集苦吟诗

　　且说平儿见香菱去了，就拉宝钗悄悄说道："姑娘可听见我们的新文了？"宝钗道："我没听见新文。因连日打发我哥哥出门，所以你们这里的事，一概不知道；连姊妹们这两日没见。"平儿笑道："老爷把二爷打了个动不得，难道姑娘就没听见？"宝钗道："早起恍惚听见了一句，也信不真。我也正要瞧你奶奶去呢，不想你来。又是为了什么打他?"

平儿咬牙骂道:"都是那什么贾雨村,半路途中哪里来的饿不死的野杂种!认了不到十年,生了多少事出来!今年春天,老爷不知在哪个地方看见几把旧扇子,回家来,看家里所有收着的这些好扇子,都不中用了,立刻叫人各处搜求。谁知就有个不知死的冤家,混号儿人都叫他做'石呆子',穷得连饭也没的吃,偏他家就有二十把旧扇子,死也不肯拿出大门来。二爷好容易烦了多少情,见了这个人,说之再三,他把二爷请了到他家里坐着,拿出这扇子来,略瞧了一瞧。据二爷说,原是不能再得的,全是湘妃、棕竹[1]、麋鹿、玉竹的,皆是古人写画真迹。回来告诉了老爷,便叫买他的,要多少银子给他多少。偏那石呆子说:'我饿死冻死,一千两银子一把,我也不卖。'老爷没法了,天天骂二爷没能为。已经许他五百银子,先兑银子,后拿扇子,他只是不卖,只说:'要扇子先要我的命!'姑娘想想,这有什么法子?谁知那雨村没天理地听见了,便设了法子,讹他拖欠官银,拿了他到衙门里去,说:'所欠官银,变卖家产赔补。'把这扇子抄了来,做了官价,送了来。那石呆子如今不知是死是活。老爷问着二爷说:'人家怎么弄了来了?'二爷只说了一句:'为这点子小事弄得人家倾家败产,

人家不肯卖,你有什么办法?

贾赦勾结属官,贾雨村倚势凌弱,害死石呆子!

贾琏不愿为非作歹,遭贾赦棍棒!贾赦为了私欲,不惜草菅人命。

---

1 棕竹:同"棕竹"。

也不算什么能为。'老爷听了就生了气，说二爷拿话堵老爷。这是第一件大的。这几日，还有几件小的，我也记不清，所以都凑在一处，就打起来了。也没拉倒用板子、棍子，就站着，不知他拿了什么东西，混打了一顿，脸上打破了两处。我们听见姨太太这里有一种药，上棒疮的，姑娘寻一丸给我呢。"

宝钗听了，忙命莺儿去找了两丸来与平儿。宝钗道："既这样，你去替我问候罢，我就不去了。"平儿向宝钗答应着去了，不在话下。

第六十九回
弄小巧用借剑杀人　觉大限吞生金自逝

〔1〕

凤姐一面使人暗暗调唆张华，只叫他要原妻，这里还有许多陪送外，还给他银子安家过活。张华原无胆无心告贾家的，后来又见贾蓉打发了人对词，那人原说的："张华先退了亲，我们原是亲戚，接到家里住着是真，并无强娶之说。皆因张华拖欠我们的债务，追索不给，方诬赖小的主儿。"

那个察院都和贾、王两处有瓜葛，况又受了贿，只说张华无赖，以穷讹诈，状子也不收，打了一顿赶出来。庆儿在外，替张华打点，也没打重，又调唆张华，说："这亲原是你家定的，你只要亲事，官必还断给你。"于是又告。

王信那边又透了消息与察院。察院便批:"张华借欠贾宅之银,令其限内按数交还;其所定之亲,仍令其有力时娶回。"又传了他父亲来,当堂批准。他父亲亦系庆儿说明,乐得人财两得,便去贾家领人。

凤姐一面吓得来回贾母说,如此这般:"都是珍大嫂子干事不明,那家并没退准,惹人告了,如此官断。"贾母听了,忙唤尤氏过来,说她做事不妥:"既你妹子从小与人指腹为婚,又没退断,使人告了,这是什么事?"尤氏听了,只得说:"他连银子都收了,怎么没退?"凤姐在旁说:"张华的口供上现说没见银子,也没见人去。他老子又说:'原是亲家说过一次,并没应准;亲家死了,你们就接进去做二房。'如此没有对证话,只好由他去混说。幸而琏二爷不在家,不曾圆房,这还无妨。只是人已来了,怎好送回去?岂不伤脸?"

贾母道:"又没圆房,没的强占人家有夫之人,名声也不好,不如送给他去,哪里寻不出好人来?"尤二姐听了,又回贾母说:"我母亲实于某年、某月、某日,给了他二十两银子退准的。他因穷急了告,又翻了口,我姐姐原没错办。"贾母听了,便说:"可见刁民难惹。既这样,凤丫头去料理料理。"

凤姐听了无法,只得应着回来,只命人去找贾蓉。贾蓉深知凤姐之意,若要使张华领回,成何体统?便回了贾珍,暗暗遣人去说张

凤姐曝光尤二姐已经订婚的身份,想着诗礼簪缨的贾家不会抢人老婆做二房,会放尤二姐回去。

贾母本打算让尤二姐回去,但是听尤二姐解释已经退了婚,贾母没有撵人,反而让凤姐去料理。凤姐此计落空。

依势凌弱,威胁、恐吓,用钱来消灾。

501

华："你如今既有许多银子,何必定要原人?若只管执定主意,岂不怕爷们一怒,寻出一个由头,你死无葬身之地!你有了银子,回家去,什么好人寻不出来?你若走呢,还赏你些路费。"

张华听了,心中想了一想："这倒是好主意!"和父母商议已定,约共也得了有百金,父子次日起了五更,便回原籍去了。

贾蓉打听得真了,来回了贾母、凤姐,说:"张华父子妄告不实,惧罪逃走,官府亦知此情,也不追究,大事完毕。"

凤姐听了,心中一想："若必定着张华带回二姐儿去,未免贾琏回来,再花几个钱包占住,不怕张华不依。还是二姐儿不去,自己拉绊着还妥当,且再作道理。只是张华此去,不知何往,倘或他再将此事告诉了别人,或日后再寻出这由头来翻案,岂不是自己害了自己?原先不该如此将刀靶付与外人去的。"

做事不计后果,凤姐怕张家父子成为后患。

因此悔之不迭,复又想了一个主意出来,悄命旺儿遣人寻着了他,或诓他做贼,和他打官司,将他治死,或暗使人算计,务将张华治死,方剪草除根,保住自己的名声。

旺儿领命出来,回家细想:"人已走了完事,何必如此大做?人命关天,非同儿戏。我且哄过她去,再作道理。"

因此在外躲了几日,回来告诉凤姐,只说:"张华因有几两银子在身上,逃去第三日,在京口地界,五更天,已被截路打闷棍的打死了。他老子唬死在店房，在那里验尸掩埋。"凤姐听了不信，说："你要撒谎，我再使人打听出来，敲你的牙！"自此，方丢过不究。

[2]

尤二姐惊醒，却是一梦。等贾琏来看时，因无人在侧，便哭着合贾琏说："我这病不能好了！我来了半年，腹中已有身孕，但不能预知男女。倘老天可怜，生下来还可；若不然，我的命还不能保，何况于他！"贾琏亦哭说："你只放心，我请名人来医治。"于是出去，即刻请医生。

谁知王太医此时也病了，亦谋干了军前效力，回来好讨荫封的。小厮们走去，便仍旧请了那年给晴雯看病的太医胡君荣来。诊视了，说是经水不调，全要大补。贾琏便说："已是三月庚信不行，又常呕酸，恐是胎气。"胡君荣听了，复又命老婆子请出手来，再看了半日，说："若论胎气，肝脉自应洪大，然木盛则生火，经水不调，亦皆因肝木所致。医生要大胆，须得请奶奶将金面略露一露，医生观看气色，方敢下药。"

贾琏无法，只得命将帐子掀起一缝。尤二姐露出脸来。胡君荣一见，早已魂飞天外，哪里还能辨气色？一时掩了帐子，贾琏陪他出来，问是如何。胡太医道："不是胎气，只是瘀血凝结，如今只以下瘀通经要紧。"于是写了一方，作辞而去。

贾琏令人送了药礼，抓了药来，调服下去。只半夜光景，尤二姐腹痛不止，谁知竟将一个

此乃虎狼之医！

又是一命！

已成形的男胎打下来了。于是血行不止，二姐就昏迷过去。

贾琏闻知，大骂胡君荣，一面遣人再去请医调治，一面命人去找胡君荣。胡君荣听了，早已卷包逃走。这里太医便说："本来血气亏弱，受胎以来，想是着了些气恼，郁结于中。这位先生误用虎狼之剂，如今大人元气，十伤八九，一时难保就愈。煎丸二药并行，还要一些闲言闲事不闻，庶[1]可望好。"

说毕而去，也开了个煎药方子并调元散郁的丸药方子，去了。急得贾琏便查："谁请的姓胡的来。"一时查出，便打了个半死。

凤姐比贾琏更急十倍，只说："咱们命中无子！好容易有了一个，遇见这样没本事的大夫来！"于是天地前烧香礼拜，自己通诚祷告，说："我情愿有病，只求尤氏妹子身体大愈，再得怀胎，生一男子，我愿吃常斋念佛！"贾琏众人见了，无不称赞。

贾琏与秋桐在一处，凤姐又做汤做水地着人送与二姐，又叫人出去算命打卦。偏算命的回来又说："系属兔的阴人冲犯了。"大家算将起来，只有秋桐一人属兔儿，说她冲的。

秋桐见贾琏请医调治，打人骂狗，为尤二姐十分尽心，她心中早浸了一缸醋在内了。今又听见如此，说她冲了，凤姐儿又劝她说："你暂且别处躲几日再来。"秋桐便气得哭骂道：

凤姐掩饰自己对尤二姐的杀心。始作俑者收到称赞，凤姐手段真是高明！

尤二姐尚未死，凤姐已经开始借刀杀人，意图除掉秋桐。

1 庶：才。

504

"理那起饿不死的杂种,混嚼舌根!我和她'井水不犯河水',怎么就冲了她?好个'爱八哥儿'[1]!在外头什么人不见,偏来了就冲了!我还要问问她呢,到底是哪里来的孩子?她不过哄我们那个棉花耳朵的爷罢了,纵有孩子,也不知张姓王姓的!奶奶希罕那杂种羔子,我不喜欢!谁不会养?一年半载养一个,倒还是一点搀杂没有的呢!"众人又要笑,又不敢笑。

可巧邢夫人过来请安,秋桐便告诉邢夫人说:"二爷、二奶奶要撵我回去,我没了安身之处,太太好歹开恩!"邢夫人听说,便数落了凤姐儿一阵,又骂贾琏:"不知好歹的种子!凭她怎么样,是你父亲给的。为个外来的撵她,连老子都没了!"说着,赌气去了。

秋桐更又得意,越发走到窗户根底下,大骂起来。尤二姐听了,不免更添烦恼。晚间,贾琏在秋桐房中歇了,凤姐已睡,平儿过尤二姐那边来,劝慰了一番。尤二姐哭诉了一回,平儿又嘱咐了几句,夜已深了,方去安息。

这里尤二姐心中自思:"病已成势,日无所养,反有所伤,料定必不能好。况胎已经打下,无甚悬心,何必受这些零气?不如一死,倒还干净。常听见人说'生金子可以坠死',岂不比上吊、自刎又干净。"

想毕,扎挣起来,打开箱子,便找出一块生金,也不知多重。哭了一回,外边将近五更天

尤二姐死了,凤姐实在是罪魁祸首!

---

1 爱八哥儿:可爱的东西,这里讽刺被宠爱的人。

气,那二姐咬牙,狠命便吞入口中,几次直脖,方咽了下去。于是赶忙将衣裳首饰穿戴齐整,上炕躺下。当下人不知,鬼不觉。

到第二日早晨,丫鬟媳妇们见她不叫人,乐得自己梳洗。凤姐、秋桐都上去了。平儿看不过,说丫头们:"就只配没人心的打着骂着使,也罢了! 一个病人,也不知可怜可怜。她虽好性儿,你们也该拿出个样儿来,别太过逾了,'墙倒众人推'!"

丫鬟听了,急推房门进来看时,却穿戴得齐齐整整,死在炕上,于是方吓慌了,喊叫起来。平儿进来瞧见,不禁大哭。众人虽素昔惧怕凤姐,然想尤二姐儿实在温和怜下,如今死去,谁不伤心落泪? 只不敢与凤姐看见。

（二）内部腐败,补天无力

第五十六回

敏探春兴利除宿弊　贤宝钗小惠全大体

（本回相关内容请查阅第7课"原文细读与鉴赏",第261—266页）

（三）末世运消,权利式微

第九十五回

因讹成实元妃薨逝　以假混真宝玉疯癫

忽一天,贾政进来,满脸泪痕,喘吁吁地说

506

道："你快去禀知老太太，即刻进宫！不用多人的，是你伏侍进去。因娘娘忽得暴病，现在太监在外立等。他说：'太医院已经奏明痰厥，不能医治。'"王夫人听说，便大哭起来。

贾政道："这不是哭的时候，快快去请老太太。说得宽缓些，不要吓坏了老人家。"贾政说着，出来吩咐家人伺候。王夫人收了泪，去请贾母，只说元妃有病，进去请安。贾母念佛道："怎么又病了？前番吓得我了不得，后来又打听错了，这回情愿再错了也罢！"王夫人一面回答，一面催鸳鸯等开箱，取衣饰穿戴起来。王夫人赶着回到自己房中，也穿戴好了，过来伺候。一时出厅，上轿进宫不提。

且说元春自选了凤藻宫后，圣眷隆重，身体发福，未免举动费力。每日起居劳乏，时发痰疾。因前日侍宴回宫，偶沾寒气，勾起旧病。不料此回甚属利害，竟至痰气壅塞，四肢厥冷。一面奏明，即召太医调治。岂知汤药不进，连用通关之剂，并不见效。内官忧虑，奏请预办后事，所以传旨命贾氏椒房进见。

贾母、王夫人遵旨进宫，见元妃痰塞口涎，不能言语。见了贾母，只有悲泣之状，却没眼泪。贾母进前请安，奏些宽慰的话。少时贾政等职名递进，宫嫔传奏，元妃目不能顾，渐渐脸色改变。内宫太监即要奏闻，恐派各妃看视，椒房姻戚未便久羁，请在外宫伺候。贾母、王夫人怎忍便离，无奈国家制度，只得下来，又不敢啼哭,惟有心内悲感。

元妃薨逝,也预示着贾府表面上是烈火烹油、鲜花着锦之盛,最终将由于内部的腐朽而坍塌。

朝门内官员有信。不多时,只见太监出来,立传钦天监。贾母便知不好,尚未敢动。稍刻,小太监传谕出来,说:"贾娘娘薨逝。"是年甲寅年十二月十八日立春,元妃薨日,是十二月十九日,已交卯年寅月,存年四十三岁。

贾母含悲起身,只得出宫,上轿回家。贾政等亦已得信,一路悲戚。到家中,邢夫人、李纨、凤姐、宝玉等出厅,分东西迎着贾母,请了安,并贾政、王夫人请安,大家哭泣不提。

（四）树倒猢狲散,呼喇喇大厦倾

第一百五回

锦衣军查抄宁国府　骢马使弹劾平安州

〔1〕

王爷便站在上头说:"有旨意:贾赦交通外官[1],依势凌弱,辜负朕恩,有忝[2]祖德,着革去世职。钦此。"

一系列依势凌弱的事情被揭发,与前文贾赦倚势强索石呆子的古扇相呼应。

赵堂官一叠声叫:"拿下贾赦,其余皆看守。"维时贾赦、贾政、贾琏、贾珍、贾蓉、贾蔷、贾芝、贾兰俱在,惟宝玉假说有病,在贾母那边打闹,贾环本来不大见人的,所以就将现在几人看住。

赵堂官即叫他的家人传齐司员,带同番

1　交通外官:指京官私自结交外任官员,结党营私。
2　忝(tiǎn):辱没,有愧。

役,分头按房,查抄登账。这一言不打紧,唬得贾政上下人等面面相看,喜得番役家人摩拳擦掌,就要往各处动手。

西平王道:"闻得赦老与政老同房各爨[1]的,理应遵旨查看贾赦的家资。其余且按房封锁,我们复旨去,再候定夺。"赵堂官站起来说:"回王爷,贾赦、贾政并未分家。闻得他侄儿贾琏现在承总管家,不能不尽行查抄。"西平王听了,也不言语。赵堂官便说:"贾琏、贾赦两处须得奴才带领去查抄才好。"西平王便说:"不必忙,先传信后宅,且叫内眷回避再查不迟。"

一言未了,老赵家奴番役已经拉着本宅家人领路,分头查抄去了。王爷喝命:"不许罗唣,待本爵自行查看!"说着,便慢慢地站起来要走,又吩咐说:"跟我的人一个不许动,都给我站在这里候着,回来一齐瞧着登数。"

正说着,只见锦衣司官跪禀说:"在内查出御用衣裙并多少禁用之物,不敢擅动,回来请示王爷。"一会子,又有一起人来拦住王爷回说:"东跨所抄出两箱子房地契,又一箱借票,都是违例取利的。"老赵便说:"好个重利盘剥!很该全抄。请王爷就此坐下,叫奴才去全抄来,再候定夺罢。"

虽然涉事的是贾赦,但贾政与其并未分家,两府的财产全都要上交!几代积攒的家业,一朝倾覆。大厦即将倒下!

1　同房各爨(cuàn):即同一房,未分家,但各自起火生活。

〔2〕

贾琏在旁边窃听，只不听见报他的东西，心里正在疑惑。只闻两家王子问贾政道："所抄家资，内有借券，实系盘剥，究是何行的？政老据实才好。"贾政听了，跪在地下碰头，说："实在犯官不理家务，这些事全不知道，问犯官侄儿贾琏才知。"

贾琏连忙走上，跪下禀说："这一箱文书既在奴才屋里抄出来的，敢说不知道么？只求王爷开恩，奴才叔叔并不知道的。"两王道："你父已经获罪，只可并案办理。你今认了，也是正理。如此，叫人将贾琏看守，余俱散收宅内。政老，你须小心候旨，我们进内复旨去了。这里有官役看守。"

〔3〕

贾政在外，心惊肉跳，拈须搓手地等候旨意，听见外面看守军人乱嚷道："你到底是哪一边的？既碰在我们这里，就记在这里册上，拴着他，交给里头锦衣府的爷们。"贾政出外看时，见是焦大，便说："怎么跑到这里来？"

焦大见问，便号天蹈地地哭道："我天天劝这些不长进的爷们，倒拿我当作冤家！爷还不知道焦大跟着太爷受的苦？今朝弄到这个田地，珍大爷、蓉哥儿都叫什么王爷拿了去了，里头女主儿们都被什么府里衙役抢得披头散发，撅在一处空房里，那些不成材料的狗男女却像猪狗似的拦起来了。所有的都抄出来搁着，木

王熙凤放高利贷的事情败露，有中饱私囊的私欲，难道没有勉强支撑花费巨大的贾府世家大族名声的缘故？

通过焦大的话，点出贾家先祖打下江山，挣下家业，却没有一个能干的子孙来守住。

510

器钉得破烂,磁器打得粉碎,他们还要把我拴起来!我活了八九十岁,只有跟着太爷捆人的,哪里倒叫人捆起来!我便说我是西府里的,就跑出来。那些人不依,押到这里,不想这里也是这么着。我如今也不要命了,和那些人拼了罢!"说着撞头。

众役见他年老,又是两王吩咐,不敢发狠。便说:"你老人家安静些,这是奉旨的事,你且这里歇歇,听个信儿再说。"贾政听明,虽不理他,但是心里刀绞似的,便道:"完了,完了!不料我们一败涂地如此。"

正在着急听候内信,只见薛蝌气嘘嘘地跑进来说:"好容易进来了!姨父在哪里?"贾政道:"来得好!但是外头怎么放进来的?"薛蝌道:"我再三央说,又许他们钱,所以我才能够出入的。"贾政便将抄去之事告诉了他,便烦去打听打听,说:"就有好亲在火头上,也不便送信,是你就好通信了。"

薛蝌道:"这里的事,我倒想不到,那边东府的事,我已听见说完了。"贾政道:"究竟犯什么事?"薛蝌道:"今朝为我哥哥打听决罪的事,在衙内闻得有两位御史,风闻得珍大爷引诱世家子弟赌博,这款还轻;还有一大款强占良民妻女为妾,因其女不从,凌逼致死。那御史恐怕不准,还将咱们家的鲍二拿去,又还拉出一个姓张的来。只怕连都察院都有不是,为的是姓张的曾告过的。"贾政尚未听完,便跺脚道:

呼应前文尤二姐之死。张华确实是凤姐的后患。

"了不得！罢了，罢了。"叹了一口气，扑簌簌地掉下泪来。

薛蝌宽慰了几句，即便又出去打听去了。隔了半日，仍旧进来，说："事情不好。我在刑科打听，倒没有听见两王复旨的信，但听得说李御史今早参奏平安州奏京官，上司迎合，虐害百姓，好几大款。"贾政慌道："哪管他人的事！到底打听我们的怎么样？"薛蝌道："说是平安州，就有我们，那参的京官就是赦老爷。说的是包揽词讼，所以火上浇油。就是同朝这些官府，俱藏躲不迭，谁肯送信？就即如才散的这些亲友们，有的竟回家去了，也有远远儿地歇下打听的。可恨那些贵本家便在路上说：'祖宗撂下的功业，弄出事来了，不知道飞到哪个头上去呢，大家也好施为施为……'"

贾政没有听完，复又顿足道："都是我们大爷忒糊涂！东府也忒不成事体！如今老太太与琏儿媳妇是死是活还不知道呢。你再打听去，我到老太太那边瞧瞧。若有信，能够早一步才好！"

正说着，听见里头乱嚷出来说："老太太不好了！"急得贾政即忙进去。未知生死如何，下回分解。

○ 学习小任务：

《红楼梦曲》第十三支《好事终》："画梁春尽落香尘。擅风情，秉月貌，便是败家的根本。

呼应凤姐弄权铁槛寺之事，她获得三千两银子，假托贾琏所嘱，修书一封，拆散张金哥夫妇，致使金哥和守备之子双双殉情，残害两条人命。

箕裘颓堕皆从敬,家事消亡首罪宁。宿孽总因情。"请举出具体的故事情节,阐述贾府为何会"败家"和"消亡"。

参考答案:贾府的兴盛与衰落,均源自传统封建社会的内部矛盾,贾府因皇家青睐而兴盛,又因政治倾轧而衰落,所谓"成也萧何,败也萧何"。于是我们看到,被选为皇妃的贾元春元宵归家省亲,这是贾府兴盛的顶点,同时也是贾府走下坡路的开始。随着元春之死,贾府失去了皇家的荣宠,衰落和覆灭是必然的结局。

第13课　古典长篇小说阅读方法概述

——以《红楼梦》阅读为例

"万丈高楼平地起"，古典长篇小说内容庞杂、人物众多，阅读时间长，为了保证阅读的有效性和连续性，我们可以根据一般的阅读规律以及自身的能力水平，把阅读活动拆分为相对独立几个阶段，而每个阶段之间也具有互相呼应的联系。

中国古典小说承载着中华优秀传统文化，不仅在语文学习中具有独特的教化作用，对个人成长也有举足轻重的作用。我们通过主动探究与阅读古典小说，不仅能够扩大自己的知识面，提高审美鉴赏力，更可以通过理解优秀传统文化，形成正确的价值观，最终形成终身学习的能力。

我们在初中时接触过短篇文言文小说（《世说新语》和《聊斋志异》），长篇古典白话小说（《水浒传》），也开展过古典小说的整本书阅读（《西游记》）。到了高中阶段，古典小说阅读的范围进一步缩小，而阅读的难度进一步提高，如《红楼梦》成为高考必读篇目，在教材中作为独立单元呈现（部编教材高中语文必修下册第七单元）。

古典小说所涉及的背景和内容远离现代生活实际，这是横亘在小说和读者之间的一道鸿沟。加之这类小说的篇幅较长，人物众多，语言上文白相间，也给我们的阅读理解造成了一定的困难。此外，随着近年来考试改革的推进，整本书阅读越来越多地被纳入中高考范畴中，如何在有限的时间内达成深入而全面的阅读，也是困扰我们的一个难题。接下来，我们将以《红楼梦》的整本书阅读为例，从阅读规划和具体范例两方面，总结古典长篇小说的阅读方法。

一、循序渐进的阅读原则

"万丈高楼平地起"，古典长篇小说内容庞杂、人物众多，阅读时间长,同学们容易在阅读的过程中被种种困难吓退,出现虎头蛇尾、半途而废的现象。因此,为了保证阅读的有效性和连续性,我们可以根据一般的阅读规律以及自身的能力水平,把阅读活动拆分为相对独立的几个阶段,而每个阶段之间也应互相呼应。

一般而言,我们可以将整体阅读划分为以下三个阶段:起始阶段、细读阶段和专题阶段。阶段性的学习任务能够帮助我们在阅读的过程中保持持续的获得感和阅读动力,而连贯的阅读能够保证长篇小说阅读的整体目标达成。

(一)起始阶段

在阅读的起始阶段,我们要做好阅读的前期准备工作,包括查找资料、熟悉背景、了解情节等。作者信息、背景资料往往能够帮助我们快速把握小说的整体风貌,而小说的情节则是带领我们叩开整本书阅读大门的钥匙。

《红楼梦》被誉为"封建社会的百科全书",早在清代,民间就有"开谈不说《红楼梦》,读尽诗书也枉然"的论断,鲁迅说:"自有《红楼梦》出来以后,传统的思想和写法都打破了。"[1]如果我们想要深入了解小说所反映的社会风貌,就势必要了解作者曹雪芹及其所处时代的特征。

曹雪芹写《红楼梦》和司马迁写《史记》有着类似的动机,那就是"发愤著书"。曹家曾是清代有权有势、极富极贵的名门望族,是《红楼梦》中"护官符"的真实写照。少年时代的曹雪芹也曾过着鲜衣怒马的贵公子生活,因而小说中对于贵族之

---

1 鲁迅:《中国小说的历史变迁》,载《鲁迅全集》第九卷,人民文学出版社,第2005年,第348页。

家的起居、服饰、装潢、宴饮、享乐生活的描写才能够如此真实贴切。家道中落之后，曹雪芹在颠沛流离中饱尝人情冷暖，在处处碰壁中明白世情百态，在穷困潦倒之中发愤著书，"披阅十载，增删五次"。曲折的人生经历加上天才的文学笔触，才造就了《红楼梦》现实主义和浪漫主义并举的艺术特色。

情节庞杂、人物众多是古典长篇小说的共性，我们在初次阅读的时候，要尝试从枝蔓旁生的复杂情节中梳理出一条或者几条脉络主线，从而使我们的阅读方向更加明晰。

学者们通常认可的《红楼梦》脉络线索主要有两条：宝黛钗的爱情悲剧和贾府的衰败历程，这两条线索分别指向小说的审美内涵和社会内涵。作者通过宝黛的爱情理想寄托了自己对于理想人格和社会的追求，同时也传递了真、善、美的价值观念。在贾府的盛衰变迁的过程中，再现的是封建贵族的世态人情、历史政治、文化民俗，因而我们需要以社会的、历史的、文化的眼光去品读《红楼梦》。

（二）细读阶段

在细读阶段，重点是要在整体把握的基础上开展精细的批注阅读，要在主线脉络的引领之下梳理相对独立的情节，逐渐形成对于小说的全面认知，进一步探索符合自身实际的阅读方式。

古典长篇小说多为章回体，采用网状交织的结构，很多章回段落单独拿出来也能自成一个完整独立的艺术天地。在阅读的过程中，我们既要关注与脉络线索或核心人物相关联的独立情节，同时也要注意多个情节交织之下的故事多向发展，以还原小说动态立体的全貌。此外，我们要通过批注式阅读捕捉篇章的关键细节处，养成质疑发问、独立思考的阅读习惯，为深入理解小说的主旨奠定思维基础。

《红楼梦》中很多章回段落单独拿出来便能自成一个完整独立的艺术天地，如林黛玉进贾府、王熙凤协理宁国府、刘姥姥进大观园等。这些单篇故事为读者动态地呈现了小说的风貌、人物的性格，要把它们读熟、读精，既要结合人物语言分析其性格，也要联系前后事件分析后果。

《红楼梦》中的人物和事件交织除主线外，呈现出十分立体的多篇故事，构成了更加立体丰富的戏剧效果。如"晴雯撕扇""黛玉葬花"等情节是金陵十二钗性格与命运的侧面呈现，而荣府家宴、大观园欢饮则是大观园宴饮文化的集中体现。对于这些故事，不仅要能够概括叙述其情节，还要从中理清人物关系、明晰故事走向。

（三）专题阶段

在专题阶段，重点是要在多篇整读、统观阅读下分析人物和情节，形成一系列探究性和开放性的话题，从而深入理解小说的主旨。

事件中心化是古典小说写作中的一种常见手法，即把人物放在事件中描绘。《红楼梦》将这种手法进一步发展，以事件为轴心，在事件的发生、发展、变化中展示人物特点，这就使得《红楼梦》中的人物较之传统的古典小说人物更形象、更生动。如在秦可卿的丧事中写凤姐，并不是以人为主，而是以事为主，反而将凤姐的性格特征充分描绘，效果远超单纯写人。再如刘姥姥进大观园、鸳鸯女三宣牙牌令这些场面，读者看到的是一群人、一个欢乐的生活场景，而不只是一两个人。

由于在前一阶段的阅读中，我们已经积累了丰富的单个和多个情节，因而可以据此归纳出一系列研读专题，从而更加深入地理解小说的主题内涵。如以下根据单个情节梳理出的研读专题（见表13-1）：

表13-1 《红楼梦》三大研读专题

专 题	情 节
宝黛钗故事	还泪神话、宝黛初见、黛玉半含酸、静日玉生香、宝玉论亲疏、比戏子事件、共读《西厢记》、黛玉葬花、怒摔通灵宝玉、宝钗机带双敲、宝黛诉肺腑、钗黛互剖金兰语、黛玉之死
荣宁府大事	演说荣国府、林黛玉进贾府、王熙凤理家、元妃省亲、宝玉挨打、刘姥姥进大观园、荣国府元宵开夜宴、贾敬之死、王熙凤大闹宁国府、抄检大观园
大观园琐事	小红遗帕、晴雯撕扇、龄官画蔷、海棠结社、香菱学诗、芦雪广联诗、探春理家、紫鹃试玉、平儿行权、湘云醉卧、绣春囊风波、晴雯之死

二、丰富多彩的阅读方法

制定好阅读计划后，在阅读推进的过程中，我们也需要持续不断的动力，这里为大家推荐几种可供参考的阅读方法。

（一）回目梳理

章回体长篇小说的回目犹如小说的"眼睛"，它们是小说的目录，也是小说的标题，往往通过简练工整的形式，精要地概括各回的主要内容。与众多章回体小说的回目相比，《红楼梦》的回目不仅工整而富有文学性，其对于人物性格、情节也有很强的概括性和暗示性。在阅读的过程中，我们可以通过挑选含有关键信息的回目，品读关键词，从而了解人物的性格特点，把握小说的网状结构,理清小说的主线。

《红楼梦》中一些主要人物进入回目时,作者往往会在其名字前加一个字,来概括或凸显其品性,即所谓"一字评",如"敏探春""酸凤姐""贤袭人""勇晴雯""慧紫鹃"等。这种"一字评"实际上是对于人物性格的高度概括,对于情节也有预示作用(见表13-2):

表13-2 人物"一字评"

人物	回 目	情 节	特 征
袭人	贤袭人娇嗔箴宝玉	袭人规劝宝玉	机敏、敏锐、敏感
探春	敏探春兴利除宿弊	探春治理大观园	贤惠、贤良、贤明
晴雯	勇晴雯病补孔雀裘	晴雯补裘	勇敢、果敢、大胆

(二)活动阅读

兴趣是最好的老师,阅读兴趣的培养是我们阅读的前提。研读冗长而复杂的长篇小说有时候会让人觉得枯燥,难以为继。在感到消沉的时候,我们不妨打开思维,或寻求老师的帮助,或与志同道合的朋友一起研讨,调整阅读的形式,不断保持阅读动力,以达到持续阅读的目的。

阅读的形式不仅限于原著文本,我们在实际生活中经常会发现一些立足于经典原著创作的戏剧、绘画、影视等形式的跨媒介作品,它们与原著本身往往存在不小的差异,这种差异既能够帮助我们迅速走进文本,又能够帮助我们多角度地认识小说,这也是激发我们阅读兴趣的重要因素。

如在《红楼梦》原文结尾处,贾府最终又恢复了一片繁荣昌盛的景象。贾宝玉、贾兰一举中第,远嫁他乡的探春也回来探亲。但在87版《红楼梦》电视剧中，结局真实再现"白茫茫大地真干净"的情景，贾府最终落败，贾宝玉一个人在雪地里独自前行。面对影视作品与小说原著之间的差异性，我们可以根据自己的阅读体验，评价哪一种结局更符合曹雪芹的创作意图，由此激发自我阅读的兴趣。

（三）读写结合

经典文学作品中的代表性情节往往是艺术改编的灵感来源，我们在阅读的过程中也可以通过将小说改编成剧本的方式，开展读写活动，在对文本进行深入研读的过程中，加深对文本的理解。从故事性来讲，《红楼梦》兼有《西游记》的魔幻特色和《水浒传》的人物群像特征，这就为我们改编、重构故事留下了丰富的空间。如《红楼梦》前五回的神话背景，既有我们耳熟能详的"女娲补天"故事，也有作者虚构的"太虚幻境"故事，我们可以根据自己的理解，在小说的基础上，把这些故事进行一定程度的改编。改编后的故事一方面会更加符合现代人的语言习惯，另一方面能够帮助我们加深对于小说神话背景的理解。

原文细读与鉴赏

一、情节梳理鉴赏：
以大观园琐事为例

第二十四回
醉金刚轻财尚义侠　痴女儿遗帕惹相思

〔1〕

小红一出场就
给贾芸留下了
鲜明的印象。

这里贾芸便看字画古玩。有一顿饭工夫，还不见来。再看看别的小子，都玩去了。正在烦闷，只听门前娇音嫩语地叫了一声"哥哥"，贾芸往外瞧时，只见是一个十五六岁的丫头，生得倒也十分精细干净，那丫头见了贾芸，便抽身躲了，恰值焙茗走来，见那丫头在门前，便说道："好，好！正抓不着个信儿。"贾芸见了焙茗，也就赶出来，问："怎么样？"焙茗道："等了这一日，也没个人儿过来。这就是宝二爷房里的。"因说道："好姑娘，你带个信儿，就说廊上二爷来了。"

这个丫头不简单！

那丫头听见，方知是本家的爷们，便不似从前那等回避，下死眼把贾芸钉了两眼。听那贾芸说道："什么'廊上''廊下'的,你只说芸儿就是了。"半晌,那丫头冷笑道:"依我说,二爷且请回去罢,明日再来。今儿晚上得空儿,我回一声。"焙茗道:"这是怎么说?"那丫头道:"他今儿也没睡中觉,自然吃得晚饭早,晚上又不下来,难道只是要二爷这里等着挨饿不成?不如家去,明儿来是正经。就便回来有人带信儿,不过口里答应着,他肯给带到吗?"

贾芸听这丫头的话简便俏丽,待要问她名字,因是宝玉房里的,又不便问,只得说道:"这话倒是。我明日再来。"说着,便往外去了。焙茗道:"我倒茶去,二爷吃了茶再去。"贾芸一面走,一面回头说:"不吃茶,我还有事呢。"口里说话,眼睛瞧那丫头还站在那里呢。

寥寥数语,一面之缘,已经为后文小红的情节埋下了多处伏笔,你能找出来吗?

〔2〕

宝玉见没丫头们,只得自己下来,拿了碗,向茶壶去倒茶。只听背后有人说道:"二爷,仔细烫了手,等我来倒。"一面说,一面走上来接了碗去。宝玉倒唬了一跳,问:"你在哪里的?忽然来了,唬了我一跳。"那丫头一面递茶,一面笑着回道:"我在后院里。才从里间后门进来,难道二爷就没听见脚步响?"

宝玉一面吃茶,一面仔细打量,那丫头穿着几件半新不旧的衣裳,倒是一头黑鸦鸦的好头发,挽着鬌儿,容长脸面,细挑身材,却十分俏丽甜净。宝玉便笑问道:"你也是我这屋里的人么?"那丫头道:"是的。"宝玉道:"既是这

宝玉眼中的小红和贾芸眼中的小红有什么不同?

丫鬟的世界里,也有不为人知的尊卑等级,是世情,也是人性。

屋里的,我怎么不认得?"

那丫头听说,便冷笑一声道:"不认得的也多呢,岂止我一个?从来我又不递茶水拿东西,眼前的事一件也做不着,哪里认得呢?"宝玉道:"你为什么不做那眼前的事?"那丫头道:"这话我也难说,只是有句话回二爷:昨日有个什么芸儿来找二爷,我想二爷不得空儿,便叫焙茗回他;今日早起来,不想二爷又往北府里去了……"

刚说到这句话,只见秋纹、碧痕唏唏哈哈地笑着进来:两个人共提着一桶水,一手撩衣裳,趔趔趄趄、泼泼撒撒的。那丫头便忙迎出去接。那秋纹、碧痕,正对着抱怨:"你湿了我的衣裳。"那个又说:"你踹了我的鞋。"忽见走出一个人来接水,二人看时,不是别人,原来是小红。二人便都诧异,将水放下,忙进房看时,并没别人,只有宝玉,便心中俱不自在,只得且预备下洗澡之物,待宝玉脱了衣裳,二人便带上门出来,走到那边房内,找着小红,问她:"方才在屋里做什么?"

小红这话是真是假,你能判断出来吗?

小红道:"我何曾在屋里的?只因我的手帕子不见了,往后头找去,不想二爷要茶吃,叫姐姐们,一个也没有,是我进去倒了碗茶,姐姐们便来了。"秋纹兜脸啐了一口道:"没脸面的下流东西!正经叫你催水去,你说有事,倒叫我们去,你可做这个巧宗儿。一里一里的,这不上来了?难道我们倒跟不上你么?你也拿镜子照照,配递茶递水不配?"碧痕道:"明儿我说给他们,凡要茶要水拿东西的事,咱们都别动,只叫她去便是了。"秋纹道:"这么说,还不如我们散了,单让了她在这屋里呢!"

二人你一句,我一句,正闹着,只见有个老嬷嬷进来,传凤姐的话说:"明日有人带花儿匠来种树,叫你们严禁些,衣服裙子,别混晒混晾的。那土山一带都拦着围幕,可别混跑。"秋纹便问:"明日不知是谁带进匠人来监工?"那老婆子道:"什么后廊上的芸哥儿。"秋纹、碧痕俱不知道,只管混问别的话,那小红心内明白,知是昨日外书房所见的那人了。

〔3〕

这小红虽然是个不谙事体的丫头,因她原有几分容貌,心内妄想向上攀高,每每要在宝玉面前现弄现弄。只是宝玉身边一干人都是伶牙利爪的,哪里插得下手去?不想今日才有些消息,又遭秋纹等一场恶话,心内早灰了一半。正闷闷的,忽然听见老嬷嬷说起贾芸来,不觉心中一动,便闷闷地回房,睡在床上,暗暗思量,翻来掉去,正没个抓寻。

忽听窗外低低地叫道:"小红,你的手帕子我拾在这里呢。"小红听了,忙走出来看,不是别人,正是贾芸。小红不觉粉面含羞,问道:"二爷在哪里拾着的?"贾芸笑道:"你过来,我告诉你。"一面说,一面就上来拉她。那小红转身一跑,却被门槛子绊倒。

谜底揭晓!原来小红确实也有争强好胜之心。

《红楼梦》中多写"梦",此处小红的梦又有什么深意?

527

第三十一回

撕扇子作千金一笑　因麒麟伏白首双星

（本回相关内容请查阅第8课"原文细读与鉴赏"，第332—338页）

第六十一回

投鼠忌器宝玉瞒赃　判冤决狱平儿行权

〔1〕

平儿处事不偏听偏信，亲自求证，避免了冤假错案。

平儿一一地都应着，打发她们去了，却悄悄地来访袭人，问她可果真芳官给她玫瑰露了。袭人便说："露却是给了芳官，芳官转给何人，我却不知。"袭人于是又问芳官，芳官听了，唬了一跳，忙应是自己送她的。

芳官便又告诉了宝玉，宝玉也慌了，说："露虽有了，若勾起茯苓霜来，她自然也实供。若听见了是她舅舅门上得的，她舅舅又有了不是，岂不是人家的好意，反被咱们陷害了？"因忙和平儿计议："露的事虽完了，然这霜也是有不是的。好姐姐，你只叫她也说是芳官给的，就完了。"

平儿事事想得周到，除了要尊重事实，也要平衡府内各种复杂的人情关系。

平儿笑道："虽如此，只是她昨晚已经同人说是她舅舅给的了，如何又说你给的？况且那边所丢的霜，正没主儿，如今有赃证的白放了，又去找谁？谁还肯认？众人也未必心服。"晴

528

雯走来,笑道:"太太那边的露,再无别人,分明是彩云偷了给环哥儿去了,你们可瞎乱说。"

平儿笑道:"谁不知这个原故?但今玉钏儿急得哭,悄悄问着她,她若应了,玉钏儿也罢了,大家也就混着不问了,难道我们好意兜揽这事不成?可恨彩云不但不应,她还挤玉钏儿,说她偷了去了。两个人'窝里炮',先吵得合府都知道了,我们如何装没事人呢?少不得要查的。殊不知告失盗的就是贼,又没赃证,怎么说她?"

宝玉道:"也罢。这件事,我也应起来,就说是我要吓她们玩,悄悄地偷了太太的来了,两件事就都完了。"袭人道:"也倒是一件阴骘事,保全人的贼名儿。只是太太听见了,又说你小孩子气像,不知好歹了。"平儿笑道:"也倒是小事。如今便从赵姨娘屋里起了赃来也容易,我只怕又伤着一个好人的体面。别人都不必管,只这一个人,岂不又生气?我可怜的是她,不肯为'打老鼠伤了玉瓶'。"说着,把三个指头一伸。

袭人等听说,便知她说的是探春,大家都忙说:"可是这话,竟是我们这里应起来的为是。"平儿又笑道:"也须得把彩云和玉钏儿两个孽障叫了来,问准了她方好。不然,她们得了意,不说为这个,倒像我没有本事,问不出来。就是这里完事,她们以后越发偷的偷、不管的不管了。"袭人等笑道:"正是,也要你留个地步。"

平儿投鼠忌器,是为了保全探春。

既要顾忌人情,还要保证公正,难得平儿竟然能够斡旋周全。

529

凤姐治家的风格是严刑峻法，短期有效，但是容易引发下人的怨恨，激化矛盾。

凤姐儿道："虽如此说，但宝玉为人，不管青红皂白，爱兜揽事情。别人再求求他去，他又搁不住人两句好话，给他个炭篓子[1]带上，什么事他不应承？咱们若信了，将来若大事也如此，如何治人？还要细细地追求才是。依我的主意，把太太屋里的丫头都拿来，虽不便擅加拷打，只叫她们垫着磁瓦子跪在太阳地下，茶饭也不要给她们吃。一日不说跪一日，就是铁打的，一日也管招了。"

又道："'苍蝇不抱没缝儿的鸡蛋'，虽然这柳家的没偷，到底有些影儿，人才说她。虽不加贼刑，也革出不用。朝廷原有挂误的，到底不算委屈了她。"

平儿的治家风格则是"大事化小，小事化了"，对于眼下的贾府，凤姐和平儿的风格哪个更好，为什么？

平儿道："何苦来操这心？'得放手时须放手'，什么大不了的事，乐得施恩呢。依我说，纵在这屋里操上一百分心，终久是回那边屋里去的，没的结些小人的仇恨，使人含恨抱怨。况且自己又三灾八难的，好容易怀了一个哥儿，到了六七个月还掉了，焉知不是素日操劳太过，气恼伤着的？如今趁早儿见一半不见一半的，也倒罢了。"

一夕话说得凤姐儿倒笑了，道："随你们罢！没的怄气。"平儿笑道："这不是正经话？"说毕，转身出来，一一发放。

---

1 炭篓子：对人非善意的恭维。

○ 学习小任务:

不动笔墨不读书,请你仿照上面的批注阅读,从以下情节中选一到两个,在自己的书上进行批注阅读。(答案略)

宝黛钗故事	还泪神话、宝黛初见、黛玉半含酸、静日玉生香、宝玉论亲疏、比戏子事件、共读《西厢记》、黛玉葬花、怒摔通灵宝玉、宝钗机带双敲、宝黛诉肺腑、钗黛互剖金兰语、黛玉之死
荣宁府大事	演说荣国府、林黛玉进贾府、王熙凤理家、元妃省亲、宝玉挨打、刘姥姥进大观园、荣国府元宵开夜宴、贾敬之死、王熙凤大闹宁国府、抄检大观园

二、人物形象鉴赏:
以王熙凤为例

第三回

托内兄如海荐西宾　接外孙贾母惜孤女

这熙凤携着黛玉的手,上下细细打量一回,便仍送至贾母身边坐下,因笑道:"天下真有这样标致人儿!我今日才算看见了!况且这通身的气派竟不像老祖宗的外孙女儿,竟是嫡亲的孙女儿似的,怨不得老祖宗天天嘴里心里放不下。——只可怜我这妹妹这么命苦,怎么姑妈偏就去世了呢!"说着便用帕拭泪。

贾母笑道:"我才好了,你又来招我。你妹

这一句话夸了几个人?

妹远路才来，身子又弱，也才劝住了，快别再提了。"熙凤听了，忙转悲为喜道："正是呢！我一见了妹妹，一心都在她身上，又是喜欢，又是伤心，竟忘了老祖宗了，该打，该打！"又忙拉着黛玉的手问道："妹妹几岁了？可也上过学？现吃什么药？在这里别想家，要什么吃的、什么玩的，只管告诉我；丫头老婆们不好，也只管告诉我。"黛玉一一答应。一面熙凤又问人："林姑娘的东西可搬进来了？带了几个人来？你们赶早打扫两间屋子叫他们歇歇儿去。"

王熙凤三言两语的问候就表现了自己的管家身份。

说话时，已摆了果茶上来，熙凤亲自布让。又见二舅母问她："月钱放完了没有？"熙凤道："放完了。刚才带了人到后楼上找缎子，找了半日，也没见昨儿太太说的那个，想必太太记错了。"王夫人道："有没有，什么要紧。"因又说道："该随手拿出两个来给你这妹妹裁衣裳啊。等晚上想着再叫人去拿罢。"熙凤道："我倒先料着了，知道妹妹这两日必到，我已经预备下了。等太太回去过了目，好送来。"王夫人一笑，点头不语。

脂评："余知此缎阿凤并未拿出，此借王夫人之语机变欺人处耳。若信彼果拿出预备，不独被阿凤瞒过，亦且被石头瞒过了。"

（本回相关内容请查阅第7课"原文细读与鉴赏"，第271页）

第六回
贾宝玉初试云雨情　刘姥姥一进荣国府

这里二人又说了些闲话。刘姥姥因说：

"这位凤姑娘,今年不过十八九岁罢了,这等有本事,当这样的家,可是难得的!"周瑞家的听了道:"嗐,我的姥姥,告诉不得你了!这凤姑娘年纪儿虽小,行事儿比是人都大呢。如今出挑的美人儿似的,少说着只怕有一万心眼子,再要赌口齿,十个会说的男人也说不过她呢。回来你见了就知道了。就只一件,待下人未免太严些儿。"

周瑞家的眼中的王熙凤:精明能干,却刻薄寡恩。

第十一回
庆寿辰宁府排家宴　见熙凤贾瑞起淫心

凤姐是个聪明人,见他这个光景,如何不猜八九分呢,因向贾瑞假意含笑道:"怪不得你哥哥常提你,说你好。今日见了,听你这几句话儿,就知道你是个聪明和气的人了。这会子我要到太太们那边去呢,不得合你说话,等闲了再会罢。"贾瑞道:"我要到嫂子家里去请安,又怕嫂子年轻,不肯轻易见人。"凤姐又假笑道:"一家骨肉,说什么年轻不年轻的话。"

明明心里恨极,却还能假意逢迎,凤姐之心机可见一斑。

贾瑞听了这话,心中暗喜,因想道:"再不想今日得此奇遇!"那情景越发难堪了。凤姐儿说道:"你快去入席去罢。看他们拿住了,罚你的酒。"贾瑞听了,身上已木了半边,慢慢地走着,一面回过头来看。凤姐儿故意地把脚放迟了,见他去远了,心里暗忖道:"这才是'知人知面不知心'呢。哪里有这样禽兽的人?他

王蒙批注,不是提防,而是杀机,这样的进攻型思路!

果如此，几时叫他死在我手里，他才知道我的手段！"

第十二回
王熙凤毒设相思局　贾天祥正照风月鉴

〔1〕

　　此时贾瑞邪心未改，再不想到凤姐捉弄他。过了两日，得了空儿，仍找寻凤姐。凤姐故意抱怨他失信，贾瑞急得起誓。凤姐因他自投罗网，少不得再寻别计令他知改，故又约他道："今日晚上，你别在那里了，你在我这房后小过道儿里头那间空屋子里等我。——可别冒撞了！"贾瑞道："果真么？"凤姐道："你不信就别来。"贾瑞道："必来，必来！死也要来的！"凤姐道："这会子你先去罢。"贾瑞料定晚间必妥，此时先去了。凤姐在这里便点兵派将，设下圈套。

〔2〕

　　倏又腊尽春回，这病更加沉重。代儒也着了忙，各处请医疗治，皆不见效。因后来吃独参汤，代儒如何有这力量，只得往荣府里来寻。王夫人命凤姐秤二两给他。凤姐回说："前儿新近替老太太配了药，那整的太太又说留着送杨提督的太太配药，偏偏昨儿我已经叫人送了去了。"王夫人道："就是咱们这边没了，你叫个人往你婆婆那里问问，或是你珍大哥哥那里

凤姐手段固然狠辣，其实还是想令贾瑞知错能改。无奈贾瑞色令智昏，无可救药。

534

有，寻些来，凑着给人家，吃好了，救人一命，也是你们的好处。"

凤姐应了，也不遣人去寻，只将些渣末凑了几钱，命人送去。只说："太太叫送来的，再也没了。"然后向王夫人说："都寻了来了，共凑了二两多，送去了。"

既然无情，更兼不肯悔改，贾瑞之死也就不值得同情了，不过凤姐狠辣、不留余地的处事手段也让人心惊。

第十三回

秦可卿死封龙禁尉　王熙凤协理宁国府

〔1〕

凤姐听了，恍惚问道："有何心愿？只管托我就是了。"秦氏道："婶娘，你是个脂粉队里的英雄，连那些束带顶冠的男子也不能过你，你如何连两句俗语也不晓得？常言：'月满则亏，水满则溢。'又道是：'登高必跌重。'如今我们家赫赫扬扬，已将百载，一日倘或'乐极生悲'，若应了那句'树倒猢狲散'的俗语，岂不虚称了一世诗书旧族了？"

在末世的贾府中，凤姐当得起"英雄"这个称赞。

〔2〕

王夫人心中为的是凤姐未经过丧事，怕她料理不起，被人见笑。今见贾珍苦苦地说，心中已活了几分，却又眼看着凤姐出神。那凤姐素日最喜揽事，好卖弄能干，今见贾珍如此央她，心中早已允了；又见王夫人有活动之意，便向王夫人道："大哥说得如此恳切，太太就依了罢。"

大凡有才之人，都有很强的表现欲，凤姐也不例外。

535

看似谦虚，实是卖弄。

王夫人悄悄地问道："你可能么?"凤姐道："有什么不能的! 外面的大事已经大哥哥料理清了，不过是里面照管照管。便是我有不知的，问太太就是了。"王夫人见说得有理，便不出声。贾珍见凤姐允了，又陪笑道："也管不得许多了，横竖要求大妹妹辛苦辛苦。我这里先与大妹妹行礼，等完了事，我再到那府里去谢。"说着就作揖，凤姐连忙还礼不迭。

〔3〕

还未上任，心里已有成算，既是心机，也是能力。

这里凤姐来至三间一所抱厦中坐了，因想：头一件是人口混杂，遗失东西;二件，事无专管，临期推委;三件，需用过费，滥支冒领;四件，任无大小，苦乐不均;五件，家人豪纵，有脸者不能服钤束，无脸者不能上进。此五件实是宁府中风俗。

第十四回

林如海灵返苏州郡　　贾宝玉路谒北静王

〔1〕

至次日卯正二刻[1]，便过来了。那宁国府中老婆媳妇早已到齐，只见凤姐和赖升媳妇分派众人执事，不敢擅入，在窗外打听。听见凤姐和赖升媳妇道："既托了我，我就说不得要讨你们嫌了。我可比不得你们奶奶好性

敲山震虎，事先言明底线，实际操作起来才更加有效率，凤姐显然熟谙管理之道。

1　卯正二刻：指今天的早晨5：30。

儿,诸事由得你们。再别说你们'这府里原是这么样'的话,如今可要依着我行,错我一点儿,管不得谁是有脸的,谁是没脸的,一例清白处治。"

说罢,便吩咐彩明念花名册,按名一个一个叫进来看视,一时看完,又吩咐道:"这二十个分作两班,一班十个,每日在内单管亲友来往倒茶,别的事不用管。这二十个也分作两班,每日单管本家亲戚茶饭,也不管别的事。这四十个人也分作两班,单在灵前上香、添油、挂幔、守灵、供饭、供茶、随起举哀,也不管别的事。这四个人专在内茶房收管杯碟茶器,要少了一件,四人分赔。这四个人单管酒饭器皿,少一件也是分赔。这八个人单管收祭礼。这八个单管各处灯油、蜡烛、纸札,我一总支了来,交给你们八个人,然后按我的数儿往各处分派。这二十个每日轮流各处上夜,照管门户,监察火烛,打扫地方。这下剩的按房分开,某人守某处,某处所有桌椅古玩起,至于痰盒掸子等物,一草一苗,或丢或坏,就问这看守的赔补。赖升家的每日揽总查看,或有偷懒的,赌钱吃酒打架拌嘴的,立刻拿了来回我。你要徇情,叫我查出来,三四辈子的老脸,就顾不成了。如今都有了定规,以后哪一行乱了,只和哪一行算账。素日跟我的人,随身俱有钟表,不论大小事,都有一定的时刻。——横竖你们上房里也有时辰钟:卯正二刻我来点卯;巳正

虽然人口繁多、事物庞杂,但是凤姐却安排得井井有条。

试着根据现代的时间,梳理一下凤姐一天的日程,体会一下她每天的生活节奏。

537

吃早饭；凡有领牌回事，只在午初二刻；戌初烧过黄昏纸，我亲到各处查一遍，回来上夜的交明钥匙。第二日还是卯正二刻过来。说不得咱们大家辛苦这几日罢，事完了你们大爷自然赏你们。"

说毕，又吩咐按数发茶叶、油烛、鸡毛掸子、笤帚等物，一面又搬取家伙：桌围、椅搭、坐褥、毡席、痰盒、脚踏之类，一面交发，一面提笔登记——某人管某处，某人领物件，开得十分清楚。众人领了去，也都有了投奔，不似先时只拣便宜的做，剩下苦差没个招揽。各房中也不能趁乱迷失东西。便是人来客住，也都安静了，不比先前紊乱无头绪：一切偷安窃取等弊，一概都蠲了。

凤姐的管理卓有成效。

凤姐自己威重令行，心中十分得意。因见尤氏犯病，贾珍也过于悲哀，不大进饮食，自己每日从那府中熬了各样细粥，精美小菜，令人送过来。贾珍也另外吩咐，每日送上等菜到抱厦内，单预备凤姐。凤姐不畏勤劳，天天按时刻过来，点卯理事，独在抱厦内起坐，不与众妯娌合群，便有女眷来往，也不迎送。

"脂粉队里的英雄"。

〔2〕

贾珍、尤氏忙令人劝止，凤姐才止住了哭。来旺媳妇倒茶漱口毕，方起身，别了族中诸人，自入抱厦来，按名查点，各项人数，俱已到齐，只有迎送亲友上的一人未到，即令传来。那人惶恐，凤姐冷笑道："原来是你误了！你比他们

538

有体面，所以不听我的话。"那人回道："奴才天天都来得早，只有今儿来迟了一步，求奶奶饶过初次。"正说着，只见荣国府中的王兴媳妇来了，往里探头儿。

凤姐且不发放这人，却问："王兴媳妇来作什么?"王兴家的近前说："领牌取线，打车轿网络。"说着，将帖儿递上，凤姐令彩明念道："大轿两顶，小轿四顶，车四辆，共用大小络子若干根，每根用珠儿线若干斤。"凤姐听了数目相合，便命彩明登记，取荣国府对牌发下。王兴家的去了。

凤姐方欲说话，只见荣国府的四个执事人进来，都是支取东西领牌的，凤姐命他们要了帖念过，听了一共四件，因指两件道："这个开销错了，再算清了来领。"说着将帖子摔下来。那二人扫兴而去。

凤姐因见张材家的在旁，便问："你有什么事?"张材家的忙取帖子回道："就是方才车轿围子做成，领取裁缝工银若干两。"凤姐听了，收了帖子，命彩明登记；待王兴交过，得了买办的回押相符，然后与张材家的去领。一面又命念那一件，是为宝玉外书房完竣，支领买纸料糊裱，凤姐听了，即命收帖儿登记，待张材家的缴清再发。

凤姐便说道："明儿他也来迟了，后儿我也来迟了，将来都没有人了。本来要饶你，只是我头一次宽了，下次就难管别人了，不如开发

忙而不乱。

有条不紊。

凤姐治家威重令行，果然说到做到。

539

了好。"登时放下脸来,叫:"带出去打他二十板子!"众人见凤姐动怒,不敢怠慢,拉出去照数打了,进来回复;凤姐又掷下宁府对牌:"说与赖升革他一个月的钱粮。"吩咐:"散了罢。"

众人方各自办事去了。那被打的也含羞饮泣而去。彼时荣宁两处领牌交牌人往来不绝,凤姐又一一开发了。于是宁府中人才知凤姐利害,自此俱各兢兢业业,不敢偷安,不在话下。

第十五回
王凤姐弄权铁槛寺　秦鲸卿得趣馒头庵

(本回相关内容请查阅第7课"原文细读与鉴赏",第272—273页)

第四十四回
变生不测凤姐泼醋　喜出望外平儿理妆

〔1〕

心狠手辣。

说着,扬手一巴掌,打在脸上,打得那小丫头子一栽;这边脸上又一下,登时小丫头子两腮紫胀起来。平儿忙劝:"奶奶仔细手疼。"凤姐便说:"你再打着问她跑什么。她再不说,把嘴撕烂了她的。"

〔2〕

凤姐儿见话中有文章,便又问道:"叫你瞧

着我做什么？难道怕我家去不成？必有别的原故，快告诉我，我从此以后疼你。你若不细说，立刻拿刀子来割你的肉！"

说着，回头向头上拔下一根簪子来，向那丫头嘴上乱戳，唬得那丫头一行躲，一行哭求道："我告诉奶奶，可别说我说的。"平儿一旁劝，一面催她，叫她快说。

〔3〕

凤姐听了，气得浑身乱战。又听他们都赞平儿，便疑平儿素日背地里自然也有怨语了。那酒越发涌上来了，也并不忖夺，回身把平儿先打了两下。一脚踢开了门进去，也不容分说，抓着鲍二家的就撕打一顿。又怕贾琏走出去，便堵着门站着骂道："好娼妇！你偷主子汉子，还要治死主子老婆！平儿，过来！你们娼妇们一条藤儿多嫌着我，外面儿你哄我！"

说着，又把平儿打了几下。打得平儿有冤无处诉，只气得干哭。骂道："你们做这些没脸的事，好好的又拉上我做什么！"说着，也把鲍二家的撕打起来。

〔4〕

此时戏已散了，凤姐跑到贾母跟前，爬在贾母怀里，只说："老祖宗救我，琏二爷要杀我呢！"贾母、邢夫人、王夫人等忙问："怎么了？"凤姐儿哭道："我才家去换衣裳，不防琏二爷在家和人说话，我只当是有客来了，唬得我不敢进去；在窗户外头听了一听，原来是鲍二家的

软硬兼施。

凤姐平时的多疑善妒在此时集中爆发，平儿成了无辜受过的替罪羔羊。

凤姐的这段话与事实是否相符？请你来评一评、断一断。

541

媳妇,商议说我利害,要拿毒药给我吃了,治死我,把平儿扶了正。我原生了气,又不敢和他吵,原打了平儿两下子,问他为什么害我。他臊了,就要杀我。"贾母听了,都信以为真,说:"这还了得,快拿了那下流种子来。"

〔5〕

至房中,凤姐儿见无人,方说道:"我怎么像个阎王,又像夜叉?那娼妇咒我死,你也帮着咒我。千日不好,也有一日好。可怜我熬得连个混账女人也不及了,我还有什么脸过这个日子!"

第六十五回

贾二舍偷娶尤二姨　尤三姐思嫁柳二郎

兴儿笑嘻嘻地,在炕沿下,一头吃,一头将荣府之事备细告诉她母女。又说:"我是二门上该班的人。我们共是两班,一班四个,共是八个人。有几个知奶奶的心腹,有几个知爷的心腹。奶奶的心腹,我们不敢惹;爷的心腹,奶奶敢惹。提起来,我们奶奶的事,告诉不得奶奶!她心里歹毒,口里尖快。我们二爷也算是个好的,哪里见得她?倒是跟前平姑娘为人很好,虽然和奶奶一气,她倒背着奶奶常作些好事。小的们有了不是,奶奶是容不过的,只求求她去就完了。如今合家大小,除了老太太、太太两个,没有不恨她的,只不过面子情儿

542

怕她。皆因她一时看得人都不及她，只一味哄着老太太、太太两个人喜欢。她说一是一，说二是二，没人敢拦她。又恨不得把银子钱省下来，堆成山，好叫老太太、太太说她会过日子。殊不知苦了下人，她讨好儿。或有好事，她就不等别人去说，她先抓尖儿。或有不好的事，或她自己错了，她就一缩头，推到别人身上去，她还在旁边拨火儿。如今连她正经婆婆都嫌了她，说他：'雀儿拣着旺处飞''黑母鸡——一窝儿'，自家的事不管，倒替人家去瞎张罗！要不是老太太在头里，早叫过她去了。"

尤二姐笑道："你背着她这等说她，将来你又不知怎么样说我呢。我又差她一层儿，越发有得说了。"兴儿忙跪下说道："奶奶要这样说，小的不怕雷劈吗？但凡小的要有造化，起先娶奶奶时，若得了这样的人，小的们也少挨些打骂，也少提心吊胆的。如今跟爷的几个人，谁不是背前背后称扬奶奶盛德怜下？我们商量着叫二爷要出来，情愿来伺候奶奶呢。"

尤二姐笑道："你这小猾贼儿，还不起来！说句玩话儿，就吓得这个样儿。你们做什么往这里来？我还要找了你奶奶去呢。"兴儿连忙摇手，说："奶奶千万不要去！我告诉奶奶：一辈子不见她才好呢！'嘴甜心苦，两面三刀''上头笑着，脚底下就使绊子''明是一盆火，暗是一把刀'，她都占全了。只怕三姨儿的这张嘴还说不过她呢！奶奶这样斯文良善人，

凤姐虽然在贾府受宠，但她弄权、要强的个性却使她不得人心。

借兴儿之口写尽凤姐的个性。

哪里是她的对手？"

尤氏笑道："我只以理待她，她敢怎么样我？"兴儿道："不是小的喝了酒放肆胡说，奶奶便用着理，让她看见奶奶比她标致，又比她得人心儿，她就肯善罢甘休了？人家是醋罐子，她是醋缸、醋瓮！凡丫头们二爷多看一眼，她有本事当着爷打个烂羊头似的！虽然平姑娘在屋里，大约一年间，两个有一次在一处，她还要嘴里掂十来个过儿呢。气得平姑娘性子上来，哭闹一阵，说：'又不是我自己寻来的！你逼着我，我不愿意，又说我反了，这会子又这样。'她一般的也罢了，倒央告平姑娘。"

凤姐在夫妻生活中的多疑善妒，也是封建礼教所不能容忍的。

尤二姐笑道："可是撒谎？这样一个夜叉，怎么反怕屋里的人呢？"兴儿道："就是俗语说的：'三人抬不过一个"理"字去'了。这平姑娘原是她自幼儿的丫头。陪了过来，一共四个，死的死，嫁的嫁，只剩下这个心腹，收了屋里。一则显她的贤良，二则又拴爷的心。那平姑娘又是个正经人，从不会挑三窝四的，倒一味忠心赤胆伏侍她，所以才容下了。"

平儿在王熙凤与贾琏之间周旋，日子也不好过。

第六十八回

苦尤娘赚入大观园　酸凤姐大闹宁国府

至门前，凤姐方下了车进来，尤二姐一看，只见头上都是素白银器，身上月白缎子袄，青缎子掐银线的褂子，白绫素裙；眉弯柳叶，高吊两梢,目横丹凤,神凝三角:俏丽若三春之桃,清素若九秋之菊。

周瑞、旺儿的二女人搀进院来。二姐陪笑,忙迎上来拜见,张口便叫"姐姐",说:"今儿实在不知姐姐下降,不曾远接,求姐姐宽恕!"说着,便拜下去。

凤姐忙陪笑还礼不迭,赶着拉了二姐儿的手,同入房中。凤姐上坐,尤二姐忙命丫头拿褥子,便行礼,说:"妹子年轻,一从到了这里,诸事都是家母和家姐商议主张。今日有幸相会,若姐姐不弃寒微,凡事求姐姐的指教,情愿倾心吐胆,只伏侍姐姐。"说着,便行下礼去。

凤姐忙下坐还礼,口内忙说:"皆因我也年轻,向来总是妇人的见识,一味地只劝二爷保重,别在外边眠花宿柳,恐怕叫太爷、太太耽心[1]。这都是你我的痴心,谁知二爷倒错会了我的意。若是外头包占人家姐妹,瞒着家里也罢了;如今娶了妹妹作二房,这样正经大事,也是人家大礼,却不曾和我说。我也劝过二爷,早办这件事,果然生个一男半女,连我后来都有靠。不想二爷反以我为那等妒忌不堪的人,私自办了,真真叫我有冤没处诉。我的这个心,惟有天地可表。头十天头里,我就风闻着知道了,只怕二爷又错想了,遂不敢先说;目今可巧二爷走了,所以我亲自过来拜见。还求妹妹

自降身段,打消对手的戒备之心,凤姐真是不简单。

凤姐的巧舌如簧中没有一句真话,却骗过了真心实意的尤二姐。

---

1 耽心:同"担心"。

545

体谅我的苦心，起动大驾，挪到家中，你我姐妹同居同处，彼此合心合意地谏劝二爷，谨慎世务，保养身子，这才是大礼呢。要是妹妹在外头，我在里头，妹妹白想想，我心里怎么过得去呢？再者，叫外人听着，不但我的名声不好听，就是妹妹的名儿也不雅。况且二爷的名声更是要紧的，倒是谈论咱们姐儿们还是小事。至于那起下人小人之言，未免见我素昔持家太严，背地里加减些话，也是常情。妹妹想，自古说的：'当家人，恶水缸。'我要真有不容人的地方儿，上头三层公婆，当中有好几位姐姐、妹妹、妯娌们，怎么容得我到今儿？就是今儿二爷私娶妹妹，在外头住着，我自然不愿意见妹妹，我如何还肯来呢？拿着我们平儿说起，我还劝着二爷收她呢。这都是天地神佛不忍我叫这些小人们糟蹋，所以才叫我知道了。我如今来求妹妹，进去和我一样儿，住的、使的、穿的、带的，你我总是一样儿。妹妹这样伶透人，若肯真心帮我，我也得个膀臂。不但那起小人堵了他们的嘴，就是二爷，回来一见，他也从今后悔，我并不是那种吃醋调歪的人。你我三人，更加和气。所以妹妹还是我的大恩人呢。要是妹妹不和我去，我也愿意搬出来，陪着妹妹住，只求妹妹在二爷跟前替我好言方便方便，留我个站脚的地方儿，就叫我服侍妹妹梳头洗脸，我也是愿意的！"

说着，便呜呜咽咽，哭将起来了。尤二姐

凤姐此处为自己的辩解可以和前文周瑞家的、兴儿背后对她的评价对照看，孰真孰假，孰是孰非？

见了这般,也不免滴下泪来。

二人对见了礼,分序坐下。平儿忙也上来要见礼。尤二姐见她打扮不凡,举止品貌不俗,料定必是平儿,连忙亲身搀住,只叫:"妹子快别这么着,你我是一样的人。"凤姐忙也起身笑说:"折死了她!妹妹只管受礼,她原来是咱们的丫头,以后快别如此。"

说着,又命周瑞家的从包袱里取出四匹上色尺头,四对金珠簪环,为拜见礼。尤二姐忙拜受了。二人吃茶,对诉已往之事。凤姐口内全是自怨自错:"怨不得别人,如今只求妹妹疼我!"

尤二姐见了这般,便认做她是个极好的人:"小人不遂心,诽谤主子,亦是常理。"故倾心吐胆,叙了一回,竟把凤姐认为知己。又见周瑞家等媳妇在旁边称扬凤姐素日许多善政,"只是吃亏心太痴了,反惹人怨"。又说:"已经预备了房屋,奶奶进去,一看便知。"

尤氏心中早已要进去同住方好,今又见如此,岂有不允之理? 便说:"原该跟了姐姐去,只是这里怎么样?"凤姐儿道:"这有何难? 妹妹的箱笼细软,只管着小厮搬了进去。这些粗夯货,要它无用,还叫人看着。妹妹说谁妥当,就叫谁在这里。"

尤二姐忙说:"今儿既遇见姐姐,这一进去,凡事只凭姐姐料理。我也来的日子浅,也不曾当过家事,不明白,如何敢作主? 这几件

尤二姐被凤姐蒙蔽了。

547

箱柜拿进去罢。我也没有什么东西,那也不过是二爷的。"

凤姐听了,便命周瑞家的记清,好生看管着,抬到东厢房去。于是催着尤二姐急忙穿戴了,二人携手上车,又同坐一处,又悄悄地告诉她:"我们家的规矩大,这事老太太、太太一概不知;倘或知道,二爷孝中娶你,管把他打死了!如今且别见老太太、太太。我们有一个花园子极大,姊妹们住着,容易没人去的。你这一去,且在园子里住两天,等我设个法子,回明白了,那时再见方妥。"尤二姐道:"任凭姐姐裁处。"

甜言蜜语背后是狠毒计谋。

第六十九回
弄小巧用借剑杀人　觉大限吞生金自逝

[1]

且说凤姐在家,外面待尤二姐自不必说的,只是心中又怀别意,无人处只和尤二姐说:"妹妹的名声很不好听,连老太太、太太们都知道了,说妹妹在家做女孩儿就不干净,又和姐夫来往太密:'没人要的,你拣了来。还不休了,再寻好的!'我听见这话气得什么儿似的。后来打听是谁说的,又查不出来。这日久天长,这些奴才们跟前,怎么说嘴呢?我反弄了鱼头来折!"

说了两遍,自己已气病了,茶饭也不吃。

尤二姐不好听的名声恰恰是凤姐派人散布出去的。

除了平儿，众丫头媳妇无不言三语四，指桑说槐，暗相讥刺。

且说秋桐自以为系贾赦所赐，无人僭她的，连凤姐、平儿皆不放在眼里，岂容那先奸后娶、没汉子要的妇女？凤姐听了暗乐。自从装病，便不和尤二姐吃饭，每日只命人端了菜饭到她房中去吃。那茶饭都系不堪之物。平儿看不过，自拿了钱出来弄菜与她吃，或是有时只说和她园中去玩，在园中厨内另做了汤水与她吃，也无人敢回凤姐。

只有秋桐撞见了，便去说舌，告诉凤姐说："奶奶名声，生是平儿弄坏了的。这样好菜好饭，浪着不吃，却往园里去偷吃。"凤姐听了，骂平儿说："人家养猫会拿耗子，我的猫倒咬鸡！"平儿不敢多说，自此也就远着了，又暗恨秋桐。

园中姊妹一干人暗为二姐耽心。虽都不敢多言，却也可怜。每常无人处说起话来，尤二姐淌眼抹泪，又不敢抱怨凤姐儿，因无一点坏形。

杀人于无形。

〔2〕

凤姐儿见抬了出去，推有病，回老太太："太太说我病着，忌三房，不许我去，我因此也不出来穿孝。"且往大观园中来，绕过群山，至北界墙根下，往外听了一言半语，回来又回贾母说，如此这般。

贾母道："信他胡说，谁家痨病死的孩子不

549

烧了？也认真开丧破土起来！既是二房一场，也是夫妻情分，停五七日，抬出来，或一烧，或乱葬埂上埋了完事。"凤姐笑道："可是这话，我又不敢劝他。"

正说着，丫鬟来请凤姐，说："二爷在家，等着奶奶拿银子呢。"凤姐儿只得来了，便问她："什么银子？家里近日艰难，你还不知道？咱们的月例一月赶不上一月。昨儿我把两个金项圈当了三百银，使剩了还有二十几两，你要就拿去。"说着，便命平儿拿出来，递与贾琏，指着贾母有话，又去了。

（本回相关内容请查阅第12课"原文细读与鉴赏"，第500—506页）

第七十二回
王熙凤恃强羞说病　来旺妇倚势霸成亲

鸳鸯道："既这样，怎么不早请大夫治？"平儿叹道："我的姐姐！你还不知道她那脾气的？别说请大夫来吃药，我看不过，白问一声'身上觉怎么样？'她就动了气，反说我咒她病了。饶这样，天天还是察三访四。自己再不看破些，且养身子！"鸳鸯道："虽然如此，到底该请大夫来瞧瞧是什么病，也都好放心。"平儿叹道："说起病来，据我看也不是什么小症候！"

凤姐终于露出了冷酷无情的真面目。

病体沉重、人心尽失、夫妻离心，此时的凤姐已是强弩之末，但她还是不愿意面对现实。

○ 学习小任务：

请概括第三回、第二十七回、第五十五回涉及的主要人物以及情节，并说一说回目在小说中起到的作用。

参考答案：

1. 回目内容梳理

第三回回目中的"西宾"是古代对家塾教师的敬称，这里指贾雨村。"内兄"是妻子的兄长，这里指贾政。此回借贾雨村被重新起用，进一步刻画了贾雨村的性格特征，暗示了封建官场的利益关系，同时引出了女主角林黛玉的出场。

第二十七回回目中的"杨妃"和"飞燕"都是古代著名的美人，有"环肥燕瘦"之说，作者以二位美人并举，借指薛宝钗和林黛玉。此回分别写宝钗和黛玉二人日常的小事，刻画出两位性格迥异的青春少女，同时为人物命运埋下伏笔。

第五十五回回目中的"愚妾"指赵姨娘，"亲女"和"幼主"都指探春，"刁奴"指吴新登家的。此回通过探春理家的琐事，刻画了赵姨娘和探春的性格特征，表现了贾府内部的重重矛盾。

2. 回目的作用

《红楼梦》中的回目，除了概括该回基本内容之外，还有暗示人物关系、揭示人物性格、明确叙事走向等功能。此外，从全书结构来看，《红楼梦》的回目还起到了补充、延伸、照应、深化正文的作用。

图书在版编目(CIP)数据

课读经典. 11,13 课导读《红楼梦》/何郁主编;苗怀明校注. —上海:复旦大学出版社,
2024.4
("课读经典"系列)
ISBN 978-7-309-17037-5

Ⅰ.①课…　Ⅱ.①何…②苗…　Ⅲ.①阅读课-中学-教学参考资料　Ⅳ.①G634.333

中国国家版本馆 CIP 数据核字(2023)第 200391 号

课读经典 11:13 课导读《红楼梦》
KEDU JINGDIAN 11:13 KE DAODU HONGLOU MENG
何　郁　　主编
苗怀明　　校注
责任编辑/刘西越

复旦大学出版社有限公司出版发行
上海市国权路 579 号　邮编:200433
网址:fupnet@ fudanpress. com　http://www. fudanpress. com
门市零售:86-21-65102580　　团体订购:86-21-65104505
出版部电话:86-21-65642845
上海丽佳制版印刷有限公司

开本 890 毫米×1240 毫米　1/32　印张 17.5　字数 393 千字
2024 年 4 月第 1 版
2024 年 4 月第 1 版第 1 次印刷

ISBN 978-7-309-17037-5/G · 2535
定价:65.00 元